NCS IN PSAT

수리능력(자료해석)

+ 무료NCS특강

SD에듀
(주)시대고시기획

PREFACE

2023 최신판

NCS in PSAT

수리능력(자료해석)

Always with you

사람의 인연은 길에서 우연하게 만나거나 함께 살아가는 것만을 의미하지는 않습니다.
책을 펴내는 출판사와 그 책을 읽는 독자의 만남도 소중한 인연입니다.
SD에듀는 항상 독자의 마음을 헤아리기 위해 노력하고 있습니다. 늘 독자와 함께하겠습니다.

머리말

NCS는 산업현장에서 직무를 수행하기 위해 요구되는 지식·기술·태도 등의 내용을 국가가 체계화한 것이다. 기업에서는 직무분석자료, 인적자원관리 도구, 인적자원개발 프로그램, 특화 자격 신설, 일자리 정보제공 등을 원하고, 기업교육훈련기관은 산업현장의 요구에 맞는 맞춤형 교육훈련과정을 개설하여 운영하기를 원한다. 이에 따라 능력 있는 인재를 개발해 핵심인프라를 구축하고, 나아가 국가경쟁력을 향상시키기 위해 국가직무능력표준이 필요하다.

PSAT(Public Service Aptitude Test : 공직 적격성 테스트)는 공무 수행에 필요한 기본적 지식과 소양, 자질 등을 갖추고 있는지를 종합적으로 평가하는 시험이다. NCS 시험에 있어 PSAT형은 대부분 많은 공사·공단에서 평가하는 핵심적인 영역인 의사소통능력, 수리능력, 문제해결능력 총 3개 영역에서 출제된다. 이때, 수리능력의 경우 자료에 대한 추론, 해석능력을 요구하므로, 다양한 유형의 문제에 대한 이해와 풀이를 통해 고득점을 획득하는 것이 필요하다.

이에 따라 SD에듀에서는 NCS 도서 시리즈 1위의 출간 경험을 토대로 다음과 같은 특징을 가진 도서를 출간하였다.

도서의 특징

❶ **PSAT 최신기출문제로 출제 유형 확인!**
 • 2022년 7급 자료해석 PSAT 최신기출문제를 통해 최근 PSAT형 출제 경향을 파악할 수 있도록 하였다.

❷ **공사·공단 필기시험 출제 영역 맞춤 예상문제로 실력 상승!**
 • NCS 기출유형확인+기본문제+심화문제를 수록하여 NCS 필기시험에 완벽히 대비할 수 있도록 하였다.

❸ **모의고사로 완벽한 실전 대비!**
 • 철저한 분석을 통해 실제 유형과 유사한 PSAT 최종점검 모의고사를 수록하여 자신의 실력을 최종 점검할 수 있도록 하였다.

❹ **다양한 콘텐츠로 최종 합격까지!**
 • 가이드를 통해 NCS 및 수리능력 학습법, PSAT 자료해석을 설명하여 채용을 준비하는 데 부족함이 없도록 하였다.
 • 온라인 모의고사와 AI면접 응시 쿠폰을 제공하여 채용 전반을 대비할 수 있도록 하였다.

끝으로 본 도서를 통해 공사·공단 채용을 준비하는 모든 수험생 여러분이 합격의 기쁨을 누리기를 진심으로 기원한다.

NCS직무능력연구소 김현철 외

자격증·공무원·금융/보험·면허증·언어/외국어·검정고시/독학사·기업체/취업
이 시대의 모든 합격! SD에듀에서 합격하세요!
www.youtube.com → SD에듀 → 구독

직업기초능력 소개

◆ 직업기초능력의 개념

직업기초능력이란 모든 직업인들에게 필요한 공통적이고 핵심적인 능력이다. 대부분의 직종에서 직무를 성공적으로 수행하는 데 공통적으로 요구되는 지식, 기술, 태도 등을 말한다.

◆ 직업기초능력의 중요성

❶ 업무성과의 핵심요소
❷ 공통적으로 요구되는 능력
❸ 자기 동기부여, 자기관리, 창의력, 문제해결능력의 근본

◆ 직업기초능력의 평가

❶ 직무상황의 제시 : 직업적 개연성 및 구체적 미션 제공
⋯▸ 문항에서 제시되는 상황은 직업적인 개연성이 있어야 함 ➔ 직무자들이 회사에서 겪을 수 있는 상황
⋯▸ 문항의 발문에서는 문항에 제시된 직무자가 수행해야 하는 업무가 무엇인지가 구체적으로 명시되어야 할 뿐만 아니라, 업무와 관련된 사항(목적, 수행 이유, 관련 업무 등)도 함께 제시해야 함

❷ 직무수행에 실제로 필요한 능력을 평가 문항에 반영
⋯▸ 실제 업무 상황에서 필요한 능력을 평가하는 문항

◆ 직업기초능력 시험의 유형 및 특징

구분	특징
모듈형	• 이론 · 개념을 활용하여 문제를 해결하는 유형 • 채용기업 및 직무에 따라 직업기초능력 10개 영역 중 선별하여 출제 • 기업의 특성을 고려한 직무 관련 문제를 출제 • 대개 1문제당 1분의 시간이 소요 • 주어진 상황에 대한 판단 및 이론 적용을 요구
PSAT형	• 대부분 의사소통능력, 수리능력, 문제해결능력을 중심으로 진행되며, 일부 기업의 경우 자원관리능력, 조직이해능력이 출제됨 • 자료에 대한 추론 및 해석 능력을 요구
피듈형 (PSAT형+모듈형)	• 기초 · 응용 모듈을 구분하여 문제를 해결하는 유형 • '기초인지모듈'과 '응용업무모듈'로 구분하여 출제 • PSAT형보다 난이도가 낮은 편 • 유형이 정형화되어 있고, 유사한 유형의 문제가 세트로 출제됨

수리능력 학습법

응용수리능력의 공식은 반드시 암기하라!

응용수리능력은 지문은 짧지만 풀이 과정이 긴 문제도 자주 볼 수 있다. 그렇기 때문에 시간을 단축하기 위해 응용수리능력의 공식을 반드시 암기하여 문제의 상황에 맞는 공식을 적절하게 적용하여 답을 도출해야 한다. 따라서 문제에서 묻는 것을 정확하게 파악하여 그에 맞는 공식을 적절하게 적용하는 꾸준한 연습과 공식의 암기가 반드시 필요하다.

통계에서의 사건이 동시에 발생하는지 개별적으로 발생하는지를 구분하라!

통계에서는 사건이 개별적으로 발생했을 때, 경우의 수는 합의 법칙, 확률은 덧셈정리를 활용하여 계산하며, 사건이 동시에 발생했을 때, 경우의 수는 곱의 법칙, 확률은 곱셈정리를 활용하여 계산한다. 특히, 기초통계능력에서 출제되는 문제 중 순열과 조합의 계산 방법이 필요한 문제도 다수 출제되는 편이므로 순열(순서대로 나열)과 조합(순서에 상관없이 나열)의 차이점을 숙지하는 것 또한 중요하다. 즉, 통계 문제에서의 사건 발생 여부만 잘 판단하여도 계산과 공식을 적용하기가 수월하므로, 문제의 의도를 잘 파악하는 것이 중요하다.

자료의 해석은 자료에서 즉시 확인할 수 있는 선택지부터 확인하라!

대부분의 공사·공단 취업준비생들이 어려워하는 영역은 수리영역 중 도표분석, 즉 자료해석능력이다. 자료는 표 또는 그래프로 제시되고, 쉬운 선택지는 증가 혹은 감소 추이, 간단한 사칙연산으로 풀이가 가능한 선택지 등이 있고, 자료의 조사기간 동안 전년 대비 증가율 혹은 감소율이 가장 높은 기간을 찾는 선택지들도 있다. 따라서 일단 증가·감소 추이와 같이 눈으로 확인이 가능한 선택지를 먼저 확인한 후 복잡한 계산이 필요한 선택지를 확인하는 방법으로 문제를 풀이한다면 시간을 조금이라도 아낄 수 있다. 특히, 그래프와 같은 경우에는 그래프에 대한 특징을 알고 있다면 그래프의 길이 혹은 높낮이 등으로 대강의 수치를 빠르게 확인이 가능하므로 이에 대한 숙지도 필요하다. 또한, 여러 가지 보기가 주어진 문제 역시 선택지를 잘 확인하고 문제를 푼다면 불필요한 계산이 줄어들 수 있으므로 항상 선택지부터 확인하는 습관을 들이기 바란다.

도표작성능력에서 선택지에 작성된 도표의 제목을 반드시 확인하라!

도표작성은 하나의 자료 혹은 보고서와 같은 수치가 표현된 자료를 도표로 작성하는 형식으로 출제되는데, 대체로 표보다는 그래프를 작성하는 형태로 많이 출제된다. 선택지를 살펴보면 각 선택지에서 주어진 도표에도 소제목이 있는 경우가 대부분이다. 이때, 자료의 수치와 도표의 제목이 일치하지 않는 경우 함정이 존재하는 문제의 비중이 높으므로 도표의 제목을 반드시 확인하는 것이 중요하다. 또한 도표작성의 경우 대부분 비율 계산이 많이 출제되는데, 도표의 제목과는 다른 수치로 작성된 도표가 존재하는 경우가 있다. 그렇기 때문에 선택지에서 작성된 도표의 소제목을 먼저 확인하는 연습을 하여 간단하지 않은 비율 계산을 두 번 하는 일이 없도록 해야 한다.

◇ 수리능력 세부사항

하위 능력		교육내용
기초 연산 능력	K (지식)	• 수의 개념, 단위, 체제 • 업무에 필요한 연산 기법의 유형 • 다양한 계산방법의 이해 • 계산결과 제시방법의 이해 • 결과 제시 단위 사용 방법의 이해
	S (기술)	• 수치화된 자료의 해석 • 업무에 필요한 사칙연산 수행 • 연산 결과에 적합한 단위 사용 • 계산 결과를 다른 형태로 제시 • 계산 수행 방법에 대한 평가 • 계산 결과의 오류 확인 • 계산결과와 업무의 관련성 파악
	C (상황)	• 업무상 계산을 수행하고 결과를 정리하는 경우 • 업무비용을 측정하는 경우 • 고객과 소비자의 정보를 조사하고 결과를 종합하는 경우 • 조직의 예산안을 작성하는 경우 • 업무수행 경비를 제시해야 하는 경우 • 다른 상품과 가격 비교를 하는 경우
기초 통계 능력	K (지식)	• 경향성의 개념 • 기초적인 통계방법의 이해 • 그래프의 이해 • 기초적인 통계량과 분포의 이해 • 통계자료 해석방법의 종류
	S (기술)	• 빈도, 평균, 범위에 대한 계산을 통한 자료 제시 • 계산결과에 대한 효과적인 표현 • 데이터를 측정하는 방법 선택 • 계산 수행 방법에 대한 평가 • 계산 결과의 오류 확인 • 계산결과의 업무와의 관련성 파악
	C (상황)	• 연간 상품 판매실적을 제시하는 경우 • 업무비용을 다른 조직과 비교해야 하는 경우 • 업무 결과를 제시하는 경우 • 상품판매를 위한 지역 조사를 실시하는 경우 • 고객과 소비자의 정보를 조사하여 자료의 경향성을 제시하는 경우

도표 분석 능력	K (지식)	• 도표의 종류 • 도표 분석 방법의 이해 • 도표 제목 해석 원리 • 시각화 자료 이해 • 도표로부터 정보 획득 방법의 이해 • 도표 종류별 장단점 이해
	S (기술)	• 도표의 구성요소 파악 • 표 · 다이아그램 · 차트 · 그래프 분석 • 제시된 도표의 비교, 분석 • 도표로부터 관련 정보 획득 • 도표의 핵심내용 파악 • 도표의 정보와 업무와의 관련성 파악
	C (상황)	• 업무 수행 과정에서 도표로 주어진 자료를 해석하는 경우 • 도표로 제시된 업무비용을 측정하는 경우 • 조직의 생산 가동률 변화표를 분석하는 경우 • 계절에 따른 고객 요구도가 그래프로 제시된 경우 • 경쟁업체와의 시장점유율이 그림으로 제시된 경우
도표 작성 능력	K (지식)	• 도표 작성 목적 • 도표 작성 절차의 이해 • 도표의 종류 • 도표를 활용한 표현 방법의 이해 • 도표를 이용한 핵심내용 강조방법의 유형 • 시각화 표현 방법 이해
	S (기술)	• 도표로 전달한 내용 결정 • 도표의 종류에 따른 효과적인 표현 • 도표 내용에 적절한 제목 진술 • 도표로 제시할 결과 주요내용 요약 • 정확한 단위 사용 • 내용을 효과적으로 전달할 크기, 형태 파악 • 다양한 이미지에 대한 효과적인 활용
	C (상황)	• 업무 결과를 도표를 사용하여 제시하는 경우 • 업무의 목적에 맞게 계산결과를 묘사하는 경우 • 업무 중 계산을 수행하고 결과를 정리하는 경우 • 업무에 소요되는 비용을 시각화해야 하는 경우 • 고객과 소비자의 정보를 조사하고 결과를 설명하는 경우

PSAT 자료해석 소개

PSAT란?

▸ 공직 적격성 평가(Public Service Aptitude Test)는 공직자에게 필요한 소양과 자질을 측정하는 시험으로, 논리적·비판적 사고능력, 자료의 분석 및 추론능력, 판단 및 의사결정능력 등 종합적 사고력을 평가한다.

▸ PSAT는 새로운 상황에서 적응하는 능력과 문제해결, 판단능력을 주로 측정하고 있기 때문에 학습능력보다는 공직자로서 당면하게 될 업무와 문제들에 대한 해결능력과 종합적이고 심도 있는 사고력을 요하는 문제가 중점적으로 출제된다.

자료해석이란?

자료해석은 자료를 수집하고 분석하며 이를 정리하고 이 결과로부터 정보를 추론해 낼 수 있는 능력을 평가한다. 일반적 학습능력에 속하는 것으로 수치, 도표, 또는 그림으로 되어 있는 자료를 정리할 수 있는 기초통계능력, 수 처리 능력, 수학적 추리력 등이 포함되며 수치자료의 정리 및 분석 등의 업무수행에 필수적이다. PSAT의 자료해석은 좀 더 복잡한 수준의 문제가 출제되는 것이 특징이다.

왜 NCS 수리능력(자료해석) in PSAT를 풀어야 하는가?

수리능력은 NCS 기반 채용을 진행하는 거의 모든 공사·공단에서 출제되고 있다. 그만큼 필기시험에서 중요도가 높은 영역이다.

국가직무능력표준 홈페이지 자료에 따르면 수리능력의 세부 유형은 기초연산, 기초통계, 도표분석, 도표작성으로 나눌 수 있다. 이때, 도표분석·도표작성과 같이 그림·표·그래프의 의미를 해석하고 계산하는 문제는 고득점을 위한 지름길이 된다. 하지만 대부분의 수험생들이 가장 어려워하는 영역 또한 자료해석이다. 자료해석은 정부·국제기구·비정부기구에서 발표되는 통계표 및 도표, 신문이나 방송에 보도되는 조사 결과 및 도표 등 다양한 자료들로 출제가 된다. 이처럼 다양한 영역의 자료들을 확인하고 그 속에서 의미를 찾아 분석하는 것은 실제로 공기업에 입사해서 필요한 역량이다. 따라서 PSAT 자료해석을 통해 이해, 적용, 분석 등을 평가하고, 이를 바탕으로 업무 수행 능력을 확인하는 것이 필요하다.

◆ 평가항목의 주요 내용

1 이해

▸ 의사전달의 내용이나 자료, 기호의 의미를 파악하는 능력을 평가
▸ 언어적인 형태로 표현하거나 도표 속의 내용을 말로 옮길 수 있는 능력을 평가

 자료해석은 다른 영역들과는 다르게 특정한 과목이나 학문 분야가 따로 없다. 따라서 효과적인 수험방법을 제시하기 힘들지만 항목별 기본 학습방법을 참고하여 이해능력을 기른다면 상당히 도움이 될 것이다.

2 적용

▸ 주어진 개념이나 방법, 절차, 원리, 법칙 그리고 일반화된 방법 등을 특수하거나 구체적인 곳에 사용할 수 있는 능력을 평가

 평소 입사하기를 희망하는 공사·공단의 보도자료들을 주의 깊게 살펴보고, 이러한 자료를 비판적으로 이해하여 분석하고 평가하는 습관을 기른다. 이를 통하여 정보를 추출하는 능력과 언론매체에서 내린 결론이나 해석의 타당성을 판단하는 능력을 키워나가야 한다.

3 분석

▸ 주어진 자료를 구성요소로 분해하고 그 구성요소 간의 관계와 그것이 조직되어 있는 원리를 발견하는 능력을 측정
▸ 가설과 증거 사이의 관계, 부분과 부분 사이의 관계, 결론을 지지하는 증거를 찾아내는 능력, 관계있는 자료와 관계없는 자료를 식별하는 능력 등을 평가

 자료에서 주어진 조건대로 자료를 직접 계산하고 조작하여 비율이나 백분율의 산출 등 문제를 해결하는 데 필요한 값을 얻어낼 수 있는 훈련을 한다. 이때 제시된 자료를 모두 계산하기보다는 자료 내에서 각 부분 간의 관계를 파악하고 이에 맞는 규칙을 도출하는 능력을 길러야 한다.

4 종합평가

▸ 여러 개의 요소나 부분을 결합하여 하나의 새로운 전체를 구성하는 능력 및 주어진 결론을 도출하기 위한 절차를 판단하고, 자료를 통합하여 주장하는 바를 검증
▸ 주어진 기준에 비추어 자료에서 얻어진 주장이나 결론 자체를 평가할 뿐만 아니라 그러한 주장이나 결론이 도출되는 과정 역시 평가

 복잡한 표나 그래프에서 원래 나타내고자 하는 의도 또는 핵심을 명확하게 파악하는 능력을 기르는 것이 좋다. 또한 자료가 의미하는 바를 정확하게 기술하거나 다른 형태로 기술할 수 있는 훈련, 자료가 가진 전체적인 경향을 읽어내는 훈련, 그리고 주어진 자료와 조건을 바탕으로 추정할 수 있는 상황을 예측해 보고 이 예측의 타당성을 평가하는 훈련을 해보는 것이 좋다.

이 책의 구성과 특징

PSAT 최신기출문제로 출제 경향 파악

2022년 7급 자료해석 PSAT 최신기출문제를 수록하여 최근 출제 경향을 파악할 수 있도록 하였다.

NCS 수리능력 in PSAT로 단계별 학습

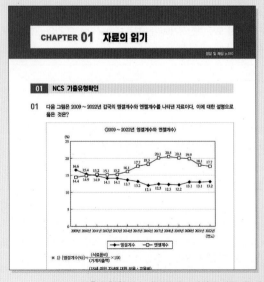

NCS 기출유형확인+기본문제+심화문제를 통해 체계적으로 수리능력을 학습할 수 있도록 하였다.

최종점검 모의고사를 활용한 실전 연습

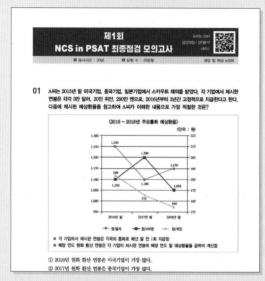

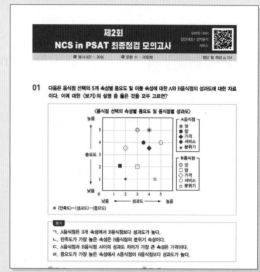

PSAT형 문제로 구성된 최종점검 모의고사를 통해 양질의 문제풀이로 NCS 필기시험에 대비할 수 있도록 하였다.

상세한 해설로 정답과 오답을 완벽하게 이해

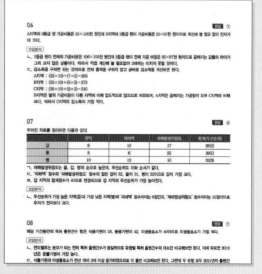

정답과 오답에 대한 상세한 해설을 수록하여 혼자서도 학습할 수 있도록 하였다.

이 책의 차례

Add+

2022년 7급 자료해석 PSAT 최신기출문제

01 다음 그림은 2021년 7월 갑지역의 15세 이상 인구를 대상으로 한 경제활동인구조사 결과를 정리한 자료이다. 그림의 A, B에 해당하는 값을 바르게 나열한 것은?

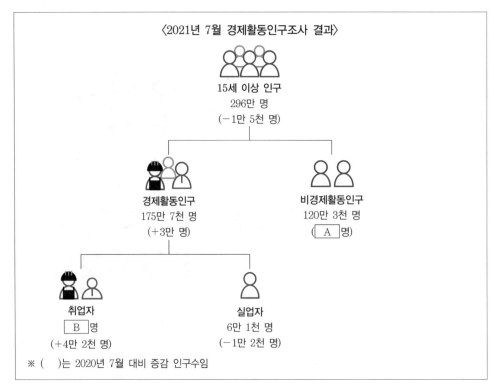

〈2021년 7월 경제활동인구조사 결과〉

15세 이상 인구
296만 명
(−1만 5천 명)

경제활동인구
175만 7천 명
(+3만 명)

비경제활동인구
120만 3천 명
(A 명)

취업자
B 명
(+4만 2천 명)

실업자
6만 1천 명
(−1만 2천 명)

※ ( )는 2020년 7월 대비 증감 인구수임

	A	B
①	−4만 5천	169만 6천
②	−4만 5천	165만 4천
③	−1만 2천	172만 7천
④	−1만 2천	169만 6천
⑤	+4만 2천	172만 7천

02 다음 표는 2017 ~ 2021년 갑국의 청구인과 피청구인에 따른 특허심판 청구건수에 대한 자료이다. 이에 대한 〈보기〉의 설명 중 옳은 것을 모두 고르면?

〈청구인과 피청구인에 따른 특허심판 청구건수〉

(단위 : 건)

연도 청구인 피청구인	내국인		외국인	
	내국인	외국인	내국인	외국인
2017	765	270	204	172
2018	889	1,970	156	119
2019	795	359	191	72
2020	771	401	93	230
2021	741	213	152	46

보기

ㄱ. 2019년 청구인이 내국인인 특허심판 청구건수의 전년 대비 감소율은 50% 이상이다.

ㄴ. 2021년 피청구인이 내국인인 특허심판 청구건수는 피청구인이 외국인인 특허심판 청구건수의 3배 이상이다.

ㄷ. 2017년 내국인이 외국인에게 청구한 특허심판 청구건수는 2020년 외국인이 외국인에게 청구한 특허심판 청구건수보다 많다.

① ㄱ

② ㄷ

③ ㄱ, ㄴ

④ ㄴ, ㄷ

⑤ ㄱ, ㄴ, ㄷ

03 다음 보고서는 2018 ~ 2021년 갑국의 생활밀접업종 현황에 대한 자료이다. 보고서의 내용과 부합하지 않는 자료는?

〈보고서〉

생활밀접업종은 소매, 음식, 숙박, 서비스 등과 같이 일상생활과 밀접하게 관련된 재화 또는 용역을 공급하는 업종이다. 생활밀접업종 사업자 수는 2021년 현재 2,215천 명으로 2018년 대비 10% 이상 증가하였다. 2018년 대비 2021년 생활밀접업종 중 73개 업종에서 사업자 수가 증가하였는데, 이 중 스포츠시설운영업이 가장 높은 증가율을 기록하였고 펜션・게스트하우스, 애완용품점이 그 뒤를 이었다.

그러나 혼인건수와 출생아 수가 줄어드는 사회적 현상은 관련 업종에도 직접 영향을 미친 것으로 나타났다. 산부인과 병・의원 사업자 수는 2018년 이후 매년 감소하였다. 또한, 2018년 이후 예식장과 결혼상담소의 사업자 수도 각각 매년 감소하는 것으로 나타났다.

한편 복잡한 현대사회에서 전문직에 대한 수요는 꾸준히 증가하고 있다. 생활밀접업종을 소매, 음식, 숙박, 병・의원, 전문직, 교육, 서비스의 7개 그룹으로 분류했을 때 전문직 그룹의 2018년 대비 2021년 사업자 수 증가율이 17.6%로 가장 높았다.

① 생활밀접업종 사업자 수

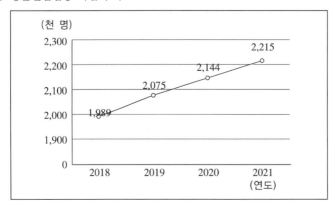

② 2018년 대비 2021년 생활밀접업종 사업자 수 증가율 상위 10개 업종

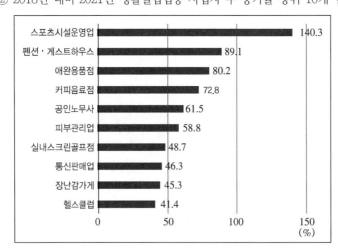

③ 주요 진료과목별 병·의원 사업자 수

(단위 : 명)

연도 진료과목	2018	2019	2020	2021
신경정신과	1,270	1,317	1,392	1,488
가정의학과	2,699	2,812	2,952	3,057
피부과·비뇨의학과	3,267	3,393	3,521	3,639
이비인후과	2,259	2,305	2,380	2,461
안과	1,485	1,519	1,573	1,603
치과	16,424	16,879	17,217	17,621
일반외과	4,282	4,369	4,474	4,566
성형외과	1,332	1,349	1,372	1,414
내과·소아과	10,677	10,861	10,975	11,130
산부인과	1,726	1,713	1,686	1,663

④ 예식장 및 결혼상담소 사업자 수

⑤ 2018년 대비 2021년 생활밀접업종의 7개 그룹별 사업자 수 증가율

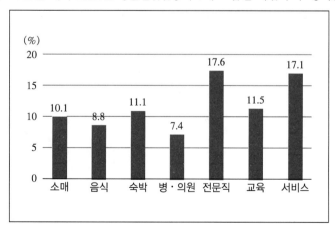

04 다음 표는 갑국 A위원회의 24 ~ 26차 회의 심의결과에 대한 자료이다. 이에 대한 〈보기〉의 설명 중 옳은 것을 모두 고르면?

〈A위원회의 24 ~ 26차 회의 심의결과〉

회차 / 동의 여부 / 위원	24 동의	24 부동의	25 동의	25 부동의	26 동의	26 부동의
기획재정부장관	O		O		O	
교육부장관	O			O	O	
과학기술정보통신부장관	O		O			O
행정안전부장관	O			O	O	
문화체육관광부장관	O			O	O	
농림축산식품부장관		O	O		O	
산업통상자원부장관		O		O		O
보건복지부장관	O		O		O	
환경부장관		O	O			O
고용노동부장관		O		O	O	
여성가족부장관	O		O		O	
국토교통부장관	O		O		O	
해양수산부장관	O		O		O	
중소벤처기업부장관		O	O			O
문화재청장	O		O		O	
산림청장	O			O	O	

※ 1) A위원회는 표에 제시된 16명의 위원으로만 구성됨
   2) A위원회는 매 회차 개최 시 1건의 안건만을 심의함

보기

ㄱ. 24 ~ 26차 회의의 심의안건에 모두 동의한 위원은 6명이다.

ㄴ. 심의안건에 부동의한 위원 수는 매 회차 증가하였다.

ㄷ. 전체 위원의 $\frac{2}{3}$ 이상이 동의해야 심의안건이 의결된다면, 24 ~ 26차 회의의 심의안건은 모두 의결되었다.

① ㄱ
② ㄴ
③ ㄱ, ㄷ
④ ㄴ, ㄷ
⑤ ㄱ, ㄴ, ㄷ

05 다음 표는 1990년대 이후 A~E 도시의 시기별 및 자본금액별 창업 건수에 대한 자료이고, 보고서는 A~E 중 한 도시의 창업 건수에 대한 설명이다. 이를 근거로 판단할 때, 보고서의 내용에 부합하는 도시는?

〈A~E 도시의 시기별 및 자본금액별 창업 건수〉

(단위 : 건)

도시 \ 시기/자본금액	1990년대 1천만 원 미만	1990년대 1천만 원 이상	2000년대 1천만 원 미만	2000년대 1천만 원 이상	2010년대 1천만 원 미만	2010년대 1천만 원 이상	2020년 이후 1천만 원 미만	2020년 이후 1천만 원 이상
A	198	11	206	32	461	26	788	101
B	46	0	101	5	233	4	458	16
C	12	2	19	17	16	17	76	14
D	27	3	73	34	101	24	225	27
E	4	0	25	0	53	3	246	7

〈보고서〉

이 도시의 시기별 및 자본금액별 창업 건수는 다음과 같은 특징이 있다. 첫째, 1990년대 이후 모든 시기에서 자본금액 1천만 원 미만 창업 건수가 자본금액 1천만 원 이상 창업 건수보다 많다. 둘째, 자본금액 1천만 원 미만 창업 건수와 1천만 원 이상 창업 건수의 차이는 2010년대가 2000년대의 2배 이상이다. 셋째, 2020년 이후 전체 창업 건수는 1990년대 전체 창업 건수의 10배 이상이다. 넷째, 2020년 이후 전체 창업 건수 중 자본금액 1천만 원 이상 창업 건수의 비중은 3% 이상이다.

① A

② B

③ C

④ D

⑤ E

06 다음 표는 갑국의 원료곡종별 및 등급별 가공단가와 A ~ C 지역의 가공량에 대한 자료이다. 이에 대한 〈보기〉의 설명 중 옳은 것을 모두 고르면?

〈원료곡종별 및 등급별 가공단가〉

(단위 : 천 원/톤)

원료곡종＼등급	1등급	2등급	3등급
쌀	118	109	100
현미	105	97	89
보리	65	60	55

〈A ~ C 지역의 원료곡종별 및 등급별 가공량〉

(단위 : 톤)

원료곡종＼지역＼등급		1등급	2등급	3등급	합계
A	쌀	27	35	25	87
	현미	43	20	10	73
	보리	5	3	7	15
B	쌀	23	25	55	103
	현미	33	25	21	79
	보리	9	9	5	23
C	쌀	30	35	20	85
	현미	30	37	25	92
	보리	8	30	2	40
전체	쌀	80	95	100	275
	현미	106	82	56	244
	보리	22	42	14	78

※ 가공비용＝가공단가×가공량

보기

ㄱ. A지역의 3등급 쌀 가공비용은 B지역의 2등급 현미 가공비용보다 크다.
ㄴ. 1등급 현미 전체의 가공비용은 2등급 현미 전체 가공비용의 2배 이상이다.
ㄷ. 3등급 쌀과 3등급 보리의 가공단가가 각각 90천 원/톤, 50천 원/톤으로 변경될 경우, 지역별 가공비용 총액 감소폭이 가장 작은 지역은 A이다.

① ㄱ
② ㄷ
③ ㄱ, ㄴ
④ ㄱ, ㄷ
⑤ ㄴ, ㄷ

07 다음 표는 재해위험지구 갑, 을, 병 지역을 대상으로 정비사업 투자의 우선순위를 결정하기 위한 자료이다. '편익', '피해액', '재해발생위험도' 3개 평가 항목 점수의 합이 큰 지역일수록 우선순위가 높다. 이에 대한 〈보기〉의 설명 중 옳은 것을 모두 고르면?

〈갑 ~ 병 지역의 평가 항목별 등급〉

지역＼평가 항목	편익	피해액	재해발생위험도
갑	C	A	B
을	B	D	A
병	A	B	C

〈평가 항목의 등급별 배점〉

(단위 : 점)

등급＼평가 항목	편익	피해액	재해발생위험도
A	10	15	25
B	8	12	17
C	6	9	10
D	4	6	0

보기

ㄱ. '재해발생위험도' 점수가 높은 지역일수록 우선순위가 높다.
ㄴ. 우선순위가 가장 높은 지역과 가장 낮은 지역의 '피해액' 점수 차이는 '재해발생위험도' 점수 차이보다 크다.
ㄷ. '피해액' 점수와 '재해발생위험도' 점수의 합이 가장 큰 지역은 갑이다.
ㄹ. 갑 지역의 '편익' 등급이 B로 변경되면, 우선순위가 가장 높은 지역은 갑이다.

① ㄱ, ㄴ
② ㄱ, ㄷ
③ ㄴ, ㄹ
④ ㄱ, ㄷ, ㄹ
⑤ ㄴ, ㄷ, ㄹ

08 다음 그림은 2017 ~ 2021년 갑국의 반려동물 사료 유형별 특허 출원건수에 관한 자료이다. 이에 대한 〈보기〉의 설명 중 옳은 것을 모두 고르면?

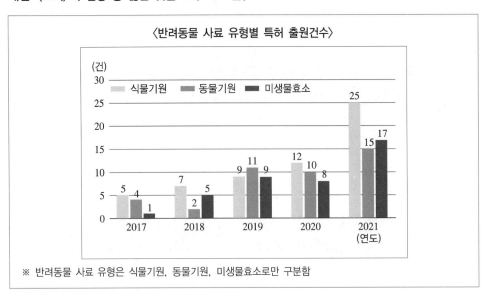

〈반려동물 사료 유형별 특허 출원건수〉

※ 반려동물 사료 유형은 식물기원, 동물기원, 미생물효소로만 구분함

보기

ㄱ. 2017 ~ 2021년 동안의 특허 출원건수 합이 가장 작은 사료 유형은 미생물효소이다.
ㄴ. 연도별 전체 특허 출원건수 대비 각 사료 유형의 특허 출원건수 비율은 식물기원이 매년 가장 높다.
ㄷ. 2021년 특허 출원건수의 전년 대비 증가율이 가장 높은 사료 유형은 식물기원이다.

① ㄱ
② ㄷ
③ ㄱ, ㄴ
④ ㄱ, ㄷ
⑤ ㄴ, ㄷ

09 다음 표는 2019년과 2020년 지역별 전체주택 및 빈집 현황에 대한 자료이다. 이를 바탕으로 작성한 보고서의 A ~ C에 해당하는 내용을 바르게 나열한 것은?

〈2019년과 2020년 지역별 전체주택 및 빈집 현황〉

(단위 : 호, %)

연도 구분 지역	2019			2020		
	전체주택	빈집	빈집비율	전체주택	빈집	빈집비율
서울특별시	2,953,964	93,402	3.2	3,015,371	96,629	3.2
부산광역시	1,249,757	109,651	8.8	1,275,859	113,410	8.9
대구광역시	800,340	40,721	5.1	809,802	39,069	4.8
인천광역시	1,019,365	66,695	6.5	1,032,774	65,861	6.4
광주광역시	526,161	39,625	7.5	538,275	41,585	7.7
대전광역시	492,797	29,640	6.0	496,875	26,983	5.4
울산광역시	391,596	33,114	8.5	394,634	30,241	7.7
세종특별자치시	132,257	16,437	12.4	136,887	14,385	10.5
경기도	4,354,776	278,815	6.4	4,495,115	272,358	6.1
강원도	627,376	84,382	13.4	644,023	84,106	13.1
충청북도	625,957	77,520	12.4	640,256	76,877	12.0
충청남도	850,525	107,609	12.7	865,008	106,430	12.3
전라북도	724,524	91,138	12.6	741,221	95,412	12.9
전라남도	787,816	121,767	15.5	802,043	122,103	15.2
경상북도	1,081,216	143,560	13.3	1,094,306	139,770	12.8
경상남도	1,266,739	147,173	11.6	1,296,944	150,982	11.6
제주특별자치도	241,788	36,566	15.1	246,451	35,105	14.2
전국	18,126,954	1,517,815	8.4	18,525,844	1,511,306	8.2

※ 빈집비율(%)=$\dfrac{\text{빈집}}{\text{전체주택}} \times 100$

〈보고서〉

2020년 우리나라 전체주택 수는 전년 대비 39만 호 이상 증가하였으나 빈집 수는 6천 호 이상 감소하여 빈집비율은 전년 대비 감소하였다. 특히 세종특별자치시의 빈집비율이 가장 큰 폭으로 감소하였다.

하지만 2020년에는 __A__ 개 지역에서 빈집 수가 전년 대비 증가하였고, 전년 대비 빈집비율이 가장 큰 폭으로 증가한 지역은 __B__ 였다. 빈집비율이 가장 높은 지역과 가장 낮은 지역의 빈집비율 차이는 2019년에 비해 2020년이 __C__ 하였다.

	A	B	C		A	B	C
①	5	광주광역시	감소	②	5	전라북도	증가
③	6	광주광역시	증가	④	6	전라북도	증가
⑤	6	전라북도	감소				

10 다음 표와 보고서는 2021년 갑국의 초등돌봄교실에 관한 자료이다. 제시된 표 이외에 보고서를 작성하기 위해 추가로 필요한 자료를 〈보기〉에서 모두 고르면?

〈2021년 초등돌봄교실 이용학생 현황〉

(단위 : 명, %)

구분	학년	1	2	3	4	5	6	합
오후 돌봄교실	학생 수	124,000	91,166	16,421	7,708	3,399	2,609	245,303
	비율	50.5	37.2	6.7	3.1	1.4	1.1	100.0
저녁 돌봄교실	학생 수	5,215	3,355	772	471	223	202	10,238
	비율	50.9	32.8	7.5	4.6	2.2	2.0	100.0

〈2021년 지원대상 유형별 오후돌봄교실 이용학생 현황〉

(단위 : 명, %)

구분	지원대상 유형	우선지원대상					일반 지원대상	합
		저소득층	한부모	맞벌이	기타	소계		
오후 돌봄교실	학생 수	23,066	6,855	174,297	17,298	221,516	23,787	245,303
	비율	9.4	2.8	71.1	7.1	90.3	9.7	100.0

〈보고서〉

2021년 갑국의 초등돌봄교실 이용학생은 오후돌봄교실 245,303명, 저녁돌봄교실 10,238명이다. 오후돌봄교실의 경우 2021년 기준 전체 초등학교의 98.9%가 참여하고 있다.

오후돌봄교실의 우선지원대상은 저소득층 가정, 한부모 가정, 맞벌이 가정, 기타로 구분되며, 맞벌이 가정이 전체 오후돌봄교실 이용학생의 71.1%로 가장 많고 다음으로 저소득층 가정이 9.4%로 많다.

저녁돌봄교실의 경우 17시부터 22시까지 운영하고 있으나, 19시를 넘는 늦은 시간까지 이용하는 학생 비중은 11.2%에 불과하다. 2021년 현재 저녁돌봄교실 이용학생은 1~2학년이 8,570명으로 전체 저녁돌봄교실 이용학생의 83.7%를 차지한다.

초등돌봄교실 담당인력은 돌봄전담사, 현직교사, 민간위탁업체로 다양하다. 담당인력 구성은 돌봄전담사가 10,237명으로 가장 많고, 다음으로 현직교사 1,480명, 민간위탁업체 565명 순이다. 그중 돌봄전담사는 무기계약직이 6,830명이고 기간제가 3,407명이다.

ㄱ. 연도별 오후돌봄교실 참여 초등학교 수 및 참여율

(단위 : 개, %)

구분＼연도	2016	2017	2018	2019	2020	2021
학교 수	5,652	5,784	5,938	5,972	5,998	6,054
참여율	96.0	97.3	97.3	96.9	97.0	98.9

ㄴ. 2021년 저녁돌봄교실 이용학생의 이용시간별 분포

(단위 : 명, %)

구분＼이용시간	17~18시	17~19시	17~20시	17~21시	17~22시	합
이용학생 수	6,446	2,644	1,005	143	0	10,238
비율	63.0	25.8	9.8	1.4	0.0	100.0

ㄷ. 2021년 저녁돌봄교실 이용학생의 학년별 분포

(단위 : 명, %)

구분＼학년	1~2	3~4	5~6	합
이용학생 수	8,570	1,243	425	10,238
비율	83.7	12.1	4.2	100.0

ㄹ. 2021년 초등돌봄교실 담당인력 현황

(단위 : 명, %)

| 구분 | 돌봄전담사 | | | 현직교사 | 민간위탁업체 | 합 |
	무기계약직	기간제	소계			
인력	6,830	3,407	10,237	1,480	565	12,282
비율	55.6	27.7	83.3	12.1	4.6	100.0

① ㄱ, ㄴ
② ㄱ, ㄷ
③ ㄷ, ㄹ
④ ㄱ, ㄴ, ㄹ
⑤ ㄴ, ㄷ, ㄹ

11 다음 표는 2016 ~ 2020년 갑국의 해양사고 심판현황이다. 이에 대한 〈보기〉의 설명 중 옳은 것을 모두 고르면?

〈2016 ~ 2020년 해양사고 심판현황〉

(단위 : 건)

구분 \ 연도	2016	2017	2018	2019	2020
전년 이월	96	100	( )	71	89
해당 연도 접수	226	223	168	204	252
심판대상	322	( )	258	275	341
재결	222	233	187	186	210

※ '심판대상' 중 '재결'되지 않은 건은 다음 연도로 이월함

보기

ㄱ. 심판대상 중 전년 이월의 비중은 2018년이 2016년보다 높다.
ㄴ. 다음 연도로 이월되는 건수가 가장 많은 연도는 2016년이다.
ㄷ. 2017년 이후 해당 연도 접수 건수의 전년 대비 증가율이 가장 높은 연도는 2020년이다.
ㄹ. 재결 건수가 가장 적은 연도에는 해당 연도 접수 건수도 가장 적다.

① ㄱ, ㄴ
② ㄱ, ㄷ
③ ㄴ, ㄷ
④ ㄴ, ㄹ
⑤ ㄷ, ㄹ

12 다음 표는 갑 주무관이 해양포유류 416종을 4가지 부류(A ~ D)로 나눈 후 2022년 기준 국제자연보전연맹(IUCN) 적색 목록 지표에 따라 분류한 자료이다. 이를 근거로 작성한 보고서의 A, B에 해당하는 해양포유류 부류를 바르게 연결한 것은?

〈해양포유류의 IUCN 적색 목록 지표별 분류 현황〉

(단위 : 종)

지표 \ 해양포유류 부류	A	B	C	D	합
절멸종(EX)	3	–	2	8	13
야생절멸종(EW)	–	–	–	2	2
심각한위기종(CR)	–	–	–	15	15
멸종위기종(EN)	11	1	–	48	60
취약종(VU)	7	2	8	57	74
위기근접종(NT)	2	–	–	38	40
관심필요종(LC)	42	2	1	141	186
자료부족종(DD)	2	–	–	24	26
미평가종(NE)	–	–	–	–	0
계	67	5	11	333	416

〈보고서〉

국제자연보전연맹(IUCN)의 적색 목록(Red List)은 지구 동식물종의 보전 상태를 나타내며, 각 동식물종의 보전 상태는 9개의 지표 중 1개로만 분류된다. 이 중 심각한위기종(CR), 멸종위기종(EN), 취약종(VU) 3개 지표 중 하나로 분류되는 동식물종을 멸종우려종(threatened species)이라 한다. 조사대상 416종의 해양포유류를 '고래류', '기각류', '해달류 및 북극곰', '해우류' 4가지 부류로 나눈 후, IUCN의 적색 목록 지표에 따라 분류해 보면 전체 조사대상의 약 36%가 멸종우려종에 속하고 있다. 특히, 멸종우려종 중 '고래류'가 차지하는 비중은 80% 이상이다. 또한 '해달류 및 북극곰'은 9개의 지표 중 멸종우려종 또는 관심필요종(LC)으로만 분류된 것으로 나타났다.
한편 해양포유류에 대한 과학적인 이해가 부족하여 26종은 자료부족종(DD)으로 분류되고 있다. 다만 '해달류 및 북극곰'과 '해우류'는 자료부족종(DD)으로 분류된 종이 없다.

	A	B
①	고래류	기각류
②	고래류	해우류
③	기각류	해달류 및 북극곰
④	기각류	해우류
⑤	해우류	해달류 및 북극곰

13 다음 보고서는 2021년 갑국 사교육비 조사결과에 대한 자료이다. 보고서의 내용과 부합하지 않는 것은?

〈보고서〉

2021년 전체 학생 수는 532만 명으로 전년보다 감소하였지만, 사교육비 총액은 23조 4천억 원으로 전년 대비 20% 이상 증가하였다. 또한, 사교육의 참여율과 주당 참여시간도 전년 대비 증가한 것으로 나타났다.

2021년 전체 학생의 1인당 월평균 사교육비는 전년 대비 20% 이상 증가하였고, 사교육 참여학생의 1인당 월평균 사교육비 또한 전년 대비 6% 이상 증가하였다. 2021년 전체 학생 중 월평균 사교육비를 20만 원 미만 지출한 학생의 비중은 전년 대비 감소하였으나, 60만 원 이상 지출한 학생의 비중은 전년 대비 증가한 것으로 나타났다.

한편, 2021년 방과후학교 지출 총액은 4,434억 원으로 2019년 대비 50% 이상 감소하였으며, 방과후학교 참여율 또한 28.9%로 2019년 대비 15.0%p 이상 감소하였다.

① 전체 학생 수와 사교육비 총액

(단위 : 만 명, 조 원)

구분 \ 연도	2020	2021
전체 학생 수	535	532
사교육비 총액	19.4	23.4

② 사교육의 참여율과 주당 참여시간

(단위 : %, 시간)

구분 \ 연도	2020	2021
참여율	67.1	75.5
주당 참여시간	5.3	6.7

③ 학생 1인당 월평균 사교육비

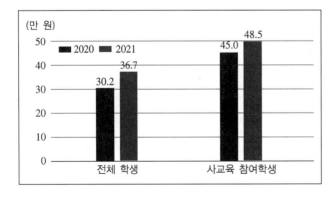

④ 전체 학생의 월평균 사교육비 지출 수준에 따른 분포

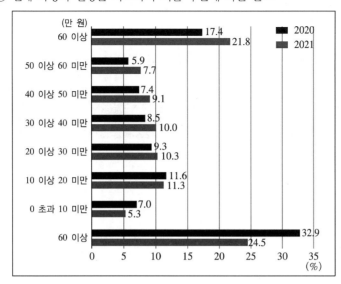

⑤ 방과후학교의 지출 총액과 참여율

(단위 : 억 원, %)

연도 구분	2019	2021
지출 총액	8,250	4,434
참여율	48.4	28.9

14 다음 표는 갑국의 학교급별 여성 교장 수와 비율을 1980년부터 5년마다 조사한 자료이다. 이에 대한 설명으로 옳은 것은?

〈학교급별 여성 교장 수와 비율〉

(단위 : 명, %)

조사연도 \ 학교급 구분	초등학교 여성 교장 수	비율	중학교 여성 교장 수	비율	고등학교 여성 교장 수	비율
1980	117	1.8	66	3.6	47	3.4
1985	122	1.9	98	4.9	60	4.0
1990	159	2.5	136	6.3	64	4.0
1995	222	3.8	181	7.6	66	3.8
2000	490	8.7	255	9.9	132	6.5
2005	832	14.3	330	12.0	139	6.4
2010	1,701	28.7	680	23.2	218	9.5
2015	2,058	34.5	713	24.3	229	9.9
2020	2,418	40.3	747	25.4	242	10.4

※ 1) [학교급별 여성 교장 비율(%)] $= \dfrac{\text{학교급별 여성 교장 수}}{\text{학교급별 전체 교장 수}} \times 100$

2) 교장이 없는 학교는 없으며, 각 학교의 교장은 1명임

① 2000년 이후 중학교 여성 교장 비율은 매년 증가한다.

② 초등학교 수는 2020년이 1980년보다 많다.

③ 고등학교 남성 교장 수는 1985년이 1990년보다 많다.

④ 1995년 초등학교 수는 같은 해 중학교 수와 고등학교 수의 합보다 많다.

⑤ 초등학교 여성 교장 수는 2020년이 2000년의 5배 이상이다.

15 다음 표는 도지사 선거 후보자 A와 B의 TV 토론회 전후 가~마 지역 유권자의 지지율에 대한 자료이고, 보고서는 이 중 한 지역의 지지율 변화를 분석한 자료이다. 가~마 중 보고서의 내용에 해당하는 지역은?

〈도지사 선거 후보자 TV 토론회 전후 지지율〉

(단위 : %)

시기 후보자 지역	TV 토론회 전		TV 토론회 후	
	A	B	A	B
가	38	52	50	46
나	28	40	39	41
다	31	59	37	36
라	35	49	31	57
마	29	36	43	41

※ 1) 도지사 선거 후보자는 A와 B뿐임
　 2) 응답자는 '후보자 A 지지', '후보자 B 지지', '지지 후보자 없음' 중 하나만 응답하고, 무응답은 없음

〈보고서〉

도지사 선거 후보자 TV 토론회를 진행하기 전과 후에 실시한 이 지역의 여론조사 결과, 도지사 후보자 지지율 변화는 다음과 같다. TV 토론회 전에는 B후보자에 대한 지지율이 A후보자보다 10%p 이상 높게 집계되어 B후보자가 선거에 유리한 것으로 보였으나, TV 토론회 후에는 지지율 양상에 변화가 있는 것으로 분석된다.

TV 토론회 후 '지지 후보자 없음'으로 응답한 비율이 줄어 TV 토론회가 그동안 어떤 후보자에 투표할지 고민하던 유권자의 선택에 영향을 미친 것으로 판단된다. 또한, A후보자에 대한 지지율 증가 폭이 B후보자보다 큰 것으로 나타나 TV 토론회를 통해 A후보자의 강점이 더 잘 드러났던 것으로 분석된다. 그러나 TV 토론회 후 두 후보자간 지지율 차이가 3%p 이내에 불과하여 이 지역에서 선거의 결과는 예측하기 어렵다.

① 가
② 나
③ 다
④ 라
⑤ 마

16 다음 그림은 갑 공업단지 내 8개 업종 업체 수와 업종별 스마트시스템 도입률 및 고도화율에 대한 자료이다. 이에 대한 〈보기〉의 설명 중 옳은 것을 모두 고르면?

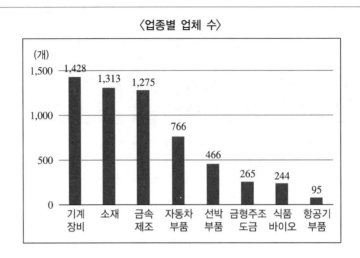

〈업종별 업체 수〉

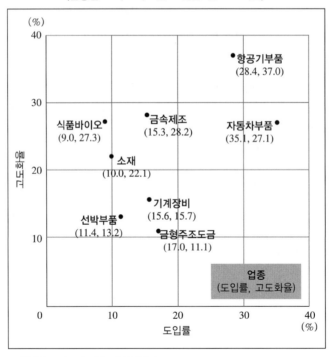

〈업종별 스마트시스템 도입률 및 고도화율〉

※ 1) 도입률(%)= $\dfrac{\text{업종별 스마트시스템 도입 업체 수}}{\text{업종별 업체 수}} \times 100$

　2) 고도화율(%)= $\dfrac{\text{업종별 스마트시스템 고도화 업체 수}}{\text{업종별 스마트시스템 도입 업체 수}} \times 100$

ㄱ. 스마트시스템 도입 업체 수가 가장 많은 업종은 자동차부품이다.

ㄴ. 고도화율이 가장 높은 업종은 스마트시스템 고도화 업체 수도 가장 많다.

ㄷ. 업체 수 대비 스마트시스템 고도화 업체 수가 가장 높은 업종은 항공기부품이다.

ㄹ. 도입률이 가장 낮은 업종은 고도화율도 가장 낮다.

① ㄱ, ㄴ   ② ㄱ, ㄷ

③ ㄱ, ㄹ   ④ ㄴ, ㄷ

⑤ ㄴ, ㄹ

17 다음 표는 운전자 A ~ E의 정지시거 산정을 위해 갑 시험장에서 측정한 자료이다. 표와 정보에 근거하여 맑은 날과 비 오는 날의 운전자별 정지시거를 바르게 연결한 것은?

〈운전자 A ~ E의 정지시거 산정을 위한 자료〉

(단위 : m/초, 초, m)

운전자 \ 구분	자동차	운행속력	반응시간	반응거리	마찰계수 맑은 날	마찰계수 비 오는 날
A	가	20	2.0	40	0.4	0.1
B	나	20	2.0	( )	0.4	0.2
C	다	20	1.6	( )	0.8	0.4
D	나	20	2.4	( )	0.4	0.2
E	나	20	1.4	( )	0.4	0.2

〈정보〉

- (정지시거)=(반응거리)+(제동거리)
- (반응거리)=(운행속력)×(반응시간)
- (제동거리)$=\dfrac{(운행속력)^2}{2\times(마찰계수)\times g}$ (단, g 는 중력가속도이며 10m/초^{2}으로 가정함)

	운전자	맑은 날 정지시거[m]	비 오는 날 정지시거[m]
①	A	120	240
②	B	90	160
③	C	72	82
④	D	98	158
⑤	E	78	128

18 다음 표와 그림은 갑국 8개 어종의 2020년 어획량에 대한 자료이다. 이에 대한 〈보기〉의 설명 중 옳은 것을 모두 고르면?

〈8개 어종의 2020년 어획량〉

(단위 : 톤)

어종	갈치	고등어	광어	멸치	오징어	전갱이	조기	참다랑어
어획량	20,666	64,609	5,453	26,473	23,703	19,769	23,696	482

〈8개 어종 2020년 어획량의 전년비 및 평년비〉

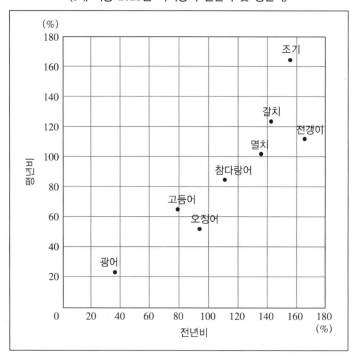

※ 1) [전년비(%)]$=\dfrac{(2020년\ 어획량)}{(2019년\ 어획량)} \times 100$

2) [평년비(%)]$=\dfrac{(2020년\ 어획량)}{(2011 \sim 2020년\ 연도별\ 어획량의\ 평균)} \times 100$

> **보기**
>
> ㄱ. 8개 어종 중 2019년 어획량이 가장 많은 어종은 고등어이다.
>
> ㄴ. 8개 어종 각각의 2019년 어획량은 해당 어종의 2011 ~ 2020년 연도별 어획량의 평균보다 적다.
>
> ㄷ. 2021년 갈치 어획량이 2020년과 동일하다면, 갈치의 2011 ~ 2021년 연도별 어획량의 평균은 2011 ~ 2020년 연도별 어획량의 평균보다 크다.

① ㄱ

② ㄴ

③ ㄱ, ㄷ

④ ㄴ, ㄷ

⑤ ㄱ, ㄴ, ㄷ

19 다음 표는 2021년 A시에서 개최된 철인3종경기 기록이다. 이에 대한 〈보기〉의 설명 중 옳은 것을 모두 고르면?

〈A시 개최 철인3종경기 기록〉

(단위 : 시간)

종합 기록 순위	국적	종합	수영	T1	자전거	T2	달리기
1	러시아	9:22:28	0:48:18	0:02:43	5:04:50	0:02:47	3:23:50
2	브라질	9:34:36	0:57:44	0:02:27	5:02:30	0:01:48	3:30:07
3	대한민국	9:37:41	1:04:14	0:04:08	5:04:21	0:03:05	3:21:53
4	대한민국	9:42:03	1:06:34	0:03:33	5:11:01	0:03:33	3:17:22
5	대한민국	9:43:50	( )	0:03:20	5:00:33	0:02:14	3:17:24
6	일본	9:44:34	0:52:01	0:03:28	5:25:59	0:02:56	3:20:10
7	러시아	9:45:06	1:08:32	0:03:55	5:07:46	0:03:02	3:21:51
8	독일	9:46:48	1:03:49	0:03:53	4:59:20	0:03:00	( )
9	영국	( )	1:07:01	0:03:37	5:07:07	0:03:55	3:26:27
10	중국	9:48:18	1:02:28	0:03:29	5:16:09	0:03:47	3:22:25

※ 1) 기록 '1:01:01'은 1시간 1분 1초를 의미함
2) T1, T2는 각각 '수영'에서 '자전거', '자전거'에서 '달리기'로 전환하는 데 걸리는 시간임
3) 경기 참가 선수는 10명뿐이고, 기록이 짧을수록 순위가 높음

보기

ㄱ. 수영 기록이 한 시간 이하인 선수는 T2기록이 모두 3분 미만이다.
ㄴ. 종합 기록 순위 2～10위인 선수 중, 종합 기록 순위가 한 단계 더 높은 선수와의 종합 기록 차이가 1분 미만인 선수는 3명뿐이다.
ㄷ. 달리기 기록 상위 3명의 국적은 모두 대한민국이다.
ㄹ. 종합 기록 순위가 10위인 선수의 수영 기록 순위는 수영기록과 T1기록의 합산 기록 순위와 다르다.

① ㄱ, ㄴ
② ㄱ, ㄷ
③ ㄷ, ㄹ
④ ㄱ, ㄴ, ㄹ
⑤ ㄴ, ㄷ, ㄹ

20 다음 표는 제품 A ~ E의 제조원가에 대한 자료이다. 제품 A ~ E 중 매출액이 가장 작은 것은?

〈제품 A ~ E의 고정원가, 변동원가율, 제조원가율〉

(단위 : 원, %)

구분 제품	고정원가	변동원가율	제조원가율
A	60,000	40	25
B	36,000	60	30
C	33,000	40	30
D	50,000	20	10
E	10,000	50	10

※ 1) 제조원가＝고정원가＋변동원가

2) 고정원가율(%)＝$\dfrac{고정원가}{제조원가}×100$

3) 변동원가율(%)＝$\dfrac{변동원가}{제조원가}×100$

4) 제조원가율(%)＝$\dfrac{제조원가}{매출액}×100$

① A   ② B

③ C   ④ D

⑤ E

21 다음 표와 〈조건〉은 공유킥보드 운영사 A ~ D의 2022년 1월 기준 대여요금제와 대여방식이고 보고서는 공유킥보드 대여요금제 변경 이력에 대한 자료이다. 보고서에서 (다)에 해당하는 값은?

〈공유킥보드 운영사 A ~ D의 2022년 1월 기준 대여요금제〉

(단위 : 원)

구분＼운영사	A	B	C	D
잠금해제료	0	250	750	1,600
분당대여료	200	150	120	60

조건

- 대여요금＝잠금해제료＋분당대여료×대여시간
- 공유킥보드 이용자는 공유킥보드 대여시간을 분단위로 미리 결정하고 운영사 A ~ D의 대여요금을 산정한다.
- 공유킥보드 이용자는 산정된 대여요금이 가장 낮은 운영사의 공유킥보드를 대여한다.

〈보고서〉

2022년 1월 기준 대여요금제에 따르면 운영사 __(가)__ 는 이용자의 대여시간이 몇 분이더라도 해당 대여시간에 대해 운영사 A ~ D 중 가장 낮은 대여요금을 제공하지 못하는 것으로 나타났다. 자사 공유킥보드가 1대도 대여되지 않고 있음을 확인한 운영사 __(가)__ 는 2월부터 잠금해제 이후 처음 5분간 분당대여료를 면제하는 것으로 대여요금제를 변경하였다.

운영사 __(나)__ 가 2월 기준 대여요금제로 운영사 A ~ D의 대여요금을 재산정한 결과, 이용자의 대여시간이 몇 분이더라도 해당 대여시간에 대해 운영사 A ~ D 중 가장 낮은 대여요금을 제공하지 못하는 것을 파악하였다. 이에 운영사 __(나)__ 는 3월부터 분당대여료를 50원 인하하는 것으로 대여요금제를 변경하였다.

그 결과 대여시간이 20분일 때, 3월 기준 대여요금제로 산정된 운영사 __(가)__ 와 __(나)__ 의 공유킥보드 대여요금 차이는 __(다)__ 원이다.

① 200
② 250
③ 300
④ 350
⑤ 400

※ 다음 표는 2018 ~ 2020년 갑국 방위산업의 매출액 및 종사자 수에 대한 자료이다. 이어지는 질문에 답하시오. [22~23]

〈2018 ~ 2020년 갑국 방위산업의 국내외 매출액〉

(단위 : 억 원)

구분＼연도	2018	2019	2020
총매출액	136,493	144,521	153,867
국내 매출액	116,502	( )	( )
국외 매출액	19,991	21,048	17,624

〈2020년 갑국 방위산업의 기업유형별 매출액 및 종사자 수〉

(단위 : 억 원, 명)

기업유형＼구분	총매출액	국내 매출액	국외 매출액	종사자 수
대기업	136,198	119,586	16,612	27,249
중소기업	17,669	16,657	1,012	5,855
전체	153,867	( )	17,624	33,104

〈2018 ~ 2020년 갑국 방위산업의 분야별 매출액〉

(단위 : 억 원)

분야＼연도	2018	2019	2020
항공유도	41,984	45,412	49,024
탄약	24,742	21,243	25,351
화력	20,140	20,191	21,031
함정	18,862	25,679	20,619
기동	14,027	14,877	18,270
통신전자	14,898	15,055	16,892
화생방	726	517	749
기타	1,114	1,547	1,931
전체	136,493	144,521	153,867

〈2018 ~ 2020년 갑국 방위산업의 분야별 종사자 수〉

(단위 : 명)

분야 \ 연도	2018	2019	2020
A	9,651	10,133	10,108
B	6,969	6,948	6,680
C	3,996	4,537	4,523
D	3,781	3,852	4,053
E	3,988	4,016	3,543
화력	3,312	3,228	3,295
화생방	329	282	228
기타	583	726	674
전체	32,609	33,722	33,104

※ 갑국 방위산업 분야는 기타를 제외하고 항공유도, 탄약, 화력, 함정, 기동, 통신전자, 화생방으로만 구분함

22 위 표에 근거한 〈보기〉의 설명 중 옳은 것을 모두 고르면?

보기

ㄱ. 방위산업의 국내 매출액이 가장 큰 연도에 방위산업 총매출액 중 국외 매출액 비중이 가장 작다.
ㄴ. 기타를 제외하고, 2018년 대비 2020년 매출액 증가율이 가장 낮은 방위산업 분야는 탄약이다.
ㄷ. 2020년 방위산업의 기업유형별 종사자당 국외 매출액은 대기업이 중소기업의 4배 이상이다.
ㄹ. 2020년 항공유도 분야 대기업 국내 매출액은 14,500억 원 이상이다.

① ㄱ, ㄴ
② ㄱ, ㄷ
③ ㄴ, ㄹ
④ ㄷ, ㄹ
⑤ ㄱ, ㄴ, ㄹ

23 위 표와 다음 보고서를 근거로 '항공유도'에 해당하는 방위산업 분야를 네 번째 표의 A ~ E 중에서 고르면?

〈보고서〉

2018년 대비 2020년 '갑'국 방위산업의 총매출액은 약 12.7% 증가하였으나 방위산업 전체 종사자 수는 약 1.5% 증가하는 데 그쳤다. '기타'를 제외한 7개 분야에 대해 이를 구체적으로 분석하면 다음과 같다.

2018년 대비 2020년 방위산업 분야별 매출액은 모두 증가하였으나 종사자 수는 '통신전자', '함정', '항공유도' 분야만 증가하고 나머지 분야는 감소한 것으로 나타났다. 2018 ~ 2020년 동안 매출액과 종사자 수 모두 매년 증가한 방위산업 분야는 '통신전자'뿐이고, '탄약'과 '화생방' 분야는 종사자 수가 매년 감소하였다. 특히, '기동' 분야는 2018년 대비 2020년 매출액 증가율이 방위산업 분야 중 가장 높았지만 종사자 수는 가장 많이 감소하였다. 2018년 대비 2020년 '함정' 분야 매출액 증가율은 방위산업 전체 매출액 증가율보다 낮았으나 종사자 수는 방위산업 분야 중 가장 많이 증가하였다. 이에 따라 방위산업의 분야별 종사자당 매출액 순위에도 변동이 있었다. 2018년에는 '화력' 분야의 종사자당 매출액이 가장 컸고, 다음으로 '함정', '항공유도' 순으로 컸다. 한편, 2020년에는 '화력' 분야의 종사자당 매출액이 가장 컸고, 다음으로 '기동', '항공유도' 순으로 컸다.

---

① A
② B
③ C
④ D
⑤ E

24 다음 표는 2021년 국가 A ~ D의 국내총생산, 1인당 국내총생산, 1인당 이산화탄소 배출량에 대한 자료이다. 이를 근거로 국가 A ~ D를 이산화탄소 총배출량이 가장 적은 국가부터 순서대로 바르게 나열한 것은?

<국가별 국내총생산, 1인당 국내총생산, 1인당 이산화탄소 배출량>

(단위 : 달러, 톤CO2eq.)

국가 \ 구분	국내총생산	1인당 국내총생산	1인당 이산화탄소 배출량
A	20조 4,941억	62,795	16.6
B	4조 9,709억	39,290	9.1
C	1조 6,194억	31,363	12.4
D	13조 6,082억	9,771	7.0

※ 1) 1인당 국내총생산$=\dfrac{\text{국내총생산}}{\text{총인구}}$

2) 1인당 이산화탄소 배출량$=\dfrac{\text{이산화탄소 총배출량}}{\text{총인구}}$

① A, C, B, D

② A, D, C, B

③ C, A, D, B

④ C, B, A, D

⑤ D, B, C, A

25 다음 표는 2019 ~ 2021년 갑국의 장소별 전기차 급속충전기 수에 대한 자료이다. 이에 대한 〈보기〉의 설명 중 옳은 것을 모두 고르면?

〈장소별 전기차 급속충전기 수〉

(단위 : 대)

구분	장소	2019	2020	2021
다중이용시설	쇼핑몰	807	1,701	2,701
	주유소	125	496	( )
	휴게소	( )	( )	2,099
	문화시설	757	1,152	1,646
	체육시설	272	498	604
	숙박시설	79	146	227
	여객시설	64	198	378
	병원	27	98	152
	소계	2,606	5,438	8,858
일반시설	공공시설	1,595	( )	( )
	주차전용시설	565	898	1,275
	자동차정비소	119	303	375
	공동주택	( )	102	221
	기타	476	499	522
	소계	2,784	4,550	6,145
전체		5,390	9,988	15,003

보기

ㄱ. 전체 급속충전기 수 대비 다중이용시설 급속충전기 수의 비율은 매년 증가한다.
ㄴ. 공공시설 급속충전기 수는 주차전용시설과 쇼핑몰 급속충전기 수의 합보다 매년 많다.
ㄷ. 기타를 제외하고, 2019년 대비 2021년 급속충전기 수의 증가율이 가장 큰 장소는 주유소이다.
ㄹ. 급속충전기 수는 휴게소가 문화시설보다 매년 많다.

① ㄱ, ㄴ
② ㄱ, ㄷ
③ ㄱ, ㄹ
④ ㄴ, ㄷ
⑤ ㄴ, ㄹ

01   NCS 기출유형확인

01 다음 그림은 2009 ~ 2022년 갑국의 엥겔계수와 엔젤계수를 나타낸 자료이다. 이에 대한 설명으로 옳은 것은?

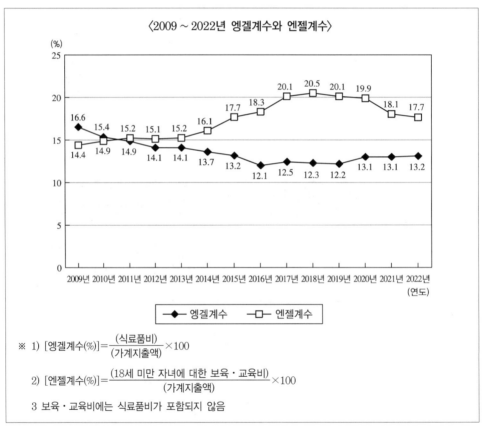

〈2009 ~ 2022년 엥겔계수와 엔젤계수〉

※ 1) $[엥겔계수(\%)] = \dfrac{(식료품비)}{(가계지출액)} \times 100$

　 2) $[엔젤계수(\%)] = \dfrac{(18세 \ 미만 \ 자녀에 \ 대한 \ 보육 \cdot 교육비)}{(가계지출액)} \times 100$

　 3 보육·교육비에는 식료품비가 포함되지 않음

① 2013 ~ 2018년 동안 엔젤계수의 연간 상승폭은 매년 증가한다.

② 2009년 대비 2019년의 엥겔계수 하락폭은 엔젤계수 상승폭보다 크다.

③ 2011년 이후 매년 18세 미만 자녀에 대한 보육·교육비는 식료품비를 초과한다.

④ 2013 ~ 2017년 동안 매년 18세 미만 자녀에 대한 보육·교육비 대비 식료품비의 비율은 증가한다.

⑤ 엔젤계수는 가장 높은 해가 가장 낮은 해에 비해 7.0%p 이상 크다.

02 다음은 2022년 갑국의 식품 수입액 및 수입 건수 상위 10개 수입상대국 현황에 대한 자료이다. 이에 대한 설명으로 옳은 것은?

〈2022년 갑국의 식품 수입액 및 수입 건수 상위 10개 수입상대국 현황〉

(단위 : 조 원, 건, %)

수입액				수입 건수			
순위	국가	금액	점유율	순위	국가	건수	점유율
1	중국	3.39	21.06	1	중국	104,487	32.06
2	미국	3.14	19.51	2	미국	55,980	17.17
3	호주	1.10	6.83	3	일본	15,884	4.87
4	브라질	0.73	4.54	4	프랑스	15,883	4.87
5	태국	0.55	3.42	5	이탈리아	15,143	4.65
6	베트남	0.50	3.11	6	태국	12,075	3.70
7	필리핀	0.42	2.61	7	독일	11,699	3.59
8	말레이시아	0.36	2.24	8	베트남	10,558	3.24
9	영국	0.34	2.11	9	영국	7,595	2.33
10	일본	0.17	1.06	10	필리핀	7,126	2.19
-	기타 국가	5.40	33.53	-	기타 국가	69,517	21.33

① 식품의 총수입액은 17조 원 이상이다.

② 수입액 상위 10개 수입상대국의 식품 수입액 합이 전체 식품 수입액에서 차지하는 비중은 70% 이상이다.

③ 식품 수입액 상위 10개 수입상대국과 식품 수입 건수 상위 10개 수입상대국에 모두 속하는 국가 수는 6개이다.

④ 식품 수입 건수당 식품 수입액은 중국이 미국보다 크다.

⑤ 중국으로부터의 식품 수입 건수는 수입 건수 상위 10개 수입상대국으로부터의 식품 수입 건수 합의 45% 이하이다.

03 다음은 자동차 판매현황이다. 이에 대한 〈보기〉의 설명 중 옳은 것을 모두 고르면?

<자동차 판매현황>

(단위 : 천 대)

구분	2020년	2021년	2022년
소형	27.8	32.4	30.2
준중형	181.3	179.2	180.4
중형	209.3	202.5	205.7
대형	186.1	185.0	177.6
SUV	452.2	455.7	450.8

보기

ㄱ. 2020 ~ 2022년 동안 판매량이 지속적으로 감소하는 차종은 2종류이다.

ㄴ. 2021년 대형 자동차 판매량은 전년 대비 2% 미만 감소했다.

ㄷ. SUV 자동차의 3년 동안 총판매량은 대형 자동차 총판매량의 2.5배 이하이다.

ㄹ. 2021년 대비 2022년 판매량의 증가율이 가장 높은 차종은 준중형이다.

① ㄱ, ㄷ   ② ㄴ, ㄷ

③ ㄱ, ㄴ, ㄹ   ④ ㄴ, ㄹ

⑤ ㄱ, ㄷ, ㄹ

04 다음은 단위면적당 도시공원·녹지·유원지 현황을 나타낸 표이다. 이에 대한 설명으로 옳지 않은 것은?

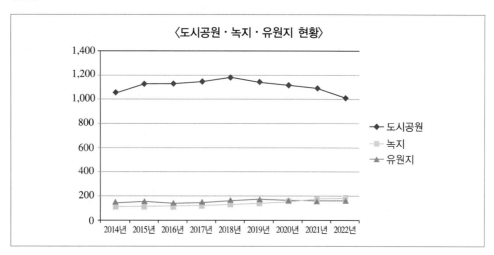

① 도시공원의 면적은 2019년부터 감소하고 있다.

② 녹지의 면적은 꾸준히 증가하고 있다.

③ 도시공원의 면적은 녹지와 유원지의 면적보다 월등히 넓다.

④ 2019년부터 녹지의 면적은 유원지 면적을 추월했다.

⑤ 도시공원의 면적은 2018년에 가장 넓다.

05 다음은 한국직업방송 만족도 평가에 대한 연구보고서이다. 이에 대한 내용으로 옳지 않은 것은?

〈한국직업방송 만족도 평가〉

한국직업방송 시청경험자를 대상으로 실시한 만족도 평가에서 다음과 같은 결과가 나왔다. 교육적이며 공익적인 가치를 선도해나가는 프로그램을 제공했는가를 중점으로 평가한 유익성 항목에서 EBS의 만족도가 가장 높았고, 내용면에서는 실생활 정보 및 세상을 이해하는 데 도움을 주는 프로그램으로 WORK TV와 EBS가 뽑혔다. MC의 진행능력은 연합뉴스 TV, 방송대학 TV가 상위권이었으며, 마지막으로 프로그램이 적합한 시간대에 편성되고, 프로그램을 다양한 채널에서 시청가능 여부를 묻는 편의성은 EBS와 방송대학 TV의 만족도가 좋았다.

〈직업방송 관련 채널 만족도〉

(단위 : 점)

구분	WORK TV	연합뉴스 TV	방송대학 TV	JOBS	EBS
유익성	3.4	3.5	3.5	3.8	3.8
내용	4.2	3.4	3.0	3.0	4.1
진행	3.5	4.5	4.3	3.1	3.8
편의성	3.1	3.4	4.0	3.2	4.0

※ 5점 척도(1점=전혀 그렇지 않다, 5점=매우 그렇다)

〈평가 항목별 가중치〉

구분	유익성	내용	진행	편의성
가중치	0.3	0.2	0.1	0.4

※ 각 채널 만족도 점수는 가중치를 적용하여 합한 값이다.

① 실생활 정보에 도움을 주는 프로그램으로 WORK TV의 만족도가 가장 높다.
② 만족도 점수는 JOBS가 연합뉴스 TV보다 0.21점 낮다.
③ 만족도 평가 항목의 중요도는 '편의성 – 유익성 – 내용 – 진행' 순서로 중요하다.
④ 평가 항목 중 모든 채널의 만족도가 4.0점 이상인 것은 1가지 이상이다.
⑤ 직업방송 관련 채널 만족도 점수가 가장 높은 두 채널은 방송대학 TV와 EBS이다.

| 01 | 기본문제

01 다음은 2022년 스노보드 빅에어 월드컵 결승전에 출전한 선수 갑 ~ 정의 심사위원별 점수에 대한 자료이다. 이에 대한 〈보기〉의 설명 중 옳은 것만을 모두 고르면?

〈선수 갑 ~ 정의 심사위원별 점수〉

(단위 : 점)

선수	시기	심사위원				평균 점수	최종 점수
		A	B	C	D		
갑	1차	88	90	89	92	89.5	
	2차	48	55	60	45	51.5	183.5
	3차	95	96	92	( )	( )	
을	1차	84	87	87	88	( )	
	2차	28	40	41	39	39.5	( )
	3차	81	77	79	79	( )	
병	1차	74	73	85	89	79.5	
	2차	89	88	88	87	88.0	167.5
	3차	68	69	73	74	( )	
정	1차	79	82	80	85	81.5	
	2차	94	95	93	96	94.5	( )
	3차	37	45	39	41	40.0	

※ 1) 각 시기의 평균점수는 심사위원 A ~ D의 점수 중 최고점과 최저점을 제외한 2개 점수의 평균임
   2) 각 선수의 최종점수는 각 선수의 1 ~ 3차 시기 평균점수 중 최저점을 제외한 2개 점수의 합임

보기

ㄱ. 최종점수는 정이 을보다 낮다.
ㄴ. 3차 시기의 평균점수는 갑이 병보다 낮다.
ㄷ. 정이 1차 시기에서 심사위원 A ~ D에게 10점씩 더 높은 점수를 받는다면, 최종점수가 가장 높다.
ㄹ. 1차 시기에서 심사위원 C는 4명의 선수 모두에게 심사위원 A보다 높은 점수를 부여했다.

① ㄱ, ㄴ
② ㄴ, ㄷ
③ ㄷ, ㄹ
④ ㄱ, ㄴ, ㄷ
⑤ ㄴ, ㄷ, ㄹ

02 다음은 한국전쟁 당시 참전한 유엔군의 참전현황 및 피해인원에 대한 자료이다. 이에 대한 설명으로 옳은 것은?

<한국전쟁 당시 참전한 유엔군의 참전현황 및 피해인원>

(단위 : 명)

구분 국가	참전현황		피해인원				
	참전인원	참전군	전사·사망	부상	실종	포로	전체
미국	1,789,000	육군, 해군, 공군	36,940	92,134	3,737	4,439	137,250
영국	56,000	육군, 해군	1,078	2,674	179	977	4,908
캐나다	25,687	육군, 해군, 공군	312	1,212	1	32	1,557
터키	14,936	육군	741	2,068	163	244	3,216
호주	8,407	육군, 해군, 공군	339	1,216	3	26	1,584
필리핀	7,420	육군	112	229	16	41	398
태국	6,326	육군, 해군, 공군	129	1,139	5	0	1,273
네덜란드	5,322	육군, 해군	120	645	0	3	768
콜롬비아	5,100	육군, 해군	163	448	0	28	639
그리스	4,992	육군, 공군	192	543	0	3	738
뉴질랜드	3,794	육군, 해군	23	79	1	0	103
에티오피아	3,518	육군	121	536	0	0	657
벨기에	3,498	육군	99	336	4	1	440
프랑스	3,421	육군, 해군	262	1,008	7	12	1,289
남아공	826	공군	34	0	0	9	43
룩셈부르크	83	육군	2	13	0	0	15
계	1,938,330	–	40,667	104,280	4,116	5,815	154,878

① 미국의 참전인원은 다른 모든 국가의 참전인원의 합보다 15배 이상 많다.

② 참전인원 대비 전체 피해인원 비율이 가장 큰 국가는 터키이다.

③ 공군이 참전한 국가 중 해당 국가의 전체 피해인원 대비 '부상' 인원의 비율이 가장 큰 국가는 태국이다.

④ '전사·사망' 인원은 육군만 참전한 모든 국가의 합이 공군만 참전한 모든 국가의 합의 30배 이하이다.

⑤ '실종' 인원이 '포로' 인원보다 많은 국가는 4개국이다.

03 다음은 2021년과 2022년 주요 10개 자동차 브랜드 가치평가에 대한 자료이다. 이에 대한 〈보기〉의 설명 중 옳은 것을 모두 고르면?

〈브랜드 가치평가액〉

(단위 : 억 달러)

브랜드＼연도	2021년	2022년
TO	248	279
BE	200	218
BM	171	196
HO	158	170
FO	132	110
WO	56	60
AU	37	42
HY	35	41
XO	38	39
NI	32	31

〈브랜드 가치평가액 순위〉

브랜드＼구분＼연도	전체 제조업계 내 순위		자동차업계 내 순위	
	2021년	2022년	2021년	2022년
TO	9	7	1	1
BE	11	10	2	2
BM	16	15	3	3
HO	19	19	4	4
FO	22	29	5	5
WO	56	56	6	6
AU	78	74	8	7
HY	84	75	9	8
XO	76	80	7	9
NI	85	90	10	10

보기

ㄱ. 2022년 '전체 제조업계 내 순위'가 2021년 대비 하락한 브랜드는 2022년 브랜드 가치평가액도 2021년 대비 감소하였다.

ㄴ. 2021년과 2022년의 브랜드 가치평가액 차이가 세 번째로 큰 브랜드는 BE이다.

ㄷ. 2022년 '전체 제조업계 내 순위'와 '자동차업계 내 순위'가 2021년 대비 모두 상승한 브랜드는 2개뿐이다.

ㄹ. 연도별 '자동차업계 내 순위' 기준 상위 7개 브랜드 가치평가액 평균은 2022년이 2021년보다 크다.

① ㄱ, ㄴ
② ㄱ, ㄹ
③ ㄴ, ㄷ
④ ㄴ, ㄹ
⑤ ㄷ, ㄹ

04 다음은 A국의 흥행순위별 2022년 영화개봉작 정보와 월별 개봉편수 및 관객 수에 대한 자료이다. 이에 대한 설명으로 옳지 않은 것은?

〈A국의 흥행순위별 2022년 영화개봉작 정보〉

(단위 : 천 명)

흥행순위	영화명	개봉시기	제작	관객 수
1	버스운전사	8월	국내	12,100
2	님과 함께	12월	국내	8,540
3	동조	1월	국내	7,817
4	거미인간	7월	국외	7,258
5	착한도시	10월	국내	6,851
6	군함만	7월	국내	6,592
7	소년경찰	8월	국내	5,636
8	더 퀸	1월	국내	5,316
9	투수와 야수	3월	국외	5,138
10	퀸스맨	9월	국외	4,945
11	썬더맨	10월	국외	4,854
12	꾸러기	11월	국내	4,018
13	가랑비	12월	국내	4,013
14	동래산성	10월	국내	3,823
15	좀비	6월	국외	3,689
16	행복의 질주	4월	국외	3,653
17	나의 이름은	4월	국외	3,637
18	슈퍼카인드	7월	국외	3,325
19	아이 캔 토크	9월	국내	3,279
20	캐리비안	5월	국외	3,050

※ 관객 수는 개봉일로부터 2022년 12월 31일까지 누적한 값임

〈A국의 2022년 월별 개봉편수 및 관객 수〉

(단위 : 편, 천 명)

월 \ 제작구분	국내		국외	
	개봉편수	관객 수	개봉편수	관객 수
1	35	12,682	105	10,570
2	39	8,900	96	6,282
3	31	4,369	116	9,486
4	29	4,285	80	6,929
5	31	6,470	131	12,210
6	49	4,910	124	10,194
7	50	6,863	96	14,495
8	49	21,382	110	8,504
9	48	5,987	123	6,733
10	35	12,964	91	8,622
11	56	6,427	104	6,729
12	43	18,666	95	5,215
전체	495	113,905	1,271	105,969

※ 관객 수는 당월 상영영화에 대해 월말 집계한 값임

① 흥행순위 1~20위 내의 영화 중 한 편의 영화도 개봉되지 않았던 달에는 국외제작영화 관객 수가 국내제작영화 관객 수보다 적다.
② 10월에 개봉된 영화 중 흥행순위 1~20위 내에 든 영화는 국내제작영화뿐이다.
③ 국외제작영화 개봉편수는 국내제작영화 개봉편수보다 매달 많다.
④ 국외제작영화 관객 수가 가장 많았던 달에 개봉된 영화 중 흥행순위 1~20위 내에 든 국외제작영화 개봉작은 2편이다.
⑤ 흥행순위가 1위인 영화의 관객 수는 국내제작영화 전체 관객 수의 10% 이상이다.

다음은 갑 연구소에서 제습기 A~E의 습도별 연간소비전력량을 측정한 자료이다. 이에 대한 〈보기〉의 설명 중 옳은 것을 모두 고르면?

〈제습기 A~E의 습도별 연간소비전력량〉

(단위 : kWh)

습도 제습기	40%	50%	60%	70%	80%
A	550	620	680	790	840
B	560	640	740	810	890
C	580	650	730	800	880
D	600	700	810	880	950
E	660	730	800	920	970

보기

ㄱ. 습도가 70%일 때 연간소비전력량이 가장 적은 제습기는 A이다.

ㄴ. 각 습도에서 연간소비전력량이 많은 제습기부터 순서대로 나열하면, 습도 60%일 때와 습도 70%일 때의 순서는 동일하다.

ㄷ. 습도가 40%일 때 제습기 E의 연간소비전력량은 습도가 50%일 때 제습기 B의 연간소비전력량보다 많다.

ㄹ. 제습기 각각에서 연간소비전력량은 습도가 80%일 때가 40%일 때의 1.5배 이상이다.

① ㄱ, ㄴ   ② ㄱ, ㄷ

③ ㄴ, ㄹ   ④ ㄱ, ㄷ, ㄹ

⑤ ㄴ, ㄷ, ㄹ

06 다음은 동일한 상품군을 판매하는 백화점과 TV홈쇼핑의 상품군별 2022년 판매수수료율에 대한 자료이다. 이에 대한 보고서의 설명 중 옳은 것을 모두 고르면?

〈백화점 판매수수료율 순위〉

(단위 : %)

판매수수료율 상위 5개			판매수수료율 하위 5개		
순위	상품군	판매수수료율	순위	상품군	판매수수료율
1	셔츠	33.9	1	디지털기기	11.0
2	레저용품	32.0	2	대형가전	14.4
3	잡화	31.8	3	소형가전	18.6
4	여성정장	31.7	4	문구	18.7
5	모피	31.1	5	신선식품	20.8

〈TV홈쇼핑 판매수수료율 순위〉

(단위 : %)

판매수수료율 상위 5개			판매수수료율 하위 5개		
순위	상품군	판매수수료율	순위	상품군	판매수수료율
1	셔츠	42.0	1	여행패키지	8.4
2	여성캐주얼	39.7	2	디지털기기	21.9
3	진	37.8	3	유아용품	28.1
4	남성정장	37.4	4	건강용품	28.2
5	화장품	36.8	5	보석	28.7

〈보고서〉

백화점과 TV홈쇼핑의 전체 상품군별 판매수수료율을 조사한 결과, ㉠ 백화점, TV홈쇼핑 모두 셔츠 상품군의 판매수수료율이 전체 상품군 중 가장 높았다. 그리고 백화점, TV홈쇼핑 모두 상위 5개 상품군의 판매수수료율이 30%를 넘어섰다. ㉡ 여성정장 상품군과 모피 상품군의 판매수수료율은 TV홈쇼핑이 백화점보다 더 낮았으며, ㉢ 디지털기기 상품군의 판매수수료율은 TV홈쇼핑이 백화점보다 더 높았다. ㉣ 여행패키지 상품군의 판매수수료율은 백화점이 TV홈쇼핑의 2배 이상이었다.

① ㉠, ㉡

② ㉠, ㉢

③ ㉡, ㉣

④ ㉠, ㉢, ㉣

⑤ ㉡, ㉢, ㉣

07 다음은 지역별 마약류 단속에 대한 자료이다. 이에 대한 설명으로 옳은 것은?

〈지역별 마약류 단속 건수〉

(단위 : 건, %)

지역 \ 마약류	대마	마약	향정신성의약품	합계	비중
서울	49	18	323	390	22.1
인천·경기	55	24	552	631	35.8
부산	6	6	166	178	10.1
울산·경남	13	4	129	146	8.3
대구·경북	8	1	138	147	8.3
대전·충남	20	4	101	125	7.1
강원	13	0	35	48	2.7
전북	1	4	25	30	1.7
광주·전남	2	4	38	44	2.5
충북	0	0	21	21	1.2
제주	0	0	4	4	0.2
전체	167	65	1,532	1,764	100.0

※ 1) 수도권은 서울과 인천·경기를 합한 지역임
  2) 마약류는 대마, 마약, 향정신성의약품으로만 구성됨

① 대마 단속 전체 건수는 마약 단속 전체 건수의 3배 이상이다.
② 수도권의 마약류 단속 건수는 마약류 단속 전체 건수의 50% 이상이다.
③ 마약 단속 건수가 없는 지역은 5곳이다.
④ 향정신성의약품 단속 건수는 대구·경북 지역이 광주·전남 지역의 4배 이상이다.
⑤ 강원 지역은 향정신성의약품 단속 건수가 대마 단속 건수의 3배 이상이다.

08 다음은 OECD 주요 국가별 삶의 만족도 및 관련 지표를 나타낸 것이다. 이에 대한 설명으로 옳지 않은 것은?

〈OECD 주요 국가별 삶의 만족도 및 관련 지표〉

(단위 : 점, %, 시간)

국가 \ 구분	삶의 만족도	장시간근로자비율	여가 · 개인 돌봄시간
덴마크	7.6	2.1	16.1
아이슬란드	7.5	13.7	14.6
호주	7.4	14.2	14.4
멕시코	7.4	28.8	13.9
미국	7.0	11.4	14.3
영국	6.9	12.3	14.8
프랑스	6.7	8.7	15.3
이탈리아	6.0	5.4	15.0
일본	6.0	22.6	14.9
한국	6.0	28.1	14.6
에스토니아	5.4	3.6	15.1
포르투갈	5.2	9.3	15.0
헝가리	4.9	2.7	15.0

※ 장시간근로자비율은 전체 근로자 중 주 50시간 이상 근무한 근로자의 비율임

① 삶의 만족도가 가장 높은 국가는 장시간근로자비율이 가장 낮다.
② 한국의 장시간근로자비율은 삶의 만족도가 가장 낮은 국가의 장시간근로자비율의 10배 이상이다.
③ 삶의 만족도가 한국보다 낮은 국가들의 장시간근로자비율의 산술평균은 이탈리아의 장시간근로자비율보다 높다.
④ 여가 · 개인돌봄시간이 가장 긴 국가와 가장 짧은 국가의 삶의 만족도 차이는 0.3점 이하이다.
⑤ 장시간근로자비율이 미국보다 낮은 국가의 여가 · 개인돌봄시간은 모두 미국의 여가 · 개인돌봄시간보다 길다.

09 다음은 2021년과 2022년 갑국 국제협력단이 공여한 공적개발원조액에 대한 자료이다. 이에 대한 보고서의 내용 중 옳은 것을 모두 고르면?

〈지원형태별 공적개발원조액〉

(단위 : 백만 원)

연도 지원형태	2021년	2022년
양자	500,139	542,725
다자	22,644	37,827
전체	522,783	580,552

〈지원분야별 공적개발원조액〉

(단위 : 백만 원, %)

구분 지원분야	2021년		2022년	
	금액	비중	금액	비중
교육	153,539	29.4	138,007	23.8
보건	81,876	15.7	97,082	16.7
공공행정	75,200	14.4	95,501	16.5
농림수산	72,309	13.8	85,284	14.7
산업에너지	79,945	15.3	82,622	14.2
긴급구호	1,245	0.2	13,879	2.4
기타	58,669	11.2	68,177	11.7
전체	522,783	100.0	580,552	100.0

〈사업유형별 공적개발원조액〉

(단위 : 백만 원, %)

구분 사업유형	2021년		2022년	
	금액	비중	금액	비중
프로젝트	217,624	41.6	226,884	39.1
개발조사	33,839	6.5	42,612	7.3
연수생초청	52,646	10.1	55,214	9.5
봉사단파견	97,259	18.6	109,658	18.9
민관협력	35,957	6.9	34,595	6.0
물자지원	5,001	1.0	6,155	1.1
행정성경비	42,428	8.1	49,830	8.6
개발인식증진	15,386	2.9	17,677	3.0
국제기구사업	22,643	4.3	37,927	6.5
전체	522,783	100.0	580,552	100.0

〈지역별 공적개발원조액〉

(단위 : 백만 원, %)

지역 \ 구분	2021년		2022년	
	금액	비중	금액	비중
동남아시아	230,758	44.1	236,096	40.7
아프리카	104,940	20.1	125,780	21.7
중남미	60,582	11.6	63,388	10.9
중동	23,847	4.6	16,115	2.8
유럽	22,493	4.3	33,839	5.8
서남아시아	22,644	4.3	37,827	6.5
기타	57,519	11.0	67,507	11.6
전체	522,783	100.0	580,552	100.0

〈보고서〉

㉠ 2022년 갑국 국제협력단이 공여한 전체 공적개발원조액(이하 원조액)은 전년 대비 10% 이상 증가하여 5,800억 원을 상회하였다. ㉡ 2021년과 2022년 양자 지원형태로 공여한 원조액은 매년 전체 원조액의 90% 이상이다. ㉢ 지원분야별 원조액을 살펴보면, '기타'를 제외하고 2021년과 2022년 지원분야의 원조액 순위는 동일하였다. ㉣ 2021년에 비해 2022년에 공적개발원조액 전체에서 차지하는 비중이 낮아진 사업유형은 모두 3개였다. 지역별 원조액을 살펴보면, 2022년 동남아시아에 대한 원조액은 2021년 대비 증가한 반면에, 전체 원조액에서 동남아시아가 차지하는 비중은 감소하였다. ㉤ 2022년 지역별 원조액은 '기타'를 제외하고 살펴보면, 모든 지역에서 각각 전년 대비 증가하였다.

① ㉠, ㉡, ㉣
② ㉠, ㉡, ㉤
③ ㉠, ㉢, ㉤
④ ㉡, ㉢, ㉣
⑤ ㉢, ㉣, ㉤

10 다음은 2020 ~ 2022년 A국 농축수산물 생산액 상위 10개 품목에 대한 자료이다. 이에 대한 〈보기〉의 설명 중 옳은 것을 모두 고르면?

〈A국 농축수산물 생산액 상위 10개 품목〉

(단위 : 억 원)

연도 순위 구분	2020년		2021년		2022년	
	품목	생산액	품목	생산액	품목	생산액
1	쌀	105,046	쌀	85,368	쌀	86,800
2	돼지	23,720	돼지	37,586	돼지	54,734
3	소	18,788	소	31,479	소	38,054
4	우유	13,517	우유	15,513	닭	20,229
5	고추	10,439	닭	11,132	우유	17,384
6	닭	8,208	달걀	10,853	달걀	13,590
7	달걀	6,512	수박	8,920	오리	12,323
8	감귤	6,336	고추	8,606	고추	9,913
9	수박	5,598	감귤	8,108	인삼	9,412
10	마늘	5,324	오리	6,490	감귤	9,065
농축수산물 전체	–	319,678	–	350,889	–	413,643

보기

ㄱ. 2022년에 감귤 생산액 순위는 2021년에 비해 떨어졌으나 감귤 생산액이 농축수산물 전체 생산액에서 차지하는 비중은 증가하였다.

ㄴ. 쌀 생산액이 농축수산물 전체 생산액에서 차지하는 비중은 매년 감소하였다.

ㄷ. 상위 10위 이내에 매년 포함된 품목은 7개이다.

ㄹ. 오리 생산액은 매년 증가하였다.

① ㄱ, ㄴ   ② ㄱ, ㄹ

③ ㄴ, ㄷ   ④ ㄴ, ㄹ

⑤ ㄷ, ㄹ

11 다음은 갑국의 PC와 스마트폰 기반 웹 브라우저 이용에 대한 설문조사를 바탕으로, 2022년 10월 ~ 2023년 1월 동안 매월 이용률 상위 5종 웹 브라우저의 이용률 현황을 정리한 자료이다. 이에 대한 설명으로 옳은 것은?

〈PC 기반 웹 브라우저〉

(단위 : %)

조사시기 웹 브라우저 종류	2022년			2023년
	10월	11월	12월	1월
인터넷 익스플로러	58.22	58.36	57.91	58.21
파이어폭스	17.70	17.54	17.22	17.35
크롬	16.42	16.44	17.35	17.02
사파리	5.84	5.90	5.82	5.78
오페라	1.42	1.39	1.33	1.28
상위 5종 전체	99.60	99.63	99.63	99.64

※ 무응답자는 없으며, 응답자는 1종의 웹 브라우저만을 이용한 것으로 응답함

〈스마트폰 기반 웹 브라우저〉

(단위 : %)

조사시기 웹 브라우저 종류	2022년			2023년
	10월	11월	12월	1월
사파리	55.88	55.61	54.82	54.97
안드로이드 기본 브라우저	23.45	25.22	25.43	23.49
크롬	6.85	8.33	9.70	10.87
오페라	6.91	4.81	4.15	4.51
인터넷 익스플로러	1.30	1.56	1.58	1.63
상위 5종 전체	94.39	95.53	95.68	95.47

※ 무응답자는 없으며, 응답자는 1종의 웹 브라우저만을 이용한 것으로 응답함

① 2022년 10월 전체 설문조사 대상 스마트폰 기반 웹 브라우저는 10종 이상이다.

② 2023년 1월 이용률 상위 5종 웹 브라우저 중 PC 기반 이용률 순위와 스마트폰 기반 이용률 순위가 일치하는 웹 브라우저는 없다.

③ PC 기반 이용률 상위 5종 웹 브라우저의 이용률 순위는 매월 동일하다.

④ 스마트폰 기반 이용률 상위 5종 웹 브라우저 중 2022년 10월과 2023년 1월 이용률의 차이가 2%p 이상인 것은 크롬뿐이다.

⑤ 스마트폰 기반 이용률 상위 3종 웹 브라우저 이용률의 합은 매월 90% 이상이다.

12 다음은 2013 ~ 2022년 5개 자연재해 유형별 피해금액에 대한 자료이다. 이에 대한 〈보기〉의 설명 중 옳은 것을 모두 고르면?

〈5개 자연재해 유형별 피해금액〉

(단위 : 억 원)

유형 \ 연도	2013년	2014년	2015년	2016년	2017년	2018년	2019년	2020년	2021년	2022년
태풍	3,416	1,385	118	1,609	9	0	1,725	2,183	8,765	17
호우	2,150	3,520	19,063	435	581	2,549	1,808	5,276	384	1,581
대설	6,739	5,500	52	74	36	128	663	480	204	113
강풍	0	93	140	69	11	70	2	0	267	9
풍랑	0	0	57	331	0	241	70	3	0	0
전체	12,305	10,498	19,430	2,518	637	2,988	4,268	7,942	9,620	1,720

보기

ㄱ. 2013 ~ 2022년 강풍 피해금액 합계는 풍랑 피해금액 합계보다 작다.

ㄴ. 2021년 태풍 피해금액은 2021년 5개 자연재해 유형 전체 피해금액의 90% 이상이다.

ㄷ. 피해금액이 매년 10억 원보다 큰 자연재해 유형은 호우뿐이다.

ㄹ. 피해금액이 큰 자연재해 유형부터 순서대로 나열하면 2019년과 2020년의 순서는 동일하다.

① ㄱ, ㄴ

② ㄱ, ㄷ

③ ㄷ, ㄹ

④ ㄱ, ㄴ, ㄹ

⑤ ㄴ, ㄷ, ㄹ

13 다음은 2022년 지역별 PC 보유율과 인터넷 이용률에 대한 자료이다. 이에 대한 〈보기〉의 설명 중 옳은 것을 모두 고르면?

〈2022년 지역별 PC 보유율과 인터넷 이용률〉

(단위 : %)

구분 지역	PC 보유율	인터넷 이용률
서울	88.4	80.9
부산	84.6	75.8
대구	81.8	75.9
인천	87.0	81.7
광주	84.8	81.0
대전	85.3	80.4
울산	88.1	85.0
세종	86.0	80.7
경기	86.3	82.9
강원	77.3	71.2
충북	76.5	72.1
충남	69.9	69.7
전북	71.8	72.2
전남	66.7	67.8
경북	68.8	68.4
경남	72.0	72.5
제주	77.3	73.6

ㄱ. PC 보유율이 네 번째로 높은 지역은 인터넷 이용률도 네 번째로 높다.
ㄴ. 경남보다 PC 보유율이 낮은 지역의 인터넷 이용률은 모두 경남의 인터넷 이용률보다 낮다.
ㄷ. 울산의 인터넷 이용률은 인터넷 이용률이 가장 낮은 지역의 1.3배 이상이다.
ㄹ. PC 보유율보다 인터넷 이용률이 높은 지역은 전북, 전남, 경남이다.

① ㄱ, ㄴ
② ㄱ, ㄷ
③ ㄱ, ㄹ
④ ㄴ, ㄷ
⑤ ㄴ, ㄹ

14 다음은 대학 졸업생과 산업체 고용주를 대상으로 12개 학습 성과 항목별 보유도와 중요도를 설문조사한 자료이다. 이에 대한 설명으로 옳지 않은 것은?

〈학습 성과 항목별 보유도 및 중요도 설문결과〉

학습 성과 항목	대학 졸업생		산업체 고용주	
	보유도	중요도	보유도	중요도
기본지식	3.7	3.7	4.1	4.2
실험능력	3.7	4.1	3.7	4.0
설계능력	3.2	3.9	3.5	4.0
문제해결능력	3.3	3.0	3.3	3.8
실무능력	3.6	3.9	4.1	4.0
협업능력	3.3	3.9	3.7	4.0
의사전달능력	3.3	3.9	3.8	3.8
평생교육능력	3.5	3.4	3.3	3.3
사회적 영향	3.1	3.6	3.2	3.3
시사지식	2.6	3.1	3.0	2.5
직업윤리	3.1	3.3	4.0	4.1
국제적 감각	2.8	3.7	2.8	4.0

※ 1) 보유도는 대학 졸업생과 산업체 고용주가 각 학습 성과 항목에 대해 대학 졸업생이 보유하고 있다고 생각하는 정도를 조사하여 평균한 값임
2) 중요도는 대학 졸업생과 산업체 고용주가 각 학습 성과 항목에 대해 중요하다고 생각하는 정도를 조사하여 평균한 값임
3) 값이 클수록 보유도와 중요도가 높음

① 대학 졸업생의 보유도와 중요도 간의 차이가 가장 큰 학습 성과 항목과 산업체 고용주의 보유도와 중요도 간의 차이가 가장 큰 학습 성과 항목은 모두 국제적 감각이다.
② 대학 졸업생 설문결과에서 중요도가 가장 높은 학습 성과 항목은 실험능력이다.
③ 산업체 고용주 설문결과에서 중요도가 가장 높은 학습 성과 항목은 기본지식이다.
④ 대학 졸업생 설문결과에서 보유도가 가장 낮은 학습 성과 항목은 시사지식이다.
⑤ 학습 성과 항목 각각에 대해 대학 졸업생 보유도와 산업체 고용주 보유도 차이를 구하면, 그 값이 가장 큰 학습 성과 항목은 실무능력이다.

15 다음은 2018 ~ 2022년 갑국 연구개발비에 대한 자료이다. 이에 대한 설명으로 옳은 것은?

<연도별 연구개발비>

구분 / 연도	2018년	2019년	2020년	2021년	2022년
연구개발비(십억 원)	27,346	31,301	34,498	37,929	43,855
전년 대비 증가율(%)	13.2	14.5	10.2	9.9	15.6
공공부담 비중(%)	24.3	26.1	26.8	28.7	28.0
인구 만 명당 연구 개발비(백만 원)	5,662	6,460	7,097	7,781	8,452

※ (연구개발비)=(공공부담 연구개발비)+(민간부담 연구개발비)

① 연구개발비의 공공부담 비중은 매년 증가하였다.
② 인구 만 명당 연구개발비가 전년에 비해 가장 많이 증가한 해는 2022년이다.
③ 2022년 갑국 인구는 2021년에 비해 증가하였다.
④ 연구개발비 증가액이 전년 대비 가장 작은 해는 2021년이다.
⑤ 연구개발비의 전년 대비 증가율이 가장 작은 해와 연구개발비의 민간부담 비중이 가장 큰 해는 같다.

16 다음은 2017 ~ 2022년 언어별 관광통역안내사 자격증 신규취득자 및 교육 현황을 나타낸 것이다. 이에 대한 〈보기〉의 설명 중 옳은 것을 모두 고르면?

〈언어별 관광통역안내사 자격증 신규취득자 현황〉

(단위 : 명)

연도 \ 언어	영어	일어	중국어	러시아어
2017년	107	134	61	1
2018년	108	136	51	2
2019년	113	146	49	1
2020년	116	165	51	1
2021년	211	407	184	2
2022년	156	357	370	5

〈관광통역안내사 교육 현황〉

(단위 : 건, 명)

연도	교육건수	교육인원
2017년	41	1,725
2018년	18	754
2019년	10	559
2020년	6	750
2021년	22	1,045
2022년	25	1,315

보기

ㄱ. 중국어 관광통역안내사 자격증 신규취득자 수는 매년 증가하였다.
ㄴ. 2018년 이후 영어와 일어 관광통역안내사 자격증 신규취득자 수의 전년 대비 증감 방향은 매년 같다.
ㄷ. 언어 중 일어 관광통역안내사 자격증 신규취득자 수가 매년 가장 많다.
ㄹ. 교육건수당 교육인원이 가장 많은 해는 2020년이다.

① ㄱ
② ㄴ
③ ㄴ, ㄷ
④ ㄴ, ㄹ
⑤ ㄷ, ㄹ

17 다음은 갑 지역 A교정시설 소년 수감자의 성격유형과 범죄의 관계에 대한 자료이다. 이에 대한 〈보기〉의 설명 중 옳은 것을 모두 고르면?

〈소년 수감자, 갑 지역 인구, 전국 인구의 성격유형 분포〉

(단위 : 명, %)

구분 성격유형	소년 수감자 수	소년 수감자의 성격유형 구성비	갑 지역 인구의 성격유형 구성비	전국 인구의 성격유형 구성비
가	170	34.0	29.8	30.7
나	177	35.4	37.2	37.8
다	103	20.6	22.7	21.9
라	50	10.0	10.3	9.6

〈소년 수감자의 범죄유형별 성격유형 구성비〉

(단위 : %, 명)

범죄유형 성격유형	강력범죄	도박	장물취득	기타범죄
가	44.4	53.6	31.4	29.9
나	27.8	25.0	39.0	35.6
다	19.4	17.9	19.7	22.6
라	8.4	3.5	9.9	11.9
소년 수감자 수	72	28	223	177

※ 1) 성격유형은 '가, 나, 다, 라'로만 구분함
　 2) 각 소년 수감자는 한 가지 범죄유형으로만 분류됨

보기

ㄱ. 소년 수감자의 성격유형 구성비 순위는 전국 인구의 성격유형 구성비 순위와 동일하다.
ㄴ. 성격유형별로 각 범죄유형의 소년 수감자 수를 비교해보면, '가'형에서는 도박이 가장 많고 '다'형에서는 기타범죄가 가장 많다.
ㄷ. 전국 인구와 갑 지역 인구의 성격유형 구성비 차이가 가장 큰 성격유형이 기타범죄의 성격유형 구성비도 가장 크다.
ㄹ. '라'형 소년 수감자 중 강력범죄로 수감된 수감자 수는 기타범죄로 수감된 수감자 수보다 많다.

① ㄱ
② ㄱ, ㄷ
③ ㄴ, ㄷ
④ ㄱ, ㄴ, ㄹ
⑤ ㄴ, ㄷ, ㄹ

18 다음은 A지역의 기상관측 자료이다. 이에 대한 〈보기〉의 설명 중 옳은 것을 모두 고르면?

〈월별 기상관측 결과〉

월 \ 구분	평균습도(%)	평균기온(℃)	강수일수(일)	강수량(mm)
1	67	( )	8	4.5
2	64	−3	7	19.0
3	62	3	6	27.0
4	64	11	14	141.2
5	68	16	9	27.4
6	71	21	10	65.1
7	79	24	14	210.2
8	( )	25	22	668.8
9	73	20	15	252.4
10	71	13	5	10.7
11	70	( )	12	44.5
12	68	−2	9	67.8

〈평균습도와 평균기온의 월수 분포〉

평균기온(℃) \ 평균습도(%)	65 미만	65 이상 70 미만	70 이상 75 미만	75 이상 80 미만	80 이상	합
−5 미만	0	1	0	0	0	1
−5 이상 0 미만	1	1	0	0	0	2
0 이상 5 미만	1	0	0	0	0	1
5 이상 10 미만	0	0	1	0	0	1
10 이상 15 미만	1	0	1	0	0	2
15 이상 20 미만	0	1	0	0	0	1
20 이상	0	0	2	1	1	4
계	3	3	4	1	1	12

※ 월수는 해당 조건에 부합하는 월 빈도를 의미함

보기

ㄱ. 평균습도가 가장 높은 월에 강수일수와 강수량도 가장 많다.
ㄴ. 평균기온이 가장 낮은 월에 강수량도 가장 적다.
ㄷ. 11월의 평균기온은 3월보다 높다.
ㄹ. 평균기온이 높은 월일수록 강수일수당 강수량이 많다.
ㅁ. 평균기온이 0℃ 미만인 월의 강수일수의 합은 8월의 강수일수보다 적다.

① ㄱ, ㄴ, ㄷ ② ㄱ, ㄴ, ㄹ
③ ㄱ, ㄷ, ㄹ ④ ㄴ, ㄹ, ㅁ
⑤ ㄷ, ㄹ, ㅁ

19 다음은 공공기관 공사 발주현황에 대한 자료이다. 이에 대한 보고서의 설명 중 옳은 것을 모두 고르면?

〈공공기관 공사 발주현황〉

(단위 : 건, 십억 원)

구분		2020년		2021년		2022년	
		건수	금액	건수	금액	건수	금액
정부기관	소형공사	10,228	5,783	10,438	6,110	8,384	5,611
	대형공사	92	1,886	92	2,065	91	1,773
	소계	10,320	7,669	10,530	8,175	8,475	7,384
지방자치단체	소형공사	21,970	8,638	21,980	8,567	28,939	10,289
	대형공사	73	1,476	53	1,107	61	1,137
	소계	22,043	10,114	22,033	9,674	29,000	11,426

※ 공공기관은 정부기관과 지방자치단체로만 구분됨

〈보고서〉

정부기관과 지방자치단체의 공사 발주현황을 100억 원 이상의 대형공사와 100억 원 미만의 소형공사로 구분하여 조사하였다. ㉠ 공공기관 전체의 대형공사와 소형공사 발주금액은 각각 매년 증가하였다. ㉡ 2022년 공공기관 전체 대형공사의 2020년 대비 발주건수는 감소하였고, 소형공사의 발주건수는 증가한 것으로 나타났다. ㉢ 매년 공공기관 전체에서 대형공사가 소형공사보다 발주건수는 적지만, 대형공사 발주금액이 소형공사 발주금액보다 크다는 것을 알 수 있다.

2022년의 경우 정부기관 발주건수 8,475건, 발주금액 7조 3,840억 원 가운데 대형공사 91건이 1조 7,730억 원을 차지하는 것으로 나타났다. ㉣ 같은 해 정부기관 발주공사 중에서 대형공사가 차지하는 발주건수의 비율은 2% 미만이지만 공사금액의 비율은 20% 이상을 차지하고 있으며, ㉤ 지방자치단체의 공사 발주규모는 소형공사가 대형공사보다 건수와 금액 모두 큰 것으로 나타났다.

① ㉠, ㉡
② ㉡, ㉣
③ ㉠, ㉢, ㉣
④ ㉡, ㉢, ㉤
⑤ ㉡, ㉣, ㉤

20 다음은 2018 ~ 2022년 국내 건강기능식품 생산에 대한 자료이다. 이에 대한 〈보기〉의 설명 중 옳은 것을 모두 고르면?

〈국내 건강기능식품 생산 현황〉

(단위 : 억 원, 톤)

연도 \ 구분	내수용		수출용		총생산액	총생산량
	생산액	생산량	생산액	생산량		
2018년	6,888	10,239	346	339	7,234	10,578
2019년	7,516	12,990	514	697	8,030	13,687
2020년	9,184	19,293	415	592	9,599	19,885
2021년	10,211	24,994	460	367	10,671	25,361
2022년	13,126	39,611	556	647	13,682	40,258

〈국내 상위 10개 건강기능식품의 생산액〉

(단위 : 억 원)

순위 \ 품목	연도	2018년	2019년	2020년	2021년	2022년
1	홍삼	3,284	4,184	4,995	5,817	7,191
2	비타민 및 무기질	604	531	761	991	1,561
3	밀크씨슬	249	416	800	1,129	1,435
4	알로에	797	639	648	584	691
5	오메가-3	142	266	334	348	509
6	프로바이오틱스	174	190	254	317	405
7	수삼	348	413	364	341	381
8	감마리놀렌산	187	145	108	93	223
9	가르시니아 추출물	0	0	0	208	207
10	식이섬유	3	1	99	117	116

※ 순위는 2022년 생산액 기준임

보기

ㄱ. 국내 건강기능식품의 총생산액과 총생산량은 각각 매년 증가하였다.
ㄴ. 국내 건강기능식품의 내수용 생산액은 매년 증가하였다.
ㄷ. 2022년 생산액 기준 국내 건강기능식품 상위 5개 품목은 각각 2022년의 생산액이 2018년의 두 배 이상이다.
ㄹ. 2022년 생산액 기준 국내 건강기능식품 상위 10개 품목 중 홍삼은 매년 생산액이 가장 많았다.

① ㄱ, ㄴ
② ㄱ, ㄹ
③ ㄴ, ㄷ
④ ㄱ, ㄴ, ㄹ
⑤ ㄴ, ㄷ, ㄹ

21 다음은 성별·연령대별 대중매체 선호비율을 나타낸 자료이다. 이에 대한 〈보기〉의 설명 중 옳은 것을 모두 고르면?

〈성별·연령대별 대중매체 선호비율〉

(단위 : %)

성별	대중매체	연령대		
		30대 이하	40 ~ 50대	60대 이상
여성	신문	10	25	50
	TV	30	35	40
	온라인	60	40	10
남성	신문	10	20	35
	TV	20	30	35
	온라인	70	50	30

보기

ㄱ. 남녀 모두 TV 선호비율은 연령대가 높은 집단일수록 높다.

ㄴ. 40 ~ 50대에서 대중매체 선호비율 순위는 여성과 남성이 같다.

ㄷ. 연령대가 높은 집단일수록 신문 선호비율은 남성보다 여성에서 더 큰 폭으로 증가한다.

ㄹ. 30대 이하에서는 온라인을 선호하는 남성의 수가 여성의 수보다 많다.

① ㄱ, ㄷ

② ㄴ, ㄹ

③ ㄱ, ㄴ, ㄷ

④ ㄱ, ㄴ, ㄹ

⑤ ㄴ, ㄷ, ㄹ

22 다음은 2023년 어느 금요일과 토요일 A씨 부부의 전체 양육활동유형 9가지에 대한 참여시간을 조사한 자료이다. 이에 대한 설명으로 옳지 않은 것은?

〈금요일과 토요일의 양육활동유형별 참여시간〉

(단위 : 분)

유형	금요일		토요일	
	아내	남편	아내	남편
위생	48	4	48	8
식사	199	4	234	14
가사	110	2	108	9
정서	128	25	161	73
취침	55	3	60	6
배설	18	1	21	2
외출	70	5	101	24
의료간호	11	1	10	1
교육	24	1	20	3

① 토요일에 남편의 참여시간이 가장 많았던 양육활동유형은 정서활동이다.
② 아내의 총 양육활동 참여시간은 금요일에 비해 토요일에 감소하였다.
③ 남편의 양육활동 참여시간은 금요일에는 총 46분이었고, 토요일에는 총 140분이었다.
④ 금요일에 아내는 식사, 정서, 가사, 외출활동의 순서로 양육활동 참여시간이 많았다.
⑤ 아내의 양육활동유형 중 금요일에 비해 토요일에 참여시간이 가장 많이 감소한 것은 교육활동이다.

23 다음은 2015 ~ 2022년 7개 도시 실질 성장률에 대한 자료이다. 이에 대한 설명으로 옳은 것은?

<7개 도시 실질 성장률>

(단위 : %)

연도 도시	2015년	2016년	2017년	2018년	2019년	2020년	2021년	2022년
서울	9.0	3.4	8.0	1.3	1.0	2.2	4.3	4.4
부산	5.3	7.9	6.7	4.8	0.6	3.0	3.4	4.6
대구	7.4	1.0	4.4	2.6	3.2	0.6	3.9	4.5
인천	6.8	4.9	10.7	2.4	3.8	3.7	6.8	7.4
광주	10.1	3.4	9.5	1.6	1.5	6.5	6.5	3.7
대전	9.1	4.6	8.1	7.4	1.6	2.6	3.4	3.2
울산	8.5	0.5	15.8	2.6	4.3	4.6	1.9	4.6

① 2020년 서울, 부산, 광주의 실질 성장률은 각각 2019년의 2배 이상이다.
② 2019년과 2020년 실질 성장률이 가장 높은 도시는 동일하다.
③ 2016년 각 도시의 실질 성장률은 2015년에 비해 감소하였다.
④ 2017년 대비 2018년 실질 성장률이 5%p 이상 감소한 도시는 모두 3개이다.
⑤ 2015년 실질 성장률이 가장 높은 도시가 2022년에는 실질 성장률이 가장 낮았다.

24 다음은 2015 ~ 2022년 참여공동체 및 참여어업인 현황에 대한 자료이다. 이에 대한 설명으로 옳지 않은 것은?

〈어업유형별 참여공동체 현황〉

(단위 : 개소)

어업유형 \ 연도	2015년	2016년	2017년	2018년	2019년	2020년	2021년	2022년
마을어업	32	61	159	294	341	391	438	465
양식어업	11	15	46	72	78	80	85	89
어선어업	8	29	52	102	115	135	156	175
복합어업	12	17	43	94	102	124	143	153
내수면어업	0	0	8	17	23	28	41	50
전체	63	122	308	579	659	758	863	932

〈지역별 참여공동체 현황〉

(단위 : 개소)

지역 \ 연도	2015년	2016년	2017년	2018년	2019년	2020년	2021년	2022년
부산	1	4	5	15	15	18	21	25
인천	6	7	13	25	29	36	40	43
울산	1	3	10	15	15	16	18	20
경기	2	5	12	23	24	24	29	32
강원	7	15	21	39	47	58	71	82
충북	0	0	5	7	8	12	16	17
충남	4	10	27	49	50	63	74	82
전북	5	9	25	38	41	41	41	44
전남	20	32	99	184	215	236	258	271
경북	7	15	37	69	73	78	87	91
경남	8	16	33	76	100	134	163	177
제주	2	6	21	39	42	42	45	48
전체	63	122	308	579	659	758	863	932

〈참여어업인 현황〉

(단위 : 명)

구분 \ 연도	2015년	2016년	2017년	2018년	2019년	2020년	2021년	2022년
참여어업인	5,107	10,765	24,805	44,061	50,728	56,100	60,902	63,860

① 참여어업인은 매년 증가하였다.

② 2016년 전체 참여공동체 중 전남지역 참여공동체가 차지하는 비율은 30% 이상이다.

③ 충북지역을 제외하고, 2022년 참여공동체의 2015년 대비 증가율이 가장 낮은 지역은 인천이다.

④ 2017년 이후 각 어업유형에서 참여공동체는 매년 증가하였다.

⑤ 참여공동체가 많은 지역부터 나열하면, 충남지역의 순위는 2020년과 2021년이 동일하다.

25 다음은 조업방법별 어업생산량과 어종별 양식어획량에 대한 자료이다. 이에 대한 설명으로 옳지 않은 것은?

〈조업방법별 어업생산량〉

(단위 : 만 톤)

조업방법 \ 연도	2018년	2019년	2020년	2021년	2022년
해면어업	109.7	110.9	115.2	128.5	122.7
양식어업	104.1	125.9	138.6	138.1	131.3
원양어업	55.2	63.9	71.0	66.6	60.5
내수면어업	2.4	2.5	2.7	2.9	3.0
계	271.4	303.2	327.5	336.1	317.5

※ 조업방법은 해면어업, 양식어업, 원양어업, 내수면어업으로 이루어짐

〈어종별 양식어획량〉

(단위 : 백만 마리)

어종 \ 연도	2018년	2019년	2020년	2021년	2022년
조피볼락	367	377	316	280	254
넙치류	97	94	97	98	106
감성돔	44	50	48	46	35
참돔	53	32	26	45	37
숭어	33	35	30	26	29
농어	20	17	13	15	14
기타 어류	28	51	39	36	45
계	642	656	569	546	520

① 총 어업생산량의 전년 대비 증가율은 2020년이 2021년보다 크다.

② 2018년부터 2022년까지 어업생산량이 매년 증가한 조업방법은 내수면어업이다.

③ 2018년부터 2022년까지 연도별 총 양식어획량에서 조피볼락이 차지하는 비율은 매년 50% 이상이다.

④ 기타 어류를 제외하고 2022년 양식어획량이 전년 대비 감소한 어종 중 감소율이 가장 작은 어종은 농어이다.

⑤ 기타 어류를 제외하고 양식어획량이 많은 어종을 순서대로 나열하면, 2018년의 순서와 2022년의 순서는 동일하다.

26 다음은 2016년부터 2022년까지 친환경 농산물 생산량에 대한 자료이다. 이에 대한 설명으로 옳은 것은?

〈친환경 농산물 생산량 추이〉

(단위 : 백 톤)

구분	2016년	2017년	2018년	2019년	2020년	2021년	2022년
유기 농산물	1,721	2,536	2,969	4,090	7,037	11,134	15,989
무농약 농산물	6,312	9,193	10,756	14,345	25,368	38,082	54,687
저농약 농산물	13,766	20,198	23,632	22,505	18,550	–	–
계	21,799	31,927	37,357	40,940	50,955	49,216	70,676

※ 1) 모든 친환경 농산물은 유기, 무농약, 저농약 중 한 가지 인증을 받아야 함
　 2) 단, 2019년 1월 1일부터 저농약 신규 인증은 중단되며, 2021년 1월 1일부터 저농약 인증 자체가 폐지됨

① 저농약 신규 인증 중단 이후 친환경 농산물 총생산량은 매년 감소하였다.
② 저농약 인증 폐지 전 저농약 농산물 생산량은 매년 친환경 농산물 총생산량의 절반 이상을 차지하였다.
③ 저농약 신규 인증 중단 이후 매년 무농약 농산물 생산량은 친환경 농산물 총생산량의 50% 이상을 차지하였다.
④ 2017년 이후 전년에 비해 친환경 농산물 총생산량이 처음으로 감소한 시기는 저농약 인증이 폐지된 해이다.
⑤ 2017년 이후 전년에 비해 무농약 농산물 생산량의 증가폭이 가장 큰 시기는 2020년이다.

27 다음은 개방형직위 충원 현황에 대한 자료이다. 이에 대한 설명으로 옳은 것은?

〈2022년도 개방형직위 충원 현황〉

(단위 : 명, %)

총 직위 수 \ 개방형	미충원 직위 수	충원 직위 수	내부 임용	외부 임용		
				민간인	타 부처	소계
165	22	143 (100.0)	81 (56.6)	54 (37.8)	8 (5.6)	62 (43.4)

〈연도별 개방형직위 충원 현황〉

(단위 : 명, %)

연도	개방형 총 직위 수	충원 직위 수					합계
		내부 임용	외부 임용				
			민간인	타 부처	소계		
2016년	130	54 (83.1)	11 (16.9)	0 (0.0)	11 (16.9)		65
2017년	131	96 (83.5)	14 (12.2)	5 (4.3)	19 (16.5)		115
2018년	139	95 (80.5)	18 (15.3)	5 (4.2)	23 (19.5)		118
2019년	142	87 (70.2)	33 (26.6)	4 (3.2)	37 (29.8)		124
2020년	154	75 (55.1)	53 (39.0)	8 (5.9)	61 (44.9)		136
2021년	156	79 (54.1)	60 (41.1)	7 (4.8)	67 (45.9)		146

〈A부처와 B부처의 개방형직위 충원 현황〉

(단위 : 명, %)

구분	충원 직위 수	내부 임용	외부 임용		
			민간인	타 부처	소계
A부처	201 (100.0)	117 (58.2)	72 (35.8)	12 (6.0)	84 (41.8)
B부처	182 (100.0)	153 (84.1)	22 (12.1)	7 (3.8)	29 (15.9)

① 미충원 직위 수는 매년 감소했다.

② 2017년도 이후 타 부처로부터의 충원 수는 매년 증가했다.

③ 2022년도 내부 임용은 개방형 총 직위 수의 50% 이상이었다.

④ A부처가 B부처에 비해 충원 직위 수는 많은 반면, 충원 직위 수 대비 내부 임용 비율은 낮았다.

⑤ 전년도에 비해 개방형 총 직위 수가 증가한 해에는 민간인 외부 임용 및 충원 직위 수 대비 민간인 외부 임용 비율도 증가했다.

28 다음은 지역별 및 연령대별 흡연율에 관한 자료이다. 이에 대한 〈보기〉의 설명 중 옳은 것을 모두 고르면?

〈지역별·연령대별 흡연율〉

(단위 : %)

지역	평균	연령대				
		20대	30대	40대	50대	60대 이상
A	24.4	28.4	24.8	27.4	20.0	16.2
B	24.2	21.5	31.4	29.9	18.7	18.4
C	23.1	18.9	27.0	27.2	25.4	17.6
D	23.0	28.0	30.1	27.9	15.6	2.7
E	21.8	30.0	27.5	22.4	10.8	9.1
F	19.9	24.2	25.2	19.3	18.9	18.4
G	17.8	13.1	25.4	22.5	19.9	16.5
H	17.5	22.2	16.1	18.2	18.2	15.8
I	16.4	11.6	25.4	13.4	16.2	13.9
J	15.6	14.0	22.2	18.8	11.6	9.4
전국 평균	22.9	25.5	29.6	24.9	19.8	12.3

보기

ㄱ. 지역 평균 흡연율이 전국 평균 흡연율보다 높은 지역은 4개이다.
ㄴ. 40대를 기준으로 흡연율이 가장 높은 지역과 20대를 기준으로 흡연율이 가장 높은 지역은 다르다.
ㄷ. I지역은 J지역보다 20대와 30대 흡연자 수의 차이가 더 크다.
ㄹ. 각 지역의 연령대 흡연율 순위가 전국 평균의 연령대 흡연율 순위와 동일한 지역은 3개이다.

① ㄱ, ㄴ
② ㄱ, ㄷ
③ ㄷ, ㄹ
④ ㄱ, ㄴ, ㄹ
⑤ ㄴ, ㄷ, ㄹ

29 다음은 중소기업의 정보화 수준에 대한 자료이다. 이에 대한 〈보기〉의 설명 중 옳은 것을 모두 고르면?

〈연도별 · 업종별 중소기업의 정보화 수준〉

(단위 : 점)

연도 \ 업종	기계금속	전기전자	섬유화학	정보통신	건설	전체
2020년	48.8	47.0	56.5	56.9	47.7	50.3 (71.7)
2021년	50.1	51.9	52.8	57.4	52.1	51.4 (73.0)
2022년	52.9	55.4	50.3	58.0	50.9	52.0 (70.7)

※ 1) ( )는 대기업의 정보화 수준임
　 2) 정보화 수준 점수가 높을수록 정보화 수준이 높음을 의미함

보기

ㄱ. 2022년 중소기업 정보통신 업종의 정보화 수준의 2020년 대비 상승률은 2022년 중소기업 전체의 정보화 수준의 2020년 대비 상승률보다 높다.
ㄴ. 중소기업 정보화 수준을 업종별로 순위를 매겼을 때 전기전자 업종은 그 순위가 매년 상승하였다.
ㄷ. 2021년과 2022년의 경우 대기업의 정보화 수준이 전년과 비교하여 증감한 방향은 건설 업종과 일치한다.
ㄹ. 중소기업의 정보화 수준은 섬유화학 업종을 제외한 모든 업종에서 매년 향상되었다.

① ㄱ, ㄴ
② ㄱ, ㄷ
③ ㄴ, ㄷ
④ ㄴ, ㄹ
⑤ ㄷ, ㄹ

30 다음은 2003 ~ 2008년 사이 각국에서 발생한 조류 인플루엔자 감염자 수와 사망자 수를 나타낸 자료이다. 이에 대한 〈보기〉의 설명 중 옳은 것을 모두 고르면?

〈국가별 조류 인플루엔자 감염자 수 및 사망자 수〉

(단위 : 명)

구분	2003년 감염	사망	2004년 감염	사망	2005년 감염	사망	2006년 감염	사망	2007년 감염	사망	2008년 감염	사망	합 감염	사망
아제르바이잔	0	0	0	0	0	0	8	5	0	0	0	0	8	5
캄보디아	0	0	0	0	4	4	2	2	1	1	0	0	7	7
중국	1	1	0	0	8	5	13	8	5	3	3	3	30	20
지부티	0	0	0	0	0	0	1	0	0	0	0	0	1	0
이집트	0	0	0	0	0	0	18	10	25	9	7	3	50	22
인도네시아	0	0	0	0	20	13	55	45	42	37	16	13	133	108
이라크	0	0	0	0	0	0	3	2	0	0	0	0	3	2
라오스	0	0	0	0	0	0	0	0	2	2	0	0	2	2
미얀마	0	0	0	0	0	0	0	0	1	0	0	0	1	0
나이지리아	0	0	0	0	0	0	0	0	1	1	0	0	1	1
파키스탄	0	0	0	0	0	0	0	0	3	1	0	0	3	1
태국	0	0	17	12	5	2	3	3	0	0	0	0	25	17
터키	0	0	0	0	0	0	12	4	0	0	0	0	12	4
베트남	3	3	29	20	61	19	0	0	8	5	5	5	106	52
전체	4	4	46	32	98	43	115	79	88	59	31	24	382	241

※ 감염자 수에는 사망자 수가 포함되어 있음

보기

ㄱ. 2003 ~ 2008년 사이 오직 한 해에만 사망자가 발생한 나라는 6개국이다.

ㄴ. 2003 ~ 2008년 사이 중국과 인도네시아의 감염자 수 합은 매년 전체 감염자 수의 50% 이상을 차지한다.

ㄷ. 2003 ~ 2008년 사이 총 감염자 수 대비 총 사망자 수 비율이 50% 이상인 나라는 7개국이다.

ㄹ. 2005년 태국과 베트남의 감염자 수 합은 2005년 전체 감염자 수의 65% 이상이다.

ㅁ. 2006 ~ 2008년 사이 이집트와 인도네시아의 총 감염자 수 합은 같은 기간 전체 감염자 수의 50% 이상이다.

① ㄱ, ㄴ, ㄷ
② ㄱ, ㄷ, ㅁ
③ ㄱ, ㄹ, ㅁ
④ ㄴ, ㄷ, ㄹ
⑤ ㄴ, ㄹ, ㅁ

31 다음은 A자치구가 관리하는 전체 13개 문화재 보수공사 추진현황을 정리한 자료이다. 이에 대한 설명으로 옳은 것은?

〈A자치구 문화재 보수공사 추진현황〉

(단위 : 백만 원)

문화재 번호	공사내용	사업비				공사기간	공정
		국비	시비	구비	합		
1	정전 동문보수	700	300	0	1,000	2022. 1. 3 ~ 2022. 2.15	공사완료
2	본당 구조보강	0	1,106	445	1,551	2020.12.16 ~ 2022.10.31	공사완료
3	별당 해체보수	0	256	110	366	2021.12.28 ~ 2022.11.26	공사 중
4	마감공사	0	281	49	330	2022. 3. 4 ~ 2022.11.28	공사 중
5	담장보수	0	100	0	100	2022. 8.11 ~ 2022.12.18	공사 중
6	관리실 신축	0	82	0	82		계획 중
7	대문 및 내부 담장공사	17	8	0	25	2022.11.17 ~ 2022.12.27	공사 중
8	행랑채 해체보수	45	45	0	90	2022.11.21 ~ 2023. 6.19	공사 중
9	벽면보수	0	230	0	230	2022.11.10 ~ 2023. 9. 6	공사 중
10	방염공사	9	9	0	18	2022.11.23 ~ 2022.12.24	공사 중
11	소방·전기 공사	0	170	30	200		계획 중
12	경관조명 설치	44	44	0	88		계획 중
13	단청보수	67	29	0	96		계획 중

※ 공사는 제시된 공사기간에 맞추어 완료하는 것으로 가정함

① 이 표가 작성된 시점은 2022년 11월 10일 이전이다.

② 전체 사업비 중 시비와 구비의 합은 전체 사업비의 절반 이하이다.

③ 사업비의 80% 이상을 시비로 충당하는 문화재 수는 전체의 50% 이상이다.

④ 공사 중인 문화재 사업비 합은 공사 완료된 문화재 사업비 합의 50% 이상이다.

⑤ 국비를 지원 받지 못하는 문화재 수는 구비를 지원 받지 못하는 문화재 수보다 적다.

32 다음은 서울 및 수도권 지역의 가구를 대상으로 난방방식 현황 및 난방연료 사용현황에 대해 조사한 자료이다. 이에 대한 〈보기〉의 설명 중 옳은 것을 모두 고르면?

〈난방방식 현황〉

(단위 : %)

종류	서울	인천	경기남부	경기북부	전국평균
중앙난방	22.3	13.5	6.3	11.8	14.4
개별난방	64.3	78.7	26.2	60.8	58.2
지역난방	13.4	7.8	67.5	27.4	27.4

〈난방연료 사용현황〉

(단위 : %)

종류	서울	인천	경기남부	경기북부	전국평균
도시가스	84.5	91.8	33.5	66.1	69.5
LPG	0.1	0.1	0.4	3.2	1.4
등유	2.4	0.4	0.8	3.0	2.2
열병합	12.6	7.4	64.3	27.1	26.6
기타	0.4	0.3	1.0	0.6	0.3

보기

ㄱ. 경기북부 지역의 경우, 도시가스를 사용하는 가구 수가 등유를 사용하는 가구 수의 20배 이상이다.
ㄴ. 서울과 인천 지역에서는 다른 난방연료보다 도시가스를 사용하는 비율이 높다.
ㄷ. 지역난방을 사용하는 가구 수는 서울이 인천의 2배 이하이다.
ㄹ. 경기 지역은 남부가 북부보다 지역난방을 사용하는 비율이 낮다.

① ㄱ, ㄴ
② ㄱ, ㄷ
③ ㄱ, ㄹ
④ ㄴ, ㄹ
⑤ ㄷ, ㄹ

33 다음은 2008년과 2009년의 대학수학능력시험에 대해 정리한 자료이다. 이에 대한 〈보기〉의 설명 중 옳은 것을 모두 고르면?

〈지역별 대학수학능력시험 4개 영역 1 ~ 4등급 비율〉 (단위 : %)

지역	2008년				2009년			
	언어	수리(가)	수리(나)	외국어	언어	수리(가)	수리(나)	외국어
A	47.1	64.9	52.8	49.0	47.7	54.2	54.0	48.8
B	35.3	40.3	41.6	36.5	36.3	42.6	42.3	36.4
C	40.8	29.4	37.6	41.1	42.7	28.4	39.6	43.0
D	36.3	31.6	33.2	35.2	37.4	36.6	35.9	36.4
E	48.5	47.2	52.0	48.3	49.1	47.2	53.8	47.0

〈지역별 대학수학능력시험 4개 영역 5 ~ 6등급 비율〉 (단위 : %)

지역	2008년				2009년			
	언어	수리(가)	수리(나)	외국어	언어	수리(가)	수리(나)	외국어
A	39.7	29.6	36.0	39.2	38.5	37.4	34.4	39.5
B	44.7	44.5	43.6	46.4	43.9	43.8	44.3	47.7
C	42.1	42.3	45.0	42.0	40.9	44.5	43.5	41.4
D	38.7	34.5	42.7	38.4	37.5	33.1	41.9	38.4
E	35.9	39.0	34.5	37.8	36.7	40.9	34.7	40.6

〈지역별 대학수학능력시험 4개 영역 7 ~ 9등급 비율〉 (단위 : %)

지역	2008년				2009년			
	언어	수리(가)	수리(나)	외국어	언어	수리(가)	수리(나)	외국어
A	13.2	5.5	11.2	11.8	13.8	8.4	11.6	11.7
B	20.0	15.2	14.8	17.1	19.8	13.6	13.4	15.9
C	17.1	28.3	17.4	16.9	16.4	27.1	16.9	15.6
D	25.0	33.9	24.1	26.4	25.1	30.3	22.2	25.2
E	15.6	13.8	13.5	13.9	14.2	11.9	11.5	12.4

보기

ㄱ. 2008년 수리(가) 영역에서 A지역은 C지역보다 1 ~ 4등급을 받은 학생 수가 2배 이상이다.

ㄴ. 2009년 대학수학능력시험 4개 영역 중 1 ~ 4등급 비율이 가장 높은 지역과 가장 낮은 지역 간 비율 차이가 가장 작은 영역은 언어영역이다.

ㄷ. A지역의 2009년 수리(가) 영역에서 1 ~ 4등급을 받은 학생 수는 7 ~ 9등급을 받은 학생수의 5배 이상이다.

ㄹ. 2009년 언어 영역에서 1 ~ 4등급, 5 ~ 6등급, 7 ~ 9등급 비율 중 가장 큰 값과 가장 작은 값의 차이가 가장 작은 지역은 D지역이다.

① ㄱ, ㄴ   ② ㄱ, ㄷ

③ ㄱ, ㄹ   ④ ㄴ, ㄷ

⑤ ㄷ, ㄹ

34 다음은 2014 ~ 2022년 A시 거주 외국인의 국적별 인구 분포 자료이다. 이에 대한 〈보기〉의 설명 중 옳은 것을 모두 고르면?

〈A시 거주 외국인의 연도별 국적별 분포〉

(단위 : 명)

국적＼연도	2014년	2015년	2016년	2017년	2018년	2019년	2020년	2021년	2022년
대만	3,011	2,318	1,371	2,975	8,908	8,899	8,923	8,974	8,953
독일	1,003	984	937	997	696	681	753	805	790
러시아	825	1,019	1,302	1,449	1,073	927	948	979	939
미국	18,763	16,658	15,814	16,342	11,484	10,959	11,487	11,890	11,810
베트남	841	1,083	1,109	1,072	2,052	2,216	2,385	3,011	3,213
영국	836	854	977	1,057	828	848	1,001	1,133	1,160
인도	491	574	574	630	836	828	975	1,136	1,173
일본	6,332	6,703	7,793	7,559	6,139	6,271	6,710	6,864	6,732
중국	12,283	17,432	21,259	22,535	52,572	64,762	77,881	119,300	124,597
캐나다	1,809	1,795	1,909	2,262	1,723	1,893	2,084	2,300	2,374
프랑스	1,180	1,223	1,257	1,360	1,076	1,015	1,001	1,002	984
필리핀	2,005	2,432	2,665	2,741	3,894	3,740	3,646	4,038	4,055
호주	838	837	868	997	716	656	674	709	737
A시 전체	57,189	61,920	67,908	73,228	102,882	114,685	129,660	175,036	180,857

※ 2개 이상 국적을 보유한 자는 없는 것으로 가정함

보기

ㄱ. A시 거주 인도국적 외국인 수는 2016 ~ 2022년 사이에 매년 증가하였다.
ㄴ. 2021년 A시 거주 전체 외국인 중 중국국적 외국인이 차지하는 비중은 60% 이상이다.
ㄷ. 표에 제시된 국적 중 2015 ~ 2022년 사이에 A시 거주 외국인 수가 매년 증가한 국적은 3개이다.
ㄹ. 2014년 A시 거주 전체 외국인 중 일본국적 외국인과 캐나다국적 외국인의 합이 차지하는 비중은 2021년 A시 거주 전체 외국인 중 대만국적 외국인과 미국국적 외국인의 합이 차지하는 비중보다 크다.

① ㄱ, ㄴ
② ㄱ, ㄷ
③ ㄴ, ㄷ
④ ㄴ, ㄹ
⑤ ㄷ, ㄹ

35 다음은 2022년 부담 주체별 대학 등록금 현황 및 2021년과 2022년의 정부부담 장학금 현황을 나타낸 것이다. 이 표에 대한 설명으로 옳지 않은 것은?

〈2022년 부담 주체별 대학 등록금 현황〉

(단위 : 조 원)

총등록금	정부		대학, 기업체	본인, 학부모
	학자금 대출	장학금		
12.5	3.0	0.4	2.3	6.8

〈정부부담 장학금 현황〉

(단위 : 억 원, 명, %)

지급부처	장학사업명	장학금		수혜인원(2022년)	
		2021년	2022년	인원	전년 대비 증가율
A	기초생활수급자	600	700	18,000	10
	이공계	900	820	15,000	−20
	지역대학 우수학생	20	40	2,000	100
	지방대 인문계열	400	500	2,300	200
	전문대 근로장학	60	80	5,000	50
B	영농희망	150	230	1,000	250
	성적우수	250	400	2,000	50
C	보훈장학	80	180	500	−10
	군자녀 장학	200	260	11,000	−50
D	군장학생	300	360	2,200	30
E	직업능력개발	200	300	2,500	50
F	새터민 장학	60	130	500	60
계		3,220	4,000	62,000	−

① 2022년 총등록금 중 정부부담 비율은 30% 미만이다.

② 2022년 A부처의 기초생활수급자 장학금과 이공계 장학금을 합친 금액은 총등록금의 1% 이상이다.

③ 2022년 A부처의 장학금은 전체 정부부담 장학금의 50% 이상이다.

④ 2021년 정부부담 장학금 중 장학금 수혜인원이 가장 많은 장학금은 C부처의 군자녀 장학금이다.

⑤ 2022년 정부부담 장학금 중 전년 대비 증가율이 가장 큰 장학금은 F부처의 새터민 장학금이다.

36 다음은 A회사의 2010년과 2020년의 출신 지역 및 직급별 임직원 수에 대한 자료이다. 이에 대한 설명으로 옳지 않은 것은?

〈2010년의 출신 지역 및 직급별 임직원 수〉

(단위 : 명)

지역＼직급	서울·경기도	강원도	충청북도	충청남도	경상북도	경상남도	전라북도	전라남도	합
이사	0	0	1	1	0	0	1	1	4
부장	0	0	1	0	0	1	1	1	4
차장	4	4	3	3	2	1	0	3	20
과장	7	0	7	4	4	5	11	6	44
대리	7	12	14	12	7	7	5	18	82
사원	19	38	41	37	11	12	4	13	175
계	37	54	67	57	24	26	22	42	329

〈2020년의 출신 지역 및 직급별 임직원 수〉

(단위 : 명)

지역＼직급	서울·경기도	강원도	충청북도	충청남도	경상북도	경상남도	전라북도	전라남도	합
이사	3	0	1	1	0	0	1	2	8
부장	0	0	2	0	0	1	1	0	4
차장	3	4	3	4	2	1	1	2	20
과장	8	1	14	7	6	7	18	14	75
대리	10	14	13	13	7	6	2	12	77
사원	12	35	38	31	8	11	2	11	148
계	36	54	71	56	23	26	25	41	332

① 출신 지역을 고려하지 않을 때, 2020년에 직급별 인원의 2010년 대비 증가율은 이사 직급에서 가장 크다.

② 출신 지역별로 비교할 때, 2020년의 경우 해당 지역 출신 임직원 중 과장의 비율은 전라북도가 가장 높다.

③ 2020년에 과장의 수는 2010년에 비해 증가하였다.

④ 2010년과 2020년 모두 충청북도 출신의 임직원이 가장 많다.

⑤ 2020년에 대리의 수가 2010년에 비해 늘어난 출신 지역은 대리의 수가 줄어든 출신 지역에 비해 많다.

37 다음은 저작물 구입 경험이 있는 초·중·고등학생 각각 1,000명을 대상으로 저작물 구입 실태에 관한 설문조사를 실시한 결과이다. 이를 바탕으로 작성한 다음 보고서 내용 중 옳은 것을 모두 고르면?(단, 설문 참여자는 모든 문항에 응답하였다)

〈저작물 구입 경험 현황〉

(단위 : %)

종류 ＼ 학교급	초등학교	중학교	고등학교
음악	29.3	41.5	58.6
영화, 드라마, 애니메이션 등 영상물	31.2	34.3	39.6
컴퓨터 프로그램	45.6	45.2	46.7
게임	58.9	57.7	56.8
사진	16.2	20.5	27.3
만화 / 캐릭터	73.2	53.3	62.6
책	68.8	66.3	82.8
지도, 도표	11.8	14.6	15.0

※ 설문조사에서는 구입 경험이 있는 모든 저작물 종류를 선택하도록 하였음

〈정품 저작물 구입 현황〉

(단위 : %)

정품 구입 횟수 비율 ＼ 학교급	초등학교	중학교	고등학교
10회 중 10회	35.3	55.9	51.8
10회 중 8～9회	34.0	27.2	25.5
10회 중 6～7회	15.8	8.2	7.3
10회 중 4～5회	7.9	4.9	6.8
10회 중 2～3회	3.3	1.9	5.0
10회 중 0～1회	3.7	1.9	3.6
전체	100.0	100.0	100.0

〈보고서〉

본 조사결과에 따르면, ㉠ 전반적으로 '만화 / 캐릭터'는 초등학생이 중학생이나 고등학생보다 구입 경험의 비율이 높은 것으로 나타났으며, '컴퓨터 프로그램'이나 '게임'은 학교급 간의 차이가 모두 2%p 미만이다. ㉡ 위 세 종류를 제외한 나머지 항목에서는 모두 고등학생이 중학생이나 초등학생에 비하여 구입 경험의 비율이 높았다. ㉢ 초·중·고 각각 응답자의 절반 이상이 모두 정품만을 구입했다고 응답하였다. 특히, ㉣ 모두 정품으로 구입했다고 응답한 학생의 비율은 중학교에서 가장 높으며, ㉤ 10회 중 3회 이하 정품을 구입하였다고 응답한 학생의 비율이 가장 높은 학교급과 가장 낮은 학교급 간의 해당 응답 학생 수 차이는 40명 이상이다.

① ㉠, ㉡
② ㉢, ㉣
③ ㉠, ㉢, ㉣
④ ㉡, ㉢, ㉤
⑤ ㉡, ㉣, ㉤

38 다음은 조선 전기 사절 파견 횟수에 대한 자료이다. 이에 대한 〈보기〉의 설명 중 옳지 않은 것을 모두 고르면?

〈조선 전기 사절 파견 횟수〉

(단위 : 회)

구분	태조	정종	태종	세종	문종	단종	세조	예종	성종
조선 → 명	61	9	136	201	13	20	102	8	69
명 → 조선	9	0	50	36	2	3	9	1	8
조선 → 일본	7	2	24	15	0	2	4	0	6

〈조선 전기 일본에서 조선으로의 사절 파견 횟수〉

(단위 : 회)

지역＼기간	1392 ~ 1409년	1410 ~ 1419년	1420 ~ 1443년	1444 ~ 1471년	1472 ~ 1494년
실정막부(室町幕府)	11	5	7	12	7
본주(本州) · 사국(四國)	2	30	43	91	126
구주(九州)	39	55	178	184	320
비전(肥前) · 일기(壹岐)	59	53	91	355	529
대마도(對馬島)	31	124	492	607	947
기타	11	2	7	5	0
계	153	269	818	1,254	1,929

보기

ㄱ. 조선 전기에 조선에서 명으로 사절을 파견한 횟수가 명에서 조선으로 사절을 파견한 횟수보다 많다.
ㄴ. 일본에서 조선으로 사절을 파견한 횟수는 실정막부와 기타를 제외한 지역에서는 지속적으로 증가하였다.
ㄷ. 조선에서 일본과 명으로 사절을 파견한 횟수가 많은 왕부터 나열하면 세종, 태종, 세조, 성종, 태조, 단종, 문종, 정종, 예종 순서다.
ㄹ. 1392 ~ 1494년 사이에 일본에서 조선으로 사절을 파견한 횟수가 많은 지역부터 나열하면 대마도, 비전·일기, 구주, 본주·사국, 실정막부, 기타 순서다.

① ㄱ
② ㄴ
③ ㄴ, ㄷ
④ ㄴ, ㄹ
⑤ ㄱ, ㄷ, ㄹ

39 다음은 주요 도시의 대기 오염도에 대한 자료이다. 이에 대한 〈보기〉의 설명 중 옳은 것을 모두 고르면?

〈주요 도시의 대기 오염도〉

구분 연도 도시	연평균 아황산가스 오염도 (ppm)				연평균 오존 오염도 (ppm)				빗물의 연중최저 pH			
	2019년	2020년	2021년	2022년	2019년	2020년	2021년	2022년	2019년	2020년	2021년	2022년
A	0.019	0.006	0.005	0.005	0.014	0.017	0.014	0.013	5.4	4.8	4.9	4.5
B	0.023	0.010	0.006	0.007	0.014	0.022	0.023	0.024	5.2	4.9	4.9	5.0
C	0.038	0.009	0.006	0.006	0.015	0.019	0.020	0.022	5.7	5.8	4.8	5.3
D	0.022	0.008	0.007	0.007	0.014	0.019	0.018	0.020	6.0	5.0	4.7	4.6
E	0.013	0.006	0.004	0.004	0.015	0.017	0.018	0.022	5.8	5.2	5.0	5.2
F	0.021	0.007	0.004	0.005	0.014	0.020	0.018	0.019	5.7	4.7	4.7	4.8
G	0.030	0.013	0.011	0.010	0.014	0.021	0.020	0.022	5.4	5.0	5.0	5.1

※ 1) 연평균 아황산가스 오염도의 적정 환경기준치는 0.02ppm 이하임
   2) 연평균 오존 오염도의 적정 환경기준치는 0.06ppm 이하임
   3) 빗물의 연중최저 pH의 적정 환경기준치는 pH 5.6 이상임
   4) 산도는 pH에 의해서만 결정되며, pH가 낮을수록 산도는 높아짐

보기

ㄱ. 2020 ~ 2022년 동안 매년 연평균 아황산가스 오염도가 가장 높은 도시는 G이고, 동일 기간 동안 매년 연평균 오존 오염도가 가장 높은 도시는 B이다.

ㄴ. 2022년의 경우, 연평균 오존 오염도가 가장 낮고 빗물의 연중최고 산도가 가장 높은 도시는 연평균 아황산가스 오염도가 가장 낮은 도시와 동일하다.

ㄷ. 연평균 오존 오염도가 매년 지속적으로 높아진 도시는 B, C, E이고, 빗물의 연중최고 산도가 매년 지속적으로 높아진 도시는 D이다.

ㄹ. 2019년과 2022년을 비교하였을 때, 연평균 아황산가스 오염도의 감소폭이 가장 큰 도시는 D 이고 가장 작은 도시는 E이다.

ㅁ. 2019 ~ 2022년 동안 연평균 오존 오염도는 모든 도시에서 적정 환경기준치를 벗어나지 않았으 나, 2021년과 2022년에 빗물의 연중최저 pH는 모든 도시에서 적정 환경기준치를 벗어났다.

① ㄱ, ㄴ, ㄹ
② ㄱ, ㄷ, ㄹ
③ ㄱ, ㄷ, ㅁ
④ ㄴ, ㄷ, ㅁ
⑤ ㄷ, ㄹ, ㅁ

40 다음은 1919 ~ 1937년 동안 일제강점기 조선총독부의 보통문관시험에 대한 자료이다. 이에 대한 〈보기〉의 설명 중 옳지 않은 것을 모두 고르면?

〈연도별 보통문관시험 응시자, 합격자, 임용자 현황〉

(단위 : 명, %)

구분 / 연도	응시자 수	합격자 수			임용자 수					
		조선인 (A)	일본인 (B)	합 (C)	조선인		일본인		합	
					임용 (D)	임용률 (D/A)	임용 (E)	임용률 (E/B)	임용 (F)	임용률 (F/C)
1919년	385	9	59	68	8	88.9	49	83.1	57	83.8
1920년	404	9	59	68	6	66.7	50	84.7	56	82.4
1921년	522	17	73	90	15	88.2	55	75.3	70	77.8
1922년	551	16	89	105	13	81.3	73	82.0	86	81.9
1923년	535	7	41	48	7	100.0	35	85.4	42	87.5
1924년	544	8	37	45	7	87.5	26	70.3	33	73.3
1925년	485	7	21	28	6	85.7	18	85.7	24	85.7
1926년	457	7	34	41	7	100.0	27	79.4	34	82.9
1927년	476	5	21	26	4	80.0	18	85.7	22	84.6
1928년	511	3	24	27	2	66.7	23	95.8	25	92.6
1929년	415	5	15	20	2	40.0	14	93.3	16	80.0
1930년	405	17	27	44	12	70.6	23	85.2	35	79.5
1931년	426	21	29	50	14	66.7	24	82.8	38	76.0
1932년	544	23	30	53	18	78.3	26	86.7	44	83.0
1933년	726	40	67	107	25	62.5	47	70.1	72	67.3
1934년	938	55	51	106	30	54.5	39	76.5	69	65.1
1935년	1,005	34	22	56	16	47.1	16	72.7	32	57.1
1936년	1,098	33	26	59	15	45.5	20	76.9	35	59.3
1937년	1,144	69	42	111	17	24.6	25	59.5	42	37.8
계	11,571	385	767	1,152	224	58.2	608	79.3	832	72.2

※ 응시자는 조선인과 일본인으로 구성됨

ㄱ. 1920 ~ 1932년 동안 보통문관시험 응시자 수는 매년 400명에서 600명 사이였으나, 1934년에 1,000명을 넘어선 후 1937년까지 지속적으로 증가했다.

ㄴ. 1919 ~ 1929년 동안 합격자 수 대비 조선인 합격자 수의 비율은 매년 20%에 미치지 못했으나, 1934년부터는 매년 50% 이상을 차지하였다.

ㄷ. 조사기간 동안 보통문관시험에 합격했지만 임용되지 못한 전체 인원은 조선인이 일본인보다 많았다.

ㄹ. 조사기간 동안의 전체 임용자 수는 일본인이 조선인의 2.5배 이상이었고 전체 합격자 수는 일본인이 조선인의 약 2배였다.

ㅁ. 조사기간 동안 조선인과 일본인의 전체 임용률은 각각 58.2%, 79.3%이었고, 매년 일본인의 임용률이 조선인의 임용률보다 높았다.

① ㄱ, ㄴ
② ㄱ, ㄴ, ㅁ
③ ㄱ, ㄹ, ㅁ
④ ㄴ, ㄷ, ㄹ
⑤ ㄷ, ㄹ, ㅁ

01 다음은 2023년 3월 1 ~ 15일 갑의 몸무게, 섭취 및 소비 열량, 만보기 측정값, 교통수단에 대한 자료이다. 이에 대한 〈보기〉의 설명 중 옳은 것만을 모두 고르면?

〈몸무게, 섭취 및 소비 열량, 만보기 측정값, 교통수단〉

(단위 : kg, kcal, 보)

구분 날짜	몸무게	섭취 열량	소비 열량	만보기 측정값	교통수단
1일	80.0	2,700	2,800	9,500	택시
2일	79.5	2,600	2,900	11,500	버스
3일	79.0	2,400	2,700	14,000	버스
4일	78.0	2,350	2,700	12,000	버스
5일	77.5	2,700	2,800	11,500	버스
6일	77.3	2,800	2,800	12,000	버스
7일	77.3	2,700	2,700	12,000	버스
8일	79.0	3,200	2,700	11,000	버스
9일	78.5	2,300	2,400	8,500	택시
10일	79.6	3,000	2,700	11,000	버스
11일	78.6	2,200	2,400	7,700	택시
12일	77.9	2,200	2,400	8,200	택시
13일	77.6	2,800	2,900	11,000	버스
14일	77.0	2,100	2,400	8,500	택시
15일	77.0	2,500	2,500	8,500	택시

보기

ㄱ. 택시를 이용한 날은 만보기 측정값이 9,500보 이하이다.
ㄴ. 섭취 열량이 소비 열량보다 큰 날은 몸무게가 바로 전날보다 1kg 이상 증가하였다.
ㄷ. 버스를 이용한 날은 몸무게가 바로 전날보다 감소하였다.
ㄹ. 만보기 측정값이 10,000보 이상인 날은 섭취 열량이 2,500kcal 이상이다.

① ㄱ, ㄴ   ② ㄱ, ㄷ
③ ㄴ, ㄹ   ④ ㄱ, ㄷ, ㄹ
⑤ ㄴ, ㄷ, ㄹ

02 다음은 2023년 3 ~ 4월 A군의 모바일 앱별 데이터 사용량에 대한 자료이다. 이에 대한 설명으로 옳은 것은?

<2023년 3 ~ 4월 모바일 앱별 데이터 사용량>

월 앱 이름	3월	4월
G인터넷	5.3GB	6.7GB
HS쇼핑	1.8GB	2.1GB
톡톡	2.4GB	1.5GB
앱가게	2.0GB	1.3GB
뮤직플레이	94.6MB	570.0MB
위튜브	836.0MB	427.0MB
쉬운지도	321.0MB	337.0MB
JJ멤버십	45.2MB	240.0MB
영화예매	77.9MB	53.1MB
날씨정보	42.8MB	45.3MB
가계부	–	27.7MB
17분 운동	–	14.8MB
NEC뱅크	254.0MB	9.7MB
알람	10.6MB	9.1MB
지상철	5.0MB	7.8MB
어제뉴스	2.7MB	1.8MB
S메일	29.7MB	0.8MB
JC카드	–	0.7MB
카메라	0.5MB	0.3MB
일정관리	0.3MB	0.2MB

※ 1) '–'는 해당 월에 데이터 사용량이 없음을 의미함
   2) 제시된 20개의 앱 외 다른 앱의 데이터 사용량은 없음
   3) 1GB(기가바이트)는 1,024MB(메가바이트)에 해당함

① 3월과 4월에 모두 데이터 사용량이 있는 앱 중 4월 데이터 사용량의 3월 대비 증가량이 가장 큰 앱은 '뮤직플레이'이다.

② 3월과 4월에 모두 데이터 사용량이 있는 앱 중 4월 데이터 사용량이 3월 대비 감소한 앱은 9개이고 증가한 앱은 8개이다.

③ 4월에만 데이터 사용량이 있는 모든 앱의 총 데이터 사용량은 '날씨정보'의 4월 데이터 사용량보다 많다.

④ 'G인터넷'과 'HS쇼핑'의 3월 데이터 사용량의 합은 나머지 앱의 3월 데이터 사용량의 합보다 많다.

⑤ 3월과 4월에 모두 데이터 사용량이 있는 앱 중 4월 데이터 사용량의 3월 대비 변화율이 가장 큰 앱은 'S메일'이다.

03 다음은 2022년 갑국 도시 A ~ F의 폭염주의보 발령일수, 온열질환자 수, 무더위 쉼터 수 및 인구수에 대한 자료이다. 이에 대한 〈보기〉의 설명 중 옳은 것을 모두 고르면?

〈도시별 폭염주의보 발령일수, 온열질환자 수, 무더위 쉼터 수 및 인구수〉

도시 \ 구분	폭염주의보 발령일수 (일)	온열질환자 수 (명)	무더위 쉼터 수 (개)	인구수 (만 명)
A	90	55	92	100
B	30	18	90	53
C	50	34	120	89
D	49	25	100	70
E	75	52	110	80
F	24	10	85	25
전체	( )	194	597	417

보기

ㄱ. 무더위 쉼터가 100개 이상인 도시 중 인구수가 가장 많은 도시는 C이다.
ㄴ. 인구수가 많은 도시일수록 온열질환자 수가 많다.
ㄷ. 온열질환자 수가 가장 적은 도시와 인구수 대비 무더위 쉼터 수가 가장 많은 도시는 동일하다.
ㄹ. 폭염주의보 발령일수가 전체 도시의 폭염주의보 발령일수 평균보다 많은 도시는 2개이다.

① ㄱ, ㄴ
② ㄱ, ㄷ
③ ㄴ, ㄹ
④ ㄱ, ㄷ, ㄹ
⑤ ㄴ, ㄷ, ㄹ

04 다음은 2022년 경기도 10개 시의 문화유산 보유건수 현황에 대한 자료이다. 이에 대한 설명으로 옳은 것은?

〈경기도 10개 시의 유형별 문화유산 보유건수 현황〉

(단위 : 건)

시 \ 유형	국가 지정 문화재	지방 지정 문화재	문화재 자료	등록 문화재	합
용인시	64	36	16	4	120
여주시	24	32	11	3	70
고양시	16	35	11	7	69
안성시	13	42	13	0	68
남양주시	18	34	11	4	67
파주시	14	28	9	12	63
성남시	36	17	3	3	59
화성시	14	26	9	0	49
수원시	14	24	8	2	48
양주시	11	19	9	0	39
전체	224	293	100	35	( )

※ 문화유산은 국가 지정 문화재, 지방 지정 문화재, 문화재 자료, 등록 문화재로만 구성됨

① '등록 문화재'를 보유한 시는 6개이다.

② 유형별 전체 보유건수가 가장 많은 문화유산은 '국가 지정 문화재'이다.

③ 파주시 문화유산 보유건수 합은 전체 문화유산 보유건수 합의 10% 이하이다.

④ '문화재 자료' 보유건수가 가장 많은 시는 안성시다.

⑤ '국가 지정 문화재'의 시별 보유건수 순위는 '문화재 자료'와 동일하다.

다음은 2016 ~ 2022년 갑국의 문화재 국외반출 허가 및 전시 현황에 대한 자료이다. 이에 대한 설명으로 옳은 것은?

〈문화재 국외반출 허가 및 전시 현황〉

(단위 : 건, 개)

연도	전시건수		국외반출 허가 문화재 수량		
	국가별 전시건수 (국가 : 건수)	계	지정 문화재 (문화재 종류 : 개수)	비지정 문화재	계
2016년	일본 : 6, 중국 : 1, 영국 : 1, 프랑스 : 1, 호주 : 1	10	국보 : 3, 보물 : 4, 시도 지정 문화재 : 1	796	804
2017년	일본 : 10, 미국 : 5, 그리스 : 1, 체코 : 1, 중국 : 1	18	국보 : 18, 보물 : 3, 시도 지정 문화재 : 1	902	924
2018년	일본 : 5, 미국 : 3, 벨기에 : 1, 영국 : 1	10	국보 : 5, 보물 : 10	315	330
2019년	일본 : 9, 미국 : 8, 중국 : 3, 이탈리아 : 3, 프랑스 : 2, 영국 : 2, 독일 : 2, 포르투갈 : 1, 네덜란드 : 1, 체코 : 1, 러시아 : 1	33	국보 : 2, 보물 : 13	1,399	1,414
2020년	일본 : 9, 미국 : 5, 영국 : 2, 러시아 : 2, 중국 : 1, 벨기에 : 1, 이탈리아 : 1, 프랑스 : 1, 스페인 : 1, 브라질 : 1	24	국보 : 3, 보물 : 11	1,311	1,325
2021년	미국 : 3, 일본 : 2, 호주 : 2, 중국 : 1, 타이완 : 1	9	국보 : 4, 보물 : 12	733	749
2022년	미국 : 6, 중국 : 5, 일본 : 5, 영국 : 2, 브라질 : 1, 독일 : 1, 러시아 : 1	21	국보 : 4, 보물 : 9	1,430	1,443

※ 1) 지정 문화재는 국보, 보물, 시도 지정 문화재만으로 구성됨
  2) 동일년도에 두 번 이상 전시된 국외반출 허가 문화재는 없음

① 연도별 국외반출 허가 문화재 수량 중 지정 문화재 수량의 비중이 가장 큰 해는 2021년이다.
② 2017년 이후 연도별 전시건수 중 미국 전시건수 비중이 가장 작은 해에는 프랑스에서도 전시가 있었다.
③ 국가별 전시건수의 합이 10건 이상인 국가는 일본, 미국, 영국이다.
④ 보물인 국외반출 허가 지정 문화재의 수량이 가장 많은 해는 전시 건당 국외반출 허가 문화재 수량이 가장 많은 해와 동일하다.
⑤ 2019년 이후 연도별 전시건수가 많을수록 국외반출 허가 문화재 수량도 많다.

06 다음은 중학생의 주당 운동시간 현황을 조사한 자료이다. 이에 대한 〈보기〉의 설명 중 옳은 것을 모두 고르면?

〈중학생의 주당 운동시간 현황〉

(단위 : %, 명)

구분		남학생			여학생		
		1학년	2학년	3학년	1학년	2학년	3학년
1시간 미만	비율	10.0	5.7	7.6	18.8	19.2	25.1
	인원수	118	66	87	221	217	281
1시간 이상 2시간 미만	비율	22.2	20.4	19.7	26.6	31.3	29.3
	인원수	261	235	224	312	353	328
2시간 이상 3시간 미만	비율	21.8	20.9	24.1	20.7	18.0	21.6
	인원수	256	241	274	243	203	242
3시간 이상 4시간 미만	비율	34.8	34.0	23.4	30.0	27.3	14.0
	인원수	409	392	266	353	308	157
4시간 이상	비율	11.2	19.0	25.2	3.9	4.2	10.0
	인원수	132	219	287	46	47	112
합계	비율	100.0	100.0	100.0	100.0	100.0	100.0
	인원수	1,176	1,153	1,138	1,175	1,128	1,120

보기

ㄱ. '1시간 미만' 운동하는 3학년 남학생 수는 '4시간 이상' 운동하는 1학년 여학생 수보다 많다.

ㄴ. 동일 학년의 남학생과 여학생을 비교하면, 남학생 중 '1시간 미만' 운동하는 남학생의 비율이 여학생 중 '1시간 미만' 운동하는 여학생의 비율보다 각 학년에서 모두 낮다.

ㄷ. 남학생과 여학생 각각 학년이 높아질수록 3시간 이상 운동하는 학생의 비율이 낮아진다.

ㄹ. 모든 학년별 남학생과 여학생 각각에서 '3시간 이상 4시간 미만' 운동하는 학생의 비율이 '4시간 이상' 운동하는 학생의 비율보다 높다.

① ㄱ, ㄴ
② ㄱ, ㄹ
③ ㄴ, ㄷ
④ ㄷ, ㄹ
⑤ ㄱ, ㄴ, ㄷ

07 다음은 일제강점기 어느 해의 부별, 국적별 인구분포를 나타낸 자료이다. 이에 대한 설명으로 옳은 것은?

〈일제강점기 부별, 국적별 인구분포〉

(단위 : 명, %)

지역	부	전체	조선인	외국인								조선인 비중	일본인 비중
				일본	중국	영국	미국	소련	프랑스	독일	기타		
북부 지역	평양부	140,703	116,899	20,073	3,534	14	176	6	0	0	1	83.1	14.3
	원산부	42,760	32,241	9,260	1,218	2	16	1	1	16	5	75.4	21.7
	함흥부	43,851	34,191	8,984	667	7	0	0	0	1	1	78.0	20.5
	청진부	35,925	25,639	8,873	1,402	0	0	8	1	2	0	71.4	24.7
	신의주부	48,047	31,445	7,526	9,071	0	5	0	0	0	0	65.4	15.7
	진남포부	38,296	32,073	5,333	887	0	3	0	0	0	0	83.8	13.9
중부 지역	경성부	394,234	279,865	105,639	8,275	98	175	113	27	9	33	71.0	26.8
	인천부	68,126	52,971	11,758	3,372	1	7	2	6	9	0	77.8	17.3
	개성부	49,520	47,722	1,531	242	0	25	0	0	0	0	96.4	3.1
남부 지역	부산부	146,092	97,558	47,761	737	9	4	15	0	3	5	66.8	32.7
	대구부	93,314	73,060	19,426	792	5	17	1	10	0	3	78.3	20.8
	군산부	26,320	16,894	8,707	718	0	0	1	0	0	0	64.2	33.1
	목포부	34,688	26,335	7,922	416	0	13	2	0	0	0	75.9	22.8
	마산부	27,885	22,189	5,587	102	6	0	0	1	0	0	79.6	20.0
합계		1,189,761	889,082	268,380	31,433	142	441	149	46	40	48	−	−

※ 복수국적자 및 무국적자는 없음

① 각 부에서 조선인과 일본인을 합한 인구는 해당 부 전체 인구의 90%를 넘는다.

② 외국인 수가 세 번째로 많은 부는 대구부이다.

③ 함흥부와 청진부는 외국인 국적 종류 수가 같다.

④ 각 부의 전체 인구에서 일본인을 제외한 외국인이 차지하는 비중이 가장 큰 부는 일본인 수가 가장 적은 부이다.

⑤ 지역별로 보면 가장 많은 수의 중국인이 거주하는 지역은 북부지역이고, 가장 많은 수의 일본인이 거주하는 지역은 남부지역이다.

08 다음은 2021년과 2022년 친환경인증 농산물의 생산 현황에 대한 자료이다. 이에 대한 설명으로 옳지 않은 것은?

〈종류별, 지역별 친환경인증 농산물 생산 현황〉

(단위 : 톤)

구분		2022년				2021년
		합	인증형태			
			유기 농산물	무농약 농산물	저농약 농산물	
종류	곡류	343,380	54,025	269,280	20,075	371,055
	과실류	341,054	9,116	26,850	305,088	457,794
	채소류	585,004	74,750	351,340	158,914	753,524
	서류	41,782	9,023	30,157	2,602	59,407
	특용작물	163,762	6,782	155,434	1,546	190,069
	기타	23,253	14,560	8,452	241	20,392
	계	1,498,235	168,256	841,513	488,466	1,852,241
지역	서울	1,746	106	1,544	96	1,938
	부산	4,040	48	1,501	2,491	6,913
	대구	13,835	749	3,285	9,801	13,852
	인천	7,663	1,093	6,488	82	7,282
	광주	5,946	144	3,947	1,855	7,474
	대전	1,521	195	855	471	1,550
	울산	10,859	408	5,142	5,309	13,792
	세종	1,377	198	826	353	0
	경기도	109,294	13,891	71,521	23,882	126,209
	강원도	83,584	17,097	52,810	13,677	68,300
	충청도	159,495	29,506	64,327	65,662	207,753
	전라도	611,468	43,330	443,921	124,217	922,641
	경상도	467,259	52,567	176,491	238,201	457,598
	제주도	20,148	8,924	8,855	2,369	16,939
	계	1,498,235	168,256	841,513	488,466	1,852,241

① 2022년 친환경인증 농산물 종류 중 생산 감소량이 전년 대비 세 번째로 큰 농산물은 곡류이다.
② 2022년 친환경인증 농산물의 종류별 생산량에서 무농약 농산물 생산량이 차지하는 비중은 서류가 곡류보다 크다.
③ 2022년 전라도와 경상도에서 생산된 친환경인증 채소류 생산량의 합은 적어도 16만 톤 이상이다.
④ 2022년 각 지역 내에서 인증형태별 생산량 순위가 서울과 같은 지역은 인천과 강원도뿐이다.
⑤ 2022년 친환경인증 농산물의 생산량이 전년 대비 30% 이상 감소한 지역은 총 2곳이다.

09 다음은 가 대학 2022학년도 2학기 경영정보학과의 강좌별 성적분포를 나타낸 것이다. 이에 대한 〈보기〉의 설명 중 옳은 것을 모두 고르면?

〈2022학년도 2학기 경영정보학과의 강좌별 성적분포〉

(단위 : 명)

분야	강좌	담당교수	교과목명	A^+	A0	B^+	B0	C^+	C0	D^+	D0	F	수강인원
전공기초	DBA-01	이성재	경영정보론	3	6	7	6	3	2	0	0	0	27
	DBA-02	이민부	경영정보론	16	2	29	0	15	0	0	0	0	62
	DBA-03	정상훈	경영정보론	9	9	17	13	8	10	0	0	0	66
	DEA-01	황욱태	회계학원론	8	6	16	4	9	6	0	0	0	49
전공심화	MIC-01	이향옥	JAVA 프로그래밍	4	2	6	5	2	0	2	0	4	25
	MIG-01	김신재	e-비즈니스 경영	13	0	21	1	7	3	0	0	1	46
	MIH-01	황욱태	IT거버넌스	4	4	7	7	6	0	1	0	0	29
	MIO-01	김호재	CRM	14	0	23	8	2	0	2	0	0	49
	MIP-01	이민부	유비쿼터스 컴퓨팅	14	5	15	2	6	0	0	0	0	42
	MIZ-01	정상훈	정보보안관리	8	8	15	9	2	0	0	0	0	42
	MSB-01	이성재	의사결정 시스템	2	1	4	1	3	2	0	0	1	14
	MSD-01	김신재	프로젝트관리	3	3	6	4	1	1	0	1	0	19
	MSX-01	우희준	소셜네트워크 서비스	9	7	32	7	0	0	0	0	0	55

보기

ㄱ. A(A^+, A0)를 받은 학생 수가 가장 많은 강좌는 전공심화 분야에 속한다.

ㄴ. 전공기초 분야의 강좌당 수강인원은 전공심화 분야의 강좌당 수강인원보다 많다.

ㄷ. 각 강좌별 수강인원 중 A^+를 받은 학생의 비율이 가장 낮은 강좌는 황욱태 교수의 강좌이다.

ㄹ. 전공기초 분야에 속하는 각 강좌에서는 A(A^+, A0)를 받은 학생 수가 C(C^+, C0)를 받은 학생 수보다 많다.

① ㄱ, ㄴ ② ㄱ, ㄷ
③ ㄱ, ㄹ ④ ㄴ, ㄹ
⑤ ㄷ, ㄹ

10 다음은 2021년과 2022년 정부창업지원금 신청자를 대상으로 직업과 창업단계를 조사한 자료이다. 이에 대한 〈보기〉의 설명 중 옳은 것을 모두 고르면?

〈정부창업지원금 신청자의 직업 구성〉

(단위 : 명, %)

직업	2021년		2022년		합계	
	인원	비율	인원	비율	인원	비율
교수	34	4.2	183	12.5	217	9.6
연구원	73	9.1	118	8.1	191	8.4
대학생	17	2.1	74	5.1	91	4.0
대학원생	31	3.9	93	6.4	124	5.5
회사원	297	37.0	567	38.8	864	38.2
기타	350	43.6	425	29.1	775	34.3
계	802	100.0	1,460	100.0	2,262	100.0

〈정부창업지원금 신청자의 창업단계〉

(단위 : 명, %)

창업단계	2021년		2022년		합계	
	인원	비중	인원	비중	인원	비중
예비창업단계	79	9.9	158	10.8	237	10.5
기술개발단계	291	36.3	668	45.8	959	42.4
시제품제작단계	140	17.5	209	14.3	349	15.4
시장진입단계	292	36.4	425	29.1	717	31.7
계	802	100.0	1,460	100.0	2,262	100.0

※ 복수응답 및 무응답은 없음

보기

ㄱ. '기타'를 제외한 직업별 2022년 정부창업지원금 신청자 수의 전년 대비 증가율이 두 번째로 높은 직업은 대학생이다.

ㄴ. 기술개발단계에 있는 신청자 수 비중의 연도별 차이는 시장진입단계에 있는 신청자 수 비중의 연도별 차이보다 크다.

ㄷ. 2022년 조사에서 전년보다 신청자 수는 증가하고 신청자 수 비중은 감소한 창업단계는 시장진입단계뿐이다.

① ㄱ

② ㄴ

③ ㄱ, ㄴ

④ ㄴ, ㄷ

⑤ ㄱ, ㄴ, ㄷ

11 다음은 2022년 국가기록원의 '비공개기록물 공개 재분류 사업' 결과 및 현황이다. 이에 대한 설명으로 옳지 않은 것은?

〈비공개기록물 공개 재분류 사업 결과〉

(단위 : 건)

구분	재분류 결과				
	공개			비공개	합계
	부분공개	전부공개	소계		
30년 경과 비공개기록물	1,046,678	33,012	1,079,690	119,731	2,702,653
30년 미경과 비공개기록물	82,246	136,634	218,880	1,284,352	1,199,421
계	1,128,924	169,646	1,298,570	1,404,083	1,503,232

〈30년 경과 비공개기록물 중 비공개로 재분류된 기록물의 비공개 사유별 현황〉

(단위 : 건)

비공개 사유							합계
법령상 비밀	국방 등 국익침해	국민의 생명 등 공익침해	재판 관련 정보	공정한 업무수행 지장	개인 사생활 침해	특정인의 이익침해	
619	313	54,329	18,091	24	46,298	57	119,731

① 2022년 '비공개기록물 공개 재분류 사업' 대상 전체 기록물 중 절반 이상이 다시 비공개로 재분류되었다.

② 30년 경과 비공개기록물 중 전부공개로 재분류된 기록물 건수가 30년 경과 비공개기록물 중 '개인 사생활 침해' 사유에 해당하여 비공개로 재분류된 기록물 건수보다 적다.

③ 30년 경과 비공개기록물 중 공개로 재분류된 기록물의 비율이 30년 미경과 비공개기록물 중 비공개로 재분류된 기록물의 비율보다 낮다.

④ 재분류 건수가 많은 것부터 순서대로 나열하면, 30년 경과 비공개기록물은 부분공개, 비공개, 전부공개 순서고 30년 미경과 비공개기록물은 비공개, 전부공개, 부분공개 순서다.

⑤ 30년 경과 비공개기록물 중 '국민의 생명 등 공익침해'와 '개인 사생활 침해' 사유에 해당하여 비공개로 재분류된 기록물 건수의 합은 2022년 '비공개기록물 공개 재분류 사업' 대상 전체 기록물의 5% 이하이다.

12 다음은 일제강점기 1934 ~ 1937년의 지역별 산업용재 생산량 추이를 나타낸 것이다. 이에 대한 〈보기〉의 설명 중 옳지 않은 것을 모두 고르면?

〈일제강점기의 지역별 산업용재 생산량 추이〉

(단위 : 톤, %)

지방	도	1934년	1935년	1936년	1937년
남부	충북	13,995	22,203	18,212	33,902
	충남	86,652	72,710	36,751	38,334
	전북	76,293	91,780	79,143	67,732
	전남	86,571	113,406	147,874	206,631
	경북	87,708	115,219	107,791	97,714
	경남	93,412	130,518	123,008	94,154
	소계 (비중)	444,631 (14.6)	545,836 (16.0)	512,779 (12.0)	538,467 (12.9)
중부	경기	54,151	45,418	43,352	49,657
	강원	183,119	239,854	255,173	281,244
	황해	91,312	79,774	81,851	120,973
	소계 (비중)	328,582 (10.8)	365,046 (10.7)	380,376 (8.9)	451,874 (10.8)
북부	평남	126,249	140,336	127,819	153,281
	평북	914,750	927,381	1,039,252	1,024,969
	함남	807,425	752,338	1,206,096	975,422
	함북	428,403	687,582	1,013,869	1,030,237
	소계 (비중)	2,276,827 (74.6)	2,507,637 (73.4)	3,387,036 (79.1)	3,183,909 (76.3)
합계 (비중)		3,050,040 (100.0)	3,418,519 (100.0)	4,280,191 (100.0)	4,174,250 (100.0)

보기

ㄱ. 1937년 도별 산업용재 생산량은 충남을 제외하고 모두 1934년보다 크다.
ㄴ. 전체 산업용재 생산량 대비 북부지방 생산량 비중은 1934년 74.6%에서 1937년 76.3%로 증가하였다.
ㄷ. 전체 산업용재 생산량 대비 남부지방 생산량 비중은 1934년 14.6%에서 1937년 12.9%로 감소하였고 남부지방의 생산량도 감소하였다.
ㄹ. 산업용재 생산량 비중이 높은 지방부터 나열하면 매년 북부, 남부, 중부 순서다.
ㅁ. 산업용재의 도별 생산량에서 1934년에 비해 1937년 생산량이 가장 크게 증가한 도는 함북이다.

① ㄱ, ㄷ
② ㄱ, ㄹ
③ ㄴ, ㄹ
④ ㄱ, ㄷ, ㅁ
⑤ ㄴ, ㄷ, ㅁ

13 다음은 2022년 지역별 등산사고 발생 현황에 대한 자료이다. 이에 대한 〈보기〉의 설명 중 옳지 않은 것을 모두 고르면?

〈2022년 월별 등산사고 발생 현황〉

(단위 : 건)

월 \ 지역	1월	2월	3월	4월	5월	6월	7월	8월	9월	10월	11월	12월	합계
서울	133	135	72	103	134	104	112	112	124	125	126	74	1,354
부산	3	0	0	4	0	2	0	3	3	0	6	5	26
대구	6	5	3	4	3	4	5	2	5	5	6	5	53
인천	19	11	6	11	22	5	8	16	12	20	11	6	147
광주	2	4	3	4	2	2	3	3	10	9	8	7	57
대전	13	9	4	8	13	9	9	11	6	13	9	4	108
울산	9	6	5	6	10	10	17	16	17	15	23	6	140
경기	7	14	9	20	20	15	14	26	23	30	13	7	198
강원	36	19	12	16	38	38	42	27	51	43	24	12	358
충북	3	7	7	13	11	2	2	5	15	24	13	4	106
충남	1	1	2	1	2	2	0	0	0	3	0	2	14
전북	18	13	10	12	32	12	17	15	9	22	22	6	188
전남	13	12	11	14	15	8	18	16	18	31	24	3	183
경북	0	2	1	0	0	1	0	1	1	1	0	0	7
경남	11	7	2	9	11	10	11	15	32	18	20	20	166
제주	2	1	0	0	2	0	2	1	0	0	0	1	9
전체	276	246	147	225	315	224	260	269	326	359	305	162	3,114

〈2022년 발생 원인별 등산사고 발생 현황〉

(단위 : 건)

지역 \ 발생원인	조난	개인질환	실족·추락	안전수칙 불이행	기타	합계
서울	232	124	497	0	501	1,354
부산	4	4	10	2	6	26
대구	18	7	6	15	7	53
인천	30	6	31	0	80	147
광주	0	7	50	0	0	57
대전	13	22	36	1	36	108
울산	0	18	43	0	79	140
경기	12	13	120	21	32	198
강원	91	36	109	18	104	358
충북	22	14	40	7	23	106
충남	0	4	4	0	6	14
전북	8	5	116	10	49	188
전남	28	11	33	65	46	183
경북	2	2	2	0	1	7
경남	25	19	15	21	86	166
제주	0	0	9	0	0	9
전체	485	292	1,121	160	1,056	3,114

※ 등산사고 1건당 발생원인은 1개로 한정함

보기

ㄱ. 2022년 3월, 9월, 10월에 발생한 등산사고 건수의 합은 전체 등산사고 건수의 30% 이상이다.

ㄴ. 2022년 서울에서 발생한 등산사고 건수는 2월에 가장 많으며, 12월에 가장 적다.

ㄷ. 2022년 등산사고 발생 원인 중 조난이 해당지역 전체 등산사고 건수의 25% 이상인 지역의 수는 3개이다.

ㄹ. 기타를 제외하고 2022년 발생 원인별 전체 등산사고 건수는 실족·추락이 가장 많고 안전수칙 불이행이 가장 적다.

ㅁ. 2022년 매월 등산사고가 발생한 지역의 수는 13개이다.

① ㄱ, ㄴ, ㄷ   ② ㄱ, ㄴ, ㅁ

③ ㄱ, ㄹ, ㅁ   ④ ㄴ, ㄷ, ㄹ

⑤ ㄷ, ㄹ, ㅁ

14 다음은 2016 ~ 2022년 주요 국가의 연도별 이산화탄소 배출량을 나타낸 자료이다. 이에 대한 〈보기〉의 설명 중 옳은 것을 모두 고르면?

〈주요 국가의 연도별 이산화탄소 배출량〉

(단위 : 백만 TC)

국가＼연도	2016년	2017년	2018년	2019년	2020년	2021년	2022년
중국	2,244.1	3,022.1	3,077.2	5,103.1	6,071.8	6,549.0	6,877.2
미국	4,868.7	5,138.7	5,698.1	5,771.7	5,762.7	5,586.8	5,195.0
인도	582.3	776.6	972.5	1,160.4	1,357.2	1,431.3	1,585.8
러시아	2,178.8	1,574.5	1,505.5	1,516.2	1,578.5	1,593.4	1,532.6
일본	1,064.4	1,147.9	1,184.0	1,220.7	1,242.3	1,152.6	1,092.9
독일	950.4	869.4	827.1	811.8	800.1	804.1	750.2
이란	179.6	252.3	316.7	426.8	500.8	522.7	533.2
캐나다	432.3	465.2	532.8	558.8	568.0	551.1	520.7
한국	229.3	358.6	437.7	467.9	490.3	501.7	515.5
영국	549.3	516.6	523.8	533.1	521.5	512.1	465.8
전 세계	20,966.3	21,791.6	23,492.9	27,188.3	29,047.9	29,454.0	28,999.4

※ 1) 주요 국가는 2022년 이산화탄소 배출량 상위 10개국을 의미함
  2) TC(탄소톤)는 이산화탄소 배출량 측정단위임

보기

ㄱ. 전 세계 이산화탄소 배출량은 매년 증가하였다.
ㄴ. 2022년 이산화탄소 배출량이 가장 많은 국가는 중국이며, 2022년 중국의 이산화탄소 배출량은 전 세계 이산화탄소 배출량의 20% 이상이다.
ㄷ. 러시아의 2016년과 2022년 이산화탄소 배출량 차이는 이란의 2016년과 2022년 이산화탄소 배출량 차이보다 크다.
ㄹ. 2022년 한국 이산화탄소 배출량의 2016년 대비 증가율은 100% 이상이다.

① ㄱ, ㄴ
② ㄴ, ㄷ
③ ㄷ, ㄹ
④ ㄱ, ㄴ, ㄹ
⑤ ㄴ, ㄷ, ㄹ

15 다음은 A무역회사 해외지사의 수출 상담실적에 대한 자료이다. 이에 대한 설명으로 옳지 않은 것은?

〈A무역회사 해외지사의 수출 상담실적〉

(단위 : 건, %)

연도 해외지사	2019년	2020년	2021년	2022년 1 ~ 11월	
					전년 동기 대비 증감률
칠레	352	284	472	644	60.4
싱가포르	136	196	319	742	154.1
독일	650	458	724	810	22.4
태국	3,630	1,995	1,526	2,520	80.0
미국	307	120	273	1,567	526.8
인도	0	2,333	3,530	1,636	−49.4
영국	8	237	786	12,308	1,794.1
합계	5,083	5,623	7,630	20,227	197.3

① 2021년 12월 태국지사 수출 상담실적은 100건 이상이다.

② 전년 대비 2021년 수출 상담실적 건수가 가장 많이 늘어난 해외지사는 인도지사이다.

③ 2020 ~ 2022년 동안 A무역회사 해외지사의 수출 상담실적 건수 합계는 매년 증가하였다.

④ 2019 ~ 2021년 동안 매년 싱가포르지사와 미국지사의 수출 상담실적 건수의 합은 독일지사의 수출 상담실적 건수보다 적다.

⑤ 2022년 12월 칠레지사 수출 상담실적이 256건이라면, 2022년 연간 칠레지사 수출 상담실적 건수는 전년 대비 100% 이상 증가한다.

16 다음은 2022년 A방송 개그프로그램의 코너별 시청률과 시청률 순위에 대한 자료이다. 이에 대한 설명으로 옳은 것은?

〈코너별 시청률 및 시청률 순위(7월 마지막 주)〉

코너명	시청률(%)		시청률 순위	
	금주	전주	금주	전주
체포왕자	27.6	–	1	–
세가지	27.5	22.2	2	13
멘붕학교	27.2	23.2	3	10
생활의 문제	26.9	30.7	4	1
비겁한 녀석들	26.5	26.3	5	4
아이들	26.4	30.4	6	2
편한 진실	25.8	25.5	7	6
비극배우들	25.7	24.5	8	7
엄마와 딸	25.6	23.9	9	8
김여사	24.7	23.6	10	9
예술성	19.2	27.8	11	3
어색한 친구	17.7	–	12	–
좋지 아니한가	16.7	22.7	13	11
합기도	14.6	18.8	14	14

〈코너별 시청률 및 시청률 순위(10월 첫째 주)〉

코너명	시청률(%)		시청률 순위	
	금주	전주	금주	전주
험담자	27.4	–	1	–
생활의 문제	27.0	19.6	2	7
김여사	24.9	21.9	3	3
엄마와 딸	24.5	20.4	4	5
돼지의 품격	23.4	23.2	5	1
비극배우들	22.7	22.5	6	2
편한 진실	21.6	21.1	7	4
체포왕자	21.4	16.5	8	12
멘붕학교	21.4	19.6	8	7
비겁한 녀석들	21.1	19.1	10	9
어색한 친구	20.7	19.0	11	10
세가지	19.8	19.9	12	6
아이들	18.2	17.8	13	11
합기도	15.1	12.6	14	14

※ 1) 개그프로그램은 매주 14개의 코너로 구성됨
2) '–'가 있는 코너는 금주에 신설된 코너를 의미함

① 7월 마지막 주~10월 첫째 주 동안 신설된 코너는 3개이다.

② 신설 코너를 제외하고, 10월 첫째 주에는 전주보다 시청률이 낮은 코너가 없다.

③ 7월 마지막 주와 10월 첫째 주 시청률이 모두 20% 미만인 코너는 '합기도'뿐이다.

④ 신설된 코너와 폐지된 코너를 제외하고, 7월 마지막 주와 10월 첫째 주의 전주 대비 시청률 상승 폭이 가장 큰 코너는 동일하다.

⑤ 시청률 순위 상위 5개 코너의 시청률 산술평균은 10월 첫째 주가 7월 마지막 주보다 높다.

17 다음은 A국 최종에너지 소비량에 대한 자료이다. 이에 대한 〈보기〉의 설명 중 옳은 것을 모두 고르면?

〈2020 ~ 2022년 유형별 최종에너지 소비량 비중〉

(단위 : %)

연도\유형	석탄		석유제품	도시가스	전력	기타
	무연탄	유연탄				
2020년	2.7	11.6	53.3	10.8	18.2	3.4
2021년	2.8	10.3	54.0	10.7	18.6	3.6
2022년	2.9	11.5	51.9	10.9	19.1	3.7

〈2022년 부문별 유형별 최종에너지 소비량〉

(단위 : 천TOE)

부문\유형	석탄		석유제품	도시가스	전력	기타	합
	무연탄	유연탄					
산업	4,750	15,317	57,451	9,129	23,093	5,415	115,155
가정·상업	901	4,636	6,450	11,105	12,489	1,675	37,256
수송	0	0	35,438	188	1,312	0	36,938
기타	0	2,321	1,299	669	152	42	4,483
계	5,651	22,274	100,638	21,091	37,046	7,132	193,832

※ TOE는 석유 환산 톤수를 의미함

보기

ㄱ. 2020 ~ 2022년 동안 전력 소비량은 매년 증가한다.

ㄴ. 2022년에는 산업부문의 최종에너지 소비량이 전체 최종에너지 소비량의 50% 이상을 차지한다.

ㄷ. 2020 ~ 2022년 동안 석유제품 소비량 대비 전력 소비량의 비율이 매년 증가한다.

ㄹ. 2022년에는 산업부문과 가정·상업부문에서 유연탄 소비량 대비 무연탄 소비량의 비율이 각각 25% 이하이다.

① ㄱ, ㄴ
② ㄱ, ㄹ
③ ㄴ, ㄷ
④ ㄴ, ㄹ
⑤ ㄷ, ㄹ

18 다음은 2017년과 2022년에 조사된 A국 전체 10개 원자로의 안전도 평가 결과를 나타낸 자료이다. 이에 대한 〈보기〉의 설명 중 옳은 것을 모두 고르면?

〈2017년 원자로 안전도 평가 결과〉

부문 / 분야 / 원자로	안전운영		안전설비 신뢰도			안전방벽			
	원자로 정지	출력 변동	안전 주입	비상 발전기	보조 급수	핵연료 건전성	냉각제	격납 건전성	비상 대책
1호기	●	●	●	●	▣	●	◕	◐	●
2호기	◕	●	●	◐	●	●	◕	●	◐
3호기	●	◕	◕	●	●	●	●	●	●
4호기	◐	●	●	◐	●	▣	●	●	●
5호기	●	◕	◐	●	●	●	▣	▣	◕
6호기	●	●	●	◐	◕	●	◐	●	●
7호기	●	●	●	◐	●	▣	◐	●	▣
8호기	●	◕	●	●	▣	●	◐	●	◕
9호기	▣	●	◐	▣	●	◐	●	●	●
10호기	●	▣	●	●	◕	▣	●	●	●

〈2022년 원자로 안전도 평가 결과〉

부문 / 분야 / 원자로	안전운영		안전설비 신뢰도			안전방벽			
	원자로 정지	출력 변동	안전 주입	비상 발전기	보조 급수	핵연료 건전성	냉각제	격납 건전성	비상 대책
1호기	◕	●	◐	●	▣	●	◕	◐	◐
2호기	●	▣	●	◐	●	●	◕	●	◐
3호기	●	●	●	●	●	◐	●	●	◐
4호기	◕	◐	◕	◐	●	▣	●	●	●
5호기	●	◕	◐	●	●	●	▣	◕	◕
6호기	◕	●	●	◐	◕	●	◐	●	▣
7호기	◕	●	●	◐	●	▣	◐	◕	▣
8호기	●	◕	▣	●	●	●	◐	●	◕
9호기	▣	●	◐	◕	◕	◐	●	●	●
10호기	●	●	●	●	◕	▣	●	●	●

※ 1) ●(우수, 3점), ◕(양호, 2점), ◐(보통, 1점), ▣(주의, 0점)의 순서로 점수를 부여하여 안전도를 평가함
  2) 분야별 안전도 점수는 해당분야의 각 원자로 안전도 점수의 합임

ㄱ. 2017년과 2022년 모두 원자로 안전도 평가의 모든 분야에서 '보통' 이상의 평가점수를 받은 원자로는 3호기뿐이다.

ㄴ. 2017년과 2022년 각각 7호기는 원자로 안전도 평가 분야 중 2개 분야에서 '주의' 평가를 받았는데, 이는 2017년과 2022년 각각 전체 '주의' 평가 건수의 15% 이상이다.

ㄷ. 2017년과 2022년 각각 '안전설비 신뢰도' 부문에서는 '비상발전기' 분야의 안전도 점수가 가장 높았다.

ㄹ. 2022년 '양호' 평가 건수의 2017년 대비 증가율은 '보통' 평가 건수의 증가율보다 낮다.

① ㄱ, ㄴ
② ㄴ, ㄹ
③ ㄷ, ㄹ
④ ㄱ, ㄴ, ㄷ
⑤ ㄱ, ㄷ, ㄹ

PART 1

19 다음은 2006 ~ 2008년 동안 국립공원 내 사찰의 문화재 관람료에 대한 자료이다. 이에 대한 설명으로 옳은 것은?

〈국립공원 내 사찰의 문화재 관람료〉

(단위 : 원)

국립공원	사찰	2006년	2007년	2008년
지리산	쌍계사	1,800	1,800	1,800
	화엄사	2,200	3,000	3,000
	천은사	1,600	1,600	1,600
	연곡사	1,600	2,000	2,000
경주	불국사	0	0	4,000
	석굴암	0	0	4,000
	기림사	0	0	3,000
계룡산	동학사	1,600	2,000	2,000
	갑사	1,600	2,000	2,000
	신원사	1,600	2,000	2,000
한려해상	보리암	1,000	1,000	1,000
설악산	신흥사	1,800	2,500	2,500
	백담사	1,600	0	0
속리산	법주사	2,200	3,000	3,000
내장산	내장사	1,600	2,000	2,000
	백양사	1,800	2,500	2,500
가야산	해인사	1,900	2,000	2,000
덕유산	백련사	1,600	0	0
	안국사	1,600	0	0
오대산	월정사	1,800	2,500	2,500
주왕산	대전사	1,600	2,000	2,000
치악산	구룡사	1,600	2,000	2,000
소백산	희방사	1,600	2,000	2,000
월출산	도갑사	1,400	2,000	2,000
변산반도	내소사	1,600	2,000	2,000

※ 해당 연도 내에서는 관람료를 유지한다고 가정함

① 문화재 관람료가 한 번도 변경되지 않은 사찰은 4곳이다.
② 2006년과 2008년에 문화재 관람료가 가장 높은 사찰은 동일하다.
③ 지리산국립공원 내 사찰에서 2007년의 문화재 관람료의 전년 대비 증가율이 가장 높은 사찰은 화엄사이다.
④ 설악산국립공원 내 사찰에서는 2007년부터 문화재 관람료를 받지 않고 있다.
⑤ 문화재 관람료가 매년 상승한 사찰은 1곳이다.

20 다음은 저탄소 녹색성장 10대 기술 분야의 특허 출원 및 등록 현황에 대한 자료이다. 이에 대한 〈보기〉의 설명 중 옳지 않은 것을 모두 고르면?

〈저탄소 녹색성장 10대 기술 분야의 특허 출원 및 등록 현황〉

(단위 : 건)

연도 기술 분야	2009년		2010년		2011년	
구분	출원	등록	출원	등록	출원	등록
태양광 / 열 / 전지	1,079	1,534	898	1,482	1,424	950
수소바이오 / 연료전지	1,669	900	1,527	1,227	1,393	805
CO_2 포집저장처리	552	478	623	409	646	371
그린홈 / 빌딩 / 시티	792	720	952	740	867	283
원전플랜트	343	294	448	324	591	282
전력IT	502	217	502	356	484	256
석탄가스화	107	99	106	95	195	88
풍력	133	46	219	85	363	87
수력 및 해양에너지	126	25	176	45	248	33
지열	15	7	23	15	36	11
전체	5,318	4,320	5,474	4,778	6,247	3,166

보기

ㄱ. 2009 ~ 2011년 동안 출원 건수와 등록 건수가 모두 매년 증가한 기술 분야는 없다.

ㄴ. 2010년에 출원 건수가 전년 대비 감소한 기술 분야에서는 2011년 등록 건수도 전년 대비 감소하였다.

ㄷ. 2011년 등록 건수가 많은 상위 3개 기술 분야의 등록 건수 합은 2011년 전체 등록 건수의 70% 이상을 차지한다.

ㄹ. 2011년 출원 건수가 전년 대비 50% 이상 증가한 기술 분야의 수는 3개이다.

① ㄱ, ㄴ

② ㄱ, ㄷ

③ ㄴ, ㄹ

④ ㄱ, ㄷ, ㄹ

⑤ ㄴ, ㄷ, ㄹ

다음은 갑팀 구성원(가 ~ 라)의 보유 역량 및 수행할 작업(A ~ G)과 작업별 필요 역량에 대한 자료이다. 이에 대한 설명으로 옳지 않은 것은?

〈갑팀 구성원의 보유 역량〉

(O : 보유)

역량＼구성원	가	나	다	라
자기개발	O	O		
의사소통	O		O	O
수리활용		O		O
정보활용	O		O	
문제해결		O	O	
자원관리	O			
기술활용	O	O		
대인관계			O	O
문화이해	O		O	
변화관리	O	O	O	O

〈수행할 작업과 작업별 필요 역량〉

(O : 필요)

작업＼역량	자기개발	의사소통	수리활용	정보활용	문제해결	자원관리	기술활용	대인관계	문화이해	변화관리
A			O					O		O
B					O			O	O	
C					O	O				
D		O		O		O				O
E	O				O					O
F		O	O					O		
G		O					O			O

※ 각 작업별 필요 역량을 모두 보유하고 있는 구성원만이 해당 작업을 수행할 수 있음

① 갑팀 구성원 중 D작업을 수행할 수 있는 사람은 G작업도 수행할 수 있다.

② 갑팀 구성원 중 A작업을 수행할 수 있는 사람이 F작업을 수행하기 위해서는 기존 보유 역량 외에 '의사소통' 역량이 추가로 필요하다.

③ 갑팀 구성원 중 E작업을 수행할 수 있는 사람은 다른 작업을 수행할 수 없다.

④ 갑팀 구성원 중 B작업을 수행할 수 있는 사람이 '기술활용' 역량을 추가로 보유하면 G작업을 수행할 수 있다.

⑤ 갑팀 구성원 중 C작업을 수행할 수 있는 사람은 없다.

22 다음은 1885 ~ 1892년 동안 조선의 대청·대일 무역규모를 나타낸 자료이다. 이에 대한 설명 중 옳지 않은 것은?

〈조선의 대청·대일 무역규모〉

(단위 : 달러)

연도	조선의 수출액			조선의 수입액		
	대청	대일	비 (청 : 일본)	대청	대일	비 (청 : 일본)
1885년	9,479	377,775	2 : 98	313,342	1,377,392	19 : 81
1886년	15,977	488,041	3 : 97	455,015	2,064,353	18 : 82
1887년	18,873	783,752	2 : 98	742,661	2,080,787	26 : 74
1888년	71,946	758,238	9 : 91	860,328	2,196,115	28 : 72
1889년	109,789	1,122,276	9 : 91	1,101,585	2,299,118	32 : 68
1890년	70,922	3,475,098	2 : 98	1,660,075	3,086,897	35 : 65
1891년	136,464	3,219,887	4 : 96	2,148,294	3,226,468	40 : 60
1892년	149,861	2,271,628	6 : 94	2,055,555	2,555,675	45 : 55

※ (무역수지)＝(수출액)－(수입액)

① 1891년에 대일 무역수지는 적자이다.

② 1885 ~ 1892년 동안 매년 조선의 대일 수출액은 같은 해 조선의 대청 수출액의 10배 이상이다.

③ 1885 ~ 1892년 동안 매년 조선의 대일 수입액은 같은 해 조선의 대청 수입액보다 크다.

④ 1886 ~ 1892년 동안 조선의 대청·대일 수입액 전체에서 대일 수입액이 차지하는 비중은 매년 감소한다.

⑤ 1885 ~ 1892년 동안 조선의 대일 수입액과 조선의 대청 수입액의 차이가 가장 큰 해는 1890년 이다.

23 다음은 대학생 700명을 대상으로 실시한 설문조사 결과이다. 이에 대한 보고서의 설명 중 옳지 않은 것을 모두 고르면?

〈학년별 여름방학 계획〉

(단위 : 명, %)

구분 / 학년	자격증 취득	배낭여행	아르바이트	봉사활동	기타	합
4학년	85(56.7)	23(15.3)	29(19.3)	6(4.0)	7(4.7)	150(100.0)
3학년	67(51.5)	17(13.1)	25(19.2)	6(4.6)	15(11.5)	130(100.0)
2학년	72(42.4)	54(31.8)	36(21.2)	5(2.9)	3(1.8)	170(100.0)
1학년	79(31.6)	83(33.2)	54(21.6)	22(8.8)	12(4.8)	250(100.0)
계	303(43.3)	177(25.3)	144(20.6)	39(5.6)	37(5.3)	700(100.0)

〈학년별 관심 있는 동아리〉

(단위 : 명, %)

구분 / 학년	주식투자	외국어 학습	봉사	음악·미술	기타	합
4학년	18(12.0)	100(66.7)	12(8.0)	16(10.7)	4(2.7)	150(100.0)
3학년	12(9.2)	71(54.6)	22(16.9)	16(12.3)	9(6.9)	130(100.0)
2학년	8(4.7)	58(34.1)	60(35.3)	34(20.0)	10(5.9)	170(100.0)
1학년	12(4.8)	72(28.8)	86(34.4)	55(22.0)	25(10.0)	250(100.0)
계	50(7.1)	301(43.0)	180(25.7)	121(17.3)	48(6.9)	700(100.0)

※ 괄호 안의 값은 소수점 둘째 자리에서 반올림한 값임

〈보고서〉

대학생들을 대상으로 실시한 설문조사 결과이다. ㉠ 여름방학에 자격증 취득을 계획하고 있는 학생 수가 각 학년의 학생 수에서 차지하는 비율은 학년이 높을수록 증가하였다. 기타를 제외할 경우, 여름방학에 봉사활동을 계획하고 있는 학생 수가 각 학년의 학생 수에서 차지하는 비율은 모든 학년에서 가장 낮았다. ㉡ 또한 여름방학 때 아르바이트를 하고자 하는 학생의 40% 이상, 봉사활동을 하고자 하는 학생의 50% 이상이 1학년이었다. 최근의 청년 실업난을 반영하듯 3학년과 4학년에서는 자격증 취득에 여름방학을 투자하겠다고 응답한 학생이 절반 이상으로 나타났다. ㉢ 학년별로 관심 있는 동아리를 조사한 결과, 1학년과 2학년은 '봉사 – 외국어 학습 – 음악·미술 – 기타 – 주식투자'의 순서로 관심을 보였고, 3학년과 4학년은 '외국어 학습 – 주식투자 – 음악·미술 – 기타 – 봉사'의 순서로 관심을 보였다. ㉣ 그리고 주식투자 동아리에 관심 있는 학생 중 3학년이 차지하는 비중과 외국어 학습 동아리에 관심 있는 학생 중 1학년이 차지하는 비중의 차이는 1%p 내로 나타났다.

① ㉠, ㉡
② ㉠, ㉣
③ ㉡, ㉢
④ ㉡, ㉣
⑤ ㉢, ㉣

| 01 | 기본문제

01 다음은 약품 A ~ C 투입량에 따른 오염물질 제거량을 측정한 자료이다. 이에 대한 〈보기〉의 설명 중 옳은 것을 모두 고르면?

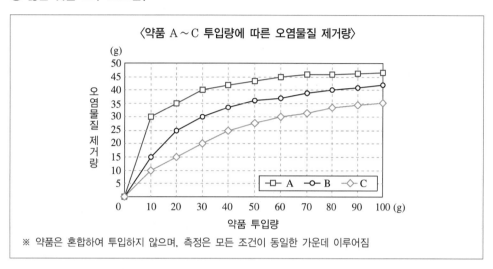

〈약품 A ~ C 투입량에 따른 오염물질 제거량〉

※ 약품은 혼합하여 투입하지 않으며, 측정은 모든 조건이 동일한 가운데 이루어짐

보기

ㄱ. 각 약품의 투입량이 20g일 때와 60g일 때를 비교하면, A의 오염물질 제거량 차이가 가장 작다.

ㄴ. 각 약품의 투입량이 20g일 때, 오염물질 제거량은 A가 C의 2배 이상이다.

ㄷ. 오염물질 30g을 제거하기 위해 필요한 투입량이 가장 적은 약품은 B이다.

ㄹ. 약품 투입량이 같으면 B와 C의 오염물질 제거량 차이는 7g 미만이다.

---

① ㄱ, ㄴ   ② ㄴ, ㄹ

③ ㄷ, ㄹ   ④ ㄱ, ㄴ, ㄷ

⑤ ㄴ, ㄷ, ㄹ

02 다음은 2012년과 2022년 갑국의 국적별 외국인 방문객에 대한 자료이다. 이에 대한 설명으로 옳은 것은?

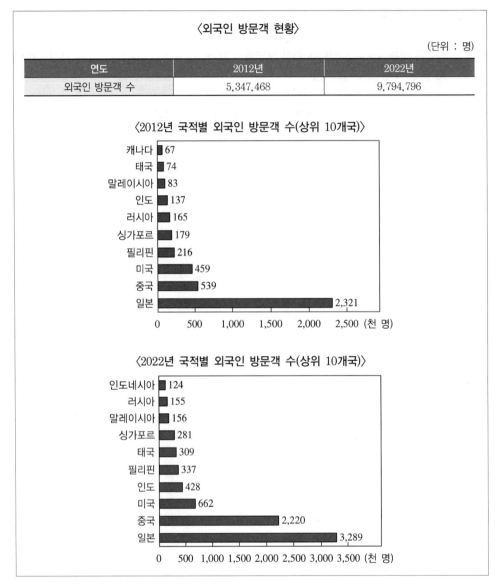

〈외국인 방문객 현황〉

(단위 : 명)

연도	2012년	2022년
외국인 방문객 수	5,347,468	9,794,796

① 미국인, 중국인, 일본인 방문객 수의 합은 2022년이 2012년의 2배 이상이다.

② 2022년 미국인 방문객 수의 2012년 대비 증가율은 말레이시아인 방문객 수의 증가율보다 높다.

③ 전체 외국인 방문객 중 중국인 방문객 비중은 2022년이 2012년의 3배 이상이다.

④ 2012년 외국인 방문객 수 상위 10개국 중 2022년 외국인 방문객 수 상위 10개국에 포함되지 않은 국가는 2개이다.

⑤ 인도네시아인 방문객 수는 2012년에 비해 2022년에 55,000명 이상 증가하였다.

03 다음은 보육 관련 6대 과제별 성과 점수 및 추진 필요성 점수를 나타낸 자료이다. 이에 대한 〈보기〉의 설명 중 옳은 것을 모두 고르면?

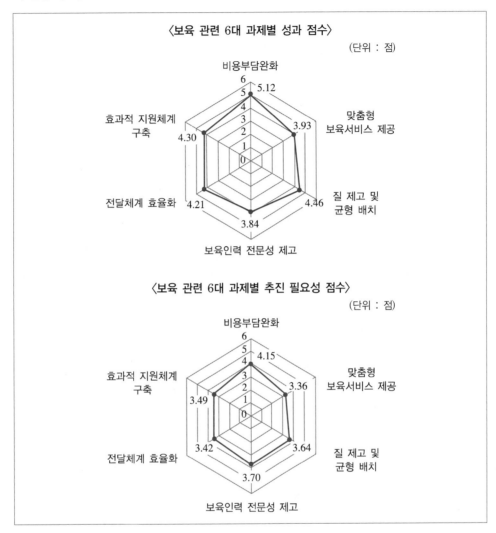

〈보육 관련 6대 과제별 성과 점수〉

(단위 : 점)

〈보육 관련 6대 과제별 추진 필요성 점수〉

(단위 : 점)

보기

ㄱ. 성과 점수가 가장 높은 과제와 가장 낮은 과제의 점수 차이는 1.00점보다 크다.

ㄴ. 성과 점수와 추진 필요성 점수의 차이가 가장 작은 과제는 '보육인력 전문성 제고' 과제이다.

ㄷ. 6대 과제의 추진 필요성 점수 평균은 3.70점 이상이다.

① ㄴ

② ㄱ, ㄴ

③ ㄱ, ㄷ

④ ㄴ, ㄷ

⑤ ㄱ, ㄴ, ㄷ

04 다음은 2021년과 2022년 A대학 학생들의 10개 소셜미디어 이용률에 관한 설문조사 자료이다. 이에 대한 〈보기〉의 설명 중 옳은 것만을 모두 고르면?

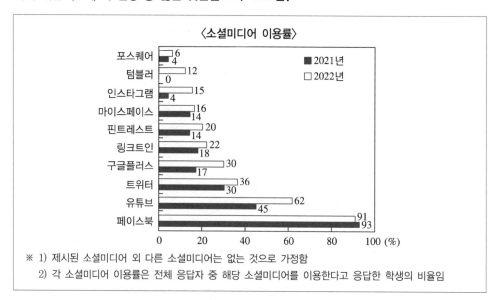

〈소셜미디어 이용률〉

※ 1) 제시된 소셜미디어 외 다른 소셜미디어는 없는 것으로 가정함
  2) 각 소셜미디어 이용률은 전체 응답자 중 해당 소셜미디어를 이용한다고 응답한 학생의 비율임

> **보기**
>
> ㄱ. 2021년과 2022년 모두 이용률이 가장 높은 소셜미디어는 페이스북이다.
> ㄴ. 2022년 소셜미디어 이용률 상위 5개 순위는 2021년과 다르다.
> ㄷ. 2022년 이용률이 2021년에 비해 가장 큰 폭으로 증가한 소셜미디어는 구글플러스이다.
> ㄹ. 2022년 이용률이 2021년에 비해 감소한 소셜미디어는 1개이다.
> ㅁ. 2021년 이용률이 50% 이상인 소셜미디어는 유튜브와 페이스북이다.

① ㄱ, ㄴ, ㄹ ② ㄱ, ㄴ, ㅁ
③ ㄱ, ㄷ, ㄹ ④ ㄴ, ㄷ, ㅁ
⑤ ㄷ, ㄹ, ㅁ

05 다음은 어느 도시의 미혼남과 미혼녀의 인원수 추이 및 미혼남녀의 직업별 분포를 나타낸 자료이다. 이에 대한 설명으로 옳지 않은 것은?

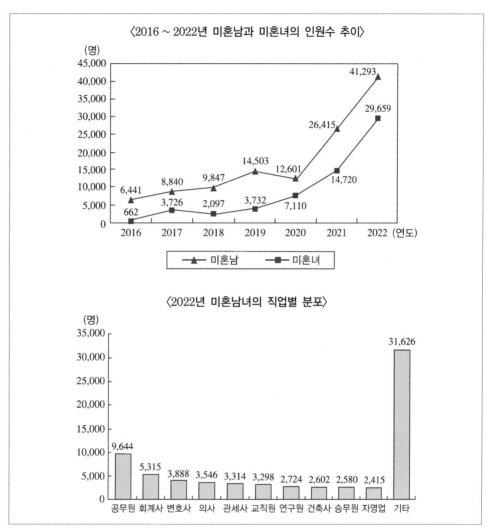

① 2019년 이후 미혼녀 인원수는 매년 증가하였다.

② 2022년 미혼녀 인원수는 2021년의 2배 이상이다.

③ 2022년 미혼녀와 미혼남의 인원수 차이는 2021년의 2배 이상이다.

④ 2022년 미혼남녀의 직업별 분포에서 공무원 수는 변호사 수의 2배 이상이다.

⑤ 2022년 미혼남녀의 직업별 분포에서 회계사 수는 승무원 수의 2배 이상이다.

06 다음은 A ~ D음료의 8개 항목에 대한 소비자평가 결과를 나타낸 자료이다. 이에 대한 설명으로 옳은 것은?

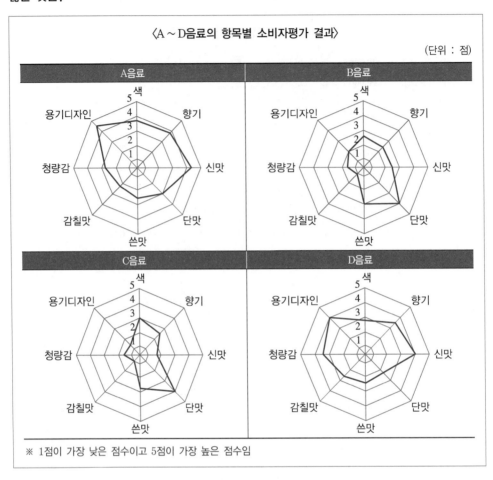

① C음료는 8개 항목 중 '쓴맛'의 점수가 가장 높다.

② '용기디자인'의 점수는 A음료가 가장 높고, C음료가 가장 낮다.

③ A음료는 B음료보다 7개 항목에서 각각 높은 점수를 받았다.

④ 소비자평가 결과의 항목별 점수의 합은 B음료가 D음료보다 크다.

⑤ A ~ D음료 간 '색'의 점수를 비교할 때 점수가 가장 높은 음료는 '단맛'의 점수를 비교할 때에도 점수가 가장 높다.

07 다음은 20개 국가(A ~ T)의 1인당 GDP와 자살률의 관계를 나타낸 자료이다. 이에 대한 설명으로 옳은 것은?

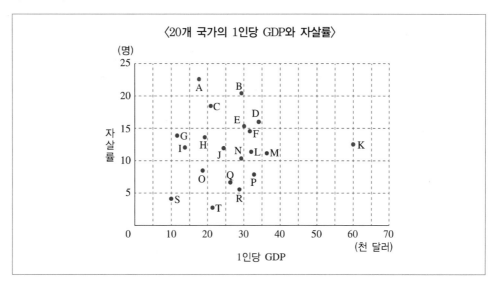

① 1인당 GDP가 가장 낮은 국가는 자살률도 가장 낮다.

② 1인당 GDP가 4만 달러 이상인 국가의 자살률은 10명 미만이다.

③ 자살률이 가장 높은 국가와 가장 낮은 국가의 자살률 차이는 15명 이하이다.

④ 자살률이 가장 높은 국가의 1인당 GDP는 자살률이 두 번째로 높은 국가의 1인당 GDP의 50% 이상이다.

⑤ C국보다 자살률과 1인당 GDP가 모두 낮은 국가의 수는 C국보다 자살률과 1인당 GDP가 모두 높은 국가의 수와 같다.

08 다음은 외식업체 구매담당자들의 공급업체 유형별 신선 편이 농산물 속성에 대한 선호도 평가 결과이다. 이를 바탕으로 작성된 보고서의 내용 중 옳은 것을 모두 고르면?

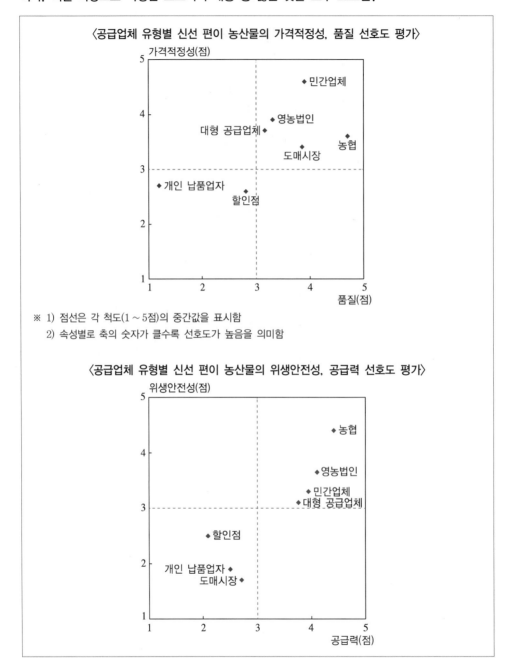

〈공급업체 유형별 신선 편이 농산물의 가격적정성, 품질 선호도 평가〉

※ 1) 점선은 각 척도(1 ~ 5점)의 중간값을 표시함
　 2) 속성별로 축의 숫자가 클수록 선호도가 높음을 의미함

〈공급업체 유형별 신선 편이 농산물의 위생안전성, 공급력 선호도 평가〉

<보고서>

소비자의 제품 구입 의도는 제품에 대한 선호도에 의해 결정되므로 개별 속성에 대한 소비자의 인식을 파악하는 것이 중요하다. 신선편이농산물의 주된 소비자인 외식업체 구매담당자들을 대상으로 신선편이농산물의 네 가지 속성(가격적정성, 품질, 위생안전성, 공급력)에 의거하여 공급업체 유형별 선호도를 측정하였다. 그 결과를 바탕으로 두 가지 속성씩(가격적정성, 품질, 위생안전성, 공급력) 짝지어 공급업체들에 대한 선호도 분포를 2차원 좌표평면에 표시하였다.

이를 보면, ㉠ 외식업체 구매담당자들은 가격적정성과 품질 속성에서 각각 민간업체를 농협보다 선호하였다. ㉡ 네 가지 모든 속성에서 척도 중간값(3점) 이상의 평가를 받은 공급업체 유형은 총 네 개였고, ㉢ 특히 농협은 가격적정성, 품질, 공급력 속성에서 가장 선호도가 높았다. ㉣ 할인점은 공급력 속성에서 가장 낮은 선호도를 보인 공급업체 유형으로 나타났다. ㉤ 개인 납품업자는 네 가지 속성 각각에서 가장 낮은 선호도를 보였다.

① ㉠, ㉢

② ㉡, ㉣

③ ㉠, ㉢, ㉤

④ ㉡, ㉢, ㉣

⑤ ㉡, ㉣, ㉤

09 다음은 A강의 지점별 폭 – 수심비의 변화를 나타낸 자료이다. 이에 대한 〈보기〉의 설명 중 옳은 것을 모두 고르면?

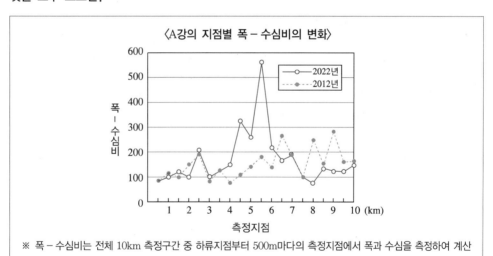

〈A강의 지점별 폭 – 수심비의 변화〉

※ 폭 – 수심비는 전체 10km 측정구간 중 하류지점부터 500m마다의 측정지점에서 폭과 수심을 측정하여 계산한 결과임

보기

ㄱ. 2022년 폭 – 수심비 최댓값은 500보다 크다.

ㄴ. 2012년과 2022년의 폭 – 수심비 차이가 가장 큰 측정지점은 6.5km 지점이다.

ㄷ. 2012년 폭 – 수심비 최댓값과 최솟값의 차이는 300보다 크다.

① ㄱ

② ㄴ

③ ㄱ, ㄷ

④ ㄴ, ㄷ

⑤ ㄱ, ㄴ, ㄷ

10 다음은 A사와 B사가 조사한 주요 TV 프로그램의 2023년 4월 넷째 주 주간 시청률을 나타낸 자료이다. 이에 대한 〈보기〉의 설명 중 옳은 것을 모두 고르면?

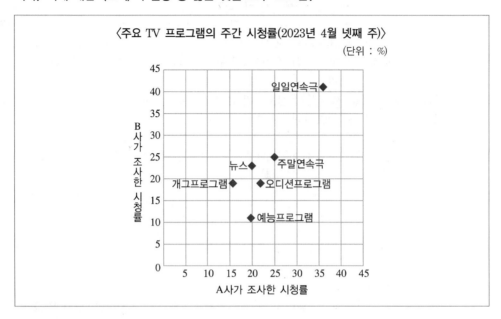

〈주요 TV 프로그램의 주간 시청률(2023년 4월 넷째 주)〉

(단위 : %)

보기

ㄱ. B사가 조사한 일일연속극 시청률은 40% 미만이다.

ㄴ. A사가 조사한 시청률과 B사가 조사한 시청률 간의 차이가 가장 큰 것은 예능프로그램이다.

ㄷ. 오디션프로그램의 시청률은 B사의 조사결과가 A사의 조사결과보다 높다.

ㄹ. 주말연속극의 시청률은 A사의 조사결과가 B사의 조사결과보다 높다.

ㅁ. A사의 조사에서는 오디션프로그램이 뉴스보다 시청률이 높으나 B사의 조사에서는 뉴스가 오디션프로그램보다 시청률이 높다.

① ㄱ, ㄷ
② ㄱ, ㅁ
③ ㄴ, ㄹ
④ ㄴ, ㅁ
⑤ ㄷ, ㄹ

11 다음은 갑 제품의 제조사별 매출액에 대한 자료이다. 제조사는 A, B, C만 존재한다고 할 때, 〈보기〉 중 옳은 것을 모두 고르면?

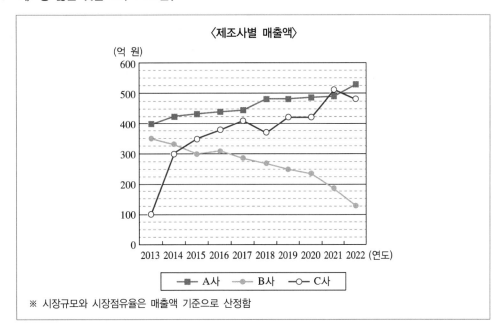

〈제조사별 매출액〉

※ 시장규모와 시장점유율은 매출액 기준으로 산정함

PART 1

보기

ㄱ. 2014 ~ 2022년 사이 갑 제품의 시장규모는 매년 증가하였다.
ㄴ. 2019 ~ 2022년 사이 B사의 시장점유율은 매년 하락하였다.
ㄷ. 2018년 A사의 시장점유율은 2017년에 비해 상승하였다.
ㄹ. C사의 시장점유율은 2014 ~ 2017년 사이 매년 상승하였으나 2018년에는 하락하였다.

① ㄱ, ㄴ
② ㄴ, ㄷ
③ ㄷ, ㄹ
④ ㄱ, ㄴ, ㄹ
⑤ ㄴ, ㄷ, ㄹ

12 다음은 A항공사의 2022년 품질관련 문제에 대한 자료이다. 이에 대한 〈보기〉의 설명 중 옳은 것을 모두 고르면?

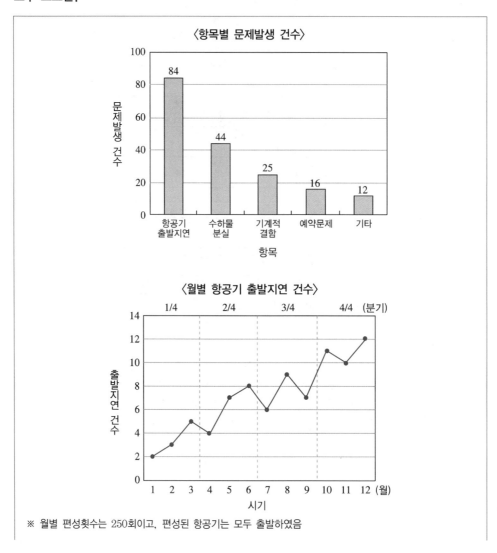

〈항목별 문제발생 건수〉

〈월별 항공기 출발지연 건수〉

※ 월별 편성횟수는 250회이고, 편성된 항공기는 모두 출발하였음

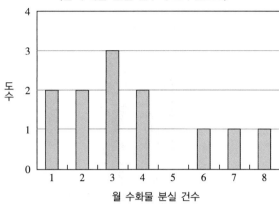

〈월 수하물 분실 건수의 도수분포도〉

보기

ㄱ. 분기별 항공기 출발지연 건수는 지속적으로 증가하였다.

ㄴ. 2022년 중 '수하물 분실'이 한 건도 발생하지 않은 달이 있다.

ㄷ. 2022년의 월별 편성횟수 대비 정시출발 비율은 항상 95% 이상을 유지하였다.

ㄹ. '항공기 출발지연', '수하물 분실', '기계적 결함' 항목이 전체 문제에서 차지하는 비율은 85% 이상이었다.

① ㄱ, ㄴ   ② ㄱ, ㄷ

③ ㄴ, ㄷ   ④ ㄴ, ㄹ

⑤ ㄷ, ㄹ

13 다음은 음주운전 관련 자료이다. 이에 대한 〈보기〉의 설명 중 옳지 않은 것을 모두 고르면?

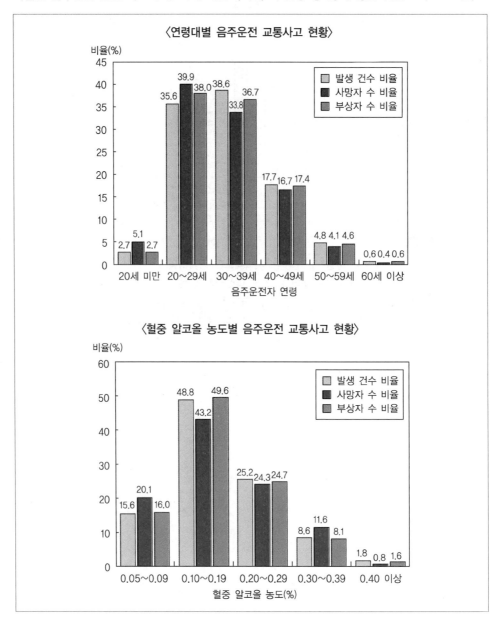

ㄱ. 전체 음주운전 교통사고의 2/3 이상은 20대와 30대 운전자에 의해 발생한다.

ㄴ. 60세 이상의 운전자들은 음주운전을 하여도 사고를 유발할 확률이 1% 미만이다.

ㄷ. 전체 음주운전 교통사고 발생 건수 중에서 운전자의 혈중 알코올 농도가 0.30% 이상인 경우는 11% 미만이다.

ㄹ. 20대나 30대의 운전자가 혈중 알코올 농도 0.10 ~ 0.19%에서 운전할 경우에 음주운전 교통사고의 발생가능성이 가장 높다.

ㅁ. 각 연령대의 음주운전 교통사고 발생 건수 대비 사망자 수 비율이 가장 높은 연령대는 20세 미만이다.

ㅂ. 음주운전자 중에는 혈중 알코올 농도 0.10 ~ 0.19%에서 운전을 한 경우가 가장 많다.

① ㄱ, ㄴ, ㄷ   ② ㄴ, ㄷ, ㄹ

③ ㄴ, ㄹ, ㅂ   ④ ㄷ, ㄹ, ㅁ

⑤ ㄹ, ㅁ, ㅂ

14 다음은 중앙정부 신뢰도를 조사하여 응답자의 최종 학력 및 지방정부 신뢰 수준에 따라 정리한 자료이다. 이에 대한 〈보기〉의 설명 중 옳은 것을 모두 고르면?

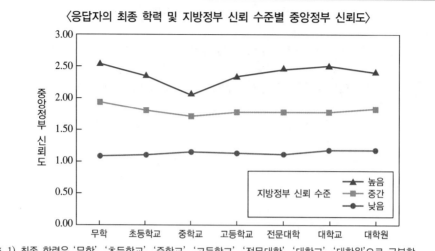

〈응답자의 최종 학력 및 지방정부 신뢰 수준별 중앙정부 신뢰도〉

※ 1) 최종 학력은 '무학', '초등학교', '중학교', '고등학교', '전문대학', '대학교', '대학원'으로 구분함
2) 지방정부 신뢰 수준은 '높음', '중간', '낮음' 집단으로 구분함
3) 중앙정부에 대한 신뢰도는 '신뢰 안함'을 1점, '다소 신뢰'를 2점, '매우 신뢰'를 3점으로 하여 측정함

보기

ㄱ. 지방정부 신뢰 수준이 높은 집단일수록 중앙정부에 대해서도 신뢰도가 높다.
ㄴ. 최종 학력이 중학교인 집단은 다른 최종 학력을 가진 응답자 집단에 비해 지방정부 신뢰 수준과 중앙정부 신뢰도의 차이가 작다.
ㄷ. 최종 학력이 중학교인 집단과 고등학교인 집단은 중앙정부에 대해 동일한 신뢰도를 보인다.
ㄹ. 최종 학력이 중학교 이상인 집단의 경우, 모든 지방정부 신뢰수준에서 학력이 높을수록 중앙정부에 대한 신뢰도가 높다.

① ㄱ
② ㄱ, ㄴ
③ ㄱ, ㄹ
④ ㄱ, ㄷ, ㄹ
⑤ ㄴ, ㄷ, ㄹ

15 다음은 A대학교의 1~4학년생을 대상으로 장학금을 받는 학생과 장학금을 받지 못하는 학생으로 나누어 이들이 해당 학년 동안 참가한 1인당 평균 교내 특별활동 수를 조사한 자료이다. 이에 대한 〈보기〉의 설명 중 옳지 않은 것을 모두 고르면?

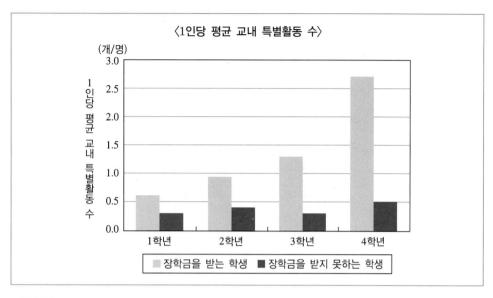

보기

ㄱ. 학년이 높아질수록 장학금을 받는 학생 수는 늘어났다.

ㄴ. 장학금을 받는 4학년생이 참가한 1인당 평균 교내 특별활동 수는 장학금을 받지 못하는 4학년생이 참가한 1인당 평균 교내 특별활동 수의 5배 이하이다.

ㄷ. 학년이 높아질수록 장학금을 받는 학생과 받지 못하는 학생 간의 1인당 평균 교내 특별활동 수의 차이가 커졌다.

ㄹ. 전체 2학년생이 참가한 1인당 평균 교내 특별활동 수에 비해 전체 3학년생이 참가한 1인당 평균 교내 특별활동 수가 많다.

① ㄱ, ㄴ   ② ㄴ, ㄷ

③ ㄱ, ㄴ, ㄹ   ④ ㄱ, ㄷ, ㄹ

⑤ ㄴ, ㄷ, ㄹ

16 다음은 지역개발사업에 대한 신문과 방송의 보도내용을 사업 착공 전후로 나누어 분석하고, 이 중 주요 분야 6개를 선택하여 작성한 자료이다. 이에 대한 〈보기〉의 설명 중 옳은 것을 모두 고르면?

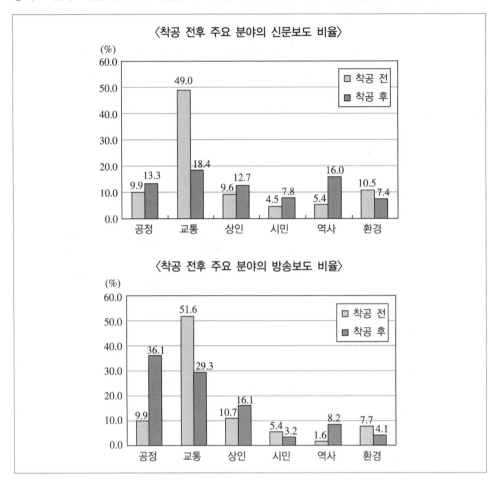

〈착공 전후 주요 분야의 신문보도 비율〉

〈착공 전후 주요 분야의 방송보도 비율〉

보기
ㄱ. 신문보도에서 착공 전에 가장 높은 보도 비율을 보인 두 분야 모두 착공 후 보도 비율이 감소했다.
ㄴ. 교통은 착공 후에도 신문과 방송 모두에서 가장 많이 보도된 분야이다.
ㄷ. 착공 전에 비해 착공 후 교통에 대한 보도 비율의 감소폭은 방송보다 신문에서 더 큰 것으로 나타났다.
ㄹ. 착공 전 대비 착공 후 보도 비율의 증가율이 신문과 방송 모두에서 가장 큰 분야는 역사이다.
ㅁ. 착공 전 교통에 대한 보도 비율은 신문보다는 방송에서 더 높은 것으로 나타났다.

① ㄱ, ㄴ, ㅁ
② ㄱ, ㄷ, ㄹ
③ ㄴ, ㄷ, ㄹ
④ ㄱ, ㄷ, ㄹ, ㅁ
⑤ ㄴ, ㄷ, ㄹ, ㅁ

17 다음은 국민의료비 중 총진료비와 1인당 진료비에 대한 자료이다. 이에 대한 설명으로 옳지 않은 것은?

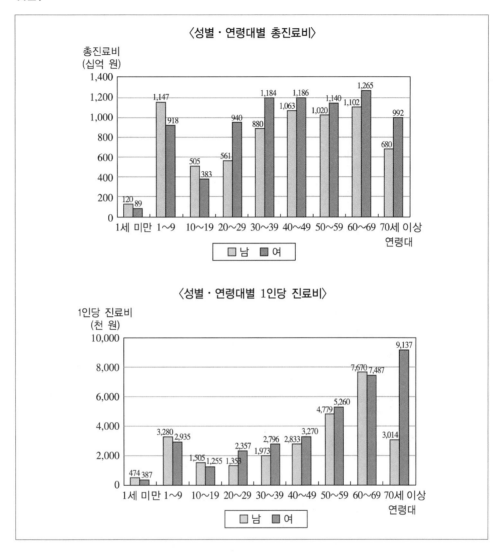

① 19세 이하 남성의 총진료비는 19세 이하 여성의 총진료비보다 많다.

② 20세 이상 여성의 총진료비는 20세 이상 남성의 총진료비보다 많다.

③ 20세 이상 남녀의 1인당 진료비는 연령대가 높아짐에 따라 증가한다.

④ 남녀 간 총진료비의 차이는 20 ~ 29세에서 가장 크고, 1세 미만에서 가장 작다.

⑤ 70세 이상의 경우, 총진료비는 여성이 남성의 1.5배를 넘지 않고, 1인당 진료비는 여성이 남성의 3배를 넘는다.

| 02 | 심화문제

01 다음은 갑국의 재생에너지 생산 현황에 대한 자료이다. 이에 대한 〈보기〉의 설명 중 옳은 것을 모두 고르면?

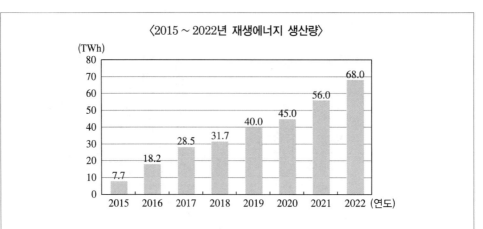

〈2015 ~ 2022년 재생에너지 생산량〉

〈2020 ~ 2022년 에너지원별 재생에너지 생산량 비율〉

(단위 : %)

연도 에너지원	2020년	2021년	2022년
폐기물	61.1	60.4	55.0
바이오	16.6	17.3	17.5
수력	10.3	11.3	15.1
태양광	10.9	9.8	8.8
풍력	1.1	1.2	3.6
계	100.0	100.0	100.0

보기

ㄱ. 2016 ~ 2022년 재생에너지 생산량은 매년 전년 대비 10% 이상 증가하였다.
ㄴ. 2020 ~ 2022년 에너지원별 재생에너지 생산량 비율의 순위는 매년 동일하다.
ㄷ. 2020 ~ 2022년 태양광을 에너지원으로 하는 재생에너지 생산량은 매년 증가하였다.
ㄹ. 수력을 에너지원으로 하는 재생에너지 생산량은 2022년이 2020년의 3배 이상이다.

① ㄱ, ㄴ 　　　　　　　　　② ㄱ, ㄷ
③ ㄱ, ㄹ 　　　　　　　　　④ ㄴ, ㄷ
⑤ ㄴ, ㄹ

02 다음은 갑국 4대 유통업의 성별, 연령대별 구매액 비중에 대한 자료이다. 이에 대한 〈보기〉의 설명 중 옳은 것을 모두 고르면?

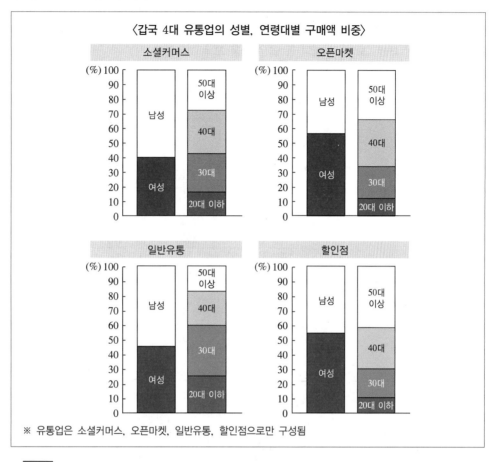

※ 유통업은 소셜커머스, 오픈마켓, 일반유통, 할인점으로만 구성됨

보기
ㄱ. 유통업별 전체 구매액 중 50대 이상 연령대의 구매액 비중이 가장 큰 유통업은 할인점이다.
ㄴ. 유통업별 전체 구매액 중 여성의 구매액 비중이 남성보다 큰 유통업 각각에서는 40세 이상의 구매액 비중이 60% 이상이다.
ㄷ. 4대 유통업 각각에서 50대 이상 연령대의 구매액 비중은 20대 이하보다 크다.
ㄹ. 유통업별 전체 구매액 중 40세 미만의 구매액 비중이 50% 미만인 유통업에서는 여성의 구매액 비중이 남성보다 크다.

① ㄱ, ㄴ
② ㄱ, ㄷ
③ ㄴ, ㄷ
④ ㄱ, ㄴ, ㄹ
⑤ ㄴ, ㄷ, ㄹ

03 A유전자와 아동기 가정폭력 경험 수준이 청소년의 반사회적 인격장애와 품행장애 발생에 미치는 영향을 평가하기 위해 청소년을 A유전자 보유 여부에 따라 2개 집단('미보유', '보유')으로 구성한 다음, 각 집단을 아동기 가정폭력 경험 수준에 따라 다시 3개 집단('낮음', '중간', '높음')으로 구분하였다. 다음은 이 6개 집단의 반사회적 인격장애 발생 비율과 품행장애 발생 비율에 대한 자료이다. 이에 대한 〈보기〉의 설명 중 옳은 것을 모두 고르면?

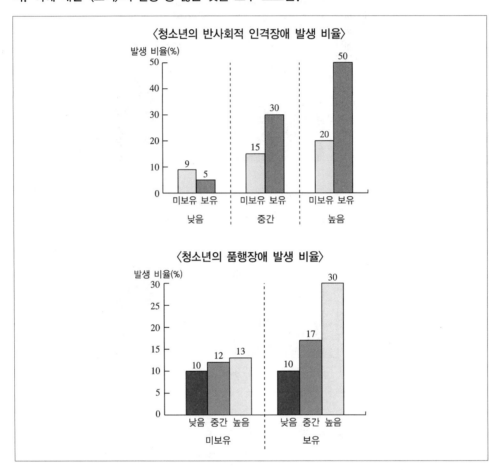

〈청소년의 반사회적 인격장애 발생 비율〉

〈청소년의 품행장애 발생 비율〉

> **보기**
>
> ㄱ. 청소년의 반사회적 인격장애 발생 비율은 A유전자 '보유' 집단과 '미보유' 집단 각각, 아동기 가정폭력 경험 수준이 높아질수록 높다.
> ㄴ. 청소년의 반사회적 인격장애 발생 비율은 아동기 가정폭력 경험 수준 집단 각각, A유전자 '미보유' 집단이 A유전자 '보유' 집단에 비해 낮다.
> ㄷ. 청소년의 품행장애 발생 비율은 아동기 가정폭력 경험 수준 집단 각각, A유전자 '미보유' 집단이 A유전자 '보유' 집단보다 낮다.
> ㄹ. 청소년의 품행장애 발생 비율은 A유전자 '보유' 집단 중 아동기 가정폭력 경험 수준이 '높음'인 집단이 가장 높다.
> ㅁ. A유전자 '보유' 집단과 '미보유' 집단 간 청소년의 반사회적 인격장애 발생 비율의 차이는 아동기 가정폭력 경험 수준이 높아질수록 크다.

① ㄱ, ㄴ ② ㄱ, ㄹ
③ ㄱ, ㄹ, ㅁ ④ ㄴ, ㄷ, ㄹ
⑤ ㄴ, ㄷ, ㅁ

04 다음은 2019 ~ 2022년 갑국 기업의 남성육아휴직제 시행 현황에 대한 자료이다. 이에 대한 설명으로 옳은 것은?

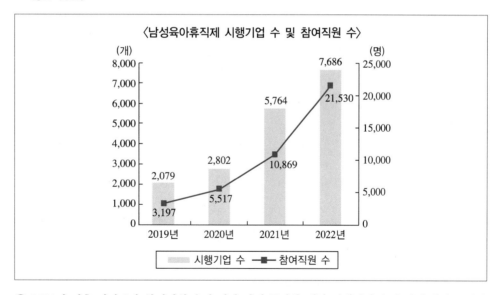

〈남성육아휴직제 시행기업 수 및 참여직원 수〉

① 2020년 이후 전년보다 참여직원 수가 가장 많이 증가한 해와 시행기업 수가 가장 많이 증가한 해는 동일하다.
② 2022년 남성육아휴직제 참여직원 수는 2019년의 7배 이상이다.
③ 시행기업당 참여직원 수가 가장 많은 해는 2022년이다.
④ 2022년 시행기업 수의 2020년 대비 증가율은 참여직원 수의 증가율보다 높다.
⑤ 2019 ~ 2022년 참여직원 수 연간 증가인원의 평균은 6,000명 이하이다.

05 다음은 각각 유권자 5명으로 구성된 집단(A ~ C)의 소득 및 '가' 정당 지지도를 나타낸 자료이다. 이에 대한 〈보기〉의 설명 중 옳은 것을 모두 고르면?

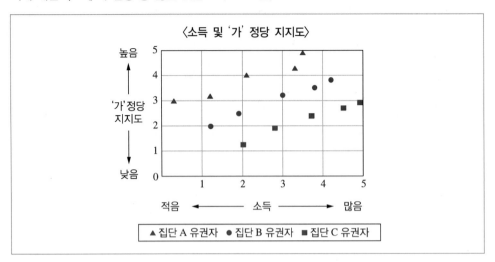

ㄱ. 평균소득은 집단 A가 집단 B보다 적다.
ㄴ. '가' 정당 지지도의 평균은 집단 B가 집단 C보다 높다.
ㄷ. 소득이 많은 유권자일수록 '가' 정당 지지도가 낮다.
ㄹ. 평균소득이 많은 집단이 평균소득이 적은 집단보다 '가' 정당 지지도의 평균이 높다.

① ㄱ, ㄴ   ② ㄱ, ㄹ
③ ㄴ, ㄷ   ④ ㄱ, ㄴ, ㄹ
⑤ ㄴ, ㄷ, ㄹ

정답 및 해설 p.037

PART 1

01 NCS 기출유형확인

01 다음은 가정용 정화조에서 수집한 샘플의 수중 질소 성분 농도를 측정한 자료이다. 이에 대한 〈보기〉의 설명 중 옳은 것을 모두 고르면?

〈수집한 샘플의 수중 질소 성분 농도〉

(단위 : mg/L)

항목 샘플	총질소	암모니아성 질소	질산성 질소	유기성 질소	TKN
A	46.24	14.25	2.88	29.11	43.36
B	37.38	6.46	( )	25.01	( )
C	40.63	15.29	5.01	20.33	35.62
D	54.38	( )	( )	36.91	49.39
E	41.42	13.92	4.04	23.46	37.38
F	( )	( )	5.82	( )	34.51
G	30.73	5.27	3.29	22.17	27.44
H	25.29	12.84	( )	7.88	20.72
I	( )	5.27	1.12	35.19	40.46
J	38.82	7.01	5.76	26.05	33.06
평균	39.68	( )	4.34	( )	35.34

※ 1) (총질소 농도)=(암모니아성 질소 농도)+(질산성 질소 농도)+(유기성 질소 농도)
  2) (TKN 농도)=(암모니아성 질소 농도)+(유기성 질소 농도)

보기

ㄱ. 샘플 A의 총질소 농도는 샘플 I의 총질소 농도보다 높다.

ㄴ. 샘플 B의 TKN 농도는 30mg/L 이상이다.

ㄷ. 샘플 B의 질산성 질소 농도는 샘플 D의 질산성 질소 농도보다 낮다.

ㄹ. 샘플 F는 암모니아성 질소 농도가 유기성 질소 농도보다 높다.

① ㄱ, ㄴ   ② ㄱ, ㄷ

③ ㄴ, ㄷ   ④ ㄱ, ㄷ, ㄹ

⑤ ㄴ, ㄷ, ㄹ

02 A통신사의 고객인 D씨는 전화요금 납부를 위해 명세서를 확인하였는데, 아래 부분이 찢어져 얼마를 납부해야 하는지 확인할 수가 없다. A통신사 할인제도와 D씨의 〈조건〉이 아래와 같을 때, D씨가 이달에 납부해야 할 금액은?(단, 단계별 10원 미만의 가격은 절사한다)

〈A통신사 할인제도〉

• 멤버십 등급 기준에 따른 할인율

등급	VIP	골드	실버	화이트	일반
요금할인율	4%	3%	2%	없음	없음

• A모바일 결합상품별 할인율

결합상품	할인율
모바일+집전화	1%
모바일+인터넷 or IPTV	1%
모바일+집전화+인터넷 or IPTV	2%
모바일+집전화+인터넷+IPTV	3%

• A-family 결합 할인율

결합인원	할인율
2인	2%
3인	3%
4인 이상	4%

※ 멤버십 등급 기준에 따른 할인율을 우선 적용한 후 모바일 결합상품 또는 A-family 결합상품 할인율을 추가로 적용한다.

※ 단, 모바일 결합상품과 A-family 결합이 중복이 될 경우 할인율이 높은 것으로 적용한다.

조건
• 2023년 04월 기준, D씨의 현재 등급은 골드이다.
• D씨는 월 99,800원의 모바일 요금제를 사용하고 있다.
• D씨는 두 달 전 A모바일의 집전화와 인터넷 결합상품에 가입하였다.
• D씨는 3인 가족의 가장으로 D씨는 아내와 딸과 함께 A모바일의 A-family 결합상품을 이용하고 있다.

① 96,800원
② 93,900원
③ 93,890원
④ 92,700원
⑤ 91,890원

03 다음은 2023년 4월 2일에 측정한 발전소별 수문 자료이다. 이날 온도가 27℃를 초과한 발전소의 수력발전을 이용해 변환된 전기에너지의 총출력량은 15,206.08kW였다. 이때 춘천의 분당 유량은?(단, 결괏값은 소수점 첫째 자리에서 반올림한다)

발전소명	저수위(ELm)	유량(m³/sec)	온도(℃)	강우량(mm)
안흥	375.9	0.0	26.0	7.0
춘천	102.0		27.5	4.0
의암	70.0	282.2	26.0	2.0
화천	176.5	479.9	24.0	6.0
청평	49.5	447.8	27.0	5.0
섬진강	178.6	6.9	29.5	0.0
보성강	126.6	1.1	30.0	0.0
팔당	25.0	1,394.1	25.0	0.5
괴산	132.1	74.2	27.2	90.5

※ $P[kW]=9.8×Q[m^3/sec]×H[m]×\zeta$ [P : 출력량, Q : 유량, H : 유효낙차, ζ : 종합효율(수차효율×발전기효율)]

※ 모든 발전소의 유효낙차는 20m, 종합효율은 90%이다.

① $4m^3/min$

② $56m^3/min$

③ $240m^3/min$

④ $488m^3/min$

⑤ $987m^3/min$

04 A공사에 다니는 W사원은 이번 달 영국에서 5일 동안 일을 마치고 한국에 돌아와 일주일 후 스페인으로 다시 4일간의 출장을 간다고 한다. 다음 자료를 참고하여 W사원이 영국과 스페인 출장 시 들었던 총비용을 A, B, C은행에서 환전할 때 필요한 원화의 최댓값과 최솟값의 차이는 얼마인가? (단, 출장비는 해외여비와 교통비의 합이다)

〈국가별 1일 여비〉

구분	영국	스페인
1일 해외여비	50파운드	60유로

〈국가별 교통비 및 추가 지급비용〉

구분	영국	스페인
교통비(비행시간)	380파운드(12시간)	870유로(14시간)
초과 시간당 추가 지급비용	20파운드	15유로

※ 교통비는 편도 항공권 비용이며, 비행시간도 편도에 해당한다.
※ 편도 비행시간이 10시간을 초과하면 시간당 추가 비용이 지급된다.

〈은행별 환율 현황〉

구분	매매기준율(KRW)	
	원/파운드	원/유로
A은행	1,470	1,320
B은행	1,450	1,330
C은행	1,460	1,310

① 31,900원
② 32,700원
③ 33,500원
④ 34,800원
⑤ 35,200원

05 A공단에서 외국국적동포를 대상으로 외국인 취업교육을 실시하기 위한 지역을 조사하고 있다. 다음은 공단에서 조사한 A ~ E후보지역에 대한 평가점수와 적합점수 가중치이다. 다음 자료를 참고할 때, 가장 적합한 지역은 어디인가?

〈지역별 조사 현황〉

구분	외국인 인구	지역 지원예산	선호도
A지역	20명	200만 원	48점
B지역	35명	220만 원	40점
C지역	16명	190만 원	45점
D지역	29명	300만 원	50점
E지역	44명	280만 원	32점

〈외국인 인구 범위별 점수〉

구분	10명 미만	20명 미만	30명 미만	30명 이상
점수	20점	30점	40점	50점

〈지역 지원예산 금액별 점수〉

구분	150만 원 이하	200만 원 이하	250만 원 이하	250만 원 초과
점수	20점	30점	40점	50점

〈항목별 가중치〉

구분	외국인 인구	지역 지원예산	선호도
가중치	50%	30%	20%

※ 가중치를 적용한 총점이 가장 높은 지역을 선정한다.

① A지역
② B지역
③ C지역
④ D지역
⑤ E지역

| 01 | 기본문제

01 다음은 2018 ~ 2022년 갑국의 범죄 피의자 처리 현황에 대한 자료이다. 이에 대한 설명으로 옳은 것은?

〈범죄 피의자 처리 현황〉

(단위 : 명)

연도 \ 구분	처리	처리 결과		기소 유형	
		기소	불기소	정식재판 기소	약식재판 기소
2018	33,654	14,205	( )	( )	12,239
2019	26,397	10,962	15,435	1,972	( )
2020	28,593	12,287	( )	( )	10,050
2021	31,096	12,057	19,039	2,619	( )
2022	38,152	( )	( )	3,513	10,750

※ 1) 모든 범죄 피의자는 당해년도에 처리됨
   2) 범죄 피의자에 대한 처리 결과는 기소와 불기소로만 구분되며, 기소 유형은 정식재판기소와 약식재판기소로만 구분됨
   3) 기소율(%)$= \dfrac{\text{기소인원}}{\text{처리인원}} \times 100$

① 2019년 이후 처리 인원이 전년 대비 증가한 연도에는 기소 인원도 전년 대비 증가한다.

② 2022년 기소 인원과 기소율은 2018년보다 모두 증가하였다.

③ 2021년 불기소 인원은 2022년보다 많다.

④ 2018년 불기소 인원은 정식재판 기소 인원의 10배 이상이다.

⑤ 처리 인원 중 정식재판 기소 인원과 약식재판 기소 인원의 합이 차지하는 비율은 매년 50% 미만이다.

02 다음은 2016 ~ 2022년 갑국의 지가변동률에 대한 자료이다. 이에 대한 〈보기〉의 설명 중 옳은 것을 모두 고르면?

<연도별 지가변동률>

(단위 : %)

연도 \ 지역	수도권	비수도권
2016년	0.37	1.47
2017년	1.20	1.30
2018년	2.68	2.06
2019년	1.90	2.77
2020년	2.99	2.97
2021년	4.31	3.97
2022년	6.11	3.64

보기

ㄱ. 비수도권의 지가변동률은 매년 상승하였다.
ㄴ. 비수도권의 지가변동률이 수도권의 지가변동률보다 높은 연도는 3개이다.
ㄷ. 전년 대비 지가변동률 차이가 가장 큰 연도는 수도권과 비수도권이 동일하다.

① ㄱ
② ㄴ
③ ㄱ, ㄷ
④ ㄴ, ㄷ
⑤ ㄱ, ㄴ, ㄷ

03 다음은 2010년과 2022년 한국, 중국, 일본의 재화 수출액 및 수입액 자료이고, 용어 정의는 무역수지와 무역특화지수에 대한 설명이다. 이에 대한 〈보기〉의 설명 중 옳은 것을 모두 고르면?

〈한국, 중국, 일본의 재화 수출액 및 수입액〉

(단위 : 억 달러)

연도	국가 재화	한국		중국		일본	
		수출액	수입액	수출액	수입액	수출액	수입액
2010년	원자재	578	832	741	1,122	905	1,707
	소비재	117	104	796	138	305	847
	자본재	1,028	668	955	991	3,583	1,243
2022년	원자재	2,015	3,232	5,954	9,172	2,089	4,760
	소비재	138	375	4,083	2,119	521	1,362
	자본재	3,444	1,549	12,054	8,209	4,541	2,209

〈용어 정의〉

- (무역수지)=(수출액)-(수입액)
  - 무역수지 값이 양(+)이면 흑자, 음(-)이면 적자이다.
- (무역특화지수)=$\dfrac{(수출액)-(수입액)}{(수출액)+(수입액)}$
  - 무역특화지수의 값이 클수록 수출경쟁력이 높다.

보기

ㄱ. 2022년 한국, 중국, 일본 각각에서 원자재 무역수지는 적자이다.

ㄴ. 2022년 한국의 원자재, 소비재, 자본재 수출액은 2010년에 비해 각각 50% 이상 증가하였다.

ㄷ. 2022년 자본재 수출경쟁력은 일본이 한국보다 높다.

① ㄱ

② ㄴ

③ ㄱ, ㄴ

④ ㄱ, ㄷ

⑤ ㄴ, ㄷ

04 다음은 기업 A, B의 2019 ~ 2022년 에너지원단위 및 매출액 자료이다. 이에 대한 〈보기〉의 설명 중 옳은 것만을 모두 고르면?

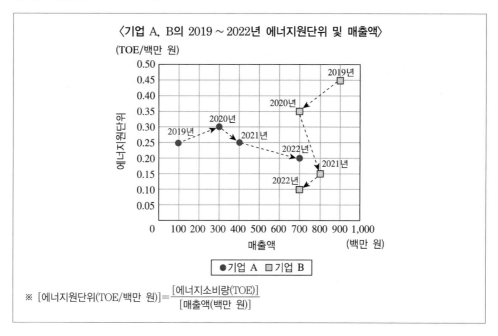

※ [에너지원단위(TOE/백만 원)]= $\dfrac{[에너지소비량(TOE)]}{[매출액(백만\ 원)]}$

보기

ㄱ. 기업 A, B는 각각 에너지원단위가 매년 감소하였다.
ㄴ. 기업 A의 에너지소비량은 매년 증가하였다.
ㄷ. 2021년 에너지소비량은 기업 B가 기업 A보다 많다.

① ㄱ   ② ㄴ

③ ㄷ   ④ ㄱ, ㄴ

⑤ ㄴ, ㄷ

05 다음은 1930 ~ 1934년 동안 A지역의 곡물 재배면적 및 생산량을 정리한 자료이다. 이에 대한 설명으로 옳은 것은?

〈A지역의 곡물 재배면적 및 생산량〉

(단위 : 천 정보, 천 석)

곡물	구분	1930년	1931년	1932년	1933년	1934년
미곡	재배면적	1,148	1,100	998	1,118	1,164
	생산량	15,276	14,145	13,057	15,553	18,585
맥류	재배면적	1,146	773	829	963	1,034
	생산량	7,347	4,407	4,407	6,339	7,795
두류	재배면적	450	283	301	317	339
	생산량	1,940	1,140	1,143	1,215	1,362
잡곡	재배면적	334	224	264	215	208
	생산량	1,136	600	750	633	772
서류	재배면적	59	88	87	101	138
	생산량	821	1,093	1,228	1,436	2,612
전체	재배면적	3,137	2,468	2,479	2,714	2,883
	생산량	26,520	21,385	20,585	25,176	31,126

① 1931 ~ 1934년 동안 재배면적의 전년 대비 증감방향은 미곡과 두류가 동일하다.

② 생산량은 매년 두류가 서류보다 많다.

③ 재배면적은 매년 잡곡이 서류의 2배 이상이다.

④ 1934년 재배면적당 생산량이 가장 큰 곡물은 미곡이다.

⑤ 1933년 미곡과 맥류 재배면적의 합은 1933년 곡물 재배면적 전체의 70% 이상이다.

06 다음은 A~F국의 2022년 GDP와 GDP 대비 국가자산총액을 나타낸 자료이다. 이에 대한 〈보기〉의 설명 중 옳은 것만을 모두 고르면?

〈A~F국의 2022년 GDP와 GDP 대비 국가자산총액〉

※ [GDP 대비 국가자산총액(%)] = $\dfrac{(국가자산총액)}{GDP} \times 100$

보기

ㄱ. GDP가 높은 국가일수록 GDP 대비 국가자산총액이 작다.
ㄴ. A국의 GDP는 나머지 5개국 GDP의 합보다 크다.
ㄷ. 국가자산총액은 F국이 D국보다 크다.

① ㄱ
② ㄴ
③ ㄷ
④ ㄱ, ㄴ
⑤ ㄴ, ㄷ

07 다음은 A국의 2017 ~ 2022년 태양광 산업 분야 투자액 및 투자 건수에 대한 자료이다. 이에 대한 설명으로 옳지 않은 것은?

① 2018 ~ 2022년 동안 투자액의 전년 대비 증가율은 2021년이 가장 높다.

② 2018 ~ 2022년 동안 투자 건수의 전년 대비 증가율은 2022년이 가장 낮다.

③ 2017년과 2020년 투자 건수의 합은 2022년 투자 건수보다 작다.

④ 투자액이 가장 큰 연도는 2021년이다.

⑤ 투자 건수는 매년 증가하였다.

08 다음은 2022년 갑국 10개 항공사의 항공기 지연 현황에 대한 자료이다. 이에 대한 〈보기〉의 설명 중 옳은 것을 모두 고르면?

〈10개 항공사의 지연사유별 항공기 지연 대수〉

(단위 : 대)

항공사	총 운항 대수	총 지연 대수	지연사유별 지연 대수			
			연결편 접속	항공기 정비	기상 악화	기타
EK	86,592	21,374	20,646	118	214	396
JL	71,264	12,487	11,531	121	147	688
EZ	26,644	4,037	3,628	41	156	212
WT	7,308	1,137	1,021	17	23	76
HO	6,563	761	695	7	21	38
8L	6,272	1,162	1,109	4	36	13
ZH	3,129	417	135	7	2	273
BK	2,818	110	101	3	1	5
9C	2,675	229	223	3	0	3
PR	1,062	126	112	3	5	6
계	214,327	41,840	39,201	324	605	1,710

※ [지연율(%)]= $\dfrac{(총\ 지연\ 대수)}{(총\ 운항\ 대수)} \times 100$

보기

ㄱ. 지연율이 가장 낮은 항공사는 BK항공이다.
ㄴ. 항공사별 총 지연 대수 중 항공기 정비, 기상 악화, 기타로 인한 지연 대수의 합이 차지하는 비중은 ZH항공이 가장 높다.
ㄷ. 기상 악화로 인한 전체 지연 대수 중 EK항공과 JL항공의 기상 악화로 인한 지연 대수 합이 차지하는 비중은 50% 이하이다.
ㄹ. 항공기 정비로 인한 지연 대수 대비 기상 악화로 인한 지연 대수 비율이 가장 높은 항공사는 EZ항공이다.

① ㄱ, ㄴ
② ㄱ, ㄷ
③ ㄴ, ㄹ
④ ㄱ, ㄷ, ㄹ
⑤ ㄴ, ㄷ, ㄹ

09 다음은 2018 ~ 2022년 조세심판원의 연도별 사건처리 건수에 대한 자료이다. 이에 대한 〈보기〉의 설명 중 옳은 것을 모두 고르면?

〈조세심판원의 연도별 사건처리 건수〉

(단위 : 건)

구분 \ 연도		2018년	2019년	2020년	2021년	2022년
처리대상 건수	전년이월 건수	1,854	( )	2,403	2,127	2,223
	당년접수 건수	6,424	7,883	8,474	8,273	6,003
	소계	8,278	( )	10,877	10,400	8,226
처리건수	취하 건수	90	136	163	222	163
	각하 건수	346	301	482	459	506
	기각 건수	4,214	5,074	6,200	5,579	4,322
	재조사 건수	27	0	465	611	299
	인용 건수	1,767	1,803	1,440	1,306	1,338
	소계	6,444	7,314	8,750	8,177	6,628

※ 1) (당해 연도 전년이월 건수)=(전년도 처리대상 건수)−(전년도 처리 건수)

2) $[처리율(\%)]=\dfrac{(처리\ 건수)}{(처리대상\ 건수)}\times100$

3) $[인용률(\%)]=\dfrac{(인용\ 건수)}{(각하\ 건수)+(기각\ 건수)+(인용\ 건수)}\times100$

보기

ㄱ. 처리대상 건수가 가장 적은 연도의 처리율은 75% 이상이다.

ㄴ. 2019 ~ 2022년 동안 취하 건수와 기각 건수의 전년 대비 증감방향은 동일하다.

ㄷ. 2019년 처리율은 80% 이상이다.

ㄹ. 인용률은 2018년이 2020년보다 높다.

① ㄱ, ㄴ   ② ㄱ, ㄹ

③ ㄴ, ㄷ   ④ ㄱ, ㄷ, ㄹ

⑤ ㄴ, ㄷ, ㄹ

10 다음은 5개 팀으로 구성된 갑국 프로야구 리그의 2022 시즌 팀별 상대전적을 시즌 종료 후 종합한 자료이다. 이에 대한 설명으로 옳지 않은 것은?

<2022 시즌 팀별 상대전적>

팀 \ 상대팀	A	B	C	D	E
A	–	(가)	( )	( )	( )
B	6–10–0	–	( )	( )	( )
C	7–9–0	8–8–0	–	8–8–0	( )
D	6–9–1	8–8–0	8–8–0	–	( )
E	4–12–0	8–8–0	6–10–0	10–6–0	–

※ 1) 표 안의 수는 '승리 – 패배 – 무승부'의 순서로 표시됨. 예를 들어, B팀의 A팀에 대한 전적(6–10–0)은 6승 10패 0무임

2) [팀의 시즌 승률(%)] = $\dfrac{(\text{해당 팀의 시즌 승리 경기 수})}{(\text{해당 팀의 시즌 경기 수})} \times 100$

① (가)에 들어갈 내용은 10–6–0이다.
② B팀의 시즌 승률은 50% 이하이다.
③ 시즌 승률이 50% 이상인 팀은 1팀이다.
④ C팀은 E팀을 상대로 승리한 경기가 패배한 경기보다 많다.
⑤ 시즌 전체 경기 결과 중 무승부는 1경기이다.

11 다음은 갑 기관의 10개 정책(가 ~ 차)에 대한 평가결과이다. 갑 기관은 정책별로 심사위원 A ~ D의 점수를 합산하여 총점이 낮은 정책부터 순서대로 4개 정책을 폐기할 계획이다. 다음 중 폐기할 정책을 모두 고르면?

〈정책에 대한 평가결과〉

정책 \ 심사위원	A	B	C	D
가	●	●	◐	○
나	●	●	◐	●
다	◐	○	●	◐
라	( )	●	◐	( )
마	●	( )	●	◐
바	◐	◐	◐	●
사	◐	◐	◐	●
아	◐	◐	●	( )
자	◐	◐	( )	●
차	( )	●	◐	○
평균(점)	0.55	0.70	0.70	0.50

※ 정책은 ○(0점), ◐(0.5점), ●(1.0점)으로만 평가됨

① 가, 다, 바, 사 ② 나, 마, 아, 자
③ 다, 라, 바, 사 ④ 다, 라, 아, 차
⑤ 라, 아, 자, 차

12 다음은 AIIB(Asian Infrastructure Investment Bank)의 지분율 상위 10개 회원국의 지분율과 투표권 비율에 대한 자료이다. 이에 대한 〈보기〉의 설명 중 옳은 것을 모두 고르면?

〈지분율 상위 10개 회원국의 지분율과 투표권 비율〉

(단위 : %)

회원국	지역	지분율	투표권 비율
중국	A	30.34	26.06
인도	A	8.52	7.51
러시아	B	6.66	5.93
독일	B	4.57	4.15
한국	A	3.81	3.50
호주	A	3.76	3.46
프랑스	B	3.44	3.19
인도네시아	A	3.42	3.17
브라질	B	3.24	3.02
영국	B	3.11	2.91

※ 1) [회원국의 지분율(%)] = $\dfrac{\text{(해당 회원국이 AIIB에 출자한 자본금)}}{\text{(AIIB의 자본금 총액)}} \times 100$

2) 지분율이 높을수록 투표권 비율이 높아짐

보기

ㄱ. 지분율 상위 4개 회원국의 투표권 비율을 합하면 40% 이상이다.

ㄴ. 중국을 제외한 지분율 상위 9개 회원국 중 지분율과 투표권 비율의 차이가 가장 큰 회원국은 인도이다.

ㄷ. 지분율 상위 10개 회원국 중에서, A지역 회원국의 지분율 합은 B지역 회원국의 지분율 합의 3배 이상이다.

ㄹ. AIIB의 자본금 총액이 2,000억 달러라면, 독일과 프랑스가 AIIB에 출자한 자본금의 합은 160억 달러 이상이다.

① ㄱ, ㄴ
② ㄴ, ㄷ
③ ㄷ, ㄹ
④ ㄱ, ㄴ, ㄹ
⑤ ㄱ, ㄷ, ㄹ

13 다음은 2019 ~ 2022년 A추모공원의 신규 안치 건수 및 매출액 현황을 나타낸 자료이다. 이에 대한 〈보기〉의 설명 중 옳은 것을 모두 고르면?

〈A추모공원의 신규 안치 건수 및 매출액 현황〉

(단위 : 건, 만 원)

안치 유형	구분	신규 안치 건수		매출액	
		2019 ~ 2021년	2022년	2019 ~ 2021년	2022년
개인단	관내	719	606	291,500	289,000
	관외	176	132	160,000	128,500
부부단	관내	632	557	323,900	330,000
	관외	221	134	291,800	171,000
계		1,748	1,429	1,067,200	918,500

보기

ㄱ. 2022년 개인단의 신규 안치 건수는 2019 ~ 2022년 개인단 신규 안치 건수 합의 50% 이하이다.

ㄴ. 2019 ~ 2022년 신규 안치 건수의 합은 관내가 관외보다 크다.

ㄷ. 2022년 부부단 관내와 부부단 관외의 매출액이 2021년에 비해 각각 50%가 증가한 것이라면, 2019 ~ 2020년 매출액의 합은 부부단 관내가 부부단 관외보다 작다.

ㄹ. 2019 ~ 2022년 4개 안치 유형 중 신규 안치 건수의 합이 가장 큰 안치 유형은 부부단 관내이다.

① ㄱ, ㄴ

② ㄴ, ㄷ

③ ㄷ, ㄹ

④ ㄱ, ㄴ, ㄷ

⑤ ㄱ, ㄷ, ㄹ

14 다음은 2009 ~ 2022년 동안 세대문제 키워드별 검색 건수에 대한 자료이다. 이에 대한 〈보기〉의 설명 중 옳은 것을 모두 고르면?

〈세대문제 키워드별 검색 건수〉

(단위 : 건)

연도	부정적 키워드		긍정적 키워드		전체
	세대갈등	세대격차	세대소통	세대통합	
2009년	575	260	164	638	1,637
2010년	520	209	109	648	1,486
2011년	912	469	218	1,448	3,047
2012년	1,419	431	264	1,363	3,477
2013년	1,539	505	262	1,105	3,411
2014년	1,196	549	413	1,247	3,405
2015년	940	494	423	990	2,847
2016년	1,094	631	628	1,964	4,317
2017년	1,726	803	1,637	2,542	6,708
2018년	2,036	866	1,854	2,843	7,599
2019년	2,668	1,150	3,573	4,140	11,531
2020년	2,816	1,279	3,772	4,008	11,875
2021년	3,603	1,903	4,263	8,468	18,237
2022년	3,542	1,173	3,809	4,424	12,948

보기

ㄱ. 부정적 키워드 검색 건수에 비해 긍정적 키워드 검색 건수가 많았던 연도의 횟수는 8번 이상이다.

ㄴ. '세대소통' 키워드의 검색 건수는 2014년 이후 매년 증가하였다.

ㄷ. 2010 ~ 2022년 동안 전년 대비 전체 검색 건수 증가율이 가장 높은 해는 2011년이다.

ㄹ. 2011년 검색 건수의 전년 대비 증가율이 가장 낮은 키워드는 '세대소통'이다.

① ㄱ, ㄴ
② ㄱ, ㄷ
③ ㄴ, ㄹ
④ ㄱ, ㄷ, ㄹ
⑤ ㄴ, ㄷ, ㄹ

15 다음 2022년 극한기후 유형별 발생일수와 발생지수에 대한 자료에 따라 2022년 극한기후 유형별 발생지수를 산출할 때, 이에 대한 설명으로 옳은 것은?

〈2022년 극한기후 유형별 발생일수와 발생지수〉

유형	폭염	한파	호우	대설	강풍
발생일수(일)	16	5	3	0	1
발생지수	5.00	( )	( )	1.00	( )

※ 극한기후 유형은 폭염, 한파, 호우, 대설, 강풍만 존재함

〈산정식〉

$$(\text{극한기후 발생지수}) = 4 \times \left(\frac{A-B}{C-B} \right) + 1$$

A=당해년도 해당 극한기후 유형 발생일수
B=당해년도 폭염, 한파, 호우, 대설, 강풍의 발생일수 중 최솟값
C=당해년도 폭염, 한파, 호우, 대설, 강풍의 발생일수 중 최댓값

① 발생지수가 가장 높은 유형은 한파이다.
② 호우의 발생지수는 2.00 이상이다.
③ 대설과 강풍의 발생지수의 합은 호우의 발생지수보다 크다.
④ 극한기후 유형별 발생지수의 평균은 3.00 이상이다.
⑤ 폭염의 발생지수는 강풍의 발생지수의 5배이다.

16 다음은 조사연도별 우리나라의 도시 수, 도시인구 및 도시화율에 대한 자료이다. 이에 대한 〈보기〉의 설명 중 옳은 것만을 모두 고르면?

〈조사연도별 우리나라의 도시 수, 도시인구 및 도시화율〉

(단위 : 개, 명, %)

조사연도	도시 수	도시인구	도시화율
1910년	12	1,122,412	8.4
1915년	7	456,430	2.8
1920년	7	508,396	2.9
1925년	19	1,058,706	5.7
1930년	30	1,605,669	7.9
1935년	38	2,163,453	10.1
1940년	58	3,998,079	16.9
1944년	74	5,067,123	19.6
1949년	60	4,595,061	23.9
1955년	65	6,320,823	29.4
1960년	89	12,303,103	35.4
1966년	111	15,385,382	42.4
1970년	114	20,857,782	49.8
1975년	141	24,792,199	58.3
1980년	136	29,634,297	66.2
1985년	150	34,527,278	73.3
1990년	149	39,710,959	79.5
1995년	135	39,882,316	82.6
2000년	138	38,784,556	84.0
2005년	151	41,017,759	86.7
2010년	156	42,564,502	87.6

※ 1) $[\text{도시화율}(\%)] = \dfrac{(\text{도시인구})}{(\text{전체인구})} \times 100$

   2) $(\text{평균도시인구}) = \dfrac{(\text{도시인구})}{(\text{도시 수})}$

보기

ㄱ. 1949 ~ 2010년 동안 직전 조사연도에 비해 도시 수가 증가한 조사연도에는 직전 조사연도에 비해 도시화율도 모두 증가한다.

ㄴ. 1949 ~ 2010년 동안 직전 조사연도 대비 도시인구 증가폭이 가장 큰 조사연도에는 직전 조사연도 대비 도시화율 증가폭도 가장 크다.

ㄷ. 전체인구가 처음으로 4천만 명을 초과한 조사연도는 1970년이다.

ㄹ. 조사연도 1955년의 평균도시인구는 10만 명 이상이다.

① ㄱ, ㄴ   ② ㄱ, ㄷ

③ ㄴ, ㄷ   ④ ㄴ, ㄹ

⑤ ㄱ, ㄷ, ㄹ

17 다음은 국가 A ~ H의 GDP와 에너지사용량에 대한 자료이다. 이에 대한 설명으로 옳지 않은 것은?

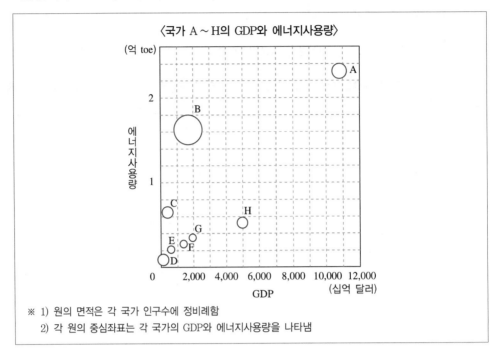

① 에너지사용량이 가장 많은 국가는 A국이고 가장 적은 국가는 D국이다.

② 1인당 에너지사용량은 C국이 D국보다 많다.

③ GDP가 가장 낮은 국가는 D국이고 가장 높은 국가는 A국이다.

④ 1인당 GDP는 H국이 B국보다 높다.

⑤ 에너지사용량 대비 GDP는 A국이 B국보다 낮다.

18 다음은 갑국의 주택보급률 및 주거공간 현황에 대한 자료이다. 이에 대한 〈보기〉의 설명 중 옳은 것을 모두 고르면?

〈갑국의 주택보급률 및 주거공간 현황〉

연도	가구 수 (천 가구)	주택보급률 (%)	주거공간	
			가구당(m^2/가구)	1인당(m^2/인)
2018년	10,167	72.4	58.5	13.8
2019년	11,133	86.0	69.4	17.2
2020년	11,928	96.2	78.6	20.2
2021년	12,491	105.9	88.2	22.9
2022년	12,995	112.9	94.2	24.9

※ 1) $[주택보급률(\%)] = \dfrac{(주택\ 수)}{(가구\ 수)} \times 100$

2) $[가구당\ 주거공간(m^2/가구)] = \dfrac{(주거공간\ 총면적)}{(가구\ 수)}$

3) $[1인당\ 주거공간(m^2/인)] = \dfrac{(주거공간\ 총면적)}{(인구수)}$

보기

ㄱ. 주택 수는 매년 증가하였다.
ㄴ. 2021년 주택을 두 채 이상 소유한 가구 수는 2020년보다 증가하였다.
ㄷ. 2019 ~ 2022년 동안 1인당 주거공간의 전년 대비 증가율이 가장 큰 해는 2019년이다.
ㄹ. 2022년 주거공간 총면적은 2018년 주거공간 총면적의 2배 이상이다.

① ㄱ, ㄴ
② ㄱ, ㄷ
③ ㄴ, ㄹ
④ ㄱ, ㄷ, ㄹ
⑤ ㄴ, ㄷ, ㄹ

19 다음은 2022년 갑국 지방법원(A~E)의 배심원 출석 현황에 대한 자료이다. 이에 대한 〈보기〉의 설명 중 옳은 것을 모두 고르면?

〈2022년 갑국 지방법원(A~E)의 배심원 출석 현황〉

(단위 : 명)

구분 / 지방법원	소환인원	송달불능자	출석취소통지자	출석의무자	출석자
A	1,880	533	573	( )	411
B	1,740	495	508	( )	453
C	716	160	213	343	189
D	191	38	65	88	57
E	420	126	120	174	115

※ 1) (출석의무자 수)=(소환인원)−(송달불능자 수)−(출석취소통지자 수)

2) $[출석률(\%)]=\dfrac{(출석자\ 수)}{(소환인원)}\times100$

3) $[실질출석률(\%)]=\dfrac{(출석자\ 수)}{(출석의무자\ 수)}\times100$

보기

ㄱ. 출석의무자 수는 B지방법원이 A지방법원보다 많다.

ㄴ. 실질출석률은 E지방법원이 C지방법원보다 낮다.

ㄷ. D지방법원의 출석률은 25% 이상이다.

ㄹ. A~E지방법원 전체 소환인원에서 A지방법원의 소환인원이 차지하는 비율은 35% 이상이다.

① ㄱ, ㄴ   ② ㄱ, ㄷ

③ ㄴ, ㄷ   ④ ㄴ, ㄹ

⑤ ㄷ, ㄹ

20 다음은 쥐 A ~ E의 에탄올 주입량별 렘(REM)수면시간을 측정한 결과이다. 이에 대한 〈보기〉의 설명 중 옳은 것을 모두 고르면?

〈에탄올 주입량별 쥐의 렘수면시간〉

(단위 : 분)

에탄올 주입량(g)	A	B	C	D	E
0.0	88	73	91	68	75
1.0	64	54	70	50	72
2.0	45	60	40	56	39
4.0	31	40	46	24	24

보기

ㄱ. 에탄올 주입량이 0.0g일 때 쥐 A ~ E 렘수면시간 평균은 에탄올 주입량이 4.0g일 때 쥐 A ~ E 렘수면시간 평균의 2배 이상이다.

ㄴ. 에탄올 주입량이 2.0g일 때 쥐 B와 쥐 E의 렘수면시간 차이는 20분 이하이다.

ㄷ. 에탄올 주입량이 0.0g일 때와 에탄올 주입량이 1.0g일 때의 렘수면시간 차이가 가장 큰 쥐는 A이다.

ㄹ. 쥐 A ~ E는 각각 에탄올 주입량이 많을수록 렘수면시간이 감소한다.

① ㄱ, ㄴ
② ㄱ, ㄷ
③ ㄴ, ㄷ
④ ㄴ, ㄹ
⑤ ㄷ, ㄹ

21 다음은 A발전회사의 연도별 발전량 및 신재생에너지 공급 현황에 대한 자료이다. 이에 대한 〈보기〉의 설명 중 옳은 것을 모두 고르면?

〈A발전회사의 연도별 발전량 및 신재생에너지 공급 현황〉

구분	연도	2020년	2021년	2022년
발전량(GWh)		55,000	51,000	52,000
신재생에너지	공급의무율(%)	1.4	2.0	3.0
	자체공급량(GWh)	75	380	690
	인증서구입량(GWh)	15	70	160

※ 1) [공급의무율(%)] $=\dfrac{(공급의무량)}{(발전량)}\times100$

2) [이행량(GWh)] = (자체공급량) + (인증서구입량)

보기

ㄱ. 공급의무량은 매년 증가한다.
ㄴ. 2022년 자체공급량의 2020년 대비 증가율은 2022년 인증서구입량의 2020년 대비 증가율보다 작다.
ㄷ. 공급의무량과 이행량의 차이는 매년 증가한다.
ㄹ. 이행량에서 자체공급량이 차지하는 비중은 매년 감소한다.

① ㄱ, ㄴ
② ㄱ, ㄷ
③ ㄷ, ㄹ
④ ㄱ, ㄴ, ㄹ
⑤ ㄴ, ㄷ, ㄹ

22 다음은 갑국의 2022년 복지종합지원센터, 노인복지관, 자원봉사자, 등록노인 현황에 대한 자료이다. 이에 대한 〈보기〉의 설명 중 옳은 것을 모두 고르면?

〈복지종합지원센터, 노인복지관, 자원봉사자, 등록노인 현황〉

(단위 : 개소, 명)

지역 \ 구분	복지종합지원센터	노인복지관	자원봉사자	등록노인
A	20	1,336	8,252	397,656
B	2	126	878	45,113
C	1	121	970	51,476
D	2	208	1,388	69,395
E	1	164	1,188	59,050
F	1	122	1,032	56,334
G	2	227	1,501	73,825
H	3	362	2,185	106,745
I	1	60	529	27,256
전국	69	4,377	30,171	1,486,980

보기

ㄱ. 전국의 노인복지관, 자원봉사자 중 A지역의 노인복지관, 자원봉사자의 비중은 각각 25% 이상이다.

ㄴ. A~I지역 중 복지종합지원센터 1개소당 노인복지관 수가 100개소 이하인 지역은 A, B, D, I이다.

ㄷ. A~I지역 중 복지종합지원센터 1개소당 자원봉사자 수가 가장 많은 지역과 복지종합지원센터 1개소당 등록노인 수가 가장 많은 지역은 동일하다.

ㄹ. 노인복지관 1개소당 자원봉사자 수는 H지역이 C지역보다 많다.

① ㄱ, ㄴ
② ㄱ, ㄷ
③ ㄱ, ㄹ
④ ㄴ, ㄷ
⑤ ㄴ, ㄹ

23 다음은 A ~ C 세 구역으로 구성된 갑시의 거주구역별, 성별 인구분포에 대한 자료이다. 갑시의 남성 인구는 200명, 여성 인구는 300명일 때, 이에 대한 〈보기〉의 설명 중 옳은 것을 모두 고르면?

〈갑시 거주구역별, 성별 인구분포〉

(단위 : %)

성별＼거주구역	A	B	C	합
남성	15	55	30	100
여성	42	30	28	100

보기

ㄱ. A구역 남성 인구는 B구역 여성 인구의 절반이다.

ㄴ. C구역 인구보다 A구역 인구가 더 많다.

ㄷ. C구역은 여성 인구보다 남성 인구가 더 많다.

ㄹ. B구역 남성 인구의 절반이 C구역으로 이주하더라도, C구역 인구는 갑시 전체 인구의 40% 이하 이다.

① ㄱ, ㄴ

② ㄱ, ㄷ

③ ㄴ, ㄷ

④ ㄴ, ㄹ

⑤ ㄷ, ㄹ

다음은 행정심판위원회 연도별 사건처리현황에 대한 자료이다. 이에 대한 〈보기〉의 설명 중 옳은 것을 모두 고르면?

〈행정심판위원회 연도별 사건처리현황〉

(단위 : 건)

구분 연도	접수	심리 · 의결				취하 · 이송
		인용	기각	각하	소계	
2018년	31,473	4,990	24,320	1,162	30,472	1,001
2019년	29,986	4,640	23,284	( )	28,923	1,063
2020년	26,002	3,983	19,974	1,030	24,987	1,015
2021년	26,255	4,713	18,334	1,358	24,405	1,850
2022년	26,014	4,131	19,164	( )	25,270	744

※ 1) 당해연도에 접수된 사건은 당해연도에 심리 · 의결 또는 취하 · 이송됨

2) $[인용률(\%)] = \dfrac{(인용\ 건수)}{(심리 \cdot 의결\ 건수)} \times 100$

보기

ㄱ. 인용률이 가장 높은 해는 2021년이다.

ㄴ. 취하 · 이송 건수는 매년 감소하였다.

ㄷ. 각하 건수가 가장 적은 해는 2019년이다.

ㄹ. 접수 건수와 심리 · 의결 건수의 연도별 증감방향은 동일하다.

① ㄱ, ㄴ   ② ㄱ, ㄷ

③ ㄷ, ㄹ   ④ ㄱ, ㄷ, ㄹ

⑤ ㄴ, ㄷ, ㄹ

25 다음은 2021 ～ 2022년 16개 기업(A ～ P)의 평균연봉 순위와 평균연봉비에 대한 자료이다. 이에 대한 〈보기〉의 설명 중 옳은 것을 모두 고르면?

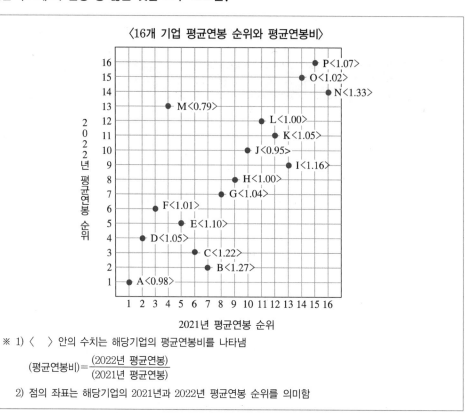

〈16개 기업 평균연봉 순위와 평균연봉비〉

※ 1) 〈 〉 안의 수치는 해당기업의 평균연봉비를 나타냄

$$(\text{평균연봉비}) = \frac{(2022년\ 평균연봉)}{(2021년\ 평균연봉)}$$

2) 점의 좌표는 해당기업의 2021년과 2022년 평균연봉 순위를 의미함

보기

ㄱ. 2022년 평균연봉 순위가 2021년에 비해 상승한 기업은 7개이다.

ㄴ. 2022년 평균연봉 순위의 2021년 대비 하락폭이 가장 큰 기업은 평균연봉 감소율도 가장 크다.

ㄷ. 2022년 평균연봉 순위의 2021년 대비 상승폭이 가장 큰 기업은 평균연봉 증가율도 가장 크다.

ㄹ. 2022년 평균연봉이 2021년에 비해 감소한 기업은 모두 평균연봉 순위도 하락하였다.

ㅁ. 2021년 평균연봉 순위 10위 이내 기업은 모두 2022년에도 10위 이내에 있다.

① ㄱ, ㄴ
② ㄱ, ㄷ
③ ㄱ, ㄴ, ㅁ
④ ㄴ, ㄷ, ㄹ
⑤ ㄷ, ㄹ, ㅁ

26 다음은 농산물을 유전자 변형한 GMO 품목 가운데 전 세계에서 승인받은 200개 품목의 현황에 대한 자료이다. 이에 대한 설명으로 옳은 것은?

〈승인받은 GMO 품목 현황〉

(단위 : 개)

구분	승인 국가 수	전 세계 승인 품목			국내 승인 품목		
		A유형	B유형	합	A유형	B유형	합
콩	21	18	2	20	9	2	11
옥수수	22	32	40	72	19	32	51
면화	14	25	10	35	9	9	18
유채	11	19	3	22	6	0	6
사탕무	13	3	0	3	1	0	1
감자	8	21	0	21	4	0	4
알팔파	8	3	0	3	1	0	1
쌀	10	4	0	4	0	0	0
아마	2	1	0	1	0	0	0
자두	1	1	0	1	0	0	0
치커리	1	3	0	3	0	0	0
토마토	4	11	0	11	0	0	0
파파야	3	2	0	2	0	0	0
호박	2	2	0	2	0	0	0

※ 전 세계 승인 품목은 국내 승인 품목을 포함함

① 승인 품목이 하나 이상인 국가는 모두 120개이다.
② 국내에서 92개, 국외에서 108개 품목이 각각 승인되었다.
③ 전 세계 승인 품목 중 국내에서 승인되지 않은 품목의 비율은 50% 이상이다.
④ 옥수수, 면화의 국내 승인 품목은 각각 B유형이 A유형보다 많다.
⑤ 옥수수, 면화, 감자의 전 세계 승인 품목은 각각 B유형이 20개 이상이다.

27 다음은 갑국의 2022년 11월 군인 소속별 1인당 월지급액에 대한 자료이다. 이에 대한 설명으로 옳지 않은 것은?

〈2022년 11월 군인 소속별 1인당 월지급액〉

(단위 : 원, %)

구분 \ 소속	육군	해군	공군	해병대
1인당 월지급액	105,000	120,000	125,000	100,000
군인 수 비중	30	20	30	20

※ 1) 갑국 군인의 소속은 육군, 해군, 공군, 해병대로만 구분됨
　 2) 2022년 11월, 12월 갑국의 소속별 군인 수는 변동 없음

① 2022년 12월에 1인당 월지급액이 모두 동일한 액수만큼 증가한다면, 1인당 월지급액의 전월 대비 증가율은 해병대가 가장 높다.

② 2022년 12월에 1인당 월지급액이 해군 10%, 해병대 12% 증가한다면, 해군의 전월 대비 월지급액 증가분은 해병대의 전월 대비 월지급액 증가분과 같다.

③ 2022년 11월 갑국 전체 군인의 1인당 월지급액은 115,000원이다.

④ 2022년 11월 육군, 해군, 공군의 월지급액을 모두 합하면 해병대 월지급액의 4배 이상이다.

⑤ 2022년 11월 공군과 해병대의 월지급액 차이는 육군과 해군의 월지급액 차이의 2배 이상이다.

28 다음은 어느 상담센터에서 2022년에 실시한 상담가 유형별 가족상담 건수에 대한 자료이다. 이에 근거할 때, 2022년 하반기 전문상담가에 의한 가족상담 건수는?

〈2022년 상담가 유형별 가족상담 건수〉

(단위 : 건)

상담가 유형	가족상담 건수
일반상담가	120
전문상담가	60

※ 가족상담은 일반상담가에 의한 가족상담과 전문상담가에 의한 가족상담으로만 구분됨

〈정보〉

- 2022년 가족상담의 30%는 상반기에, 70%는 하반기에 실시되었다.
- 2022년 일반상담가에 의한 가족상담의 40%는 상반기에, 60%는 하반기에 실시되었다.

① 38건　　　　　　　　　　② 40건

③ 48건　　　　　　　　　　④ 54건

⑤ 56건

29 다음은 2022년 11월 7개 도시의 아파트 전세가격 지수 및 전세수급 동향 지수에 대한 자료이다. 이에 대한 〈보기〉의 설명 중 옳은 것을 모두 고르면?

〈아파트 전세가격 지수 및 전세수급 동향 지수〉

도시 \ 지수	면적별 전세가격 지수			전세수급 동향 지수
	소형	중형	대형	
서울	115.9	112.5	113.5	114.6
부산	103.9	105.6	102.2	115.4
대구	123.0	126.7	118.2	124.0
인천	117.1	119.8	117.4	127.4
광주	104.0	104.2	101.5	101.3
대전	111.5	107.8	108.1	112.3
울산	104.3	102.7	104.1	101.0

※ 1) (2022년 11월 전세가격 지수) $= \dfrac{(2022년\ 11월\ 평균\ 전세가격)}{(2021년\ 11월\ 평균\ 전세가격)} \times 100$

2) 전세수급 동향 지수는 각 지역 공인중개사에게 해당 도시의 아파트 전세공급 상황에 대해 부족·적당·충분 중 하나를 선택하여 응답하게 한 후, '부족'이라고 응답한 비율에서 '충분'이라고 응답한 비율을 빼고 100을 더한 값임

예 '부족' 응답비율 30%, '충분' 응답비율 50%인 경우 전세수급 동향 지수는 (30−50)+100=80

3) 아파트는 소형, 중형, 대형으로만 구분됨

보기

ㄱ. 2021년 11월에 비해 2022년 11월 7개 도시 모두에서 아파트 평균 전세가격이 상승하였다.

ㄴ. 중형 아파트의 2021년 11월 대비 2022년 11월 평균 전세가격 상승액이 가장 큰 도시는 대구이다.

ㄷ. 각 도시에서 아파트 전세공급 상황에 대해 '부족'이라고 응답한 공인중개사는 '충분'이라고 응답한 공인중개사보다 많다.

ㄹ. 광주의 공인중개사 중 60% 이상이 광주의 아파트 전세공급 상황에 대해 '부족'이라고 응답하였다.

---

① ㄱ, ㄴ   ② ㄱ, ㄷ

③ ㄴ, ㄷ   ④ ㄴ, ㄹ

⑤ ㄷ, ㄹ

30 다음은 2011 ~ 2022년 갑국 식품산업 매출액 및 생산액 추이에 대한 자료이다. 이에 대한 〈보기〉의 설명 중 옳은 것을 모두 고르면?

〈갑국 식품산업 매출액 및 생산액 추이〉

(단위 : 십억 원, %)

연도 \ 구분	식품산업 매출액	식품산업 생산액	제조업 생산액 대비 식품산업 생산액 비중	GDP 대비 식품산업 생산액 비중
2011년	30,781	27,685	17.98	4.25
2012년	36,388	35,388	21.17	4.91
2013년	23,909	21,046	11.96	2.74
2014년	33,181	30,045	14.60	3.63
2015년	33,335	29,579	13.84	3.42
2016년	35,699	32,695	14.80	3.60
2017년	37,366	33,148	13.89	3.40
2018년	39,299	36,650	14.30	3.57
2019년	44,441	40,408	15.16	3.79
2020년	38,791	34,548	10.82	2.94
2021년	44,448	40,318	11.58	3.26
2022년	47,328	43,478	12.22	3.42

보기

ㄱ. 2022년 제조업 생산액은 2011년 제조업 생산액의 4배 이상이다.
ㄴ. 2015년 이후 식품산업 매출액의 전년 대비 증가율이 가장 큰 해는 2019년이다.
ㄷ. GDP 대비 제조업 생산액 비중은 2022년이 2017년보다 크다.
ㄹ. 2018년 갑국 GDP는 1,000조 원 이상이다.

① ㄱ, ㄴ
② ㄱ, ㄷ
③ ㄱ, ㄹ
④ ㄴ, ㄹ
⑤ ㄷ, ㄹ

31 다음은 A지역 유치원 유형별 교지면적과 교사면적에 대한 자료이다. 이에 대한 설명으로 옳지 않은 것은?

〈A지역 유치원 유형별 교지면적과 교사면적〉

(단위 : m²)

구분	유치원 유형	국립	공립	사립
교지면적	유치원당	255.0	170.8	1,478.4
	원아 1인당	3.4	6.1	13.2
교사면적	유치원당	562.5	81.2	806.4
	원아 1인당	7.5	2.9	7.2

① 원아 1인당 교지면적은 사립이 공립의 2배 이상이다.

② 유치원당 교사면적이 가장 큰 유형부터 순서대로 나열하면 사립, 국립, 공립 순서다.

③ 유치원당 교지면적이 유치원당 교사면적보다 작은 유치원 유형은 국립뿐이다.

④ 유치원당 교지면적은 사립이 국립의 5.5배 이상이고 유치원당 교사면적은 사립이 국립의 1.4배 이상이다.

⑤ 유치원당 교지면적과 원아 1인당 교사면적은 국립이 사립보다 모두 작다.

32 다음은 갑과 을의 가위바위보 게임 결과를 정리한 자료이다. 이에 대한 〈조건〉을 설명 중 옳은 것을 모두 고르면?

〈갑과 을의 가위바위보 게임 결과 빈도표〉

(단위 : 회)

		갑		
		〈가위〉	〈바위〉	〈보〉
을	〈가위〉	10	15	5
	〈바위〉	5	15	12
	〈보〉	20	10	8

조건

ㄱ. 갑이 이긴 횟수는 을이 이긴 횟수의 2배 이상이다.

ㄴ. 갑이 바위로 이긴 횟수는 을이 가위로 이긴 횟수보다 많다.

ㄷ. 갑과 을이 비긴 횟수는 전체 게임 횟수의 30% 이상이다.

ㄹ. 을이 바위로 진 횟수와 갑이 가위로 진 횟수의 합은 20회 이상이다.

① ㄱ, ㄴ   ② ㄱ, ㄹ

③ ㄴ, ㄷ   ④ ㄱ, ㄴ, ㄷ

⑤ ㄴ, ㄷ, ㄹ

33 다음은 2020 ~ 2022년 세계 지역별 1인당 가용수자원량에 대한 자료이다. 이에 대한 〈보기〉의 설명 중 옳지 않은 것을 모두 고르면?

〈세계 지역별 1인당 가용수자원량〉

(단위 : 천m³/인)

대륙	지역	2020년	2021년	2022년
유럽	북부	39.2	32.7	30.9
	중부	3.0	2.4	2.3
	남부	3.8	2.8	2.5
	동부	33.8	24.1	20.9
	영국	4.4	3.2	2.4
북미	캐나다	384.0	219.0	189.0
	미국	10.6	6.8	5.6
	중부 아메리카	22.7	9.4	7.1
남미	북부	179.0	72.9	37.4
	브라질	115.0	50.3	32.2
	서부	97.9	45.8	25.7
	중부	34.0	20.5	10.4
아프리카	북부	2.3	0.7	0.2
	남부	12.2	5.7	3.0
	동부	15.0	6.9	3.7
	서부	20.5	9.2	4.9
	중부	92.7	46.0	25.4
아시아	중국북부 및 몽골	3.8	1.9	1.2
	남부	4.1	2.1	1.1
	서부	6.3	2.3	1.3
	동북부	13.2	7.1	4.9
	중앙아시아	7.5	2.0	0.7
	시베리아	124.0	96.2	95.3

※ [지역(대륙) 1인당 가용수자원량] = $\dfrac{[\text{해당 지역(대륙) 가용수자원량}]}{[\text{해당 지역(대륙) 인구}]}$

보기

ㄱ. 모든 지역에서 1인당 가용수자원량은 2020년보다 2022년이 적다.

ㄴ. 2022년 1인당 가용수자원량이 두 번째로 많은 대륙은 남미이다.

ㄷ. 유럽 대륙에서 2022년 1인당 가용수자원량의 전년 대비 감소율이 가장 큰 지역은 북부이다.

① ㄱ

② ㄷ

③ ㄱ, ㄴ

④ ㄴ, ㄷ

⑤ ㄱ, ㄴ, ㄷ

34 다음은 2022년 서비스인구 기준 세계 10대 물 기업 현황에 대한 자료이다. 이에 대한 〈보기〉의 설명 중 옳은 것을 모두 고르면?

〈2022년 세계 10대 물 기업 현황〉

순위	기업명(국가)	서비스인구 (만 명)	국외 비중(%)	2021년 대비 서비스인구 증감 (만 명)	물 부문 매출액 (백만 달러)
1	수에즈(프랑스)	12,002	86.0	265	6,986
2	베올리아(프랑스)	11,753	79.0	937	9,805
3	알베에(독일)	7,537	61.0	592	4,065
4	아그바(스페인)	3,490	54.0	−32	968
5	사베습(브라질)	2,560	0.0	50	1,656
6	유틸리티즈(영국)	2,383	57.0	170	1,126
7	FCC(스페인)	1,740	45.0	200	514
8	아체아(이탈리아)	1,545	44.0	193	366
9	서번트렌트(영국)	1,448	43.0	96	1,126
10	소어(프랑스)	1,371	56.0	−1,981	1,531
	합계	45,829	525	490	28,143

보기

ㄱ. 2022년 세계 물 부문 매출액이 350억 달러라면, 세계 10대 물 기업이 세계 물 부문 매출액의 80% 이상을 점유하고 있다.

ㄴ. 2022년 세계 10대 물 기업 중, 국외 서비스인구가 1,000만 명 이상인 회사는 4개이다.

ㄷ. 2022년 서비스인구의 2021년 대비 증가율이 10% 이상인 회사는 베올리아, FCC, 아체아 3개이다.

ㄹ. 2022년 아그바의 국내 서비스인구는 1,500만 명 이상이다.

① ㄱ, ㄴ
② ㄱ, ㄷ
③ ㄱ, ㄹ
④ ㄴ, ㄷ
⑤ ㄴ, ㄹ

35 다음은 2022년 주요 국가별 의사 수 및 인구 만 명당 의사 수에 대한 자료이다. 이에 대한 〈보기〉의 설명 중 옳은 것을 모두 고르면?

〈2022년 주요 국가별 의사 수 및 인구 만 명당 의사 수〉

(단위 : 명, %)

국가	의사 수	전년 대비 증감률	인구 만 명당 의사 수	전년 대비 증감률
A	12,813	0.5	29	2.1
B	171,242	1.5	18	3.3
C	27,500	1.0	31	1.5
D	25,216	2.0	35	0.5
E	130,300	1.5	33	0.5
F	110,124	3.0	18	0.4
G	25,332	1.5	31	−0.5
H	345,718	3.3	60	5.5

※ 인구 만 명당 의사 수는 소수점 첫째 자리에서 반올림함

보기

ㄱ. 2021년 의사 수가 가장 많은 국가는 2022년 인구 만 명당 의사 수도 가장 많다.
ㄴ. 2022년 기준 C, D, E 3개국 중 인구가 가장 적은 국가는 D이다.
ㄷ. 2022년 인구가 2021년보다 많은 국가의 수는 4개이다.
ㄹ. 2021년 기준 의사 수가 많은 국가일수록 같은 해 인구 만 명당 의사 수도 많다.

① ㄱ, ㄴ, ㄷ
② ㄱ, ㄴ, ㄹ
③ ㄱ, ㄷ, ㄹ
④ ㄴ, ㄷ, ㄹ
⑤ ㄱ, ㄴ, ㄷ, ㄹ

36 다음은 1 ～ 7월 동안 A사 주식의 이론가격과 시장가격의 관계에 대한 자료이다. 이에 대한 〈보기〉의 설명 중 옳은 것을 모두 고르면?

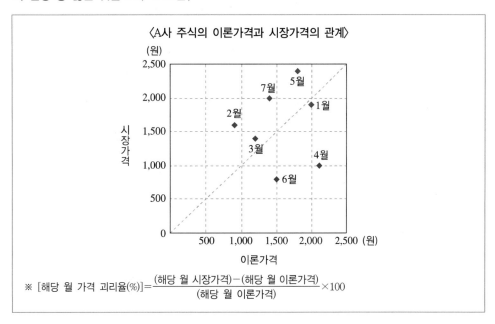

〈A사 주식의 이론가격과 시장가격의 관계〉

※ [해당 월 가격 괴리율(%)] = $\dfrac{(\text{해당 월 시장가격}) - (\text{해당 월 이론가격})}{(\text{해당 월 이론가격})} \times 100$

보기

ㄱ. 가격 괴리율이 0% 이상인 달은 4개이다.
ㄴ. 이론가격이 전월 대비 증가한 달은 3월, 4월, 7월이다.
ㄷ. 가격 괴리율이 전월 대비 증가한 달은 3개 이상이다.
ㄹ. 시장가격이 전월 대비 가장 큰 폭으로 증가한 달은 6월이다.

① ㄱ, ㄴ
② ㄱ, ㄷ
③ ㄷ, ㄹ
④ ㄱ, ㄴ, ㄹ
⑤ ㄴ, ㄷ, ㄹ

37 다음은 2022년 국내 원목 벌채와 이용의 흐름에 대한 자료이다. 이에 대한 설명으로 옳은 것은?

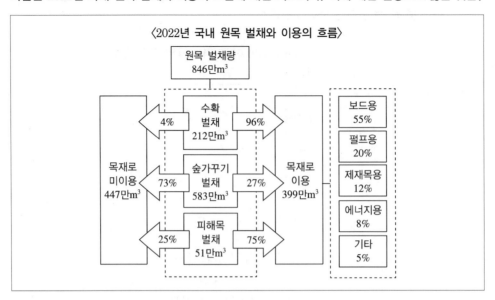

〈2022년 국내 원목 벌채와 이용의 흐름〉

① 원목 벌채량 중 목재로 이용된 양이 목재로 미이용된 양보다 많았다.

② 숲가꾸기 벌채로 얻은 원목이 목재로 이용된 원목에서 차지하는 비율이 가장 높았다.

③ 보드용으로 이용된 원목의 양은 200만m³보다 적었다.

④ 수확 벌채로 얻은 원목 중 적어도 일부는 보드용으로 이용되었다.

⑤ 피해목 벌채로 얻은 원목 중 목재로 미이용된 양은 10만m³보다 적었다.

38 다음은 A시 주철 수도관의 파손원인별 파손 건수에 대한 자료이다. 이에 대한 설명으로 옳지 않은 것은?

〈A시 주철 수도관의 파손원인별 파손 건수〉

(단위 : 건)

파손원인	주철 수도관 유형		합
	회주철	덕타일주철	
시설노후	105	71	176
부분 부식	1	10	11
수격압	51	98	149
외부충격	83	17	100
자연재해	1	1	2
재질불량	6	3	9
타공사	43	22	65
부실시공	1	4	5
보수과정 실수	43	6	49
계	334	232	566

※ 파손원인의 중복은 없음

① 덕타일주철 수도관의 파손 건수가 50건 이상인 파손원인은 2가지이다.
② 회주철 수도관의 총 파손 건수가 덕타일주철 수도관의 총 파손 건수보다 많다.
③ 주철 수도관의 파손원인별 파손 건수에서 '자연재해' 파손 건수가 가장 적다.
④ 주철 수도관의 '시설노후' 파손 건수가 주철 수도관의 총 파손 건수에서 차지하는 비율은 30% 이상이다.
⑤ 회주철 수도관의 '보수과정 실수' 파손 건수가 회주철 수도관의 총 파손 건수에서 차지하는 비율은 10% 미만이다.

39 다음은 시설유형별 에너지 효율화 시장규모의 현황 및 전망에 대한 자료이다. 이에 대한 설명으로 옳은 것은?

〈시설유형별 에너지 효율화 시장규모의 현황 및 전망〉

(단위 : 억 달러)

연도 시설유형	2020년	2021년	2022년	2025년(예상)	2030년(예상)
사무시설	11.3	12.8	14.6	21.7	41.0
산업시설	20.8	23.9	27.4	41.7	82.4
주거시설	5.7	6.4	7.2	10.1	18.0
공공시설	2.5	2.9	3.4	5.0	10.0
전체	40.3	46.0	52.6	78.5	151.4

① 2020 ~ 2022년 동안 '주거시설' 유형의 에너지 효율화 시장규모는 매년 15% 이상 증가하였다.

② 2025년 전체 에너지 효율화 시장규모에서 '사무시설' 유형이 차지하는 비중은 30% 이하일 것으로 전망된다.

③ 2025 ~ 2030년 동안 '공공시설' 유형의 에너지 효율화 시장규모는 매년 30% 이상 증가할 것으로 전망된다.

④ 2021년 '산업시설' 유형의 에너지 효율화 시장규모는 전체 에너지 효율화 시장규모의 50% 이하이다.

⑤ 2030년 에너지 효율화 시장규모의 2020년 대비 증가율이 가장 높을 것으로 전망되는 시설유형은 '산업시설'이다.

40 다음은 어느 노래의 3월 24 ~ 27일 음원차트별 순위에 대한 자료 중 일부가 지워진 자료이다. 이에 대한 설명으로 옳은 것은?

〈음원차트별 순위〉

날짜	음원차트					평균 순위
	A	B	C	D	E	
3월 24일	□(↑)	6(↑)	□(↑)	4(↑)	2(↑)	4.2
3월 25일	6(↑)	2(↑)	2(−)	2(↑)	1(↑)	2.6
3월 26일	7(↓)	6(↓)	5(↓)	6(↓)	5(↓)	5.8
3월 27일	□(−)	□(↑)	□(□)	7(↓)	□(−)	6.0

※ 1) □는 지워진 자료를 의미하며, ( ) 안의 ↑는 전일 대비 순위 상승, ↓는 전일 대비 순위 하락, −는 전일과 순위가 동일함을 의미함

2) 순위의 숫자가 작을수록 순위가 높음을 의미함

3) (평균 순위)$=\dfrac{(5개\ 음원차트별\ 순위의\ 합)}{5}$

① 평균 순위가 가장 높았던 날은 5개 음원차트별 순위가 전일 대비 모두 상승하였다.

② 3월 24일 A음원차트에서의 순위는 8위였다.

③ 5개 음원차트별 순위가 전일 대비 모두 하락한 날은 평균 순위가 가장 낮았다.

④ 3월 27일 C음원차트에서는 순위가 전일 대비 하락하였다.

⑤ 평균 순위는 매일 하락하였다.

41 다음은 어느 해 주식 거래일 8일 동안 A사의 일별 주가와 산식을 활용한 5일 이동평균을 나타낸 자료이다. 이에 대한 〈보기〉의 설명 중 옳은 것을 모두 고르면?

〈주식 거래일 8일 동안 A사의 일별 주가 추이〉

(단위 : 원)

거래일	일별 주가	5일 이동평균
1	7,550	–
2	7,590	–
3	7,620	–
4	7,720	–
5	7,780	7,652
6	7,820	7,706
7	7,830	( )
8	( )	7,790

〈산식〉

$$(5일\ 이동평균)=\frac{(해당거래일\ 포함\ 최근\ 거래일\ 5일\ 동안의\ 일별\ 주가의\ 합)}{5}$$

예 $(6거래일의\ 5일\ 이동평균)=\dfrac{7,590+7,620+7,720+7,780+7,820}{5}=7,706$

보기

ㄱ. 일별 주가는 거래일마다 상승하였다.
ㄴ. 5거래일 이후 5일 이동평균은 거래일마다 상승하였다.
ㄷ. 2거래일 이후 일별 주가가 직전거래일 대비 가장 많이 상승한 날은 4거래일이다.
ㄹ. 5거래일 이후 해당거래일의 일별 주가와 5일 이동평균 간의 차이는 거래일마다 감소하였다.

① ㄱ, ㄴ ② ㄴ, ㄷ
③ ㄷ, ㄹ ④ ㄱ, ㄴ, ㄷ
⑤ ㄴ, ㄷ, ㄹ

42 다음은 2020 ~ 2022년 동안 도로화물운송업의 분야별 에너지 효율성에 대한 자료이다. 이에 대한 〈보기〉의 설명 중 옳은 것을 모두 고르면?

〈도로화물운송업의 분야별 에너지 효율성〉

(단위 : 리터, 톤·km, 톤·km/리터)

연도 \ 구분 \ 분야	일반화물			개별화물			용달화물		
	A	B	C	A	B	C	A	B	C
2020	4,541	125,153	27.6	1,722	37,642	21.9	761	3,714	4.9
2021	4,285	110,269	25.7	1,863	30,232	16.2	875	4,576	5.2
2022	3,970	107,943	27.2	1,667	18,523	11.1	683	2,790	4.1

※ 1) 도로화물운송업의 분야는 일반화물, 개별화물, 용달화물로 구분됨
  2) A : 화물차 1대당 월평균 에너지 사용량(리터)
    B : 화물차 1대당 월평균 화물운송실적(톤·km)
    C : 화물차 1대당 월평균 에너지 효율성(톤·km/리터)$=\dfrac{B}{A}$

보기

ㄱ. 2020년 화물차 1대당 월평균 에너지 사용량이 가장 적은 분야는 용달화물이다.
ㄴ. 2021년 화물운송실적이 가장 큰 분야는 일반화물이다.
ㄷ. 2022년 화물차 1대당 월평균 에너지 효율성이 큰 분야부터 나열하면 일반화물, 개별화물, 용달 화물이다.
ㄹ. 각 분야의 화물차 1대당 월평균 에너지 효율성은 매년 증가하였다.

① ㄱ, ㄴ   ② ㄱ, ㄷ
③ ㄱ, ㄹ   ④ ㄴ, ㄷ
⑤ ㄴ, ㄹ

43 다음은 2017 ~ 2022년 어느 나라 5개 프로 스포츠 종목의 연간 경기장 수용규모 및 관중수용률을 나타낸 것이다. 이에 대한 설명으로 옳은 것은?

〈프로 스포츠 종목의 연간 경기장 수용규모 및 관중수용률〉

(단위 : 천 명, %)

종목	구분	2017	2018	2019	2020	2021	2022
야구	수용규모	20,429	20,429	20,429	20,429	19,675	19,450
	관중수용률	30.6	41.7	53.3	56.6	58.0	65.7
축구	수용규모	40,255	40,574	40,574	37,865	36,952	33,314
	관중수용률	21.9	26.7	28.7	29.0	29.4	34.9
농구	수용규모	5,899	6,347	6,354	6,354	6,354	6,653
	관중수용률	65.0	62.8	66.2	65.2	60.9	59.5
핸드볼	수용규모	3,230	2,756	2,756	2,756	2,066	2,732
	관중수용률	26.9	23.5	48.2	43.8	34.1	52.9
배구	수용규모	5,129	5,129	5,089	4,843	4,409	4,598
	관중수용률	16.3	27.3	24.6	30.4	33.4	38.6

※ [관중수용률(%)] = $\dfrac{(연간\ 관중\ 수)}{(연간\ 경기장\ 수용규모)} \times 100$

① 축구의 연간 관중 수는 매년 증가한다.

② 관중수용률은 농구가 야구보다 매년 높다.

③ 관중수용률이 매년 증가한 종목은 3개이다.

④ 2020년 연간 관중 수는 배구가 핸드볼보다 많다.

⑤ 2018 ~ 2022년 동안 연간 경기장 수용규모의 전년 대비 증감 방향은 농구와 핸드볼이 동일하다.

44 다음은 2022년 어느 회사에서 판매한 전체 10가지 제품유형(A ~ J)의 수요예측치와 실제수요의 관계를 나타낸 자료이다. 이에 대한 설명으로 옳은 것은?

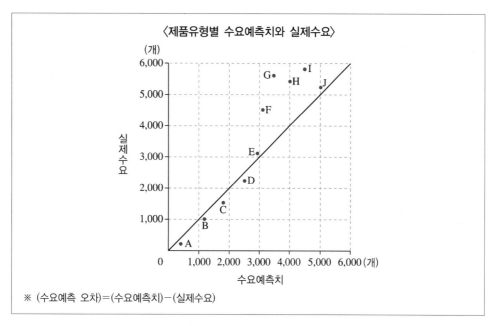

〈제품유형별 수요예측치와 실제수요〉

※ (수요예측 오차)=(수요예측치)-(실제수요)

① 수요예측 오차가 가장 작은 제품유형은 G이다.

② 실제수요가 큰 제품유형일수록 수요예측 오차가 작다.

③ 수요예측치가 가장 큰 제품유형은 실제수요도 가장 크다.

④ 실제수요가 3,000개를 초과한 제품유형 수는 전체 제품유형수의 50% 이하이다.

⑤ 실제수요가 3,000개 이하인 제품유형은 각각 수요예측치가 실제수요보다 크다.

45 다음은 어느 학급 전체 학생 55명의 체육점수 분포이다. 이에 대한 〈보기〉의 설명 중 옳은 것을 모두 고르면?

〈체육점수 분포〉

점수(점)	1	2	3	4	5	6	7	8	9	10
학생 수(명)	1	0	5	10	23	10	5	0	1	0

※ 점수는 1점 단위로 1~10점까지 주어짐

보기

ㄱ. 전체 학생을 체육점수가 낮은 학생부터 나열하면 중앙에 위치한 학생의 점수는 5점이다.

ㄴ. 4~6점을 받은 학생 수는 전체 학생 수의 86% 이상이다.

ㄷ. 학급의 체육점수 산술평균은 전체 학생이 받은 체육점수 중 최고점과 최저점을 제외하고 구한 산술평균과 다르다.

ㄹ. 학급에서 가장 많은 학생이 받은 체육점수는 5점이다.

① ㄱ

② ㄴ

③ ㄱ, ㄹ

④ ㄴ, ㄷ

⑤ ㄱ, ㄷ, ㄹ

46 다음은 어느 축구대회 1조에 속한 4개국(A ~ D)의 최종 성적을 정리한 자료이다. 이에 대한 설명으로 옳지 않은 것은?

〈1조의 최종 성적〉

구분	승	무	패	득점	실점	승점
A국	0	( )	2	1	4	1
B국	( )	1	( )	3	5	( )
C국	1	( )	1	3	( )	( )
D국	( )	1	0	4	0	( )

※ 1) 각 국가는 나머지 세 국가와 한 경기씩 총 세 경기를 하였음
  2) (국가별 승점)=3×(승리한 경기 수)+1×(무승부 경기 수)+0×(패배한 경기 수)

① B국의 성적은 1승 1무 1패이다.
② 모든 국가는 각각 1무씩 거두었다.
③ D국은 2승을 거두었다.
④ C국의 실점은 2이다.
⑤ B국이 C국보다 승점이 더 높다.

47 다음은 2015 ~ 2022년 A국의 연령대별 여성취업자에 대한 자료 중 일부이다. 이에 대한 설명 중 옳지 않은 것은?

<연령대별 여성취업자>

(단위 : 천 명)

연도	전체 여성취업자	연령대		
		20대	50대	60대 이상
2015	9,364	2,233	1,283	993
2016	9,526	2,208	1,407	1,034
2017	9,706	2,128	1,510	1,073
2018	9,826	2,096	1,612	1,118
2019	9,874	2,051	1,714	1,123
2020	9,772	1,978	1,794	1,132
2021	9,914	1,946	1,921	1,135
2022	10,091	1,918	2,051	1,191

① 20대 여성취업자는 매년 감소하였다.

② 2022년 20대 여성취업자는 전년 대비 3% 이상 감소하였다.

③ 50대 여성취업자가 20대 여성취업자보다 많은 연도는 2022년 한 해이다.

④ 2018 ~ 2021년 동안 전체 여성취업자의 전년 대비 증감폭은 2021년이 가장 크다.

⑤ 전체 여성취업자 중 50대 여성취업자가 차지하는 비율은 2021년이 2016년보다 높다.

48 다음은 2023년 1월 1일자 갑 기업의 팀(A ~ F)간 전출·입으로 인한 직원 이동에 대한 자료이다. 이에 대한 〈보기〉의 설명 중 옳은 것을 모두 고르면?

〈갑 기업의 팀별 전출·입 직원 수〉

(단위 : 명)

전출부서 \ 전입부서		식품 사업부				외식 사업부				전출합계
		A팀	B팀	C팀	소계	D팀	E팀	F팀	소계	
식품 사업부	A팀	–	4	2	6	0	4	3	7	13
	B팀	8	–	0	8	2	1	1	4	12
	C팀	0	3	–	3	3	0	4	7	10
	소계	8	7	2	17	5	5	8	18	35
외식 사업부	D팀	0	2	4	6	–	0	3	3	9
	E팀	6	1	7	14	2	–	4	6	20
	F팀	2	3	0	5	1	5	–	6	11
	소계	8	6	11	25	3	5	7	15	40
전입합계		16	13	13	42	8	10	15	33	75

※ 1) 갑 기업은 식품 사업부와 외식 사업부로만 구성됨
  2) 표읽기 예시 : A팀에서 전출하여 B팀으로 전입한 직원 수는 4명임

보기

ㄱ. 전출한 직원보다 전입한 직원이 많은 팀들의 전입 직원 수의 합은 기업 내 전체 전출·입 직원 수의 70%를 초과한다.

ㄴ. 직원이 가장 많이 전출한 팀에서 전출한 직원의 40%는 직원이 가장 많이 전입한 팀에 배치되었다.

ㄷ. 식품 사업부에서 외식 사업부로 전출한 직원 수는 외식 사업부에서 식품 사업부로 전출한 직원 수보다 많다.

ㄹ. 동일한 사업부 내에서 전출·입한 직원 수는 기업 내 전체 전출·입 직원 수의 50% 미만이다.

① ㄱ, ㄴ ② ㄱ, ㄷ
③ ㄱ, ㄹ ④ ㄴ, ㄷ
⑤ ㄷ, ㄹ

49 다음은 어느 국가의 지역별 영유아 인구수, 보육시설 정원 및 현원에 대한 자료이다. 이에 대한 〈보기〉의 설명 중 옳은 것을 모두 고르면?

〈지역별 영유아 인구수, 보육시설 정원 및 현원〉

(단위 : 천 명)

지역＼구분	영유아 인구수	보육시설 정원	보육시설 현원
A	512	231	196
B	152	71	59
C	86	( )	35
D	66	28	24
E	726	375	283
F	77	49	38
G	118	67	52
H	96	66	51
I	188	109	84
J	35	28	25

※ 1) $[\text{보육시설 공급률(\%)}] = \dfrac{(\text{보육시설 정원})}{(\text{영유아 인구수})} \times 100$

2) $[\text{보육시설 이용률(\%)}] = \dfrac{(\text{보육시설 현원})}{(\text{영유아 인구수})} \times 100$

3) $[\text{보육시설 정원충족률(\%)}] = \dfrac{(\text{보육시설 현원})}{(\text{보육시설 정원})} \times 100$

보기

ㄱ. A지역의 보육시설 공급률과 보육시설 이용률의 차이는 10%p 미만이다.

ㄴ. 영유아 인구수가 10만 명 이상인 지역 중 보육시설 공급률이 50% 미만인 지역은 2곳이다.

ㄷ. 영유아 인구수가 가장 많은 지역과 가장 적은 지역 간 보육시설 이용률의 차이는 40%p 이상이다.

ㄹ. C지역의 보육시설 공급률이 50%라고 가정하면 이 지역의 보육시설 정원충족률은 80% 이상이다.

---

① ㄱ, ㄴ
② ㄱ, ㄷ
③ ㄷ, ㄹ
④ ㄱ, ㄴ, ㄹ
⑤ ㄴ, ㄷ, ㄹ

50 다음은 약물 투여 후 특정기간이 지나 완치된 환자 수에 대한 자료이다. 이에 대한 〈보기〉의 설명 중 옳은 것을 모두 고르면?

〈약물종류별, 성별, 질병별 완치 환자의 수〉

(단위 : 명)

약물종류 / 성별 / 질병	약물 A		약물 B		약물 C		약물 D	
	남	여	남	여	남	여	남	여
가	2	3	2	4	1	2	4	2
나	3	4	6	4	2	1	2	5
다	6	3	4	6	5	3	4	6
계	11	10	12	14	8	6	10	13

※ 1) 세 가지 질병(가 ~ 다) 중 한 가지 질병에만 걸린 환자를 질병별로 40명씩, 총 120명을 선정하여 실험함
2) 질병별 환자 40명을 무작위로 10명씩 4개 집단으로 나눠, 각 집단에 네 가지 약물(A ~ D) 중 하나씩 투여함

보기

ㄱ. 완치된 전체 남성 환자 수가 완치된 전체 여성 환자 수보다 많다.
ㄴ. 네 가지 약물 중 완치된 환자 수가 많은 약물부터 나열하면 B, D, A, C이다.
ㄷ. '다' 질병의 경우 완치된 환자 수가 가장 많다.
ㄹ. 전체 환자 수 대비 약물 D를 투여 받고 완치된 환자 수의 비율은 25% 이상이다.

① ㄱ
② ㄱ, ㄷ
③ ㄴ, ㄷ
④ ㄴ, ㄹ
⑤ ㄷ, ㄹ

51 다음은 국내 7개 시중은행의 경영통계(총자산, 당기순이익, 직원 수)를 나타낸 자료이다. 이에 대한 〈보기〉의 설명 중 옳은 것을 모두 고르면?

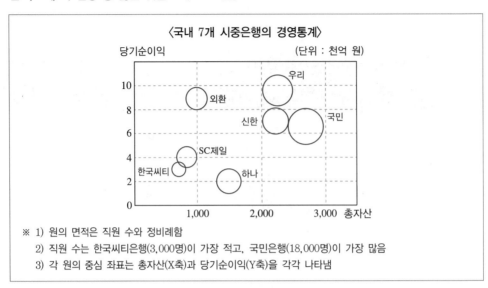

〈국내 7개 시중은행의 경영통계〉

※ 1) 원의 면적은 직원 수와 정비례함
   2) 직원 수는 한국씨티은행(3,000명)이 가장 적고, 국민은행(18,000명)이 가장 많음
   3) 각 원의 중심 좌표는 총자산(X축)과 당기순이익(Y축)을 각각 나타냄

보기

ㄱ. 직원 1인당 총자산은 한국씨티은행이 국민은행보다 많다.

ㄴ. 총자산순이익률$\left(=\dfrac{당기순이익}{총자산}\right)$이 가장 낮은 은행은 하나은행이고, 가장 높은 은행은 외환은행이다.

ㄷ. 직원 1인당 당기순이익은 신한은행이 외환은행보다 많다.

ㄹ. 당기순이익이 가장 많은 은행은 우리은행이고, 가장 적은 은행은 한국씨티은행이다.

① ㄱ, ㄴ   ② ㄱ, ㄹ
③ ㄴ, ㄷ   ④ ㄷ, ㄹ
⑤ ㄱ, ㄴ, ㄹ

52 다음은 2018년부터 202년까지 정부지원 직업훈련 현황에 대한 자료이다. 이에 대한 〈보기〉의 설명 중 옳은 것을 모두 고르면?

〈연도별 정부지원 직업훈련 현황〉

(단위 : 천 명, 억 원)

구분	연도	2018	2019	2020	2021	2022
훈련인원	실업자	102	117	113	153	304
	재직자	2,914	3,576	4,007	4,949	4,243
	계	3,016	3,693	4,120	5,102	4,547
훈련지원금	실업자	3,236	3,638	3,402	4,659	4,362
	재직자	3,361	4,075	4,741	5,597	4,669
	계	6,597	7,713	8,143	10,256	9,031

보기

ㄱ. 실업자 훈련인원과 실업자 훈련지원금의 연도별 증감방향은 서로 일치한다.

ㄴ. 훈련지원금 총액은 2021년에 1조 원을 넘어 최고치를 기록하였다.

ㄷ. 2022년 실업자 훈련인원의 2018년 대비 증가율은 실업자 훈련지원금 증가율의 7배 이상이다.

ㄹ. 훈련인원은 매년 실업자가 재직자보다 적었다.

ㅁ. 1인당 훈련지원금은 매년 실업자가 재직자보다 많았다.

① ㄱ, ㄴ, ㄷ   ② ㄱ, ㄷ, ㄹ

③ ㄱ, ㄹ, ㅁ   ④ ㄴ, ㄷ, ㅁ

⑤ ㄴ, ㄹ, ㅁ

53 다음은 국내 비사업용 승용차의 운행 특성을 나타낸 자료이다. 이에 대한 〈보기〉의 설명 중 옳은 것을 모두 고르면?

〈국내 비사업용 승용차 운행 특성〉

구분	차량 등록 대수 (천 대)	연비 (km/ℓ)	대당 일일 통행거리 (km)	연료가격 (원/ℓ)	이산화탄소 발생량 (g/ℓ)
휘발유	8,000	12	40	2,000	2
경유	2,400	12	55	1,900	2.5
LPG	1,200	8	50	1,000	3.5
기타	3	12	60	1,900	2

보기

ㄱ. 차량 대당 일일 연료소모량은 휘발유 차량이 가장 적다.
ㄴ. 차량 대당 일일 연료비가 가장 적은 연료는 LPG이다.
ㄷ. 등록된 전체 경유 차량의 일일 총연료비는 2백억 원 이상이다.
ㄹ. 차량 대당 일일 이산화탄소 발생량이 가장 작은 것은 휘발유 차량이다.

① ㄱ, ㄴ
② ㄷ, ㄹ
③ ㄱ, ㄴ, ㄷ
④ ㄴ, ㄷ, ㄹ
⑤ ㄱ, ㄴ, ㄷ, ㄹ

54 다음은 A지역의 주화 공급에 대한 자료이다. 이에 대한 〈보기〉의 설명 중 옳은 것을 모두 고르면?

〈주화 종류별 공급량과 공급기관 수〉

구분 \ 주화종류	액면가				합
	10원	50원	100원	500원	
공급량(만 개)	3,469	2,140	2,589	1,825	10,023
공급기관 수(개)	1,519	929	801	953	4,202

※ 1) (평균 주화 공급량)= $\dfrac{(주화\ 종류별\ 공급량의\ 합)}{(주화\ 종류\ 수)}$

　 2) (주화 공급액)=(주화 공급량)×(액면가)

보기

ㄱ. 주화 공급량이 주화 종류별로 각각 200만 개씩 증가한다면 A지역의 평균 주화 공급량은 2,700만 개 이상이다.

ㄴ. 주화 종류별 공급기관당 공급량은 10원 주화가 500원 주화보다 적다.

ㄷ. 10원과 500원 주화는 각각 10%씩, 50원과 100원 주화는 각각 20%씩 공급량이 증가한다면, A지역의 평균 주화 공급량의 증가율은 15% 이하이다.

ㄹ. 총 주화 공급액 규모가 12% 증가해도 주화 종류별 주화 공급량의 비율은 변하지 않는다.

① ㄱ, ㄴ　　　　　　　　　② ㄱ, ㄷ

③ ㄴ, ㄹ　　　　　　　　　④ ㄱ, ㄷ, ㄹ

⑤ ㄴ, ㄷ, ㄹ

55 다음은 2022년 연말 기준 우리나라 현재 흡연율 및 과거 흡연율에 대한 자료이다. 이에 대한 설명 중 옳지 않은 것은?

〈2022년 연말 기준 우리나라 현재 흡연율 및 과거 흡연율〉

(단위 : %)

구분		전체		남자		여자	
		현재 흡연율	과거 흡연율	현재 흡연율	과거 흡연율	현재 흡연율	과거 흡연율
연령대	20대	33.9	8.2	53.6	10.3	12.7	5.8
	30대	32.4	15.0	56.4	23.5	7.1	6.0
	40대	27.7	17.8	49.1	33.7	5.7	1.4
	50대	22.5	21.7	41.5	41.8	3.4	1.4
	60대	18.8	24.5	34.5	48.1	4.7	3.3
	70대 이상	16.0	26.3	27.9	55.7	8.7	8.5
교육 수준	초졸 이하	18.8	17.0	42.6	41.0	7.5	5.6
	중졸	28.3	20.4	48.4	37.9	6.8	1.6
	고졸	30.9	15.7	50.8	25.9	9.2	4.6
	대졸 이상	27.7	18.3	45.6	29.8	4.2	3.2
소득 수준	하	32.0	15.1	55.6	25.4	8.7	4.9
	중하	28.7	17.4	49.0	30.8	9.3	4.5
	중상	26.0	17.8	46.8	31.8	5.0	3.7
	상	22.9	18.3	40.0	33.6	6.0	3.3

※ 1) 현재(과거) 흡연자 : 평생 흡연량이 100개비 이상이고, 최근 30일 동안 흡연한 적이 있는(없는) 사람
  2) 현재(과거) 흡연율 : 전체 인구 대비 현재(과거) 흡연자의 비율

① 평생 흡연량이 100개비 이상인 사람의 비율은 교육수준별로는 '중졸'에서 가장 높다.
② 30대 이상의 남자는 연령대가 높을수록 현재 흡연율은 낮아진다.
③ 50대 남자의 경우 평생 흡연량이 100개비 이상인 사람 중 과거 흡연자가 절반 이상이다.
④ 여자의 과거 흡연율은 소득수준이 낮을수록 낮다.
⑤ 여자의 소득수준별 현재 흡연율은 '중하'에서 가장 높다.

56 다음은 일기예보 정확도에 대한 여론조사 결과이다. 이에 대한 〈보기〉의 설명 중 옳은 것을 모두 고르면?

〈일기예보 정확도에 대한 여론조사 결과〉

(단위 : 명, %)

구분		응답자 수	매우 정확하다	정확한 편이다	보통이다	부정확한 편이다	매우 부정확하다
성별	남자	750	3.3	57.3	24.8	13.2	1.3
	여자	757	5.5	50.7	31.8	11.4	0.7
연령대	29세 이하	349	2.5	35.5	38.9	20.8	2.2
	30 ~ 39세	360	4.4	56.0	25.8	12.9	0.8
	40 ~ 49세	344	4.4	60.8	25.1	8.8	0.8
	50세 이상	454	5.8	61.6	24.4	8.0	0.2
교육 수준	중졸 이하	308	5.2	54.2	30.0	10.3	0.3
	고졸	630	4.0	54.4	27.6	13.7	0.3
	대재 이상	560	4.3	53.2	28.2	12.2	2.1
	무응답	9	12.6	67.0	20.4	0.0	0.0
소득 수준	200만 원 미만	462	4.7	55.6	28.5	10.5	0.6
	200 ~ 400만 원 미만	816	3.3	53.6	29.2	12.9	1.0
	400만 원 이상	199	9.0	53.1	23.9	13.1	1.0
	무응답	30	0.0	47.5	28.3	20.3	4.0

※ 1) (신뢰한다)=(매우 정확하다)+(정확한 편이다)
   2) (불신하다)=(부정확한 편이다)+(매우 부정확하다)
   3) 소수점 둘째 자리에서 반올림함

> **보기**
>
> ㄱ. 전체 응답자 중 일기예보에 대해 '신뢰한다'에 해당하는 사람이 '불신하다'에 해당하는 사람보다 많다.
> ㄴ. 교육수준이 높을수록 일기예보에 대해 '신뢰한다'에 해당하는 비율이 높다.
> ㄷ. 소득수준이 높을수록 일기예보에 대해 '신뢰한다'에 해당하는 비율이 높다.
> ㄹ. 일기예보에 대하여 '매우 부정확하다'라고 응답한 수는 전체 응답자 수의 1.0% 이하이다.
> ㅁ. 소득 수준별로 살펴보면, 일기예보에 대하여 '정확한 편이다'라고 응답한 수가 가장 많은 집단은 200만 원 미만이다.

① ㄱ, ㄴ
② ㄱ, ㄹ
③ ㄱ, ㄷ, ㅁ
④ ㄴ, ㄷ, ㄹ
⑤ ㄴ, ㄷ, ㅁ

57 다음은 1970년과 1980년의 한국과 주요국 간 공업제품의 수출입에 대한 자료이다. 이에 대한 설명으로 적절한 것을 〈보기〉에서 모두 고르면?

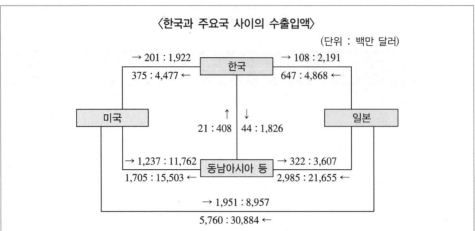

〈한국과 주요국 사이의 수출입액〉

(단위 : 백만 달러)

※ 1) 'A → B'는 A국의 B국에 대한 수출을 의미하고 수치는 수출액이다. ':' 앞의 수치는 1970년, ':' 뒤의 수치는 1980년의 수출액이다.
 2) 그림에 나타나지 않은 국가와의 무역은 없는 것으로 본다.
 3) '(무역수지)=(수출액)−(수입액)'이며, '수출액>수입액'이면 무역수지 흑자, '수출액<수입액'이면 무역수지 적자라고 한다.
 4) $[수입의존도(\%)] = \left(\dfrac{특정\ 국가로부터의\ 수입액}{총수입액} \right) \times 100$

> **보기**
>
> ㄱ. 1970년의 한국의 대일 수입의존도는 50%를 넘는다.
> ㄴ. 1980년의 한국의 대일 수출액은 1970년에 비해 10배 이상이 되었다.
> ㄷ. 한국의 대미 무역수지는 1970년과 1980년 모두 적자이다.
> ㄹ. 1980년의 한국의 대일 무역수지 적자는 30억 달러를 넘는다.

① ㄱ, ㄴ   ② ㄱ, ㄷ
③ ㄴ, ㄷ   ④ ㄴ, ㄹ
⑤ ㄷ, ㄹ

58 다음은 2003년부터 2010년까지의 국내외 입양아동 수를 나타낸 자료이다. 이에 대한 설명 중 옳은 것은?

〈국내외 입양아동 수〉

(단위 : 명)

연도 \ 구분	국내	국외	전체
2003	1,686	2,360	4,046
2004	1,770	2,436	4,206
2005	1,694	2,365	4,059
2006	1,564	2,287	3,851
2007	1,641	2,258	3,899
2008	1,461	2,101	3,562
2009	1,332	1,899	3,231
2010	1,388	1,264	2,652

① 2003년부터 2010년까지 국외 입양아동 수가 국내 입양아동 수보다 매년 더 많다.

② 2003년부터 2010년까지 전체 입양아동 수는 매년 감소한다.

③ 2004년 이후 국외 입양아동 수의 전년 대비 감소율이 가장 큰 해는 2009년이다.

④ 2003년과 비교할 때, 2010년 국외 입양아동 수는 국내 입양아동 수에 비하여 더 많이 감소한다.

⑤ 2004년 전체 입양아동 수에 대한 국내 입양아동 수의 비율은 40%가 넘지 않는다.

01 다음은 갑국 신입사원에게 필요한 10개 직무역량 중요도의 산업분야별 자료이다. 이에 대한 〈보기〉의 설명 중 옳은 것을 모두 고르면?

〈신입사원의 직무역량 중요도〉

(단위 : 점)

산업분야 직무역량	신소재	게임	미디어	식품
의사소통능력	4.34	4.17	4.42	4.21
수리능력	4.46	4.06	3.94	3.92
문제해결능력	4.58	4.52	4.45	4.50
자기개발능력	4.15	4.26	4.14	3.98
자원관리능력	4.09	3.97	3.93	3.91
대인관계능력	4.35	4.00	4.27	4.20
정보능력	4.33	4.09	4.27	4.07
기술능력	4.07	4.24	3.68	4.00
조직이해능력	3.97	3.78	3.88	3.88
직업윤리	4.44	4.66	4.59	4.39

※ 중요도는 5점 만점임

보기

ㄱ. 신소재 산업분야에서 중요도 상위 2개 직무역량은 '문제해결능력'과 '수리능력'이다.
ㄴ. 산업분야별 직무역량 중요도의 최댓값과 최솟값 차이가 가장 큰 것은 '미디어'이다.
ㄷ. 각 산업분야에서 중요도가 가장 낮은 직무역량은 '조직이해능력'이다.
ㄹ. 4개 산업분야 직무역량 중요도의 평균값이 가장 높은 직무역량은 '문제해결능력'이다.

① ㄱ, ㄴ　　　　　　　　　　② ㄱ, ㄷ
③ ㄷ, ㄹ　　　　　　　　　　④ ㄱ, ㄴ, ㄹ
⑤ ㄴ, ㄷ, ㄹ

02 다음은 A, B기업의 경력사원채용 지원자 특성에 대한 자료이다. 이에 대한 〈보기〉의 설명 중 옳은 것만을 모두 고르면?

〈경력사원채용 지원자 특성〉

(단위 : 명)

지원자 특성 기업		A기업	B기업
성별	남성	53	57
	여성	21	24
최종학력	학사	16	18
	석사	19	21
	박사	39	42
연령대	30대	26	27
	40대	25	26
	50대 이상	23	28
관련 업무 경력	5년 미만	12	18
	5년 이상 ~ 10년 미만	9	12
	10년 이상 ~ 15년 미만	18	17
	15년 이상 ~ 20년 미만	16	9
	20년 이상	19	25

※ A기업과 B기업에 모두 지원한 인원은 없음

보기

ㄱ. A기업 지원자 중, 남성 지원자의 비율은 관련 업무 경력이 10년 이상인 지원자의 비율보다 높다.

ㄴ. 최종학력이 석사 또는 박사인 B기업 지원자 중 관련 업무 경력이 20년 이상인 지원자는 7명 이상이다.

ㄷ. 기업별 여성 지원자의 비율은 A기업이 B기업보다 높다.

ㄹ. A, B기업 전체 지원자 중 40대 지원자의 비율은 35% 미만이다.

① ㄱ, ㄴ   ② ㄱ, ㄷ

③ ㄴ, ㄷ   ④ ㄴ, ㄹ

⑤ ㄷ, ㄹ

03 다음은 임진왜란 전기·후기의 전투 횟수에 대한 자료이다. 이에 대한 설명으로 옳지 않은 것은?

<그림 임진왜란 전기·후기 전투 횟수>

(단위 : 회)

구분	시기	전기		후기		합계
		1592년	1593년	1597년	1598년	
전체 전투		70	17	10	8	105
공격 주체	조선 측 공격	43	15	2	8	68
	일본 측 공격	27	2	8	0	37
전투 결과	조선 측 승리	40	14	5	6	65
	일본 측 승리	30	3	5	2	40
조선의 전투인력 구성	관군 단독전	19	8	5	6	38
	의병 단독전	9	1	0	0	10
	관군·의병 연합전	42	8	5	2	57

① 전체 전투 대비 일본 측 공격 비율은 임진왜란 전기에 비해 임진왜란 후기가 낮다.

② 조선 측 공격이 일본 측 공격보다 많았던 해에는 항상 조선 측 승리가 일본 측 승리보다 많았다.

③ 전체 전투 대비 관군 단독전 비율은 1598년이 1592년의 2배 이상이다.

④ 1592년 조선이 관군·의병 연합전으로 거둔 승리는 그 해 조선 측 승리의 30% 이상이다.

⑤ 1598년에는 관군 단독전 중 조선 측 승리인 경우가 있다.

04 다음은 2016년 10월, 2017년 10월 순위 기준 상위 11개국의 축구 국가대표팀 순위 변동에 대한 자료이다. 이에 대한 설명으로 옳은 것은?

〈축구 국가대표팀 순위 변동〉

순위 / 구분	2016년 10월			2017년 10월		
	국가	점수	등락	국가	점수	등락
1	아르헨티나	1,621	–	독일	1,606	↑1
2	독일	1,465	↑1	브라질	1,590	↓1
3	브라질	1,410	↑1	포르투갈	1,386	↑3
4	벨기에	1,382	↓2	아르헨티나	1,325	↓1
5	콜롬비아	1,361	–	벨기에	1,265	↑4
6	칠레	1,273	–	폴란드	1,250	↓1
7	프랑스	1,271	↑1	스위스	1,210	↓3
8	포르투갈	1,231	↓1	프랑스	1,208	↑2
9	우루과이	1,175	–	칠레	1,195	↓2
10	스페인	1,168	↑1	콜롬비아	1,191	↓2
11	웨일스	1,113	↑1	스페인	1,184	–

※ 1) 축구 국가대표팀 순위는 매월 발표됨
 2) 등락에서 ↑, ↓, −는 전월 순위보다 각각 상승, 하락, 변동 없음을 의미하고, 옆의 숫자는 전월 대비 순위의 상승폭 혹은 하락폭을 의미함

① 2016년 10월과 2017년 10월에 순위가 모두 상위 10위 이내인 국가 수는 9개이다.

② 2017년 10월 상위 10개 국가 중, 2017년 9월 순위가 2016년 10월 순위보다 낮은 국가는 높은 국가보다 많다.

③ 2017년 10월 상위 5개 국가의 점수 평균이 2016년 10월 상위 5개 국가의 점수 평균보다 높다.

④ 2017년 10월 상위 11개 국가 중 전년 동월 대비 점수가 상승한 국가는 전년 동월 대비 순위도 상승하였다.

⑤ 2017년 10월 상위 11개 국가 중 2017년 10월 순위가 전월 대비 상승한 국가는 전년 동월 대비 상승한 국가보다 많다.

05 다음은 조선시대 태조 ~ 선조 대 동안 과거 급제자 및 '출신신분이 낮은 급제자' 중 '본관이 없는 자', '3품 이상 오른 자'에 대한 자료이다. 이에 대한 〈보기〉의 설명 중 옳은 것만을 모두 고르면?

〈조선시대 과거 급제자〉

(단위 : 명)

왕대	전체 급제자	출신신분이 낮은 급제자		
			본관이 없는 자	3품 이상 오른 자
태조·정종	101	40	28	13
태종	266	133	75	33
세종	463	155	99	40
문종·단종	179	62	35	16
세조	309	94	53	23
예종·성종	478	106	71	33
연산군	251	43	21	13
중종	900	188	39	69
인종·명종	470	93	10	26
선조	1,112	186	11	40

※ 급제자는 1회만 급제한 것으로 가정함

보기

ㄱ. 태조·정종 대에 '출신신분이 낮은 급제자' 중 '본관이 없는 자'의 비율은 70%이지만, 선조 대에는 그 비율이 10% 미만이다.
ㄴ. 태조·정종 대의 '출신신분이 낮은 급제자' 가운데 '본관이 없는 자'이면서 '3품 이상 오른 자'는 한 명 이상이다.
ㄷ. '전체 급제자'가 가장 많은 왕 대에 '출신신분이 낮은 급제자'도 가장 많다.
ㄹ. 중종 대의 '전체 급제자' 중에서 '출신신분이 낮은 급제자'가 차지하는 비율은 20% 미만이다.

① ㄱ, ㄴ
② ㄱ, ㄷ
③ ㄴ, ㄷ
④ ㄱ, ㄴ, ㄹ
⑤ ㄴ, ㄷ, ㄹ

06 다음은 A기업의 2021년과 2022년 자산총액의 항목별 구성비를 나타낸 자료이다. 이에 대한 〈보기〉의 설명 중 옳은 것을 모두 고르면?

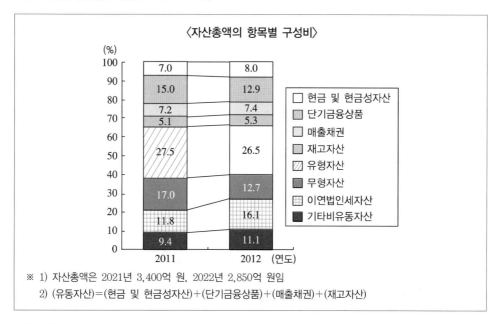

〈자산총액의 항목별 구성비〉

※ 1) 자산총액은 2021년 3,400억 원, 2022년 2,850억 원임
   2) (유동자산)=(현금 및 현금성자산)+(단기금융상품)+(매출채권)+(재고자산)

보기

ㄱ. 2021년 항목별 금액의 순위가 2022년과 동일한 항목은 4개이다.
ㄴ. 2021년 유동자산 중 '단기금융상품'의 구성비는 45% 미만이다.
ㄷ. '현금 및 현금성자산' 금액은 2022년이 2021년보다 크다.
ㄹ. 2022년 '무형자산' 금액은 2021년 대비 4.3% 감소하였다.

① ㄱ, ㄴ   ② ㄱ, ㄷ
③ ㄴ, ㄷ   ④ ㄱ, ㄴ, ㄹ
⑤ ㄴ, ㄷ, ㄹ

07 다음은 우리나라의 시·군 중 2022년 경지 면적, 논 면적, 밭 면적 상위 5개 시·군에 대한 자료이다. 이에 대한 〈보기〉의 설명 중 옳은 것을 모두 고르면?

〈경지 면적, 논 면적, 밭 면적 상위 5개 시·군〉

(단위 : ha)

구분	순위	시·군	면적
경지 면적	1	해남군	35,369
	2	제주시	31,585
	3	서귀포시	31,271
	4	김제시	28,501
	5	서산시	27,285
논 면적	1	김제시	23,415
	2	해남군	23,042
	3	서산시	21,730
	4	당진시	21,726
	5	익산시	19,067
밭 면적	1	제주시	31,577
	2	서귀포시	31,246
	3	안동시	13,231
	4	해남군	12,327
	5	상주시	11,047

※ 1) (경지 면적)=(논 면적)+(밭 면적)
　 2) 순위는 면적이 큰 시·군부터 순서대로 부여함

보기

ㄱ. 해남군의 논 면적은 해남군 밭 면적의 2배 이상이다.
ㄴ. 서귀포시의 논 면적은 제주시 논 면적보다 크다.
ㄷ. 서산시의 밭 면적은 김제시 밭 면적보다 크다.
ㄹ. 상주시의 논 면적은 익산시 논 면적의 90% 이하이다.

① ㄱ, ㄴ
② ㄴ, ㄷ
③ ㄴ, ㄹ
④ ㄱ, ㄷ, ㄹ
⑤ ㄴ, ㄷ, ㄹ

08 다음은 2006 ~ 2007년 제조업의 1992년 각 동일 분기 대비 노동시간, 산출, 인건비의 비율에 대한 자료이다. 이에 대한 〈보기〉의 설명 중 옳은 것을 모두 고르면?

〈1992년 각 동일 분기 대비 제조업의 노동시간, 산출, 인건비의 비율〉

(단위 : %)

연도	분기	노동시간 비율	노동시간당 산출 비율	노동시간당 인건비 비율	1인당 인건비 비율
2006	1	85.3	172.4	170.7	99.0
	2	85.4	172.6	169.5	98.2
	3	84.8	174.5	170.3	97.6
	4	84.0	175.4	174.6	98.3
2007	1	83.5	177.0	176.9	100.0
	2	83.7	178.7	176.4	98.7
	3	83.7	180.6	176.4	97.6
	4	82.8	182.5	179.7	98.5

조건

ㄱ. 1992년 노동시간당 산출은 매 분기 증가하였다.

ㄴ. 2007년 2분기의 1인당 인건비는 2007년 1분기에 비해 감소하였다.

ㄷ. 2007년 각 분기별 노동시간당 산출은 2006년 동기에 비해 모두 증가하였다.

ㄹ. 2007년 3분기의 노동시간당 인건비는 2006년 동기에 비해 6.1% 증가하였다.

① ㄱ

② ㄷ

③ ㄱ, ㄴ

④ ㄴ, ㄹ

⑤ ㄷ, ㄹ

09 다음은 6명 학생들의 지난 달 독서 현황을 나타낸 자료이다. 이에 대한 〈보기〉의 설명 중 옳은 것을 모두 고르면?

〈학생별 독서 현황〉

구분＼학생	지호	영길	다솜	대현	정은	관호
성별	남	남	여	남	여	남
독서량(권)	0	2	6	4	8	10

보기

ㄱ. 학생들의 평균 독서량은 5권이다.
ㄴ. 남학생이면서 독서량이 5권 이상인 학생 수는 전체 남학생 수의 50% 이상이다.
ㄷ. 독서량이 2권 이상인 학생 중 남학생 비율은 전체 학생 중 여학생 비율의 2배 이상이다.
ㄹ. 여학생이거나 독서량이 7권 이상인 학생 수는 전체 학생 수의 50% 이상이다.

① ㄱ, ㄴ
② ㄱ, ㄷ
③ ㄱ, ㄹ
④ ㄴ, ㄷ
⑤ ㄴ, ㄹ

10 다음은 A지역 전체 가구를 대상으로 원자력발전소 사고 전·후 식수 조달원 변경에 대해 사고 후 설문조사한 결과이다. 이에 대한 설명으로 옳은 것은?

〈원자력발전소 사고 전·후 A지역 조달원별 가구 수〉

(단위 : 가구)

사고 전 조달원＼사고 후 조달원	수돗물	정수	약수	생수
수돗물	40	30	20	30
정수	10	50	10	30
약수	20	10	10	40
생수	10	10	10	40

※ A지역 가구의 식수 조달원은 수돗물, 정수, 약수, 생수로 구성되며, 각 가구는 한 종류의 식수 조달원만 이용함

① 사고 전에 식수 조달원으로 정수를 이용하는 가구 수가 가장 많다.
② 사고 전에 비해 사고 후에 이용 가구 수가 감소한 식수 조달원의 수는 3개이다.
③ 사고 전·후 식수 조달원을 변경한 가구 수는 전체 가구 수의 60% 이하이다.
④ 사고 전에 식수 조달원으로 정수를 이용하던 가구는 사고 후에도 정수를 이용한다.
⑤ 각 식수 조달원 중에서 사고 전·후에 이용 가구 수의 차이가 가장 큰 것은 생수이다.

11 다음은 농구대회의 중간 성적에 대한 자료이다. 이에 대한 설명으로 옳지 않은 것은?

<농구대회 중간 성적(2023년 4월 28일 현재)>

순위	팀	남은 경기 수	전체		남은 홈 경기 수	홈 경기		최근 10경기		최근 연승 연패
			승수	패수		승수	패수	승수	패수	
1	A	6	55	23	2	33	7	9	1	1패
2	B	6	51	27	4	32	6	6	4	3승
3	C	6	51	27	3	30	9	9	1	1승
4	D	6	51	27	3	16	23	5	5	1승
5	E	5	51	28	2	32	8	7	3	1패
6	F	6	47	31	3	28	11	7	3	1패
7	G	6	47	31	4	20	18	8	2	2승
8	H	6	46	32	3	23	16	6	4	2패
9	I	6	40	38	3	22	17	4	6	2승
10	J	6	39	39	2	17	23	3	7	3패
11	K	5	35	44	3	16	23	2	8	4패
12	L	6	27	51	3	9	30	2	8	6패
13	M	6	24	54	3	7	32	1	9	8패
14	N	6	17	61	3	7	32	5	5	1승
15	O	6	5	73	3	1	38	1	9	3패

※ 1) '최근 연승 연패'는 최근 경기까지 몇 연승(연속으로 이김), 몇 연패(연속으로 짐)를 했는지를 뜻함. 단, 연승 또는 연패하지 않은 경우 최근 1경기의 결과만을 기록함
   2) 각 팀은 홈과 원정 경기를 각각 42경기씩 총 84경기를 하며, 무승부는 없음
   3) 순위는 전체 경기 승률이 높은 팀부터 1위에서 15위까지 차례로 결정되며, 전체 경기 승률이 같은 경우 홈 경기 승률이 낮은 팀이 해당 순위보다 하나 더 낮은 순위로 결정됨
   4) [전체(홈 경기) 승률] = $\dfrac{[\text{전체(홈 경기) 승수}]}{(\text{전체 홈 경기 수})}$

① A팀은 최근에 치른 1경기만 지고 그 이전에 치른 9경기를 모두 이겼다.
② I팀의 최종 순위는 남은 경기 결과에 따라 8위가 될 수 있다.
③ L팀과 M팀은 각 팀이 치른 최근 5경기에서 서로 경기를 치르지 않았다.
④ 남은 경기 결과에 따라 1위 팀은 변경될 수 있다.
⑤ 2023년 4월 28일 현재 순위 1∼3위인 팀의 홈 경기 승률은 각각 0.8 이상이다.

12 다음은 특정 기업 47개를 대상으로 제품전략, 기술개발 종류 및 기업형태별 기업 수에 대해 조사한 결과이다. 조사대상 기업에 대한 다음 설명 중 옳은 것은?

〈제품전략, 기술개발 종류 및 기업형태별 기업 수〉

(단위 : 개)

제품전략	기술개발 종류	기업형태	
		벤처기업	대기업
시장견인	존속성 기술	3	9
	와해성 기술	7	8
기술추동	존속성 기술	5	7
	와해성 기술	5	3

※ 각 기업은 한 가지 제품전략을 취하고 한 가지 종류의 기술을 개발함

① 와해성 기술을 개발하는 기업 중에는 벤처기업의 비율이 대기업의 비율보다 낮다.
② 기술추동전략을 취하는 기업 중에는 존속성 기술을 개발하는 비율이 와해성 기술을 개발하는 비율보다 낮다.
③ 존속성 기술을 개발하는 기업의 비율이 와해성 기술을 개발하는 기업의 비율보다 높다.
④ 벤처기업 중에는 기술추동전략을 취하는 비율이 시장견인전략을 취하는 비율보다 높다.
⑤ 대기업 중에는 시장견인전략을 취하는 비율이 기술추동전략을 취하는 비율보다 낮다.

13 다음은 A국 제조업체의 이익수준과 적자보고율에 대한 자료이다. 이에 대한 〈보기〉의 설명 중 옳은 것을 모두 고르면?

〈연도별 이익수준과 적자보고율〉

| 연도 | 조사대상 기업 수(개) | 이익수준 | | | | | 적자 보고율 |
| | | 전체 | | 구간 | | | |
		평균	표준 편차	하위 평균	중위 평균	상위 평균	
2017	520	0.0373	0.0907	0.0101	0.0411	0.0769	0.17
2018	540	0.0374	0.0923	0.0107	0.0364	0.0754	0.15
2019	580	0.0395	0.0986	0.0107	0.0445	0.0818	0.17
2020	620	0.0420	0.0975	0.0140	0.0473	0.0788	0.15
2021	530	0.0329	0.1056	0.0119	0.0407	0.0792	0.18
2022	570	0.0387	0.0929	0.0123	0.0414	0.0787	0.17

※ 1) (적자보고율) $= \dfrac{(적자로\ 보고한\ 기업\ 수)}{(조사대상\ 기업\ 수)}$

　2) (이익수준) $= \dfrac{(이익)}{(총자산)}$

보기

ㄱ. 조사대상 기업 중에서 적자로 보고한 기업 수는 2020년에 최대, 2018년에 최소이다.

ㄴ. 이익수준의 전체 평균 대비 하위 평균의 비율이 가장 큰 해와 이익수준의 전체 표준편차가 가장 큰 해는 동일하다.

ㄷ. 이익수준의 상위 평균이 가장 높은 해는 전체 평균이 가장 높은 2019년이다.

ㄹ. 2018년부터 2022년까지 적자보고율과 이익수준 상위 평균의 전년 대비 증감 방향은 매년 일치한다.

① ㄱ, ㄷ
② ㄴ, ㄹ
③ ㄱ, ㄴ, ㄷ
④ ㄱ, ㄷ, ㄹ
⑤ ㄴ, ㄷ, ㄹ

| 01 | 기본문제

01 다음은 2022년 A대학의 학생상담 현황에 대한 자료이다. 이에 대한 〈보기〉의 설명 중 옳은 것을 모두 고르면?

〈상담자별, 학년별 상담 건수〉

(단위 : 건)

상담자 \ 학년	1학년	2학년	3학년	4학년	합
교수	1,085	1,020	911	1,269	4,285
상담직원	154	97	107	56	414
진로컨설턴트	67	112	64	398	641
전체	1,306	1,229	1,082	1,723	5,340

〈상담횟수별 학생 수〉

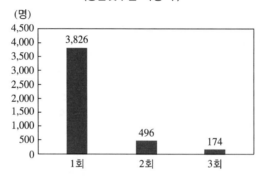

〈전체 상담 건수의 유형별 구성비〉

(단위 : %)

ㄱ. 학년별 전체 상담 건수 중 '상담직원'의 상담 건수가 차지하는 비중이 큰 학년부터 순서대로 나열하면 1학년, 2학년, 3학년, 4학년 순서이다.

ㄴ. '진로컨설턴트'가 상담한 유형이 모두 진로상담이고, '상담직원'이 상담한 유형이 모두 생활상담 또는 학업상담이라면, '교수'가 상담한 유형 중 진로상담이 차지하는 비중은 30% 이상이다.

ㄷ. 상담 건수가 많은 학년부터 순서대로 나열하면 4학년, 1학년, 2학년, 3학년 순서이다.

ㄹ. 최소 한 번이라도 상담을 받은 학생 수는 4,600명 이하이다.

① ㄱ, ㄷ   ② ㄴ, ㄹ

③ ㄱ, ㄴ, ㄷ   ④ ㄱ, ㄷ, ㄹ

⑤ ㄴ, ㄷ, ㄹ

02 다음은 2023년 4월 30일 A프랜차이즈의 지역별 가맹점 수와 결제 실적에 대한 자료이다. 이에 대한 설명으로 옳지 않은 것은?

〈A프랜차이즈의 지역별 가맹점 수, 결제 건수 및 결제 금액〉

(단위 : 개, 건, 만 원)

지역	구분	가맹점 수	결제 건수	결제 금액
서울		1,269	142,248	241,442
6대 광역시	부산	34	3,082	7,639
	대구	8	291	2,431
	인천	20	1,317	2,548
	광주	8	306	793
	대전	13	874	1,811
	울산	11	205	635
전체		1,363	148,323	257,299

〈A프랜차이즈의 가맹점 규모별 결제 건수 및 결제 금액〉

(단위 : 건, 만 원)

가맹점 규모	구분	결제 건수	결제 금액
소규모		143,565	250,390
중규모		3,476	4,426
대규모		1,282	2,483
전체		148,323	257,299

① 서울 지역 소규모 가맹점의 결제 건수는 137,000건 이하이다.

② 6대 광역시 가맹점의 결제 건수 합은 6,000건 이상이다.

③ 결제 건수 대비 결제 금액을 가맹점 규모별로 비교할 때 가장 작은 가맹점 규모는 중규모이다.

④ 가맹점 수 대비 결제 금액이 가장 큰 지역은 대구이다.

⑤ 전체 가맹점 수에서 서울 지역 가맹점 수 비중은 90% 이상이다.

03 다음은 갑국을 포함한 주요 10개국의 학업성취도 평가 자료이다. 이에 대한 설명으로 옳은 것은?

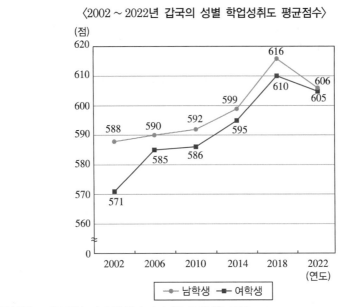

〈2002 ~ 2022년 갑국의 성별 학업성취도 평균점수〉

※ 학업성취도 평균점수는 소수점 첫째 자리에서 반올림한 값임

〈2022년 주요 10개국의 학업성취도 평균점수 및 점수대별 누적 학생비율〉

(단위 : 점, %)

구분 국가	평균점수	학업성취도 점수대별 누적 학생비율			
		625점 이상	550점 이상	475점 이상	400점 이상
A	621	54	81	94	99
갑	606	43	75	93	99
B	599	42	72	88	97
C	594	37	75	92	98
D	586	34	67	89	98
E	538	14	46	78	95
F	528	12	41	71	91
G	527	7	39	78	96
H	523	7	38	76	94
I	518	10	36	69	93

※ 학업성취수준은 수월수준(625점 이상), 우수수준(550점 이상 625점 미만), 보통수준(475점 이상 550점 미만), 기초수준(400점 이상 475점 미만), 기초수준 미달(400점 미만)로 구분됨

① 갑국 남학생과 여학생의 평균점수 차이는 2022년이 2002년보다 크다.

② 갑국의 평균점수는 2022년이 2018년보다 크다.

③ 2022년 주요 10개 국가는 '수월수준'의 학생비율이 높을수록 평균점수가 높다.

④ 2022년 주요 10개 국가 중 '기초수준 미달'의 학생비율이 가장 높은 국가는 I국이다.

⑤ 2022년 '우수수준'의 학생비율은 D국이 B국보다 높다.

04 다음은 2022년 테니스 팀 A~E의 선수 인원수 및 총연봉과 각각의 전년 대비 증가율에 대한 자료이다. 이에 대한 설명으로 옳지 않은 것은?

〈2022년 테니스 팀 A~E의 선수 인원수 및 총연봉〉

(단위 : 명, 억 원)

테니스 팀	선수 인원수	총연봉
A	5	15
B	10	25
C	8	24
D	6	30
E	6	24

※ (팀 선수 평균 연봉)$=\dfrac{(총연봉)}{(선수 인원수)}$

〈2022년 테니스 팀 A~E의 선수 인원수 및 총연봉의 전년 대비 증가율〉

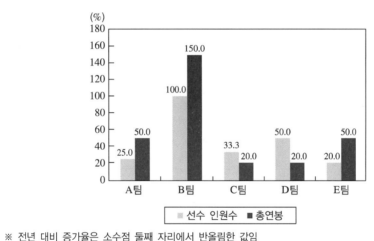

※ 전년 대비 증가율은 소수점 둘째 자리에서 반올림한 값임

① 2022년 '팀 선수 평균 연봉'은 D팀이 가장 많다.
② 2022년 전년 대비 증가한 선수 인원수는 C팀과 D팀이 동일하다.
③ 2022년 A팀의 '팀 선수 평균 연봉'은 전년 대비 증가하였다.
④ 2022년 선수 인원수가 전년 대비 가장 많이 증가한 팀은 총연봉도 가장 많이 증가하였다.
⑤ 2021년 총연봉은 A팀이 E팀보다 많다.

05 다음은 A지역 2016년 주요 버섯의 도·소매가와 주요 버섯 소매가의 전년 동분기 대비 등락액을 나타낸 자료이다. 이에 대한 〈보기〉의 설명 중 옳은 것을 모두 고르면?

〈2016년 주요 버섯의 도·소매가〉

(단위 : 원/kg)

버섯종류	구분	1분기	2분기	3분기	4분기
느타리	도매	5,779	6,752	7,505	7,088
	소매	9,393	9,237	10,007	10,027
새송이	도매	4,235	4,201	4,231	4,423
	소매	5,233	5,267	5,357	5,363
팽이	도매	1,886	1,727	1,798	2,116
	소매	3,136	3,080	3,080	3,516

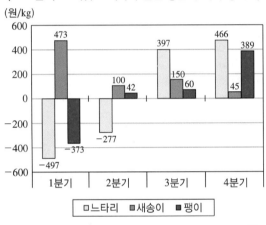

〈2016년 주요 버섯 소매가의 전년 동분기 대비 등락액〉

보기

ㄱ. 2016년 매분기 '느타리' 1kg의 도매가는 '팽이' 3kg의 도매가보다 높다.
ㄴ. 2015년 매분기 '팽이'의 소매가는 3,000원/kg 이상이다.
ㄷ. 2016년 1분기 '새송이'의 소매가는 2015년 4분기에 비해 상승했다.
ㄹ. 2016년 매분기 '느타리'의 소매가는 도매가의 1.5배 미만이다.

① ㄱ, ㄴ
② ㄱ, ㄷ
③ ㄴ, ㄷ
④ ㄴ, ㄹ
⑤ ㄷ, ㄹ

06 다음은 2009 ~ 2012년 도시폐기물량 상위 10개국의 도시폐기물량지수와 한국의 도시폐기물량을 나타낸 자료이다. 이에 대한 〈보기〉의 설명 중 옳은 것을 모두 고르면?

〈도시폐기물량 상위 10개국의 도시폐기물량지수〉

순위	2009년		2010년		2011년		2012년	
	국가	지수	국가	지수	국가	지수	국가	지수
1	미국	12.05	미국	11.94	미국	12.72	미국	12.73
2	러시아	3.40	러시아	3.60	러시아	3.87	러시아	4.51
3	독일	2.54	브라질	2.85	브라질	2.97	브라질	3.24
4	일본	2.53	독일	2.61	독일	2.81	독일	2.78
5	멕시코	1.98	일본	2.49	일본	2.54	일본	2.53
6	프랑스	1.83	멕시코	2.06	멕시코	2.30	멕시코	2.35
7	영국	1.76	프랑스	1.86	프랑스	1.96	프랑스	1.91
8	이탈리아	1.71	영국	1.75	이탈리아	1.76	터키	1.72
9	터키	1.50	이탈리아	1.73	영국	1.74	영국	1.70
10	스페인	1.33	터키	1.63	터키	1.73	이탈리아	1.40

$$\text{(도시폐기물량지수)} = \frac{\text{(해당 연도 해당 국가의 도시폐기물량)}}{\text{(해당 연도 한국의 도시폐기물량)}}$$

〈한국의 도시폐기물량〉

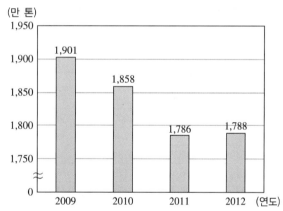

보기

ㄱ. 2012년 도시폐기물량은 미국이 일본의 4배 이상이다.
ㄴ. 2011년 러시아의 도시폐기물량은 8,000만 톤 이상이다.
ㄷ. 2012년 스페인의 도시폐기물량은 2009년에 비해 감소하였다.
ㄹ. 영국의 도시폐기물량은 터키의 도시폐기물량보다 매년 많다.

① ㄱ, ㄷ
② ㄱ, ㄹ
③ ㄴ, ㄷ
④ ㄱ, ㄴ, ㄹ
⑤ ㄴ, ㄷ, ㄹ

07 다음은 A국제기구가 발표한 2014년 3월 ~ 2015년 3월 동안의 식량 가격지수와 품목별 가격지수에 대한 자료이다. 이에 대한 설명으로 옳지 않은 것은?

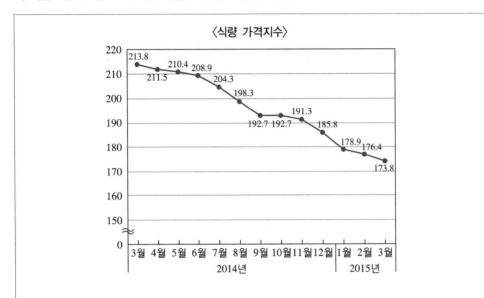

〈식량 가격지수〉

〈품목별 가격지수〉

시기	품목	육류	낙농품	곡물	유지류	설탕
2014년	3월	185.5	268.5	208.9	204.8	254.0
	4월	190.4	251.5	209.2	199.0	249.9
	5월	194.6	238.9	207.0	195.3	259.3
	6월	202.8	236.5	196.1	188.8	258.0
	7월	205.9	226.1	185.2	181.1	259.1
	8월	212.0	200.8	182.5	166.6	244.3
	9월	211.0	187.8	178.2	162.0	228.1
	10월	210.2	184.3	178.3	163.7	237.6
	11월	206.4	178.1	183.2	164.9	229.7
	12월	196.4	174.0	183.9	160.7	217.5
2015년	1월	183.5	173.8	177.4	156.0	217.7
	2월	178.8	181.8	171.7	156.6	207.1
	3월	177.0	184.9	169.8	151.7	187.9

※ 기준연도인 2002년의 가격지수는 100임

① 2015년 3월의 식량 가격지수는 2014년 3월에 비해 15% 이상 하락했다.
② 2014년 4월부터 2014년 9월까지 식량 가격지수는 매월 하락했다.
③ 2014년 3월에 비해 2015년 3월 가격지수가 가장 큰 폭으로 하락한 품목은 낙농품이다.
④ 육류 가격지수는 2014년 8월까지 매월 상승하다가 그 이후에는 매월 하락했다.
⑤ 2002년 가격지수 대비 2015년 3월 가격지수의 상승률이 가장 낮은 품목은 육류이다.

08 다음은 2008 ~ 2016년 A국의 국세 및 지방세에 대한 자료이다. 이에 대한 설명으로 옳지 않은 것은?

〈국세 및 지방세 징수액과 감면액〉

(단위 : 조 원)

구분	연도	2008	2009	2010	2011	2012	2013	2014	2015	2016
국세	징수액	138	161	167	165	178	192	203	202	216
	감면액	21	23	29	31	30	30	33	34	33
지방세	징수액	41	44	45	45	49	52	54	54	62
	감면액	8	10	11	15	15	17	15	14	11

〈국세 및 지방세 감면율 추이〉

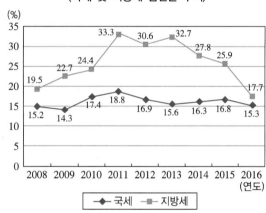

① 감면액은 국세가 지방세보다 매년 많다.

② 감면율은 지방세가 국세보다 매년 높다.

③ 2016년 징수액의 2008년 대비 증가율은 국세가 지방세보다 높다.

④ 국세 징수액과 지방세 징수액의 차이가 가장 큰 해에는 국세 감면율과 지방세 감면율의 차이도 가장 크다.

⑤ 2014 ~ 2016년 동안 국세 감면액과 지방세 감면액의 차이는 매년 증가한다.

09 다음은 2022년 갑국 공항의 운항 현황을 나타낸 자료이다. 이에 대한 설명으로 옳은 것은?

〈운항 횟수 상위 5개 공항〉

(단위 : 회)

	국내선			국제선	
순위	공항	운항 횟수	순위	공항	운항 횟수
1	AJ	65,838	1	IC	273,866
2	KP	56,309	2	KH	39,235
3	KH	20,062	3	KP	18,643
4	KJ	5,638	4	AJ	13,311
5	TG	5,321	5	CJ	3,567
갑국 전체		167,040	갑국 전체		353,272

※ 일부 공항은 국내선만 운항함

〈전년 대비 운항 횟수 증가율 상위 5개 공항〉

(단위 : %)

	국내선			국제선	
순위	공항	증가율	순위	공항	증가율
1	MA	229.0	1	TG	55.8
2	CJ	23.0	2	AJ	25.3
3	KP	17.3	3	KH	15.1
4	TG	16.1	4	KP	5.6
5	AJ	11.2	5	IC	5.5

① 2022년 국제선 운항 공항 수는 7개 이상이다.

② 2022년 KP공항의 운항 횟수는 국제선이 국내선의 $\frac{1}{3}$ 이상이다.

③ 국내선 운항 횟수가 전년 대비 가장 많이 증가한 공항은 MA공항이다.

④ 국내선 운항 횟수 상위 5개 공항의 국내선 운항 횟수 합은 전체 국내선 운항 횟수의 90% 미만이다.

⑤ 국내선 운항 횟수와 국내선 운항 횟수의 전년 대비 증가율 모두 상위 5개 안에 포함된 공항은 AJ공항이 유일하다.

10 다음은 A지역의 저수지 현황에 대한 자료이다. 이에 대한 〈보기〉의 설명 중 옳은 것을 모두 고르면?

〈관리기관별 저수지 현황〉

(단위 : 개소, 천m³, ha)

구분 관리기관	저수지 수	총 저수용량	총 수혜면적
N공사	996	598,954	69,912
자치단체	2,230	108,658	29,371
전체	3,226	707,612	99,283

〈저수용량별 저수지 수〉

(단위 : 개소)

저수용량(m³)	10만 미만	10만 이상 50만 미만	50만 이상 100만 미만	100만 이상 500만 미만	500만 이상 1,000만 미만	1,000만 이상	합
저수지 수	2,668	360	100	88	3	7	3,226

〈제방높이별 저수지 수〉

(단위 : 개소)

제방높이(m)	10 미만	10 이상 20 미만	20 이상 30 미만	30 이상 40 미만	40 이상	합
저수지 수	2,566	533	99	20	8	3,226

보기

ㄱ. 관리기관이 자치단체이고 제방높이가 '10m 미만'인 저수지 수는 1,600개소 이상이다.

ㄴ. 저수용량이 '10만m³ 미만'인 저수지 수는 전체 저수지 수의 80% 이상이다.

ㄷ. 관리기관이 N공사인 저수지의 개소당 수혜면적은 관리기관이 자치단체인 저수지의 개소당 수혜면적의 5배 이상이다.

ㄹ. 저수용량이 '50만m³ 이상 100만m³ 미만'인 저수지의 저수용량 합은 전체 저수지 총 저수용량의 5% 이상이다.

① ㄴ, ㄷ
② ㄷ, ㄹ
③ ㄱ, ㄴ, ㄷ
④ ㄱ, ㄴ, ㄹ
⑤ ㄴ, ㄷ, ㄹ

11 다음은 A자선단체의 수입액과 지출액에 대한 자료이다. 이에 대한 설명으로 옳은 것은?

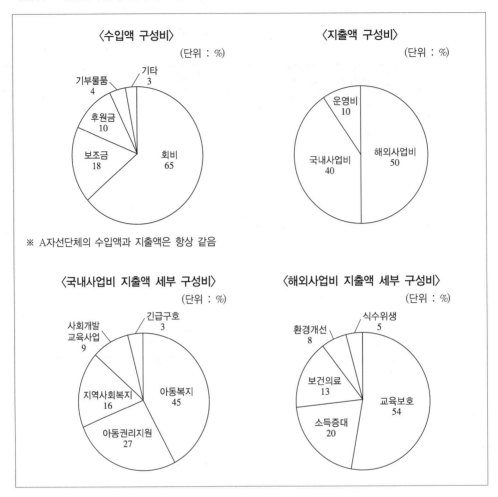

① 전체 수입액 중 후원금 수입액은 국내사업비 지출액 중 아동복지 지출액보다 많다.

② 국내사업비 지출액 중 아동권리지원 지출액은 해외사업비 지출액 중 소득증대 지출액보다 적다.

③ 국내사업비 지출액 중 아동복지 지출액과 해외사업비 지출액 중 교육보호 지출액의 합은 A자선단체 전체 지출액의 45%이다.

④ 해외사업비 지출액 중 식수위생 지출액은 A자선단체 전체 지출액의 2% 미만이다.

⑤ A자선단체 전체 수입액이 6% 증가하고 지역사회복지 지출액을 제외한 다른 모든 지출액이 동일하게 유지된다면, 지역사회복지 지출액은 2배 이상이 된다.

12 다음은 지역별, 등급별, 병원유형별 요양기관 수를 나타낸 자료이다. 이에 대한 〈보기〉의 설명 중 옳은 것을 모두 고르면?

〈지역별, 등급별 요양기관 수〉

(단위 : 개소)

지역 \ 등급	1등급	2등급	3등급	4등급	5등급
서울	22	2	1	0	4
경기	17	2	0	0	1
경상	16	0	0	1	0
충청	5	2	0	0	2
전라	4	2	0	0	1
강원	1	2	0	1	0
제주	2	0	0	0	0
계	67	10	1	2	8

〈병원유형별, 등급별 요양기관 수〉

(단위 : 개소)

병원유형 \ 등급	1등급	2등급	3등급	4등급	5등급	합
상급종합병원	37	5	0	0	0	42
종합병원	30	5	1	2	8	46

보기

ㄱ. 경상 지역 요양기관 중 1등급 요양기관의 비중은 서울 지역 요양기관 중 1등급 요양기관의 비중보다 작다.

ㄴ. 5등급 요양기관 중 서울 지역 요양기관의 비중은 2등급 요양기관 중 강원 지역 요양기관의 비중보다 크다.

ㄷ. 1등급 '상급종합병원' 요양기관 수는 5등급을 제외한 '종합병원' 요양기관 수의 합보다 적다.

ㄹ. '상급종합병원' 요양기관 중 1등급 요양기관의 비중은 1등급 요양기관 중 '종합병원' 요양기관의 비중보다 크다.

① ㄱ, ㄴ
② ㄱ, ㄷ
③ ㄴ, ㄷ
④ ㄴ, ㄹ
⑤ ㄴ, ㄷ, ㄹ

13 다음은 수종별 원목생산량과 원목생산량 구성비에 대한 자료이다. 이에 대한 〈보기〉의 설명 중 옳은 것을 모두 고르면?

〈2006 ~ 2011년 수종별 원목생산량〉

(단위 : 만m³)

수종 \ 연도	2006	2007	2008	2009	2010	2011
소나무	30.9	25.8	28.1	38.6	77.1	92.2
잣나무	7.2	6.8	5.6	8.3	12.8	( )
전나무	50.4	54.3	50.4	54.0	58.2	56.2
낙엽송	22.7	23.8	37.3	38.7	50.5	63.3
참나무	41.4	47.7	52.5	69.4	76.0	87.7
기타	9.0	11.8	21.7	42.7	97.9	85.7
전체	161.6	170.2	195.6	( )	372.5	( )

〈2011년 수종별 원목생산량 구성비〉

(단위 : %)

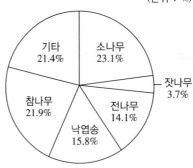

보기

ㄱ. '기타'를 제외하고 2011년 원목생산량의 2006년 대비 증가율이 가장 큰 수종은 소나무이다.
ㄴ. '기타'를 제외하고 2006 ~ 2011년 동안 원목생산량이 매년 증가한 수종은 3개이다.
ㄷ. 2010년 참나무 원목생산량은 2010년 잣나무 원목생산량의 6배 이상이다.
ㄹ. 전체 원목생산량 중 소나무 원목생산량의 비중은 2011년이 2009년보다 크다.

① ㄱ, ㄴ
② ㄱ, ㄷ
③ ㄱ, ㄹ
④ ㄴ, ㄷ
⑤ ㄷ, ㄹ

14 다음은 조선 후기 이후 인구 현황에 대한 자료이다. 이에 대한 〈보기〉의 설명 중 옳은 것을 모두 고르면?

〈지역별 인구분포(1648년)〉

(단위 : 천 명, %)

구분	한성	경기	충청	전라	경상	강원	황해	평안	함경	전체
인구	96	81	174	432	425	54	55	146	69	1,532
비중	6.3	5.3	11.4	28.2	27.7	3.5	3.6	9.5	4.5	100.0

〈지역별 인구지수〉

연도＼지역	한성	경기	충청	전라	경상	강원	황해	평안	함경
1648	100	100	100	100	100	100	100	100	100
1753	181	793	535	276	391	724	982	868	722
1789	197	793	499	283	374	615	1,033	888	1,009
1837	213	812	486	253	353	589	995	584	1,000
1864	211	832	505	251	358	615	1,033	598	1,009
1904	200	831	445	216	261	559	695	557	1,087

※ 1) (인구지수)$=\dfrac{(\text{해당연도 해당지역 인구})}{(1648\text{년 해당지역 인구})}\times100$

2) 조선 후기 이후 전체 인구는 9개 지역 인구의 합임

보기

ㄱ. 1753년 강원 지역 인구는 1648년 전라 지역 인구보다 많다.
ㄴ. 1789년 대비 1837년 인구 감소율이 가장 큰 지역은 평안이다.
ㄷ. 1864년 인구가 가장 많은 지역은 경상이다.
ㄹ. 1904년 전체 인구 대비 경기 지역 인구의 비중은 함경 지역 인구의 비중보다 크다.

① ㄱ, ㄴ

② ㄱ, ㄹ

③ ㄴ, ㄷ

④ ㄱ, ㄷ, ㄹ

⑤ ㄴ, ㄷ, ㄹ

15 다음은 섬유수출액 상위 10개국과 한국의 섬유수출액 현황에 대한 자료이다. 이에 대한 〈보기〉의 설명 중 옳은 것을 모두 고르면?

〈상위 10개국의 섬유수출액 현황(2010년)〉

(단위 : 억 달러, %)

순위	국가	섬유	원단	의류	전년 대비 증가율
1	중국	2,424	882	1,542	21.1
2	이탈리아	1,660	671	989	3.1
3	인도	241	129	112	14.2
4	터키	218	90	128	12.7
5	방글라데시	170	13	157	26.2
6	미국	169	122	47	19.4
7	베트남	135	27	108	28.0
8	한국	126	110	16	21.2
9	파키스탄	117	78	39	19.4
10	인도네시아	110	42	68	20.2
세계 전체		6,085	2,570	3,515	14.6

〈한국의 섬유수출액 현황(2006 ~ 2010년)〉

(단위 : 억 달러, %)

구분	연도	2006	2007	2008	2009	2010
섬유		177 (5.0)	123 (2.1)	121 (2.0)	104 (2.0)	126 (2.1)
	원단	127 (8.2)	104 (4.4)	104 (4.2)	90 (4.4)	110 (4.3)
	의류	50 (2.5)	19 (0.6)	17 (0.5)	14 (0.4)	16 (0.5)

※ 괄호 안의 숫자는 세계 전체의 해당 분야 수출액에서 한국의 해당 분야 수출액이 차지하는 비중으로, 소수점 둘째 자리에서 반올림한 값임

보기

ㄱ. 2010년 한국과 인도의 섬유수출액 차이는 100억 달러 이상이다.
ㄴ. 2010년 세계 전체의 섬유수출액은 2006년의 2배 이하이다.
ㄷ. 2010년 한국 원단수출액의 전년 대비 증가율과 의류수출액의 전년 대비 증가율의 차이는 10%p 이상이다.
ㄹ. 2010년 중국의 의류수출액은 세계 전체 의류수출의 50% 이하이다.

① ㄱ, ㄴ
② ㄱ, ㄷ
③ ㄷ, ㄹ
④ ㄱ, ㄴ, ㄹ
⑤ ㄴ, ㄷ, ㄹ

16 다음은 A ~ E국의 국민부담률, 재정적자 비율 및 잠재적부담률과 공채의존도를 나타낸 자료이다. 이에 대한 〈보기〉의 설명 중 옳은 것을 모두 고르면?

〈국민부담률, 재정적자 비율 및 잠재적부담률〉

(단위 : %)

구분＼국가	A	B	C	D	E
국민부담률	38.9	34.7	49.3	( )	62.4
사회보장부담률	( )	8.6	10.8	22.9	24.6
조세부담률	23.0	26.1	( )	29.1	37.8
재정적자 비율	8.8	9.9	6.7	1.1	5.1
잠재적부담률	47.7	( )	56.0	53.1	( )

※ 1) [국민부담률(%)]＝(사회보장부담률)＋(조세부담률)
  2) [잠재적부담률(%)]＝(국민부담률)＋(재정적자 비율)

〈공채의존도〉

보기

ㄱ. 잠재적부담률이 가장 높은 국가의 조세부담률이 가장 높다.
ㄴ. 공채의존도가 가장 낮은 국가의 국민부담률이 두 번째로 높다.
ㄷ. 사회보장부담률이 가장 높은 국가의 공채의존도가 가장 높다.
ㄹ. 잠재적부담률이 가장 낮은 국가는 B이다.

① ㄱ, ㄴ   ② ㄱ, ㄷ
③ ㄴ, ㄷ   ④ ㄴ, ㄹ
⑤ ㄷ, ㄹ

17 다음은 로봇 시장현황과 R&D 예산의 분야별 구성비에 대한 자료이다. 이에 대한 〈보기〉의 설명 중 옳은 것을 모두 고르면?

〈용도별 로봇 시장현황(2013년)〉

구분 \ 용도	시장규모 (백만 달러)	수량 (천개)	평균단가 (천 달러/개)
제조용	9,719	178	54.6
전문 서비스용	3,340	21	159.0
개인 서비스용	1,941	4,000	0.5
전체	15,000	4,199	3.6

〈분야별 로봇 시장규모(2011 ～ 2013년)〉

(단위 : 백만 달러)

용도	분야 \ 연도	2011	2012	2013
제조용	제조	8,926	9,453	9,719
전문 서비스용	건설	879	847	883
	물류	166	196	216
	의료	1,356	1,499	1,449
	국방	748	818	792
개인 서비스용	가사	454	697	799
	여가	166	524	911
	교육	436	279	231

※ 로봇의 용도 및 분야는 중복되지 않음

〈로봇 R&D 예산의 분야별 구성비(2013년)〉

(단위 : %)

분야	제조	건설	물류	의료	국방	가사	여가	교육	합계
구성비	21	13	3	22	12	12	14	3	100

보기

ㄱ. 2013년 전체 로봇 시장규모 대비 제조용 로봇 시장규모의 비중은 70% 이상이다.
ㄴ. 2013년 전문 서비스용 로봇 평균단가는 제조용 로봇 평균단가의 3배 이하이다.
ㄷ. 2013년 전체 로봇 R&D 예산 대비 전문 서비스용 로봇 R&D 예산의 비중은 50%이다.
ㄹ. 개인 서비스용 로봇 시장규모는 각 분야에서 매년 증가했다.

① ㄱ, ㄴ ② ㄱ, ㄹ
③ ㄴ, ㄷ ④ ㄴ, ㄹ
⑤ ㄷ, ㄹ

18 다음은 묘목(A ~ E)의 건강성을 평가하기 위한 자료이다. 아래의 평가방법에 따라 묘목의 건강성 평가점수를 계산할 때, 평가점수가 두 번째로 높은 묘목과 가장 낮은 묘목을 바르게 나열한 것은?

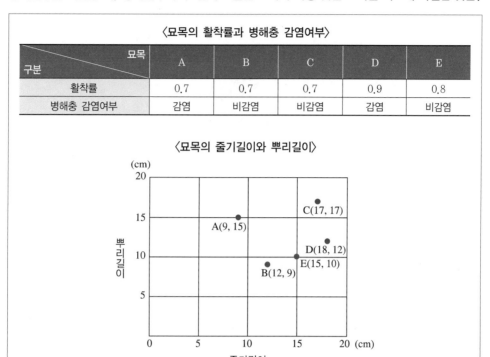

〈묘목의 활착률과 병해충 감염여부〉

구분＼묘목	A	B	C	D	E
활착률	0.7	0.7	0.7	0.9	0.8
병해충 감염여부	감염	비감염	비감염	감염	비감염

〈묘목의 줄기길이와 뿌리길이〉

※ (,) 안의 수치는 각각 해당 묘목의 줄기길이, 뿌리길이를 의미함

〈평가방법〉

• 묘목의 건강성 평가점수

$$= \left(활착률 \times 30 \right) + \left(\frac{뿌리길이}{줄기길이} \times 30 \right) + \left(병해충\ 감염여부 \times 40 \right)$$

• '병해충 감염여부'는 '감염'이면 0, '비감염'이면 1을 부여함.

	두 번째로 높은 묘목	가장 낮은 묘목
①	B	A
②	C	A
③	C	D
④	E	A
⑤	E	D

19 다음은 2022년 전국 지역별, 월별 영상회의 개최 실적에 대한 자료이다. 이에 대한 설명으로 옳지 않은 것은?

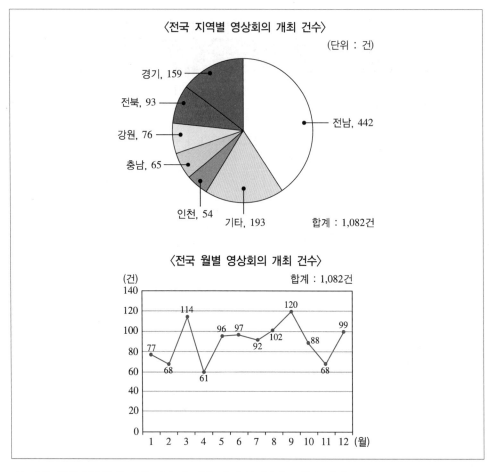

〈전국 지역별 영상회의 개최 건수〉

(단위 : 건)

경기, 159
전북, 93
강원, 76
충남, 65
인천, 54
기타, 193
전남, 442
합계 : 1,082건

〈전국 월별 영상회의 개최 건수〉

(건)   합계 : 1,082건

① 전국 월별 영상회의 개최 건수의 전월 대비 증가율은 5월이 가장 높다.
② 전국 월별 영상회의 개최 건수를 분기별로 비교하면 3/4분기에 가장 많다.
③ 영상회의 개최 건수가 가장 많은 지역은 전남이다.
④ 인천과 충남이 모든 영상회의를 9월에 개최했다면 9월에 영상회의를 개최한 지역은 모두 3개이다.
⑤ 강원, 전북, 전남의 영상회의 개최 건수의 합은 전국 영상회의 개최 건수의 50% 이상이다.

20 다음은 지난 1개월간 패밀리레스토랑 방문경험이 있는 20 ~ 35세 여성 113명을 대상으로 연령대별 방문 횟수와 직업을 조사한 자료이다. 이에 대한 설명으로 옳은 것은?

〈응답자의 연령대별 방문 횟수 조사결과〉

(단위 : 명)

방문 횟수 ＼ 연령대	20 ~ 25세	26 ~ 30세	31 ~ 35세	합
1회	19	12	3	34
2 ~ 3회	27	32	4	63
4 ~ 5회	6	5	2	13
6회 이상	1	2	0	3
계	53	51	9	113

〈응답자의 직업 조사결과〉

(단위 : 명)

직업	응답자
학생	49
회사원	43
공무원	2
전문직	7
자영업	9
가정주부	3
계	113

※ 복수응답과 무응답은 없음

① 전체 응답자 중 20 ~ 25세 응답자가 차지하는 비율은 50% 이상이다.
② 26 ~ 30세 응답자 중 4회 이상 방문한 응답자 비율은 15% 미만이다.
③ 31 ~ 35세 응답자의 1인당 평균 방문 횟수는 2회 미만이다.
④ 전체 응답자 중 직업이 학생 또는 공무원인 응답자 비율은 50% 이상이다.
⑤ 전체 응답자 중 20 ~ 25세인 전문직 응답자 비율은 5% 미만이다.

21 다음은 어느 해 전국 농경지(논과 밭)의 가뭄 피해 현황에 대한 자료이다. 이에 대한 〈보기〉의 설명 중 옳은 것을 모두 고르면?

〈지역별 논 가뭄 피해 현황〉

(단위 : ha)

지역	재배면적	피해면적	피해 발생 기간
충북	65,812	1,794	7.26. ~ 7.31.
충남	171,409	106	7.15. ~ 7.31.
전북	163,914	52,399	7.15. ~ 8.9.
전남	221,202	59,953	7.11. ~ 8.9.
경북	157,213	5,071	7.13. ~ 7.31.
경남	130,007	25,235	7.12. ~ 8.9.
대구	1,901	106	7.25. ~ 7.26.
광주	10,016	3,226	7.18. ~ 7.31.
기타	223,621	0	—
전체	1,145,095	147,890	7.11. ~ 8.9.

〈지역별 밭 가뭄 피해 현황〉

(단위 : ha)

지역	재배면적	피해면적	피해 발생 기간
전북	65,065	6,212	7.19. ~ 7.31.
전남	162,924	33,787	7.19. ~ 7.31.
경북	152,137	16,702	7.19. ~ 7.31.
경남	72,686	6,756	7.12. ~ 7.31.
제주	65,294	8,723	7.20. ~ 7.31.
대구	4,198	42	7.25. ~ 7.26.
광주	5,315	5	7.24. ~ 7.31.
기타	347,316	0	—
전체	874,935	72,227	7.12. ~ 7.31.

보기

ㄱ. 논 가뭄 피해면적이 가장 큰 지역은 밭 가뭄 피해면적도 가장 크다.

ㄴ. 논 가뭄 피해 발생 기간이 가장 긴 지역과 밭 가뭄 피해 발생 기간이 가장 긴 지역은 같다.

ㄷ. 전체 논 재배면적 대비 전체 논 가뭄 피해면적 비율은 15% 이하이다.

ㄹ. 밭 재배면적 대비 밭 가뭄 피해면적 비율은 경북이 경남보다 크다.

① ㄱ, ㄴ   ② ㄱ, ㄷ

③ ㄴ, ㄹ   ④ ㄱ, ㄷ, ㄹ

⑤ ㄴ, ㄷ, ㄹ

22 다음은 갑국의 주요 농작물 재배면적에 대한 자료이다. 이에 대한 설명으로 옳지 않은 것은?

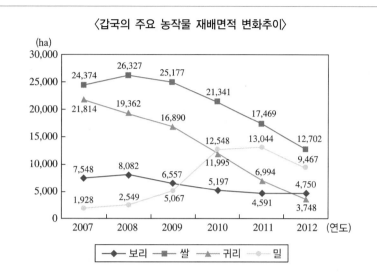

〈갑국의 주요 농작물 재배면적 변화추이〉

〈2011년과 2012년 갑국의 지역별 보리와 밀의 재배면적〉

(단위 : ha)

지역＼구분＼연도	보리		밀	
	2011	2012	2011	2012
A	76	123	1	1
B	104	83	17	21
C	35	61	41	20
D	64	50	15	4
E	1,038	2,009	3,837	2,286
F	96	187	6,066	5,669
G	753	675	185	114
H	2,425	1,562	2,807	1,352
I	0	0	75	0
전체	4,591	4,750	13,044	9,467

① 2012년 재배면적의 전년 대비 감소율이 가장 큰 농작물은 귀리이다.

② 2008년 재배면적의 전년 대비 증가율이 가장 큰 농작물은 쌀이다.

③ 재배면적이 큰 농작물부터 나열할 때, 쌀, 밀, 귀리, 보리 순서인 해는 2010년과 2011년이다.

④ 보리와 밀의 재배면적 차이가 가장 큰 해는 2011년이고, 가장 작은 해는 2009년이다.

⑤ 2011년과 2012년을 비교할 때, 보리의 재배면적은 증가하고 밀의 재배면적이 감소한 지역은 모두 3개이다.

23 다음은 국가별 65세 이상 빈곤율에 대한 자료이다. 이에 대한 〈보기〉의 설명 중 옳은 것을 모두 고르면?

〈국가별 65세 이상 빈곤율〉

(단위 : %)

| 국가 | 65세 이상 빈곤율 | | | | | 국가 빈곤율 |
| | | 성별 | | 가구 구성별 | | |
		남성	여성	독거	비독거	
A	12.8	12.6	12.9	16.7	10.0	8.8
B	5.9	3.1	8.1	16.2	3.9	12.0
C	8.8	6.6	10.4	16.2	4.1	7.1
D	8.4	5.1	10.8	15.0	4.7	11.0
E	12.8	8.1	16.1	25.0	9.4	11.4
F	22.0	18.4	24.8	47.7	16.6	14.9
G	45.1	41.8	47.2	76.6	40.8	14.6
H	28.0	27.6	28.5	44.9	20.9	18.4
I	22.8	20.1	24.7	36.0	20.2	14.1
J	6.2	4.2	7.7	13.0	1.1	5.3
K	10.3	7.4	12.6	16.0	6.7	8.3
L	22.4	18.5	26.8	41.3	17.3	17.1

$$[빈곤율(\%)] = \frac{(해당집단\ 빈곤인구)}{(해당집단\ 전체인구)} \times 100$$

〈65세 이상 독거가구 빈곤율과 국가 빈곤율의 분포〉

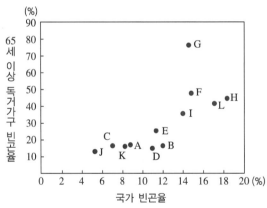

보기

ㄱ. 국가 빈곤율 대비 65세 이상 독거가구의 빈곤율이 가장 높은 국가는 G이다.

ㄴ. 65세 이상 독거가구 빈곤율이 국가 빈곤율보다 낮은 국가는 3개이다.

ㄷ. L국가는 65세 이상 인구 중 여성인구가 남성인구보다 적다.

① ㄱ

② ㄴ

③ ㄷ

④ ㄱ, ㄴ

⑤ ㄱ, ㄷ

24 다음은 2012년 국내개봉 영화의 등급별 시장점유율 및 개봉편수와 연도별 극장 및 스크린 현황에 대한 자료이다. 이에 대한 〈보기〉의 설명 중 옳은 것을 모두 고르면?

〈2012년 국내개봉 영화의 등급별 시장점유율 및 개봉편수〉

(단위 : %, 편)

등급	한국영화		외국영화	
	시장점유율	개봉편수	시장점유율	개봉편수
A	7.6	8	27.0	35
B	25.1	24	27.7	47
C	47.8	33	38.3	95
D	18.5	15	4.1	40
E	1.0	2	2.9	8
계	100.0	82	100.0	225

〈연도별 극장 및 스크린 현황〉

(단위 : 개)

연도	극장 수	스크린 수
2003	280	1,132
2004	302	1,451
2005	301	1,648
2006	321	1,880
2007	314	1,975
2008	309	2,004
2009	305	2,055
2010	301	2,003
2011	292	1,974
2012	314	2,081

보기

ㄱ. 2004 ~ 2006년 동안 극장 1개당 스크린 수는 매년 증가하였다.
ㄴ. 2012년 전년 대비 극장 수 증가율은 스크린 수 증가율보다 크다.
ㄷ. 2012년 한국영화의 시장점유율 등급별 순위와 외국영화의 시장점유율 등급별 순위는 동일하다.
ㄹ. 2012년 외국영화 개봉편수가 한국영화 개봉편수의 3배 이상인 등급은 3개이다.

① ㄱ, ㄴ
② ㄴ, ㄷ
③ ㄴ, ㄹ
④ ㄱ, ㄴ, ㄷ
⑤ ㄱ, ㄷ, ㄹ

25 다음은 2022년 1 ~ 4월 동안 월별 학교폭력 신고에 대한 자료이다. 이에 대한 설명으로 옳은 것은?

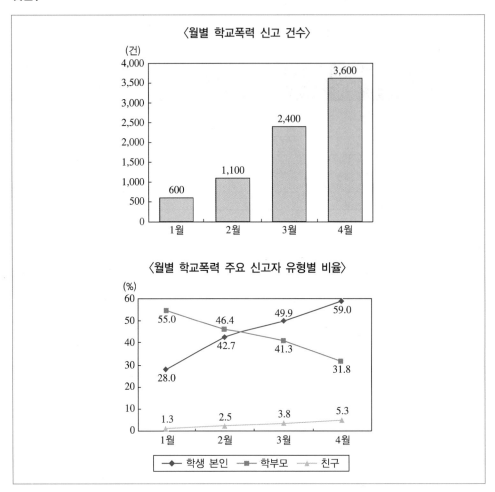

〈월별 학교폭력 신고 건수〉

〈월별 학교폭력 주요 신고자 유형별 비율〉

① 1월에 학부모의 학교폭력 신고 건수는 학생 본인의 학교폭력 신고 건수의 2배 이상이다.
② 학부모의 학교폭력 신고 건수는 매월 감소하였다.
③ 2 ~ 4월 중에서 전월 대비 학교폭력 신고 건수 증가율이 가장 높은 달은 3월이다.
④ 학생 본인의 학교폭력 신고 건수는 1월이 4월의 10% 이상이다.
⑤ 학교폭력 발생 건수는 매월 증가하였다.

26 다음은 2022년 영업팀 A ~ D의 분기별 매출액과 분기별 매출액에서 영업팀 A ~ D의 매출액이 차지하는 비중에 대한 자료이다. 이를 근거로 A ~ D 중 2022년 연매출액이 가장 많은 영업팀과 가장 적은 영업팀을 순서에 상관없이 바르게 짝지은 것은?

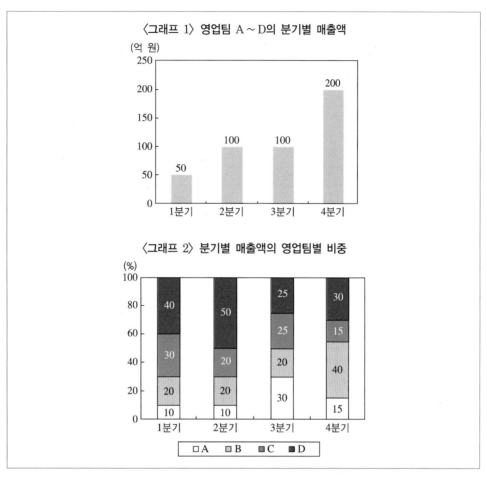

① A, B   ② A, C

③ A, D   ④ B, C

⑤ C, D

27 다음은 2001 ~ 2008년 동안 A국의 비행단계별, 연도별 항공기사고 발생 건수에 대한 자료이다. 이에 대한 〈보기〉의 설명 중 옳은 것을 모두 고르면?

〈비행단계별 항공기사고 발생 건수(2001 ~ 2008년)〉

(단위 : 건, %)

단계	발생 건수	비율
지상이동	4	6.9
이륙	2	3.4
상승	7	12.1
순항	22	37.9
접근	6	10.3
착륙	17	29.4
계	58	100.0

〈연도별 항공기사고 발생 건수〉

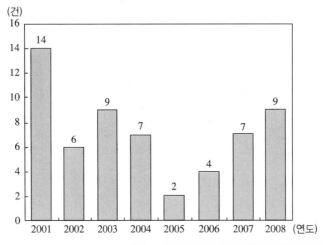

보기

ㄱ. 2005년 이후 항공기사고 발생 건수는 매년 증가하였다.
ㄴ. 비행단계별 항공기사고 발생 건수가 많은 것부터 순서대로 나열하면 순항, 착륙, 접근, 상승 순서다.
ㄷ. 순항단계와 착륙단계의 항공기사고 발생 건수의 합은 총 항공기사고 발생 건수의 60% 이상이다.
ㄹ. 2006 ~ 2008년 동안 항공기사고 발생 건수의 전년 대비 증가율은 매년 100% 이상이다.

① ㄱ, ㄴ ② ㄱ, ㄷ
③ ㄴ, ㄹ ④ ㄱ, ㄷ, ㄹ
⑤ ㄴ, ㄷ, ㄹ

28 다음은 2008 ~ 2011년 외국기업의 국내 투자 현황에 대한 자료이다. 이에 대한 설명으로 옳은 것은?

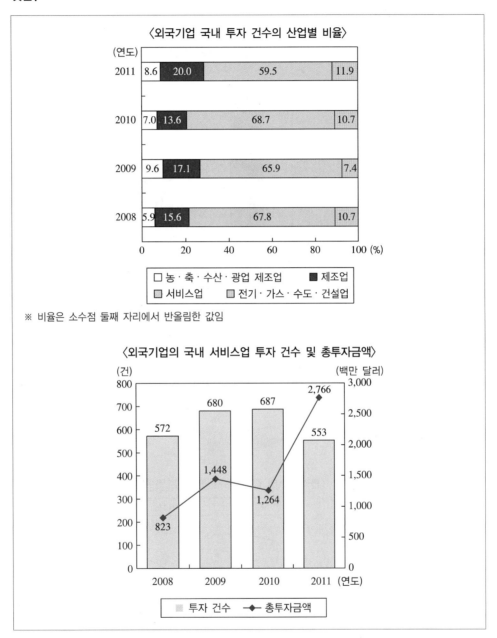

〈외국기업 국내 투자 건수의 산업별 비율〉

〈외국기업의 국내 서비스업 투자 건수 및 총투자금액〉

※ 비율은 소수점 둘째 자리에서 반올림한 값임

① 외국기업 국내 투자 건수는 2010년이 2009년보다 적다.
② 2008년 외국기업의 국내 농·축·수산·광업에 대한 투자 건수는 60건 이상이다.
③ 외국기업 국내 투자 건수 중 제조업이 차지하는 비율은 매년 증가하였다.
④ 외국기업 국내 투자 건수 중 각 산업이 차지하는 비율의 순위는 매년 동일하다.
⑤ 외국기업의 국내 서비스업 투자 건당 투자금액은 매년 증가하였다.

29 다음은 2010 ~ 2011년 동안 변리사 A와 B의 특허출원 건수에 대한 자료이다. 2011년 변리사 B의 특허출원 건수는 2010년 변리사 B의 특허출원 건수의 몇 배인가?(단, 특허출원은 변리사 A 또는 B 단독으로만 이루어진다)

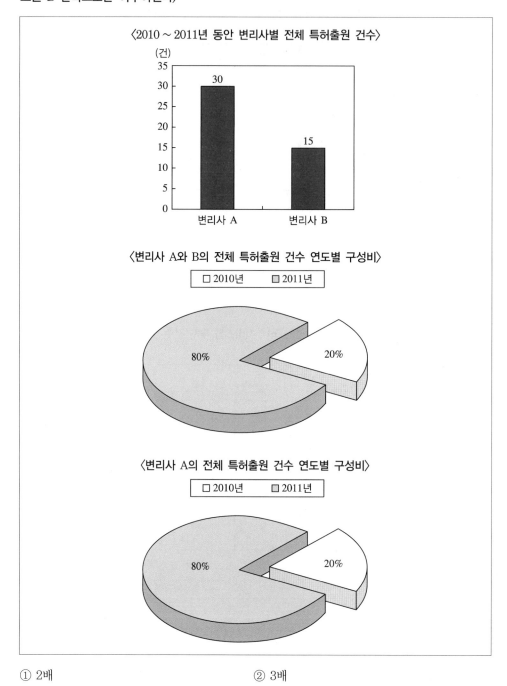

① 2배 ② 3배
③ 4배 ④ 5배
⑤ 6배

30 다음은 피트니스 클럽의 입장료 및 사우나 유무에 대한 선호도 조사 결과이다. 표와 산식을 이용하여 이용객 선호도를 구할 때, 입장료와 사우나 유무의 조합 중 이용객 선호도가 세 번째로 큰 조합은?

〈입장료 선호도 조사 결과〉

입장료	선호도
5,000원	4.0점
10,000원	3.0점
20,000원	0.5점

〈사우나 유무 선호도 조사 결과〉

사우나	선호도
유	3.3점
무	1.7점

〈산식〉

(이용객 선호도)=(입장료 선호도)+(사우나 유무 선호도)

	입장료	사우나 유무
①	5,000원	유
②	5,000원	무
③	10,000원	유
④	10,000원	무
⑤	20,000원	유

31 다음은 A국에 출원된 의약품 특허출원에 대한 자료이다. 이를 바탕으로 작성된 보고서의 내용 중 옳은 것을 모두 고르면?

〈의약품별 특허출원 현황〉

(단위 : 건)

연도 구분	2008	2009	2010
완제의약품	7,137	4,394	2,999
원료의약품	1,757	797	500
기타 의약품	2,236	1,517	1,220
계	11,130	6,708	4,719

〈의약품별 특허출원 중 다국적기업 출원 현황〉

(단위 : 건)

연도 구분	2008	2009	2010
완제의약품	404	284	200
원료의약품	274	149	103
기타 의약품	215	170	141
계	893	603	444

〈완제의약품 특허출원 중 다이어트제 출원 현황〉

(단위 : 건)

연도 구분	2008	2009	2010
출원 건수	53	32	22

〈보고서〉

㉠ 2008년부터 2010년까지 의약품의 특허출원은 매년 감소하였다. 그러나 기타 의약품이 전체 의약품 특허출원에서 차지하는 비중은 매년 증가하여 ㉡ 2010년 전체 의약품 특허출원의 30% 이상이 기타 의약품 특허출원이었다. 다국적기업의 의약품 특허출원 현황을 보면, 원료의약품에서 다국적기업 특허출원이 차지하는 비중이 다른 의약품에 비해 매년 높아 ㉢ 2010년 원료의약품 특허출원의 20% 이상이 다국적기업 특허출원이었다. 한편, ㉣ 2010년 다국적기업에서 출원한 완제의약품 특허출원 중 다이어트제 특허출원은 11%였다.

① ㉠, ㉡
② ㉠, ㉢
③ ㉡, ㉣
④ ㉠, ㉢, ㉣
⑤ ㉡, ㉢, ㉣

32 다음은 복무기관별 공익근무요원 현황에 대한 자료이다. 이에 대한 〈보기〉의 설명 중 옳은 것을 모두 고르면?

〈복무기관별 공익근무요원 수 추이〉

(단위 : 명)

연도 복무기관	2004	2005	2006	2007	2008	2009
중앙정부기관	6,536	5,283	4,275	4,679	2,962	5,872
지방자치단체	19,514	14,861	10,935	12,335	11,404	12,837
정부산하단체	6,135	4,875	4,074	4,969	4,829	4,194
기타 기관	808	827	1,290	1,513	4,134	4,719
계	32,993	25,846	20,574	23,496	23,329	27,622

〈공익근무요원의 복무기관별 비중〉

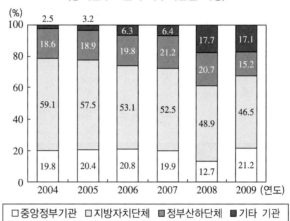

보기

ㄱ. 전체 공익근무요원 수 중 기타 기관에 복무하는 공익근무요원 수가 차지하는 비중은 매년 증가하였다.

ㄴ. 2005년부터 2009년까지 중앙정부기관에 복무하는 공익근무요원 수의 증감방향은 전체 공익근무요원 수의 증감방향과 일치한다.

ㄷ. 정부산하단체에 복무하는 공익근무요원 수는 2004년 대비 2009년에 30% 이상 감소하였다.

ㄹ. 기타 기관을 제외하고, 2005년 공익근무요원 수의 전년 대비 감소율이 가장 큰 복무기관은 지방자치단체이다.

① ㄱ, ㄴ   ② ㄱ, ㄹ

③ ㄴ, ㄷ   ④ ㄷ, ㄹ

⑤ ㄴ, ㄷ, ㄹ

33 다음은 A은행의 영업수익 추이와 2008년 주요은행의 영업수익 현황에 대한 자료이다. 이에 대한 〈보기〉의 설명 중 옳은 것을 모두 고르면?

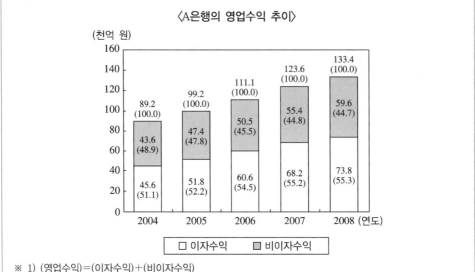

〈A은행의 영업수익 추이〉

(천억 원)

※ 1) (영업수익)＝(이자수익)＋(비이자수익)
　 2) 괄호 안은 연도별 영업수익에서 차지하는 구성비(%)임

〈2008년 주요 은행의 영업수익 현황〉

(단위 : %)

구분 ＼ 은행	A	B	C	D	E	시중은행 평균
총자산 대비 영업수익 비율	5.2	12.8	8.6	4.7	5.6	7.2
총자산 대비 이자수익 비율	2.9	6.1	5.0	2.2	4.1	5.2

보기

ㄱ. 2008년 총자산 대비 이자수익 비율은 A은행이 B은행의 절반에 미치지 못한다.
ㄴ. 2008년 총자산 대비 비이자수익 비율은 A은행이 시중은행 평균에 미치지 못한다.
ㄷ. 2005년부터 2008년까지 A은행 영업수익의 전년 대비 증가율은 매년 10%를 상회하였다.
ㄹ. A은행은 영업수익에서 이자수익이 차지하는 비중이 2004년에 비해 2008년에 3.0%p 이상 증가하였다.

① ㄱ, ㄷ
② ㄱ, ㄹ
③ ㄴ, ㄷ
④ ㄴ, ㄹ
⑤ ㄷ, ㄹ

34 다음은 어느 지역의 교통사고 발생 건수에 대한 자료이다. 이에 대한 〈보기〉의 설명 중 옳은 것을 모두 고르면?

〈연도별 교통사고 발생 건수 현황〉

(단위 : 천 건)

연도 구분	2006	2007	2008	2009	2010
전체교통사고	231	240	220	214	213
음주교통사고	25	31	25	26	30

〈2010년 교통사고 발생 건수의 월별 구성비〉

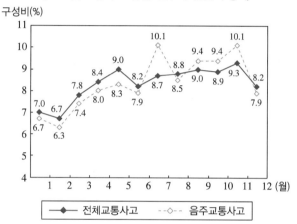

※ [전체(음주)교통사고 발생 건수의 월별 구성비(%)]=$\dfrac{[\text{해당월 전체(음주)교통사고 발생 건수}]}{[\text{해당연도 전체(음주)교통사고 발생 건수}]} \times 100$

> **보기**
>
> ㄱ. 2008년 이후 전체교통사고 발생 건수는 매년 감소하였다.
> ㄴ. 2010년 음주교통사고 발생 건수는 2006년 대비 30% 이상 증가하였다.
> ㄷ. 전체교통사고 발생 건수 중 음주교통사고 발생 건수의 비중은 2010년에 가장 높았다.
> ㄹ. 2010년 음주교통사고의 분기별 발생 건수는 3사분기(7, 8, 9월)에 가장 많았다.

① ㄱ, ㄹ　　　　　　　　　　② ㄴ, ㄷ
③ ㄴ, ㄹ　　　　　　　　　　④ ㄱ, ㄴ, ㄷ
⑤ ㄱ, ㄷ, ㄹ

35 다음은 갑 공제회의 회원기금원금, 회원 수 및 1인당 평균 계좌 수, 자산 현황에 대한 자료이다. 이에 대한 〈보기〉의 설명 중 옳지 않은 것을 모두 고르면?

〈공제회 회원기금원금(연말 기준)〉

(단위 : 억 원)

연도 / 원금구분	2005	2006	2007	2008	2009	2010
회원급여저축원금	19,361	21,622	21,932	22,030	23,933	26,081
목돈수탁원금	7,761	7,844	6,270	6,157	10,068	12,639
계	27,122	29,466	28,202	28,187	34,001	38,720

〈공제회 회원 수 및 1인당 평균 계좌 수(연말 기준)〉

(단위 : 명, 개)

연도 / 구분	2005	2006	2007	2008	2009	2010
회원 수	166,346	169,745	162,425	159,398	162,727	164,751
1인당 평균 계좌 수	65.19	64.27	58.02	61.15	67.12	70.93

〈2010년 공제회 자산 현황(연말 기준)〉

(단위 : 억 원, %)

구분	금액	(비중)
회원급여저축총액	37,952	46.8
차입금	17,976	22.1
보조금 등	7,295	9.0
안정기금	5,281	6.5
목돈수탁원금	12,639	15.6
계	81,143	100.0

※ (회원급여저축총액)=(회원급여저축원금)+(누적이자총액)

보기

ㄱ. 회원기금원금은 매년 증가하였다.
ㄴ. 공제회의 회원 수가 가장 적은 해에 목돈수탁원금도 가장 적다.
ㄷ. 2010년에 회원급여저축총액에서 누적이자총액이 차지하는 비중은 50% 이상이다.
ㄹ. 1인당 평균 계좌 수가 가장 많은 해에 회원기금원금도 가장 많다.

① ㄱ, ㄴ   ② ㄱ, ㄷ
③ ㄴ, ㄷ   ④ ㄴ, ㄹ
⑤ ㄱ, ㄷ, ㄹ

36 다음은 10월 한 달간 자동차 회사 A ~ D의 광고 집행 현황을 나타낸 자료이다. 이에 대한 〈보기〉의 설명 중 옳은 것을 모두 고르면?

〈매체별 광고비〉

(단위 : 백만 원)

매체＼회사	A	B	C	D
TV	315	470	230	180
라디오	15	21	10	23
신문	190	170	142	139
잡지	26	35	12	25
인터넷	22	11	7	3
계	568	707	401	370

〈성별, 연령대별 TV 광고 평균 시청률〉

(단위 : %)

특성＼회사		A	B	C	D
성별	남	9.1	11.1	4.1	3.7
	여	5.2	6.9	5.9	2.4
연령대별	10대	7.0	5.9	3.1	1.9
	20대	9.4	7.9	7.2	2.2
	30대	10.1	8.1	6.3	3.5
	40대	8.5	11.7	4.7	3.2
	50대 이상	7.4	10.5	3.9	1.7
전체		7.0	9.0	5.0	3.0

〈TV 광고 집행 횟수 및 도달률〉

구분＼회사	A	B	C	D
광고 집행 횟수(회)	60	60	20	35
도달률(%)	50	80	30	20

※ 1) 광고 집행 횟수 : 한 달간 TV에 집행된 광고 횟수
　 2) 도달률 : 전체 조사 대상 중 특정 회사 광고를 적어도 1회 이상 시청한 사람의 비율

> **보기**
>
> ㄱ. 각 회사가 10월 한 달간 집행한 매체별 광고비는 TV＞신문＞잡지＞인터넷＞라디오이다.
> ㄴ. 20대와 30대 각각에서 TV 광고 평균 시청률은 A＞B＞C＞D이다.
> ㄷ. 회사별 전체 광고비에서 신문과 잡지를 합한 광고비의 비율이 가장 큰 회사는 D이다.
> ㄹ. TV 광고 1회 집행에 든 광고비가 가장 적은 회사는 B이다.

① ㄱ, ㄴ
③ ㄴ, ㄹ
⑤ ㄷ, ㄹ

② ㄴ, ㄷ
④ ㄱ, ㄹ

37 다음은 부가가치유발계수와 고용유발계수의 추이를 나타낸 자료이다. 이에 대한 〈보기〉의 설명 중 옳지 않은 것을 모두 고르면?

〈부가가치유발계수 추이〉

항목 \ 연도	2004	2005	2006	2007	2008	2009	2010
최종수요	0.71	0.73	0.76	0.78	0.75	0.74	0.71
소비	0.82	0.81	0.82	0.84	0.81	0.81	0.80
투자	0.49	0.65	0.71	0.74	0.69	0.74	0.67
수출	0.64	0.62	0.67	0.69	0.67	0.62	0.61

※ 부가가치유발계수 : 2010년 화폐가치 기준, 1월 지출에 따른 부가가치유발액

〈고용유발계수 추이〉

항목 \ 연도	2006	2007	2008	2009	2010
최종수요	8.2	6.0	4.2	2.8	2.0
소비	9.6	6.7	4.8	3.3	2.4
투자	4.7	3.9	2.7	2.1	1.7
수출	9.5	6.5	4.7	2.6	1.5

※ 고용유발계수 : 2010년 화폐가치 기준, 10억 원 지출에 따른 고용유발 인원 수

보기

ㄱ. 항목별 부가가치유발계수는 2004년 이후 2007년까지 증가한다.
ㄴ. 항목별 고용유발계수는 2006년 이후 2010년까지 감소한다.
ㄷ. 2008년과 비교해서 2010년 수출 고용유발계수의 감소폭은 소비나 투자의 고용유발계수의 감소폭보다 크다.
ㄹ. 2007년 소비 부가가치유발계수의 2006년 대비 증가율은 수출 부가가치유발계수의 증가율과 동일하다.

① ㄱ, ㄴ
② ㄱ, ㄷ
③ ㄱ, ㄹ
④ ㄴ, ㄷ
⑤ ㄴ, ㄹ

38 다음은 세계 애니메이션 시장에 대한 자료이다. 이에 대한 설명으로 옳지 않은 것은?

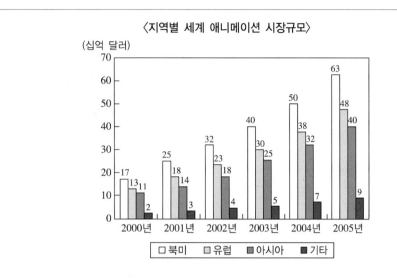

〈지역별 세계 애니메이션 시장규모〉

(십억 달러)

□ 북미 □ 유럽 ■ 아시아 ■ 기타

〈산업별 세계 애니메이션 시장규모〉

(단위 : 십억 달러)

연도 산업	2000	2001	2002	2003	2004	2005
2D 애니메이션	38	45	57	72	87	104
3D 애니메이션	2	6	9	13	19	27
웹 애니메이션	1	5	6	9	13	19
기타	2	4	5	6	8	10
계	43	60	77	100	127	160

① 2001년의 경우 아시아 애니메이션 시장규모는 세계 애니메이션 시장규모의 40% 이상이다.

② 2005년 3D 애니메이션 산업 시장규모의 2001년 대비 증가율은 세계 애니메이션 산업 전체 시장 규모 증가율을 상회한다.

③ 2003년의 경우 북미와 유럽의 애니메이션 시장규모의 합은 세계 애니메이션 시장규모의 70% 이상이다.

④ 2002년 이후 세계 애니메이션 시장규모는 전년 대비 25% 이상 성장하였다.

⑤ 2001년부터 2005년까지 세계 애니메이션 시장에서 산업별 시장규모의 순위에는 변동이 없다.

39 다음은 연도별 대형화재의 원인 및 피해 현황이다. 이에 대한 〈보기〉의 설명 중 옳은 것을 모두 고르면?

〈2007 ~ 2010년 대형화재 피해 현황〉

(단위 : 건, 억 원, 명)

연도＼구분	화재 건수	재산 피해액	사상자	
			부상자	사망자
2007	302	254	728	556
2008	290	246	635	332
2009	307	1,145	642	598
2010	316	417	737	374

〈2007 ~ 2010년 대형화재 원인〉

(단위 : 건)

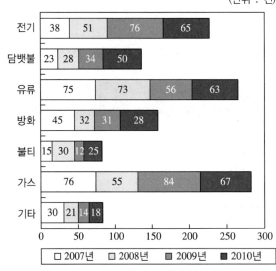

보기

ㄱ. 2008년 이후 대형화재 한 건당 부상자 수는 매년 감소하였다.

ㄴ. 대형화재로 인한 사망자 수가 가장 적었던 해의 경우 유류로 인한 대형화재가 가장 많았다.

ㄷ. 2007년부터 2010년까지 매년 불티로 인한 대형화재가 가장 적었다.

ㄹ. 대형화재로 인한 사상자가 가장 많았던 해는 2007년이다.

① ㄱ
② ㄱ, ㄹ
③ ㄴ, ㄹ
④ ㄷ, ㄹ
⑤ ㄴ, ㄷ, ㄹ

40 다음은 정부지원 과제의 연구책임자 현황에 대한 자료이다. 이에 대한 설명으로 옳지 않은 것은?

〈연령대 및 성별 연구책임자 분포〉

(단위 : 명, %)

연령대	2003년			2004년			2005년		
	연구책임자수	남자	여자	연구책임자수	남자	여자	연구책임자수	남자	여자
21 ~ 30세	88 (0.4)	64 (0.4)	24 (1.3)	187 (0.9)	97 (0.5)	90 (4.1)	415 (1.9)	164 (0.9)	251 (10.7)
31 ~ 40세	3,708 (18.9)	3,107 (17.5)	601 (32.0)	4,016 (18.9)	3,372 (17.7)	644 (29.1)	4,541 (21.1)	3,762 (19.7)	779 (33.3)
41 ~ 50세	10,679 (54.4)	9,770 (55.0)	909 (48.4)	11,074 (52.2)	10,012 (52.7)	1,062 (48.0)	10,791 (50.3)	9,813 (51.3)	978 (41.8)
51 ~ 60세	4,334 (22.1)	4,046 (22.8)	288 (15.4)	5,075 (23.9)	4,711 (24.8)	364 (16.4)	4,958 (23.1)	4,659 (24.3)	299 (12.8)
61세 이상	824 (4.2)	770 (4.3)	54 (2.9)	875 (4.1)	821 (4.3)	54 (2.4)	768 (3.6)	736 (3.8)	32 (1.4)
계	19,633 (100.0)	17,757 (100.0)	1,876 (100.0)	21,227 (100.0)	19,013 (100.0)	2,214 (100.0)	21,473 (100.0)	19,134 (100.0)	2,339 (100.0)

〈2005년 전공별 연구책임자 현황〉

(단위 : 명, %)

연구책임자 전공	남자		여자		합	
	연구책임자수	비율	연구책임자수	비율	연구책임자수	비율
이학	2,833	14.8	701	30.0	3,534	16.5
공학	11,680	61.0	463	19.8	12,143	56.5
농학	1,300	6.8	153	6.5	1,453	6.8
의학	1,148	6.0	400	17.1	1,548	7.2
인문사회	1,869	9.8	544	23.3	2,413	11.2
기타	304	1.6	78	3.3	382	1.8
계	19,134	100.0	2,339	100.0	21,473	100.0

① 31 ~ 40세의 연구책임자수와 51 ~ 60세의 연구책임자수의 차이는 2003년이 2005년보다 크다.

② 2005년 41 ~ 60세의 여자 연구책임자 중 적어도 193명 이상이 이학 또는 인문사회 전공이다.

③ 2003 ~ 2005년 사이 전체 연구책임자수는 지속적으로 증가하였다.

④ 2004 ~ 2005년 사이 21 ~ 30세의 연구책임자수는 여자가 남자보다 더 많이 증가하였다.

⑤ 2005년 공학 전공인 남자 연구책임자의 경우, 41 ~ 50세의 남자가 적어도 2,359명 이상이다.

01 다음은 갑 회사의 생산직 근로자 133명과 사무직 근로자 87명이 직무스트레스 조사에 응답한 결과이다. 이에 대한 〈보기〉의 설명 중 옳은 것을 모두 고르면?

〈생산직 근로자의 직무스트레스 수준 응답 구성비〉

(단위 : %)

스트레스 수준 / 항목	상위		하위	
	매우 높음	높음	낮음	매우 낮음
업무과다	9.77	67.67	22.56	0.00
직위불안	10.53	64.66	24.06	0.75
관계갈등	10.53	67.67	20.30	1.50
보상부적절	10.53	60.15	27.82	1.50

〈사무직 근로자의 직무스트레스 수준 응답 구성비〉

(단위 : %)

스트레스 수준 / 항목	상위		하위	
	매우 높음	높음	낮음	매우 낮음
업무과다	10.34	67.82	20.69	1.15
직위불안	12.64	58.62	27.59	1.15
관계갈등	10.34	64.37	24.14	1.15
보상부적절	10.34	64.37	20.69	4.60

보기

ㄱ. 항목별 직무스트레스 수준이 '상위'에 해당하는 근로자의 비율은 각 항목에서 사무직이 생산직보다 높다.
ㄴ. '직위불안' 항목에서 '낮음'으로 응답한 근로자는 생산직이 사무직보다 많다.
ㄷ. '관계갈등' 항목에서 '매우 높음'으로 응답한 생산직 근로자는 '매우 낮음'으로 응답한 생산직 근로자보다 11명 많다.
ㄹ. '보상부적절' 항목에서 '높음'으로 응답한 근로자는 사무직이 생산직보다 적다.

① ㄱ
② ㄹ
③ ㄱ, ㄷ
④ ㄴ, ㄷ
⑤ ㄴ, ㄹ

02 다음은 2018년 A ~ C지역의 0 ~ 11세 인구 자료이다. 이에 대한 〈보기〉의 설명 중 옳은 것을 모두 고르면?

〈A ~ C지역의 0 ~ 5세 인구(2018년)〉

(단위 : 명)

지역＼나이	0	1	2	3	4	5	합
A	104,099	119,264	119,772	120,371	134,576	131,257	729,339
B	70,798	76,955	74,874	73,373	80,575	76,864	453,439
C	3,219	3,448	3,258	3,397	3,722	3,627	20,671
계	178,116	199,667	197,904	197,141	218,873	211,748	1,203,449

〈A ~ C지역의 6 ~ 11세 인구(2018년)〉

(단위 : 명)

지역＼나이	6	7	8	9	10	11	합
A	130,885	124,285	130,186	136,415	124,326	118,363	764,460
B	77,045	72,626	76,968	81,236	75,032	72,584	455,491
C	3,682	3,530	3,551	3,477	3,155	2,905	20,300
계	211,612	200,441	210,705	221,128	202,513	193,852	1,240,251

※ 1) 인구 이동 및 사망자는 없음
　 2) (나이)＝(당해연도)－(출생연도)

> **보기**
>
> ㄱ. 2016년에 출생한 A, B지역 인구의 합은 2015년에 출생한 A, B지역 인구의 합보다 크다.
> ㄴ. C지역의 0 ~ 11세 인구 대비 6 ~ 11세 인구 비율은 2018년이 2017년보다 높다.
> ㄷ. 2018년 A ~ C지역 중, 5세 인구가 가장 많은 지역과 5세 인구 대비 0세 인구의 비율이 가장 높은 지역은 동일하다.
> ㄹ. 2019년에 C지역의 6 ~ 11세 인구의 합은 전년 대비 증가한다.

① ㄱ, ㄴ　　　　　　　　　　② ㄱ, ㄷ
③ ㄱ, ㄹ　　　　　　　　　　④ ㄴ, ㄷ
⑤ ㄴ, ㄹ

03 다음은 갑 패스트푸드점의 메인·스낵·음료 메뉴의 영양성분에 대한 자료이다. 이에 대한 설명으로 옳은 것은?

〈메인 메뉴 단위당 영양성분표〉

구분 메뉴	중량(g)	열량(kcal)	성분함량			
			당(g)	단백질(g)	포화지방(g)	나트륨(mg)
치즈버거	114	297	7	15	7	758
햄버거	100	248	6	13	5	548
새우버거	197	395	9	15	5	882
치킨버거	163	374	6	15	5	719
불고기버거	155	399	13	16	2	760
칠리버거	228	443	7	22	5	972
베이컨버거	242	513	15	26	13	1,197
스페셜버거	213	505	8	26	12	1,059

〈스낵 메뉴 단위당 영양성분표〉

구분 메뉴	중량(g)	열량(kcal)	성분함량			
			당(g)	단백질(g)	포화지방(g)	나트륨(mg)
감자튀김	114	352	0	4	4	181
조각치킨	68	165	0	10	3	313
치즈스틱	47	172	0	6	6	267

〈음료 메뉴 단위당 영양성분표〉

구분 메뉴	중량(g)	열량(kcal)	성분함량			
			당(g)	단백질(g)	포화지방(g)	나트륨(mg)
콜라	425	143	34	0	0	19
커피	400	10	0	0	0	0
우유	200	130	9	6	5	100
오렌지주스	175	84	18	0	0	5

① 중량 대비 열량의 비율이 가장 낮은 메인 메뉴는 새우버거이다.
② 모든 메인 메뉴는 나트륨 함량이 당 함량의 50배 이상이다.
③ 서로 다른 두 메인 메뉴를 한 단위씩 주문한다면, 총 단백질 함량은 항상 총 포화지방 함량의 2배 이상이다.
④ 메인 메뉴 각각의 단위당 중량은 모든 스낵 메뉴의 단위당 중량 합보다 작다.
⑤ 메인 메뉴, 스낵 메뉴 및 음료 메뉴 각각 한 단위씩 주문하여 총 열량이 500kcal 이하가 되도록 할 때 주문할 수 있는 음료 메뉴는 커피뿐이다.

04 다음은 어느 연구소의 직원채용절차에 대한 자료이다. 이를 근거로 1일 총 접수 건수를 처리하기 위한 각 업무단계별 총 처리비용이 두 번째로 큰 업무단계는?

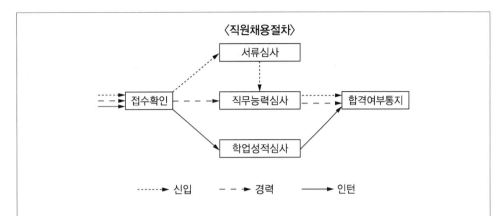

〈직원채용절차〉

〈지원유형별 1일 접수 건수〉

지원유형	접수(건)
신입	20
경력	18
인턴	16

〈업무단계별 1건당 처리비용〉

업무단계	처리비용(원)
접수확인	500
서류심사	2,000
직무능력심사	1,000
학업성적심사	1,500
합격여부통지	400

※ 1) 직원채용절차에서 중도탈락자는 없음
  2) 업무단계별 1건당 처리비용은 지원유형에 관계없이 동일함

① 접수확인
② 서류심사
③ 직무능력심사
④ 학업성적심사
⑤ 합격여부통지

05 다음은 볼거리 발병 환자 수에 대한 자료이다. 이에 대한 〈보기〉의 설명 중 옳은 것을 모두 고르면?

〈지역별 볼거리 발병 환자 수 추이〉

(단위 : 명)

지역	2001년	2002년	2003년	2004년	2005년	2006년	2007년	2008년 (1 ~ 2월)
서울	345	175	348	384	224	239	299	33
부산	72	22	25	23	42	221	191	5
대구	34	31	79	73	43	205	2,128	119
인천	222	41	137	262	194	182	225	23
광주	103	20	18	6	10	35	128	3
대전	54	9	6	45	66	9	65	1
울산	33	49	57	121	114	114	137	9
경기	344	175	272	389	701	569	702	36
강원	53	44	53	107	94	126	130	3
충북	36	27	118	110	217	94	152	12
충남	27	24	38	33	16	33	92	3
전북	127	22	23	34	18	47	36	0
전남	85	42	11	6	7	23	66	2
경북	33	38	227	63	33	45	111	4
경남	34	7	29	61	31	35	57	7
제주	20	40	80	26	38	29	23	1
계	1,622	766	1,521	1,743	1,848	2,006	4,542	261

※ 2008년의 자료는 2월 말까지 집계된 환자 수임

〈2007년 전국 볼거리 발병 환자 수의 월별 분포〉

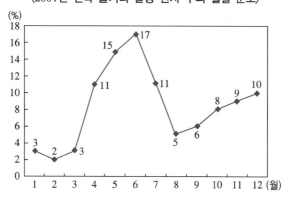

※ 소수점 첫째 자리에서 반올림한 값임

ㄱ. 2007년 대구 지역의 볼거리 발병 환자 수는 전년의 10배 이상이다.

ㄴ. 2007년에 볼거리 발병 환자 수가 전년 대비 3배 이상인 지역은 대구, 광주, 대전이다.

ㄷ. 2008년 대구 지역 볼거리 발병 환자 수의 월별 분포가 2007년 전국 볼거리 발병 환자 수의 월별 분포와 같다면, 대구 지역에서는 2007년보다 2008년에 볼거리 발병 환자 수가 더 많다.

ㄹ. 2001년에 지역 인구당 볼거리 발병 환자 비율이 가장 낮은 지역은 제주이다.

① ㄱ, ㄴ ② ㄱ, ㄹ

③ ㄷ, ㄹ ④ ㄱ, ㄴ, ㄷ

⑤ ㄴ, ㄷ, ㄹ

06 다음은 S군의 군수선거결과에 대한 자료이다. 이에 대한 〈보기〉의 설명 중 옳은 것을 모두 고르면?

〈2006년 후보자별 득표 수 분포〉

(단위 : 표)

| 후보자 이름 | 출신지 | 지역 | | | | | 부재자 | 합 |
		A읍	B읍	C면	D면	E면		
갑	B읍	106	307	101	68	110	69	761
을	A읍	833	347	107	294	199	85	1,865
병	B읍	632	1,826	789	477	704	168	4,596
정	A읍	481	366	136	490	1,198	144	2,815
무	A읍	1,153	1,075	567	818	843	141	4,597
계		3,205	3,921	1,700	2,147	3,054	607	14,634

〈2010년 후보자별 득표 수 분포〉

(단위 : 표)

| 후보자 이름 | 출신지 | 지역 | | | | | 부재자 | 합 |
		A읍	B읍	C면	D면	E면		
병	B읍	1,446	2,323	930	1,043	1,670	601	8,013
무	A읍	1,846	1,651	835	1,118	2,152	619	8,221
기	B읍	578	621	175	375	437	175	2,361
계		3,870	4,595	1,940	2,536	4,259	1,395	18,595

※ 1) 2006년과 2010년의 후보자 수는 각각 5명, 3명이며, 동명이인은 없음
　 2) 두 번의 선거 모두 무효표는 없었음
　 3) S군에는 A읍, B읍, C면, D면, E면만 있음

보기

ㄱ. 2006년과 2010년 모두, 부재자 투표에서 다른 어떤 후보자보다도 더 많이 득표한 후보자가 득표 수의 합도 가장 컸다.
ㄴ. 부재자 득표 수를 제외할 때, 2006년과 2010년 모두 출마한 후보자의 경우, A～E 5개 읍면에서의 득표 수는 각각 2006년에 비해 2010년에 증가하였다.
ㄷ. 부재자 득표 수를 제외할 때, 2006년과 2010년 두 번의 선거에서 모든 후보자는 다른 지역보다 본인의 출신지에서 가장 많은 표를 얻었다.
ㄹ. 2006년과 2010년의 S군 총 유권자 수가 25,000명으로 동일하다면, 2010년 투표율은 2006년에 비해 20%p 이상 증가하였다.

① ㄴ
② ㄱ, ㄷ
③ ㄴ, ㄷ
④ ㄴ, ㄹ
⑤ ㄱ, ㄷ, ㄹ

01 다음은 OECD 32개국의 고용률과 인구증가율을 4분면으로 나타낸 것이다. 아래 데이터 표를 보고 바르게 짝지어진 것은?

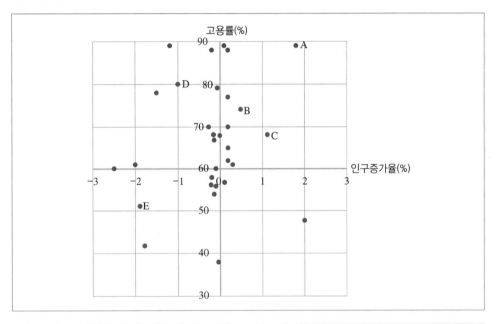

나라	호주	벨기에	헝가리	멕시코	일본	캐나다	독일	덴마크	한국	프랑스
고용률(%)	89	62	80	68	51	74	88	79	42	68
인구증가율(%)	1.8	0.2	−1.0	−0.03	−1.9	0.5	0.18	−0.05	−1.8	1.1

① A – 캐나다 ② B – 독일

③ C – 멕시코 ④ D – 헝가리

⑤ E – 한국

다음은 2022년 공항철도를 이용한 월별 여객 수송실적이다. 다음 표를 보고 (A), (B), (C)에 들어갈 알맞은 수를 옳게 짝지은 것은?

〈공항철도 이용 여객 현황〉

(단위 : 명)

구분	수송 인원	승차 인원	유입 인원
1월	209,807	114,522	95,285
2월	208,645	117,450	(A)
3월	225,956	133,980	91,976
4월	257,988	152,370	105,618
5월	266,300	187,329	78,971
6월	(B)	189,243	89,721
7월	328,450	214,761	113,689
8월	327,020	209,875	117,145
9월	338,115	(C)	89,209
10월	326,307	219,077	107,230

※ 유입 인원은 환승한 인원이다.
※ (수송 인원)=(승차 인원)+(유입 인원)

	(A)	(B)	(C)
①	101,195	278,884	243,909
②	101,195	268,785	243,909
③	91,195	268,785	248,906
④	91,195	278,964	248,906
⑤	90,095	278,964	249,902

03 다음은 포괄수가제에 해당하는 질병군 중 '제왕절개분만'에 대한 진료비 정보이다. 다음 자료를 참고하여 〈보기〉에 해당되는 경우에 진료비 중 본인이 부담해야 하는 비용으로 바르게 짝지어진 것은?(단, 본인부담금은 100원 미만은 절사하고, 연도와 상관없이 진료비는 동일하게 계산한다)

수술명	제왕절개분만		
본인부담금 (자격기준)	– 본인부담금 20% : 일반환자, 2020.7.1. 이전 제왕절개분만 – 본인부담금 14% : 차상위만성질환자 18세 미만 – 본인부담금 10% : 희귀난치성질환자 – 본인부담금 5% : 중증질환자, 2020.7.1. 이후 제왕절개분만, 15세 이하 – 본임부담금 3% : 차상위 18세 미만 본인부담경감대상자 중 6세 이상 15세 이하		
상세수술명	– 제왕절개분만(단태아) – 제왕절개분만(다태아) ※ '다태아'는 쌍둥이 이상의 임신을 말한다. ※ 진료비는 '단태아'를 기준으로 한 것이며, '다태아'일 경우 총진료비의 5%가 추가된다.		
진료비(원)	구분	수술비	입원비(1일)
	상급종합병원	1,558,200	355,900
	종합병원	1,247,500	284,900
	병원	1,101,300	251,600
	의원	1,080,900	246,900

※ 진료비는 수술비와 입원비의 합이다.

보기

ㄱ. 2022년 12월에 종합병원에서 제왕절개분만(단태아) 수술을 받고, 일주일간 입원하였다.

ㄴ. 2019년 1월에 상급종합병원에서 제왕절개분만(다태아) 수술을 받고, 3일간 입원하였다.

	ㄱ	ㄴ
①	648,300원	137,800원
②	648,300원	551,400원
③	162,000원	551,400원
④	262,700원	137,800원
⑤	162,000원	662,400원

04 다음은 미국의 수입 세탁기 세이프 가드와 우리나라 국내 기업의 대미 세탁기 수출량을 나타낸 자료이다. 다음 중 옳지 않은 것은?(단, 소수점 셋째 자리에서 반올림한다)

〈미국의 수입 세탁기 세이프 가드〉

세이프 가드란 특정 상품 수입이 급증하여 국내 산업계에 심각한 피해가 발생하거나 우려가 있을 경우 취하는 긴급 수입제한 조치이다. 미국은 2015년부터 한국의 세탁기에 대해 세이프 가드를 적용하였으며, 첫 해는 세탁기 120만 대까지의 수입에 대해서만 관세를 20% 적용하고, 초과분에 대해서는 50%의 관세를 적용했다. 2년째 되는 해에는 세탁기 120만 대까지는 18%, 초과분에 대해서는 45%의 관세를 적용했다. 3년째 되는 해에는 세탁기 120만 대까지는 16%, 초과분에 대해서는 40%의 관세를 적용했다.

〈국내 기업의 대미 세탁기 수출량〉

(단위 : 대)

구분	2012년	2013년	2014년	2015년	2016년	2017년
국내 제조 수출량	909,180	619,070	229,190	162,440	313,590	398,360
국외 제조 수출량	504,430	1,447,750	1,893,780	2,754,770	2,206,710	2,287,840
총수출량	1,413,610	2,066,820	2,122,970	2,917,210	2,520,300	2,686,200

① 한국은 2016년도에 세탁기 120만 대까지 미국으로부터 18%의 관세가 적용된다.
② 2013년 총 세탁기의 전년 대비 수출량은 40% 이상 증가하였다.
③ 2015년에 초과분 관세를 적용받는 세탁기는 175만 대 이하이다.
④ 2012 ~ 2015년 국내 제조 수출량과 국외 제조 수출량의 증감추이는 다르다.
⑤ 국내 제조 수출량 대비 국외 제조 수출량 비율은 2014년에 가장 높다.

05 다음은 E공항의 연도별 세관물품 신고 수에 대한 자료이다. 〈조건〉을 바탕으로 A ~ D에 들어갈 물품으로 옳은 것은?

〈연도별 세관물품 신고 수〉

(단위 : 만 건)

구분	2014년	2015년	2016년	2017년	2018년
A	3,245	3,547	4,225	4,388	5,026
B	2,157	2,548	3,233	3,216	3,546
C	3,029	3,753	4,036	4,037	4,522
D	1,886	1,756	2,013	2,002	2,135

조건

ⓐ 담배류와 주류의 세관물품 신고 수는 2015 ~ 2018년에 전년 대비 매년 증가하였다.
ⓑ 가전류는 2014 ~ 2018년 세관물품 중 신고 수가 가장 적었다.
ⓒ 주류는 전년 대비 2015년 세관물품 신고 수 증가율이 가장 높았다.
ⓓ 잡화류의 전년 대비 2015 ~ 2018년 신고 수는 한 번 감소하였다.

	A	B	C	D
①	담배류	주류	잡화류	가전류
②	주류	잡화류	가전류	담배류
③	잡화류	가전류	담배류	주류
④	주류	잡화류	담배류	가전류
⑤	담배류	잡화류	주류	가전류

| 01 | 기본문제

01 다음은 2022년 A ~ E기업의 영업이익, 직원 1인당 영업이익, 평균연봉을 나타낸 자료이다. 〈조건〉을 '나', '라'에 해당하는 기업을 바르게 나열한 것은?

〈A ~ E기업의 영업이익, 직원 1인당 영업이익, 평균연봉〉

(단위 : 백만 원)

기업＼항목	영업이익	직원 1인당 영업이익	평균연봉
가	83,600	34	66
나	33,900	34	34
다	21,600	18	58
라	24,600	7	66
마	50,100	30	75

조건
- A는 B, C, E에 비해 직원 수가 많다.
- C는 B, D, E에 비해 평균연봉 대비 직원 1인당 영업이익이 적다.
- A, B, C의 영업이익을 합쳐도 D의 영업이익보다 적다.
- E는 B에 비해 직원 1인당 영업이익이 적다.

	나	라			나	라
①	B	A		②	B	D
③	C	B		④	C	E
⑤	D	A				

02 다음은 갑국 6개 수종의 기건비중 및 강도에 대한 자료이다. 〈조건〉을 이용하여 A와 C에 해당하는 수종을 바르게 나열한 것은?

<6개 수종의 기건비중 및 강도>

수종	기건비중 (ton/m^3)	강도(N/mm^2)			
		압축강도	인장강도	휨강도	전단강도
A	0.53	48	52	88	10
B	0.89	64	125	118	12
C	0.61	63	69	82	9
삼나무	0.37	41	45	72	7
D	0.31	24	21	39	6
E	0.43	51	59	80	7

조건

- 전단강도 대비 압축강도 비가 큰 상위 2개 수종은 낙엽송과 전나무이다.
- 휨강도와 압축강도 차가 큰 상위 2개 수종은 소나무와 참나무이다.
- 참나무의 기건비중은 오동나무 기건비중의 2.5배 이상이다.
- 인장강도와 압축강도의 차가 두 번째로 큰 수종은 전나무이다.

	A	C
①	소나무	낙엽송
②	소나무	전나무
③	오동나무	낙엽송
④	참나무	소나무
⑤	참나무	전나무

03 다음은 2015년 9개 국가의 실질세부담률에 대한 자료이다. 이에 근거하여 A ~ D에 해당하는 국가를 바르게 나열한 것은?

〈2015년 국가별 실질세부담률〉

구분 국가	독신 가구 실질세부담률(%)			다자녀 가구 실질세부담률(%)	독신 가구와 다자녀 가구의 실질세부담률 차이(%p)
		2005년 대비 증감(%p)	전년 대비 증감(%p)		
A	55.3	−0.20	−0.28	40.5	14.8
일본	32.2	4.49	0.26	26.8	5.4
B	39.0	−2.00	−1.27	38.1	0.9
C	42.1	5.26	0.86	30.7	11.4
한국	21.9	4.59	0.19	19.6	2.3
D	31.6	−0.23	0.05	18.8	12.8
멕시코	19.7	4.98	0.20	19.7	0.0
E	39.6	0.59	−1.16	33.8	5.8
덴마크	36.4	−2.36	0.21	26.0	10.4

조건
- 2015년 독신 가구와 다자녀 가구의 실질세부담률 차이가 덴마크보다 큰 국가는 캐나다, 벨기에, 포르투갈이다.
- 2015년 독신 가구 실질세부담률이 전년 대비 감소한 국가는 벨기에, 그리스, 스페인이다.
- 스페인의 2015년 독신 가구 실질세부담률은 그리스의 2015년 독신 가구 실질세부담률보다 높다.
- 2015년 독신 가구의 2005년 대비 실질세부담률이 가장 큰 폭으로 증가한 국가는 포르투갈이다.

	A	B	C	D
①	벨기에	그리스	포르투갈	캐나다
②	벨기에	스페인	캐나다	포르투갈
③	벨기에	스페인	포르투갈	캐나다
④	캐나다	그리스	스페인	포르투갈
⑤	캐나다	스페인	포르투갈	벨기에

04 다음은 갑국의 10대 미래산업 현황에 대한 자료이다. 자료를 이용하여 B, C, E에 해당하는 산업을 바르게 나열한 것은?

〈갑국의 10대 미래산업 현황〉

(단위 : 개, 명, 억 원, %)

산업	업체 수	종사자 수	부가가치액	부가가치율
A	403	7,500	788	33.4
기계	345	3,600	2,487	48.3
B	302	22,500	8,949	41.4
조선	103	1,100	282	37.0
에너지	51	2,300	887	27.7
C	48	2,900	4,002	42.4
안전	15	2,100	1,801	35.2
D	4	2,800	4,268	40.5
E	2	300	113	36.3
F	2	100	61	39.1
전체	1,275	45,200	23,638	40.3

※ $[\text{부가가치율(\%)}] = \dfrac{(\text{부가가치액})}{(\text{매출액})} \times 100$

조건

• 의료 종사자 수는 IT 종사자 수의 3배이다.
• 의료와 석유화학의 부가가치액 합은 10대 미래산업 전체 부가가치액의 50% 이상이다.
• 매출액이 가장 낮은 산업은 항공우주이다.
• 철강 업체 수는 지식서비스 업체 수의 2배이다.

	B	C	E
①	의료	철강	지식서비스
②	의료	석유화학	지식서비스
③	의료	철강	항공우주
④	지식서비스	석유화학	의료
⑤	지식서비스	철강	의료

05 다음은 국가 A ~ D의 정부신뢰에 대한 자료이다. 자료에 근거하여 A ~ D에 해당하는 국가를 바르게 나열한 것은?

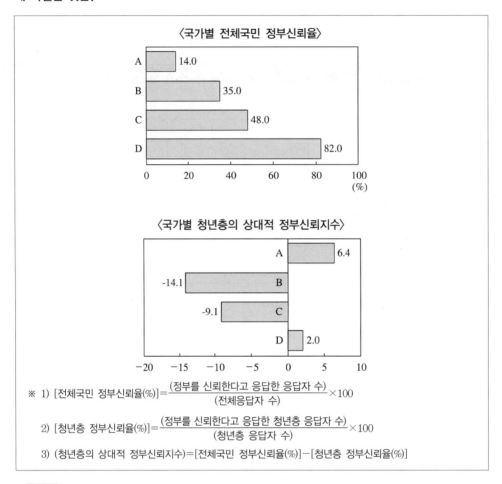

〈국가별 전체국민 정부신뢰율〉

A 14.0
B 35.0
C 48.0
D 82.0

〈국가별 청년층의 상대적 정부신뢰지수〉

A 6.4
B -14.1
C -9.1
D 2.0

※ 1) [전체국민 정부신뢰율(%)] = (정부를 신뢰한다고 응답한 응답자 수) / (전체응답자 수) × 100

2) [청년층 정부신뢰율(%)] = (정부를 신뢰한다고 응답한 청년층 응답자 수) / (청년층 응답자 수) × 100

3) (청년층의 상대적 정부신뢰지수) = [전체국민 정부신뢰율(%)] - [청년층 정부신뢰율(%)]

조건

• 청년층 정부신뢰율은 스위스가 그리스의 10배 이상이다.
• 영국과 미국에서는 청년층 정부신뢰율이 전체국민 정부신뢰율보다 높다.
• 청년층 정부신뢰율은 미국이 스위스보다 30%p 이상 낮다.

	A	B	C	D
①	그리스	영국	미국	스위스
②	스위스	영국	미국	그리스
③	스위스	미국	영국	그리스
④	그리스	미국	영국	스위스
⑤	영국	그리스	미국	스위스

06 다음은 갑국의 8개국 대상 해외직구 반입동향을 나타낸 자료이다. 다음 〈조건〉의 설명에 근거하여 표의 A ~ D에 해당하는 국가를 바르게 나열한 것은?

〈갑국의 8개국 대상 해외직구 반입동향〉

(단위 : 건, 천 달러)

연도 \ 국가	반입방법	목록통관		EDI 수입		전체	
		건수	금액	건수	금액	건수	금액
2021	미국	3,254,813	305,070	5,149,901	474,807	8,404,714	779,877
	중국	119,930	6,162	1,179,373	102,315	1,299,303	108,477
	독일	71,687	3,104	418,403	37,780	490,090	40,884
	영국	82,584	4,893	123,001	24,806	205,585	29,699
	프랑스	172,448	6,385	118,721	20,646	291,169	27,031
	일본	53,055	2,755	138,034	21,028	191,089	23,783
	뉴질랜드	161	4	90,330	4,082	90,491	4,086
	호주	215	14	28,176	2,521	28,391	2,535
2022	미국	5,659,107	526,546	5,753,634	595,206	11,412,741	1,121,752
	(A)	170,683	7,798	1,526,315	156,352	1,696,998	164,150
	독일	170,475	7,662	668,993	72,509	839,468	80,171
	프랑스	231,857	8,483	336,371	47,456	568,228	55,939
	(B)	149,473	7,874	215,602	35,326	365,075	43,200
	(C)	87,396	5,429	131,993	36,963	219,389	42,392
	뉴질랜드	504	16	108,282	5,283	108,786	5,299
	(D)	2,089	92	46,330	3,772	48,419	3,864

조건

- 2022년 중국 대상 해외직구 반입 전체 금액은 같은 해 독일 대상 해외직구 반입 전체 금액의 2배 이상이다.
- 2022년 영국과 호주 대상 EDI 수입 건수 합은 같은 해 뉴질랜드 대상 EDI 수입 건수의 2배보다 작다.
- 2022년 호주 대상 해외직구 반입 전체 금액은 2021년 호주 대상 해외직구 반입 전체 금액의 10배 미만이다.
- 2022년 일본 대상 목록통관 금액은 2021년 일본 대상 목록통관 금액의 2배 이상이다.

	A	B	C	D
①	중국	일본	영국	호주
②	중국	일본	호주	영국
③	중국	영국	일본	호주
④	일본	영국	중국	호주
⑤	일본	중국	호주	영국

07 다음은 2005 ~ 2011년 동안 국내 화장품 유통채널별 판매액에 대한 자료이다. 이를 근거로 하여 A ~ E에 해당하는 유통채널을 바르게 나열한 것은?

<국내 화장품 유통채널별 판매액>

(단위 : 억 원)

유통채널＼연도	2005	2006	2007	2008	2009	2010	2011
A	1,014	1,101	1,150	1,280	1,550	1,900	2,200
B	1,188	1,248	1,433	1,570	1,690	1,790	1,920
C	390	318	300	280	290	287	300
D	400	380	320	300	290	273	283
일반점	1,118	840	610	560	480	410	400
브랜드샵	259	500	770	940	1,170	1,450	1,700
인터넷	85	115	130	145	160	165	180
E	195	215	250	280	300	340	370
계	4,649	4,717	4,963	5,355	5,930	6,615	7,353

보기

- 매년 판매액이 증가하는 유통채널은 방문판매, 백화점, 홈쇼핑, 브랜드샵, 인터넷이다.
- 매년 판매액이 1,000억 원 이상인 유통채널은 백화점, 방문판매이다.
- 2005 ~ 2009년 동안 매년 일반점과 브랜드샵의 판매액 합은 백화점의 판매액보다 많다.
- 판매액이 최고인 해와 최저인 해의 판매액 차이가 120억 원 이하인 유통채널은 직판과 인터넷이다.
- 다단계 판매액을 연도별로 비교하면 2010년이 가장 적다.

	A	B	C	D	E
①	방문판매	다단계	홈쇼핑	직판	백화점
②	백화점	방문판매	직판	홈쇼핑	다단계
③	백화점	방문판매	직판	다단계	홈쇼핑
④	백화점	방문판매	다단계	직판	홈쇼핑
⑤	방문판매	백화점	직판	다단계	홈쇼핑

08 다음은 1991 ~ 2000년 5개국의 국가별 인구변동에 대한 자료이다. 이를 근거로 〈보기〉의 A ~ C에 해당하는 국가를 바르게 나열한 것은?

〈국가별 출생률〉

(단위 : 명)

연도 국가	1991	1992	1993	1994	1995	1996	1997	1998	1999	2000
아프가니스탄	48.3	50.7	52.6	53.2	51.6	50.8	48.9	47.1	49.7	41.8
아랍에미리트	49.8	47.5	43.6	38.6	33.0	30.5	29.5	27.9	21.0	18.7
보스니아 헤르체고비나	37.1	34.7	31.1	25.1	21.3	19.6	18.2	17.1	12.6	6.5
르완다	47.3	49.6	51.2	52.4	52.9	52.8	50.4	45.2	43.9	35.8
라이베리아	48.0	49.5	50.3	49.6	48.1	47.4	47.2	47.3	49.1	47.5

〈국가별 인구자연증가율〉

(단위 : 명)

연도 국가	1991	1992	1993	1994	1995	1996	1997	1998	1999	2000
아프가니스탄	16.6	20.3	22.7	25.2	25.6	26.8	25.9	24.4	28.0	23.8
아랍에미리트	27.0	26.8	26.3	26.3	23.1	23.1	25.5	25.1	18.3	16.1
보스니아 헤르체고비나	24.2	24.1	22.2	17.6	14.4	13.1	11.4	10.0	5.6	−9.0
르완다	24.0	27.3	29.8	31.6	32.4	32.6	31.7	27.8	−0.7	14.8
라이베리아	20.8	24.0	26.5	27.8	28.5	29.3	30.5	31.5	21.2	32.2

> **보기**
>
> 1991년 이후 인구자연증가율이 매년 감소한 나라는 __A__ 이고, 1999년 출생률이 가장 높은 나라는 __B__ 이다. 1991년 이후 출생률이 매년 감소한 나라는 __C__ 와 보스니아 헤르체고비나이다.

	A	B	C
①	보스니아 헤르체고비나	라이베리아	아랍에미리트
②	보스니아 헤르체고비나	아프가니스탄	아랍에미리트
③	보스니아 헤르체고비나	아프가니스탄	르완다
④	아랍에미리트	라이베리아	아프가니스탄
⑤	아랍에미리트	라이베리아	르완다

09 다음은 2018 ~ 2022년 A ~ D국의 특허 및 상표출원 건수에 대한 자료이다. 이에 대한 〈조건〉을 이용하여 A ~ D에 해당하는 국가를 바르게 나열한 것은?

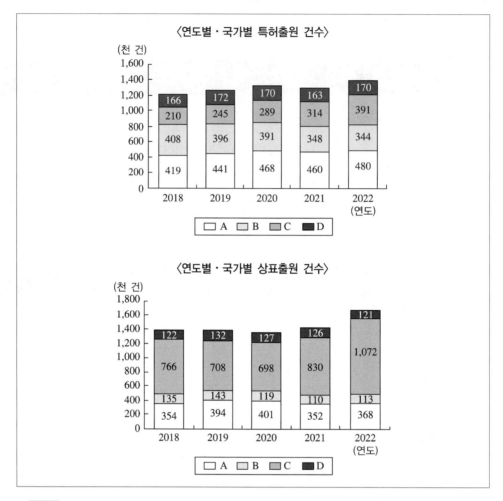

조건

• 2022년 특허출원 건수의 2018년 대비 증가율이 가장 높은 국가는 중국이다.
• 2022년 특허출원 건수가 2019년 대비 가장 큰 폭으로 감소한 국가는 일본이다.
• 2019년 이후 한국의 상표출원 건수는 매년 감소하였다.
• 2022년 상표출원 건수는 미국이 일본보다 10만 건 이상 많다.

	A	B	C	D
①	한국	일본	중국	미국
②	미국	일본	중국	한국
③	중국	한국	미국	일본
④	중국	미국	한국	일본
⑤	미국	중국	일본	한국

10 다음은 2021년과 2022년 주요 화재장소별 화재 건수를 나타낸 자료이다. 〈조건〉을 이용하여 A ~ F를 구할 때 A, C, F에 해당하는 화재장소를 바르게 짝지은 것은?

〈주요 화재장소별 화재 건수〉

(단위 : 건)

구분	A	B	C	D	E	F	계
2022년 8월	679	1,111	394	4	4	8	2,200
2021년 8월	785	1,265	471	1	7	6	2,535
2022년 1 ~ 8월	7,140	11,355	3,699	24	49	2,612	24,879
2021년 1 ~ 8월	6,664	10,864	4,206	21	75	1,617	23,447

조건

- 2022년 8월에 전년 동월 대비 화재 건수가 증가한 화재장소는 위험물보관소와 임야이다.
- 2022년 1 ~ 8월 동안 화재 건수가 많은 상위 두 곳은 사무실과 주택이다.
- 2022년 1 ~ 8월 동안 화재 건수가 100건이 넘지 않는 화재장소는 위험물보관소와 선박이다.
- 2022년 1 ~ 8월 동안 주택과 차량에서 발생한 화재 건수의 합은 사무실에서 발생한 화재 건수보다 적다.

	A	C	F
①	사무실	선박	위험물보관소
②	사무실	차량	임야
③	주택	선박	임야
④	주택	선박	위험물보관소
⑤	주택	차량	임야

11 다음은 남미, 인도, 중국, 중동 지역의 2030년 부문별 석유수요의 2010년 대비 증감규모를 예측한 자료이다. 〈조건〉을 참고하여 A ~ D에 해당하는 지역을 바르게 나열한 것은?

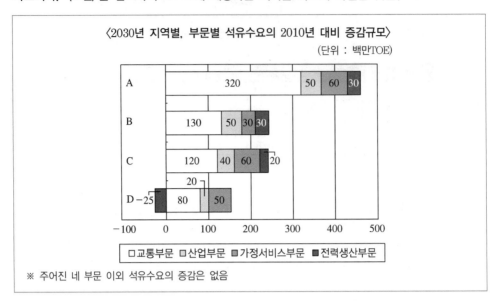

〈2030년 지역별, 부문별 석유수요의 2010년 대비 증감규모〉

(단위 : 백만TOE)

※ 주어진 네 부문 이외 석유수요의 증감은 없음

조건
• 인도와 중동의 2030년 전체 석유수요의 2010년 대비 증가규모는 동일하다.
• 2030년 전체 석유수요의 2010년 대비 증가규모가 가장 큰 지역은 중국이다.
• 2030년 전력생산부문 석유수요의 2010년 대비 규모가 감소하는 지역은 남미이다.
• 2030년 교통부문 석유수요의 2010년 대비 증가규모가 해당 지역 전체 석유수요 증가규모의 50% 인 지역은 중동이다.

	A	B	C	D
①	중국	인도	중동	남미
②	중국	중동	인도	남미
③	중국	인도	남미	중동
④	인도	중국	중동	남미
⑤	인도	중국	남미	중동

12 다음은 6개 기관(가 ~ 바)에서 제시한 2023년 경제 전망을 나타낸 자료이다. 보고서의 설명을 바탕으로 자료의 A ~ F에 해당하는 기관을 바르게 짝지은 것은?

〈기관별 2023년 경제 전망〉

(단위 : %)

기관	경제 성장률	민간소비 증가율	설비투자 증가율	소비자물가 상승률	실업률
A	4.5	4.1	6.5	3.5	3.5
B	4.2	4.1	8.5	3.2	3.6
C	4.1	3.8	7.6	3.2	3.7
D	4.1	3.9	5.2	3.1	3.7
E	3.8	3.6	5.1	2.8	3.5
F	5.0	4.0	7.0	3.0	3.4

〈보고서〉

가 기관과 나 기관은 2023년 실업률을 동일하게 전망하였으나, 가 기관이 나 기관보다 소비자물가 상승률을 높게 전망하였다. 한편, 마 기관은 나 기관보다 민간소비 증가율이 0.5%p 더 높을 것으로 전망하였으며, 다 기관은 경제 성장률을 6개 기관 중 가장 높게 전망하였다. 설비투자 증가율을 7% 이상으로 전망한 기관은 다, 라, 마 3개 기관이었다.

	A	B	C	D	E	F
①	가	라	마	나	바	다
②	가	마	다	라	나	바
③	가	마	라	바	나	다
④	다	라	나	가	바	마
⑤	마	라	가	나	바	다

13 다음은 직업군(서비스직, 사무직, 기능직, 농림어업직)별 취업자 수의 변화 추이를 나타낸 자료이다. 〈조건〉을 보고 A와 C에 해당하는 직업군을 바르게 짝지은 것은?

〈직업군별 취업자 수 변화 추이〉

(단위 : 천 명)

직업군＼연도	2006	2007	2008	2009	2010
A	2,510	2,418	2,732	2,988	3,254
B	4,464	4,722	5,315	5,911	6,603
C	2,390	2,307	2,303	2,019	1,917
D	3,219	2,545	2,577	2,985	3,203
계	12,583	11,992	12,927	13,903	14,977

조건

• 연도별 서비스직 취업자 수는 2006년부터 2010년까지 매년 증가하였다.
• 2009년의 경우, 조사 직업군 중 농림어업직 취업자 수가 가장 적다.
• 2010년 사무직 취업자 수는 조사 직업군 전체의 20% 이상이다.
• 2009년 기능직 취업자 수는 2006년에 비해 230명 이상 감소하였다.

	A	C
①	사무직	서비스직
②	서비스직	기능직
③	사무직	농림어업직
④	기능직	농림어업직
⑤	농림어업직	기능직

14 다음은 학교 유형별 교원이직률에 대한 자료이다. 다음 중 참과 거짓을 옳게 표기한 것은?

<학교 유형별 교원이직률>

(단위 : %)

조사연도 \ 학교유형	A	B	C	D	E	F
1985	6.7	9.5	9.1	9.2	4.8	5.7
1990	2.3	6.8	6.8	5.9	5.6	5.1
1995	3.7	9.0	7.7	8.4	4.1	2.4
2000	1.4	3.7	4.2	4.5	5.6	8.1
2005	1.7	2.4	3.3	2.6	6.1	10.1
2010	2.5	2.0	2.3	2.2	8.8	10.8

보기

ㄱ. 1995년과 비교할 때, 2005년에 교원이직률이 가장 많이 증가한 것은 F이다.
ㄴ. 모든 조사연도에 걸쳐 교원이직률의 증감추이가 B와 동일한 것은 C와 D이다.
ㄷ. 1985년과 비교할 때, 1990년에는 모든 학교 유형에서 교원이직률이 감소하였다.
ㄹ. 2010년에 교원이직률은 B에서 가장 낮았고, F에서 가장 높았다.

	ㄱ	ㄴ	ㄷ	ㄹ
①	참	거짓	참	참
②	거짓	거짓	참	거짓
③	참	참	거짓	거짓
④	참	거짓	참	거짓
⑤	참	참	거짓	참

15 다음 보고서에 언급된 A ~ C국과 표의 가 ~ 다국을 바르게 짝지은 것은?

〈보고서〉

• A국의 2022년 4분기 소매판매 증가율과 수출 증가율은 3분기보다 감소하여 경제성장이 둔화되는 모습을 보이고 있다. A국 중앙은행은 정책기준금리를 두 차례 연속 동결하였다. 이는 에너지가격 상승세 둔화, 인플레이션 기대심리 진정, 금리인상 효과에 따라 인플레이션 압력이 점차 완화될 것으로 예상되기 때문이다.

• B국의 2022년 4분기 산업생산 증가율은 3분기보다 감소하였다. B국의 수출 증가율은 2021년에는 2분기 이후 매분기 감소하였으나 2022년에는 매분기 증가하였다.

• C국의 2022년 4분기 산업생산 증가율과 소매판매 증가율은 수출 확대와 2022년 3분기 지표 부진에 대한 반등효과로 인해 증가하였다. 하지만 시장에서는 성장을 중시하는 새 총리의 취임으로 추가 금리 인상이 순조롭지는 않을 것으로 전망하고 있다.

〈2021 ~ 2022년 가, 나, 다국 경제동향〉

(단위 : %)

구분	연도\분기	2021년				2022년			
		1/4	2/4	3/4	4/4	1/4	2/4	3/4	4/4
가국	실질GDP	2.6	1.1	0.5	1.0	0.8	0.2	−	−
	산업생산	1.1	0.0	−0.5	2.7	0.6	0.9	−0.9	1.9
	소매판매	1.1	0.5	1.5	0.1	1.8	0.4	−1.6	2.0
	수출	7.3	4.3	7.4	13.4	17.6	14.7	14.2	17.7
나국	실질GDP	3.2	3.3	4.1	1.7	5.6	2.6	−	−
	산업생산	3.3	1.6	1.4	5.3	5.1	6.6	0.4	−0.1
	소매판매	7.2	2.4	1.9	0.5	3.2	0.8	1.4	0.2
	수출	3.1	2.9	3.3	3.1	2.8	3.0	2.5	1.6
다국	실질GDP	10.2	10.1	9.8	9.9	10.3	11.3	−	−
	산업생산	7.2	3.1	4.2	2.1	2.8	3.4	0.6	0.5
	소매판매	16.4	16.5	16.2	16.4	15.9	18.0	16.7	15.7
	수출	15.0	14.2	13.1	12.9	13.8	14.3	15.2	17.1

※ 표 안의 수치는 전분기 대비 증가율임

	가국	나국	다국
①	B	A	C
②	C	A	B
③	A	B	C
④	C	B	A
⑤	A	C	B

16 다음은 경기도, 충청도, 전라도, 경상도, 강원도의 종교인 구성비를 나타낸 자료이다. 다음 중 C와 E에 해당하는 지역을 바르게 나열한 것은?

〈지역별 종교인 구성비〉

(단위 : %)

지역＼종교	(가)	(나)	(다)
A	32	34	34
B	51	32	17
C	19	32	49
D	32	36	32
E	17	30	53

보기
- 강원도의 (가)종교인 비율과 충청도의 (다)종교인 비율을 합하면, 경기도의 (나)종교인 비율과 같다.
- 강원도의 (가)종교인 비율과 경기도의 (가)종교인 비율을 합하면, 전라도의 (다)종교인 비율과 같다.

    C   E
① 강원도   경기도
② 충청도   전라도
③ 전라도   강원도
④ 경상도   충청도
⑤ 전라도   경기도

17 다음은 1916 ~ 1932년 우리나라 농가호수의 지주, 자작농, 자·소작 겸작농, 소작농 구성비에 대한 자료이다. 보고서의 내용을 참고하여 A ~ D에 알맞은 농가유형을 고르면?

〈농가유형별 농가호수 구성비〉

(단위 : %)

연도 ＼ 농가유형	A	B	C	D
1916	20.1	2.5	40.6	36.8
1918	19.6	3.4	39.3	37.7
1920	19.5	3.3	37.4	39.8
1922	19.7	3.7	35.8	40.8
1924	19.5	3.8	34.5	42.2
1926	19.1	3.8	32.5	44.6
1928	18.3	3.7	32.0	46.0
1930	17.6	3.6	31.0	47.8
1932	16.3	3.5	25.4	54.8

※ 조사기간 동안 전체 농가호수는 변화가 없었음

〈보고서〉

일제는 1918년에 완료된 토지조사 과정에서 신고주의원칙에 따라 개인명의의 신고만 인정하고 공유지는 신고를 받아주지 않았다. 그리고 많은 농가는 복잡한 신고절차와 유언비어 등으로 신고를 하지 못하여 토지소유권을 상실하게 되었다.

토지분배의 불균형은 계속되어 대부분의 토지를 소수집단인 지주가 차지하였으며, 과다한 소작료와 관습적인 규제로 인하여 농민계층은 해가 갈수록 어려운 처지에 처하게 되었다.

농민소유의 토지는 갈수록 줄어들었으며, 농민들은 자작농업만으로는 생계유지가 곤란하여 자·소작을 겸하는 경우가 더 많았다. 심지어, 지주의 토지에 대한 배타적 권리로 인하여 소작권을 임의로 교체당하기도 하였다. 농민들은 토지소유권뿐만 아니라 관습상의 영구경작권마저 박탈당하여 기한부계약의 소작농으로 전락하는 사례가 증가하였다.

	A	B	C	D
①	소작농	지주	자작농	자·소작 겸작농
②	자작농	지주	소작농	자·소작 겸작농
③	자·소작 겸작농	지주	자작농	소작농
④	자작농	지주	자·소작 겸작농	소작농
⑤	지주	자·소작 겸작농	자작농	소작농

18 다음은 그리스, 독일, 룩셈부르크, 미국, 일본 등 5개국의 휴대전화 이용률과 건강비용 지출에 대한 자료이다. 〈조건〉을 참고하여 B와 C에 해당하는 국가를 바르게 나열한 것은?

〈5개국의 휴대전화 이용률 현황〉

국가	A	B	C	D	E
이용률	56	79	70	97	99

※ (이용률)=(국민 100명당 가입자 수)

〈5개국의 1인당 건강비용 지출 현황〉

(단위 : 달러, %)

국가 1인당 건강비용	A	B	C	D	E
지출액	5,635	3,050	2,110	2,000	3,230
지출비율	15.0	11.1	7.9	9.9	6.1

※ $[\text{1인당 건강비용 지출비율(\%)}]=\dfrac{[\text{1인당 건강비용 지출액(달러)}]}{[\text{1인당 GDP(달러)}]}\times100$

조건
- 일본의 휴대전화 이용률은 미국보다 높고 그리스보다 낮다.
- 미국의 1인당 건강비용 지출액은 그리스의 2배 이상이다.
- 독일과 룩셈부르크의 1인당 건강비용 지출액의 합은 1인당 건강비용 지출액이 가장 많은 국가보다 작다.
- 독일의 1인당 건강비용 지출비율은 5개국 중에서 가장 낮다.

	B	C
①	그리스	일본
②	일본	룩셈부르크
③	룩셈부르크	일본
④	일본	그리스
⑤	그리스	룩셈부르크

01 다음은 둘씩 짝지은 A~F대학 현황 자료이다. 〈조건〉을 근거로 A – B, C – D, E – F대학을 순서
대로 바르게 짝지어 나열한 것은?

〈둘씩 짝지은 대학 현황〉

(단위 : %, 명, 달러)

짝지은 대학	A – B		C – D		E – F	
	A	B	C	D	E	F
입학허가율	7	12	7	7	9	7
졸업률	96	96	96	97	95	94
학생 수	7,000	24,600	12,300	28,800	9,270	27,600
교수 1인당 학생 수	7	6	6	8	9	6
연간 학비	43,500	49,500	47,600	45,300	49,300	53,000

조건
- 짝지어진 두 대학끼리만 비교한다.
- 졸업률은 야누스가 플로라보다 높다.
- 로키와 토르의 학생 수 차이는 18,000명 이상이다.
- 교수 수는 이시스가 오시리스보다 많다.
- 입학허가율은 토르가 로키보다 높다.

	A – B	C – D	E – F
①	오시리스 – 이시스	플로라 – 야누스	토르 – 로키
②	이시스 – 오시리스	플로라 – 야누스	로키 – 토르
③	로키 – 토르	이시스 – 오시리스	야누스 – 플로라
④	로키 – 토르	플로라 – 야누스	오시리스 – 이시스
⑤	야누스 – 플로라	이시스 – 오시리스	토르 – 로키

02 다음은 2010 ~ 2012년 남아공, 멕시코, 브라질, 사우디, 캐나다, 한국의 이산화탄소 배출량에 대한 자료이다. 다음 〈조건〉을 근거로 하여 A ~ D에 해당하는 국가를 바르게 나열한 것은?

〈2010 ~ 2012년 국가별 이산화탄소 배출량〉

(단위 : 천만 톤, 톤/인)

국가	구분	2010	2011	2012
한국	총배출량	56.45	58.99	59.29
	1인당 배출량	11.42	11.85	11.86
멕시코	총배출량	41.79	43.25	43.58
	1인당 배출량	3.66	3.74	3.75
A	총배출량	37.63	36.15	37.61
	1인당 배출량	7.39	7.01	7.20
B	총배출량	41.49	42.98	45.88
	1인당 배출량	15.22	15.48	16.22
C	총배출량	53.14	53.67	53.37
	1인당 배출량	15.57	15.56	15.30
D	총배출량	38.85	40.80	44.02
	1인당 배출량	1.99	2.07	2.22

※ [1인당 배출량(톤/인)]= $\dfrac{(총배출량)}{(인구)}$

조건

• 1인당 이산화탄소 배출량이 2011년과 2012년 모두 전년 대비 증가한 국가는 멕시코, 브라질, 사우디, 한국이다.
• 2010 ~ 2012년 동안 매년 인구가 1억 명 이상인 국가는 멕시코와 브라질이다.
• 2012년 인구는 남아공이 한국보다 많다.

	A	B	C	D
①	남아공	사우디	캐나다	브라질
②	남아공	브라질	캐나다	사우디
③	캐나다	사우디	남아공	브라질
④	캐나다	브라질	남아공	사우디
⑤	캐나다	남아공	사우디	브라질

03 다음은 어느 해 12월말 기준 가 지역의 개설 및 등록 의료기관 수에 대한 자료이다. 이를 근거로 하여 A ~ D에 해당하는 의료기관을 바르게 나열한 것은?

〈가 지역의 개설 및 등록 의료기관 수〉

(단위 : 개소)

의료기관	개설 의료기관 수	등록 의료기관 수
A	2,784	872
B	( )	141
C	1,028	305
D	( )	360

※ [등록률(%)]$=\dfrac{(등록\ 의료기관\ 수)}{(개설\ 의료기관\ 수)}\times100$

조건

• 등록률이 30% 이상인 의료기관은 '종합병원'과 '치과'이다.
• '종합병원' 등록 의료기관 수는 '안과' 등록 의료기관 수의 2.5배 이상이다.
• '치과' 등록 의료기관 수는 '한방병원' 등록 의료기관 수보다 작다.

	A	B	C	D
①	한방병원	종합병원	안과	치과
②	한방병원	종합병원	치과	안과
③	종합병원	치과	안과	한방병원
④	종합병원	치과	한방병원	안과
⑤	종합병원	안과	한방병원	치과

04 다음은 2009 ~ 2011년 동안 K편의점의 판매량 상위 10개 상품에 대한 자료이다. 〈조건〉을 이용하여 표의 B, C, D에 해당하는 상품을 바르게 나열한 것은?

〈2009 ~ 2011년 K편의점의 판매량 상위 10개 상품〉

순위＼연도	2009	2010	2011
1	바나나우유	바나나우유	바나나우유
2	A	A	딸기맛사탕
3	딸기맛사탕	딸기맛사탕	A
4	B	B	D
5	맥주	맥주	B
6	에너지음료	D	E
7	C	E	C
8	D	에너지음료	맥주
9	카라멜	C	에너지음료
10	E	초콜릿	딸기우유

※ 순위의 숫자가 클수록 순위가 낮음을 의미함

조건

- 캔커피와 주먹밥은 각각 2009년과 2010년 사이에 순위 변동이 없다가 모두 2011년에 순위가 하락하였다.
- 오렌지주스와 참치맛밥은 매년 순위가 상승하였다.
- 2010년에는 주먹밥이 오렌지주스보다 판매량이 더 많았지만 2011년에는 오렌지주스가 주먹밥보다 판매량이 더 많았다.
- 생수는 캔커피보다 매년 순위가 낮았다.

	B	C	D
①	주먹밥	생수	오렌지주스
②	주먹밥	오렌지주스	생수
③	캔커피	생수	참치맛밥
④	생수	주먹밥	참치맛밥
⑤	캔커피	오렌지주스	생수

05 다음은 2003년부터 2006년까지 실용신안, 상표, 특허 및 디자인의 출원 및 등록 건수에 대한 자료이다. 이에 대한 〈조건〉을 이용하여 A ~ D를 순서대로 바르게 나열한 것은?

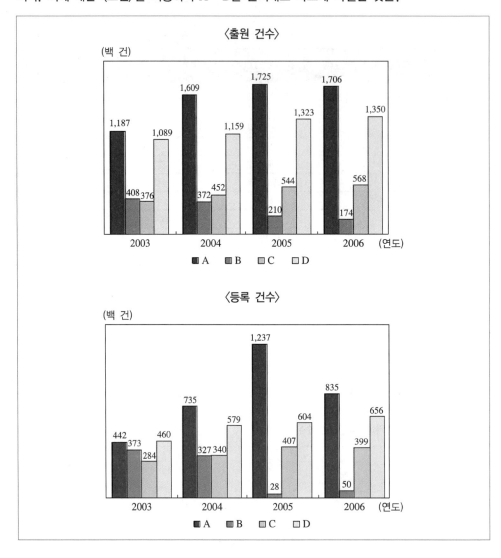

- 특허는 다른 해와 비교하여 2005년에 등록 건수가 가장 많다.
- 2004년부터 2006년까지 디자인 출원 건수는 전년 대비 매년 증가한다.
- 2004년에 비해 2005년의 등록 건수가 감소한 항목은 실용신안이다.
- 2004년부터 2006년까지 상표는 출원 및 등록 건수가 각각 전년 대비 매년 증가한다.

	A	B	C	D
①	특허	실용신안	디자인	상표
②	실용신안	특허	상표	디자인
③	특허	실용신안	상표	디자인
④	실용신안	상표	디자인	특허
⑤	디자인	실용신안	특허	상표

| 01 | 기본문제

01 다음은 2019년의 만 3세부터 초등학교 취학 전까지 유아를 교육하는 방법에 대한 자료이다. 이를 바탕으로 작성한 그래프로 옳지 않은 것은?(단, 교육방법에 중복은 없다)

〈유치원 유아 수 현황〉

(단위 : 명, %)

구분	만 3세		만 4세		만 5세 이상		합계	
	유아 수	비율	유아 수	비율	유아 수	비율	유아 수	비율
국립	49	19.0	88	34.1	121	46.9	258	100.0
공립	27,813	16.4	57,532	33.8	84,746	49.8	170,091	100.0
사립	147,045	27.5	195,456	36.6	191,288	35.8	533,789	100.0
합계	174,907	24.8	253,076	35.9	276,155	39.2	704,138	100.0

※ 모든 비율은 소수점 둘째 자리에서 반올림한다.
※ 비율의 합은 ±0.1 오차가 있을 수 있다.

〈어린이집 유아 수 현황〉

(단위 : 명, %)

구분	만 3세	만 4세	만 5세 이상	합계
비율	43.6	29.8	26.7	100.0
국·공립	39,560	35,265	33,207	108,032
사회복지법인	23,824	17,897	17,702	59,423
법인·단체 등	10,766	8,993	9,451	29,210
민간	173,991	107,757	92,972	374,720
가정	2,356	630	424	3,410
부모협동	1,017	768	742	2,527
직장	12,138	8,945	6,826	27,909
합계	263,652	180,255	161,324	605,231

〈가정양육 유아 수 현황〉

(단위 : 명, %)

구분	만 3세		만 4세		만 5세 이상		합계	
	유아 수	비율	유아 수	비율	유아 수	비율	유아 수	비율
유아 수	47,840	32.6	34,711	23.7	64,211	43.8	146,762	100.0

① 국립, 공립, 사립 유치원에서 교육받는 유아의 비율

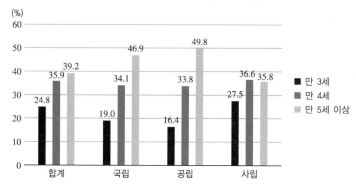

② 어린이집 중 국·공립, 사회복지법인, 법인·단체 등의 교육기관 원생 수 현황

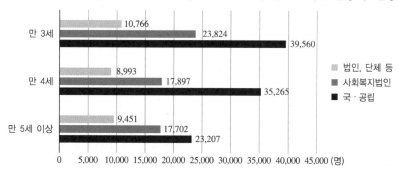

③ 교육기관별 유아 수의 비율

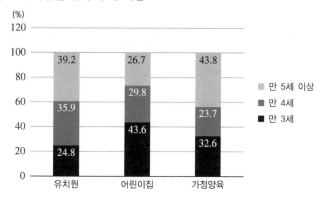

④ 민간어린이집 유아 연령별 현황

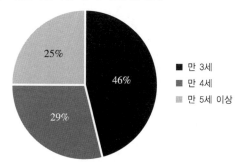

⑤ 우리나라 2019년 연령별 유아 수(단위 : 명)

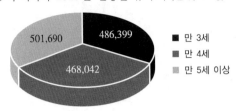

501,690
486,399
468,042

- ■ 만 3세
- ■ 만 4세
- ■ 만 5세 이상

02 다음은 2013 ~ 2016년 기관별 R&D 과제 건수와 비율에 대한 자료이다. 자료를 이용하여 작성한 그래프로 옳지 않은 것은?

〈2013 ~ 2016년 기관별 R&D 과제 건수와 비율〉

(단위 : 건, %)

연도 기관 구분	2013년		2014년		2015년		2016년	
	과제 건수	비율	과제 건수	비율	과제 건수	비율	과제 건수	비율
기업	31	13.5	80	9.4	93	7.6	91	8.5
대학	47	20.4	423	49.7	626	51.4	526	49.3
정부	141	61.3	330	38.8	486	39.9	419	39.2
기타	11	4.8	18	2.1	13	1.1	32	3.0
전체	230	100.0	851	100.0	1,218	100.0	1,068	100.0

① 연도별 기업 및 대학 R&D 과제 건수

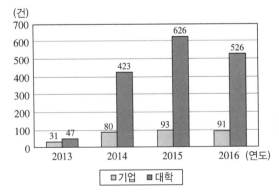

② 연도별 정부 및 전체 R&D 과제 건수

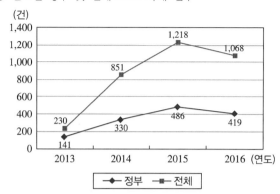

③ 2016년 기관별 R&D 과제 건수 구성비

④ 전체 R&D 과제 건수의 전년 대비 증가율(2014~2016년)

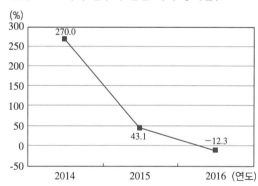

⑤ 연도별 기업 및 정부 R&D 과제 건수의 전년 대비 증가율(2014~2016년)

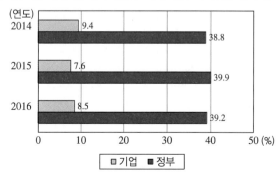

03 다음은 2016년 A시의 생활체육 참여실태에 대한 보고서이다. 보고서의 내용을 작성하는 데 직접적인 근거로 활용되지 않은 자료는?

⟨보고서⟩

2016년에 A시 시민을 대상으로 생활체육 참여실태에 대해 조사한 결과 생활체육을 '전혀 하지 않음'이라고 응답한 비율은 51.8%로 나타났다. 반면, 주 4회 이상 생활체육에 참여한다고 응답한 비율은 28.6%이었다.

생활체육에 참여하지 않는 이유에 대해서는 '시설 부족'이라고 응답한 비율이 30.3%로 가장 높아 공공체육시설을 확충하는 정책이 필요할 것으로 보인다. 2016년 A시의 공공체육시설은 총 388개소로 B시, C시의 공공체육시설 수의 50%에도 미치지 못하는 수준이다. 그러나 A시는 초등학교 운동장을 개방하여 간이운동장으로 활용할 계획이므로 향후 체육시설에 대한 접근성이 더 높아질 것으로 기대된다.

한편, 2016년 A시 생활체육지도자를 자치구별로 살펴보면, 동구 16명, 서구 17명, 남구 16명, 북구 18명, 중구 18명으로 고르게 분포된 것처럼 보인다. 그러나 2016년 북구의 인구가 445,489명, 동구의 인구가 103,016명임을 고려할 때 생활체육지도자 일인당 인구수는 북구가 24,749명으로 동구 6,439명에 비해 현저히 많아 지역 편중 현상이 존재한다. 따라서 자치구 인구 분포를 고려한 생활체육지도자 양성 전략이 필요해 보인다.

---

① 연도별 A시 시민의 생활체육 미참여 이유 조사결과

(단위 : %)

이유 / 연도	시설 부족	정보 부재	지도자 부재	동반자 부재	흥미 부족	기타
2012년	25.1	20.8	14.3	8.2	9.5	22.1
2013년	30.7	18.6	16.4	12.8	9.2	12.3
2014년	28.1	17.2	15.1	11.6	11.0	17.0
2015년	31.5	18.0	17.2	10.9	12.1	10.3
2016년	30.3	15.2	16.0	10.0	10.4	18.1

② 2016년 A시 시민의 생활체육 참여 빈도 조사결과

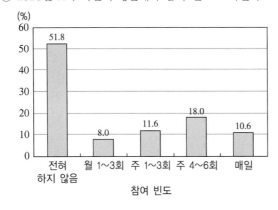

③ 2016년 A시의 자치구·성별 인구

(단위 : 명)

성별 \ 자치구	동구	서구	남구	북구	중구	합
남자	51,584	155,104	104,891	221,433	197,204	730,216
여자	51,432	160,172	111,363	224,056	195,671	742,694
계	103,016	315,276	216,254	445,489	392,875	1,472,910

④ 2016년 도시별 공공체육시설 현황

(단위 : 개소)

구분 \ 도시	A시	B시	C시	D시	E시
육상 경기장	2	3	3	19	2
간이운동장	313	2,354	751	382	685
체육관	16	112	24	15	16
수영장	9	86	15	4	11
빙상장	1	3	1	1	0
기타	47	193	95	50	59
계	388	2,751	889	471	773

⑤ 2016년 생활체육지도자의 도시별 분포

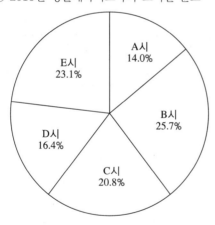

A시 14.0%
B시 25.7%
C시 20.8%
D시 16.4%
E시 23.1%

04 다음은 2011 ~ 2014년 주택건설 인허가 실적에 대한 보고서이다. 보고서의 내용을 작성하는 데 직접적인 근거로 활용되지 않은 자료는?

<보고서>

• 2014년 주택건설 인허가 실적은 전국 51.5만 호(수도권 24.2만 호, 지방 27.3만 호)로 2013년 (44.1만 호) 대비 16.8% 증가하였다. 이는 당초 계획(37.4만 호)에 비하여 증가한 것이지만, 2014년의 인허가 실적은 2011년 55.0만 호, 2012년 58.6만 호, 2013년 44.1만 호 등 3년 평균 (2011 ~ 2013년, 52.6만 호)에 미치지 못하였다.

• 2014년 아파트의 인허가 실적(34.8만 호)은 2013년 대비 24.7% 증가하였다. 아파트 외 주택의 인허가 실적(16.7만호)은 2013년 대비 3.1% 증가하였으나, 2013년부터 도시형생활주택 인허가 실적이 감소하면서 3년 평균(2011 ~ 2013년, 18.9만 호) 대비 11.6% 감소하였다.

• 2014년 공공부문의 인허가 실적(6.3만 호)은 일부 분양물량의 수급 조절에 따라 2013년 대비 21.3% 감소하였으며, 3년 평균(2011 ~ 2013년, 10.2만 호) 대비로는 38.2% 감소하였다. 민간부문(45.2만 호)은 2013년 대비 25.2% 증가하였으며, 3년 평균(2011 ~ 2013년, 42.4만 호) 대비 6.6% 증가하였다.

• 2014년의 소형($60m^2$ 이하), 중형($60m^2$ 초과 $85m^2$ 이하), 대형($85m^2$ 초과) 주택건설 인허가 실적은 2013년 대비 각각 1.2%, 36.4%, 4.9% 증가하였고, 2014년 $85m^2$ 이하 주택건설 인허가 실적의 비중은 2014년 전체 주택건설 인허가 실적의 약 83.5%이었다.

① 지역별 주택건설 인허가 실적 및 증감률

(단위 : 만 호, %)

구분	2013년	3년 평균 (2011 ~ 2013)	2014년		
				전년 대비 증감률	3년 평균 대비 증감률
전국	44.1	52.6	51.5	16.8	−2.1
수도권	19.3	24.5	24.2	25.4	−1.2
지방	24.8	28.1	27.3	10.1	−2.8

② 2011 ~ 2013년 지역별 주택건설 인허가 실적

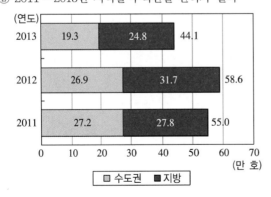

③ 공공임대주택 공급 실적 및 증감률

(단위 : 만 호, %)

구분	2013년	3년 평균 (2011 ~ 2013)	2014년		
				전년 대비 증감률	3년 평균 대비 증감률
영구·국민	2.7	2.3	2.6	−3.7	13.0
공공	3.1	2.9	3.6	16.1	24.1
매입·전세	3.8	3.4	3.4	−10.5	0.0

④ 유형별 주택건설 인허가 실적 및 증감률

(단위 : 만 호, %)

구분	2013년	3년 평균 (2011 ~ 2013)	2014년		
				전년 대비 증감률	3년 평균 대비 증감률
아파트	27.9	33.7	34.8	24.7	3.3
아파트 외	16.2	18.9	16.7	3.1	−11.6

⑤ 건설 주체별·규모별 주택건설 인허가 실적 및 증감률

(단위 : 만 호, %)

구분		2013년	3년 평균 (2011 ~ 2013)	2014년		
					전년 대비 증감률	3년 평균 대비 증감률
건설주체	공공부문	8.0	10.2	6.3	−21.3	−38.2
	민간부문	36.1	42.4	45.2	25.2	6.6
규모	60m² 이하	17.3	21.3	17.5	1.2	−17.8
	60m² 초과 85m² 이하	18.7	21.7	25.5	36.4	17.5
	85m² 초과	8.1	9.6	8.5	4.9	−11.5

05 다음은 2009 ~ 2014년 건설공사 공종별 수주액 현황을 나타낸 자료이다. 이를 이용하여 작성한 그래프로 옳지 않은 것은?

〈건설공사 공종별 수주액 현황〉

(단위 : 조 원, %)

구분 연도	토목	전년 대비 증감률	건축	전년 대비 증감률	주거용	비주거용	전체	전년 대비 증감률
2009년	54.1	31.2	64.6	−18.1	39.1	25.5	118.7	−1.1
2010년	41.4	−23.5	61.8	−4.3	31.6	30.2	103.2	−13.1
2011년	38.8	−6.3	71.9	16.3	38.7	33.2	110.7	7.3
2012년	34.0	−12.4	65.8	−8.5	34.3	31.5	99.8	−9.8
2013년	29.9	−12.1	60.5	−8.1	29.3	31.2	90.4	−9.4
2014년	32.7	9.4	74.7	23.5	41.1	33.6	107.4	18.8

① 건축 공종의 수주액

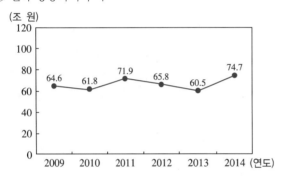

② 토목 공종의 수주액 및 전년 대비 증감률

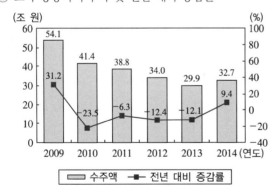

③ 건설공사 전체 수주액의 공종별 구성비

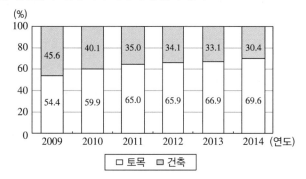

④ 건축 공종 중 주거용 및 비주거용 수주액

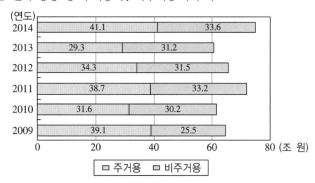

⑤ 건설공사 전체 및 건축 공종 수주액의 전년 대비 증감률

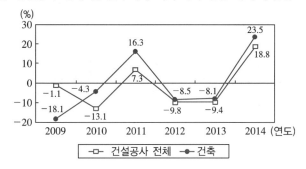

06 다음은 자동차 오염물질 및 배출가스 관리여건에 대한 자료이다. 보고서를 작성하는 데 직접적인 근거로 활용되지 않은 자료는?

〈보고서〉

우리나라는 국토면적에 비해 자동차 수가 많아 자동차 배기오염물질 관리에 많은 어려움이 있다. 국내 자동차 등록대수는 매년 꾸준히 증가하여 2008년 1,732만 대를 넘어섰다. 운송수단별 수송분담률에서도 자동차가 차지하는 비중은 2008년 75% 이상이다. 한편 2008년 자동차 1대당 인구는 2.9명으로 미국에 비해 2배 이상이다.

국내 자동차 등록현황을 사용 연료별로 살펴보면 휘발유 차량이 가장 많고 다음으로 경유, LPG 차량순이다. 최근 국내 휘발유 가격대비 경유 가격이 상승하였다. 그 여파로 국내에서 경유 차량의 신규 등록이 휘발유 차량에 비해 줄어드는 추세를 보이고 있다. 이런 추세는 OECD 선진국에서 경유 차량이 일반화되는 현상과 대비된다.

자동차 등록대수의 빠른 증가는 대기오염은 물론이고 지구온난화를 야기하는 자동차 배기가스 배출량에 큰 영향을 미치고 있다. 2007년 기준으로 국내 주요 대기오염물질 배출량 중 자동차 배기가스가 차지하는 비중은 일산화탄소(CO) 67.5%, 질소산화물(NOx) 41.7%, 미세먼지(PM10) 23.5%이다. 특히 질소산화물은 태양광선에 의해 광화학반응을 일으켜 오존을 발생시키고 호흡기질환 등을 유발하므로 이에 대한 저감 대책이 필요하다.

---

① 연도별 국내 자동차 등록현황

(단위 : 천 대)

연도	2002년	2003년	2004년	2005년	2006년	2007년	2008년
등록대수	14,586	14,934	15,397	15,895	16,428	16,794	17,325

② 2007년 국내 주요 대기오염물질 배출량

(단위 : 천 톤/년)

구분	배출량	자동차 배기가스(비중)
일산화탄소(CO)	809	546(67.5%)
질소산화물(NOx)	1,188	495(41.7%)
이산화황(SO2)	403	1(0.2%)
미세먼지(PM10)	98	23(23.5%)
휘발성유기화합물(VOCs)	875	95(10.9%)
암모니아(NH3)	309	10(3.2%)
계	3,682	1,170(31.8%)

③ 2008년 국내 운송수단별 수송분담률

(단위 : 백만 명, %)

구분	자동차	지하철	철도	항공	해운	합
수송인구	9,798	2,142	1,020	16	14	12,990
수송분담률	75.4	16.5	7.9	0.1	0.1	100.0

④ 2008년 OECD 국가의 자동차 연료별 상대가격

(휘발유 기준)

구분	휘발유	경유	LPG
OECD 회원국 전체	100	86	45
OECD 선진국	100	85	42
OECD 비선진국	100	87	54
OECD 산유국	100	86	50
OECD 비산유국	100	85	31

⑤ 2008년 국가별 자동차 1대당 인구

(단위 : 명)

국가	한국	일본	미국	독일	프랑스
자동차 1대당 인구	2.9	1.7	1.2	1.9	1.7

07 다음은 농산물 도매시장의 품목별 조사단위당 가격에 대한 자료이다. 이를 이용하여 작성한 그래프로 옳지 않은 것은?

〈품목별 조사단위당 가격〉

(단위 : kg, 원)

구분	품목	조사단위	조사단위당 가격		
			금일	전일	전년 평균
곡물	쌀	20	52,500	52,500	47,500
	찹쌀	60	180,000	180,000	250,000
	검정쌀	30	120,000	120,000	106,500
	콩	60	624,000	624,000	660,000
	참깨	30	129,000	129,000	127,500
채소	오이	10	23,600	24,400	20,800
	부추	10	68,100	65,500	41,900
	토마토	10	34,100	33,100	20,800
	배추	10	9,500	9,200	6,200
	무	15	8,500	8,500	6,500
	고추	10	43,300	44,800	31,300

① 쌀, 찹쌀, 검정쌀의 조사단위당 가격

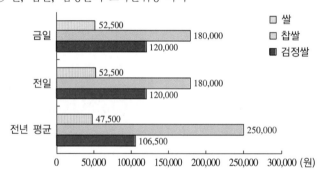

② 채소의 조사단위당 전일가격 대비 금일가격 등락액

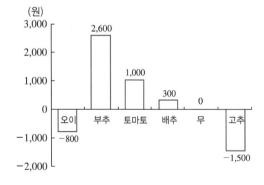

③ 채소 1kg당 금일가격

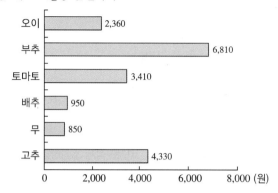

④ 곡물 1kg당 금일가격

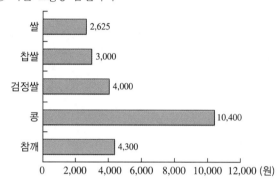

⑤ 채소의 조사단위당 전년 평균가격 대비 금일가격 비율

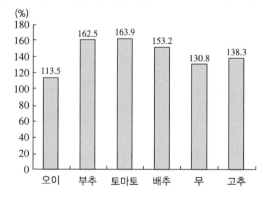

08 다음은 인터넷 침해사고 대응에 대한 보고서이다. 보고서의 내용과 부합하지 않는 자료는?

〈보고서〉

해킹사고 접수처리 건수는 2013년 1월 총 1,258건으로 전월 대비 12% 이상 감소하였고, 2012년 10월 이후 매월 감소하였다.

2013년 1월 한 달간 국내 기관을 사칭한 피싱 사이트 차단 건수는 총 1,024건으로, 전월 대비 260% 이상 증가하면서 지난해 6월 이후 가장 많은 건수를 기록했다.

2013년 1월 웹페이지 방문자 PC에 악성코드를 유포하는 유포지 사이트 353건, 방문자를 유포지로 자동 연결시켜주는 경유지 사이트 1,197건을 탐지하여 악성코드를 삭제 조치하였다. 2013년 1월 악성코드 유포지 사이트 탐지 건수는 전월 대비 15% 이상 감소하였다.

2013년 1월 KISA 허니넷으로 유입된 유해 트래픽은 전월 대비 18% 이상 증가했고, 국외 IP로부터 유발된 트래픽이 94%를 차지한 것으로 분석되었다. 공격대상 포트별 비율은 기타를 제외하고 TCP/1433, TCP/445, TCP/3305 등의 순서로 나타났다.

2013년 1월 한 달간 DNS 싱크홀로 유입된 좀비IP는 총 144,429개로, 전월 대비 4% 이상 증가하였다. 2012년 1 ~ 11월 동안 좀비IP 개수는 매월 감소하였으나 이후 증가하였다.

① 월별 해킹사고 접수처리 건수

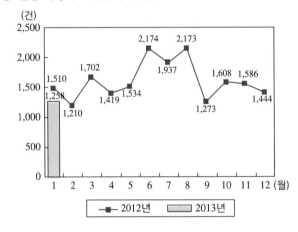

② 월별 악성코드 유포지 사이트 탐지 건수

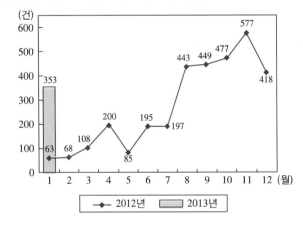

③ KISA 허니넷으로 유입된 유해 트래픽의 공격대상 포트별 비율

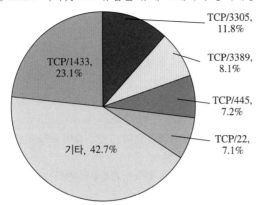

④ 월별 국내 기관을 사칭한 피싱 사이트 차단 현황

(단위 : 건)

구분	2012년												2013년
	1월	2월	3월	4월	5월	6월	7월	8월	9월	10월	11월	12월	1월
정부공공	245	473	337	389	545	266	39	46	61	63	99	83	169
금융기관	1	16	142	921	1,128	636	240	232	314	182	238	192	848
기타	0	0	4	0	9	15	4	5	7	3	7	2	7
합계	246	489	483	1,310	1,682	917	283	283	382	248	344	277	1,024

⑤ 월별 DNS 싱크홀로 유입된 좀비IP 개수

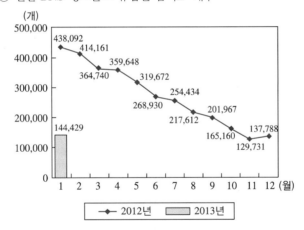

09 다음은 우리나라 기업결합에 대한 보고서이다. 보고서의 내용과 부합하지 않는 자료는?

<보고서>

- 2011년 '전체 기업결합' 심사 건수는 전년 대비 8% 이상 증가하였으나, '전체 기업결합' 금액은 전년 대비 34% 이상 감소하였다.
- 2009 ~ 2011년 '전체 기업결합' 및 '국내기업관련 기업결합' 심사 건수는 2009년 1사분기 이후 매분기 증가하였으나, 2011년 2사분기 이후 매분기 감소하였다.
- 2011년 '국내기업에 의한 기업결합' 건수의 경우, 제조업 분야는 전년 대비 28% 이상 증가한 반면, 서비스업 분야는 전년 대비 12% 이상 감소하였다.
- 2011년 '국내기업에 의한 기업결합' 총 431건의 유형별 건수는 혼합결합 244건, 수평결합 129건, 수직결합 58건이다.
- 2011년 '국내기업에 의한 기업결합'의 수단별 건수는 주식 취득(142건)이 가장 많았고, 영업 양수(41건)가 가장 적었다.

① '전체 기업결합' 금액 및 심사 건수 추이

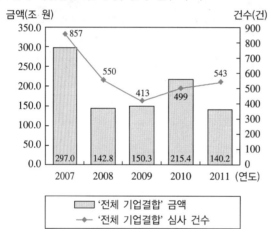

② 분기별 기업결합 심사 건수 추이

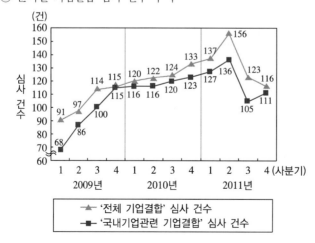

③ '국내기업에 의한 기업결합' 업종별 분포

(단위 : 건)

| 연도 | 제조업 | | | | | | | 서비스업 | | | | | | | | 계 |
	기계금속	전기전자	석유화학의약	비금속광물	식음료	기타	소계	금융	건설	도소매·유통	정보통신방송	음식숙박	운수	기타	소계	
2010년	49	46	33	10	8	11	157	71	53	37	41	3	11	48	264	421
2011년	48	67	42	6	21	18	202	77	29	20	36	4	17	46	229	431

④ 2011년 '국내기업에 의한 기업결합' 유형별 구성비

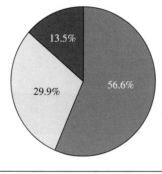

13.5%
29.9%
56.6%

■혼합결합 □수평결합 ■수직결합

⑤ '국내기업에 의한 기업결합' 수단별 건수 및 비율

(단위 : 건, %)

연도 \ 수단	주식 취득	합병	영업 양수	임원 겸임	회사 설립	합계
2010년	140 (33.3)	107 (25.4)	41 (9.7)	59 (14.0)	74 (17.6)	421 (100.0)
2011년	142 (32.9)	97 (22.5)	41 (9.5)	65 (15.1)	86 (20.0)	431 (100.0)

10 다음은 4개 국가의 여성과 남성의 흡연율과 기대수명에 대한 자료이다. 이를 이용하여 작성한 그래프로 옳지 않은 것은?

〈여성과 남성의 흡연율〉

(단위 : %)

국가 \ 연도 성별	1980년		1990년		2000년		2010년	
	여성	남성	여성	남성	여성	남성	여성	남성
덴마크	44.0	57.0	42.0	47.0	29.0	33.5	20.0	20.0
일본	14.4	54.3	9.7	53.1	11.5	47.4	8.4	32.2
영국	37.0	42.0	30.0	31.0	26.0	28.0	20.7	22.3
미국	29.3	37.4	22.8	28.4	17.3	21.2	13.6	16.7

〈여성과 남성의 기대수명〉

(단위 : 세)

국가 \ 연도 성별	1980년		1990년		2000년		2010년	
	여성	남성	여성	남성	여성	남성	여성	남성
덴마크	77.3	71.2	77.8	72.0	79.2	74.5	81.4	77.2
일본	78.8	73.3	81.9	75.9	84.6	77.7	86.4	79.6
영국	76.2	70.2	78.5	72.9	80.3	75.5	82.6	78.6
미국	77.4	70.0	78.8	71.8	79.3	74.1	81.1	76.2

① 국가별 여성의 흡연율

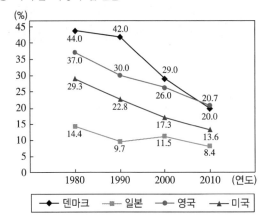

② 국가별 여성과 남성의 흡연율 차이

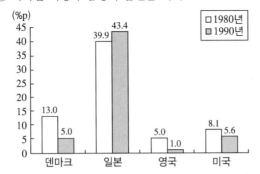

③ 국가별 흡연율

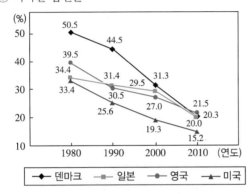

④ 국가별 여성과 남성의 기대수명 차이

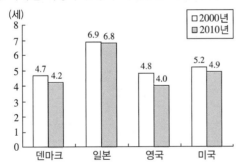

⑤ 일본 남성과 미국 남성의 흡연율과 기대수명

11 다음은 1995년과 2007년 도시근로자가구당 월평균 소비지출액 및 교통비지출액 현황에 대한 보고서이다. 보고서의 내용과 부합하지 않는 자료는?

<보고서>

- 도시근로자가구당 월평균 소비지출액은 1995년 1,231천 원에서 2007년 2,349천 원으로 증가하였다.
- 도시근로자가구당 월평균 교통비지출액은 1995년 120.3천 원에서 2007년 282.4천 원으로 증가하였다.
- 도시근로자가구당 월평균 교통비지출액 비중이 큰 세부 항목부터 순서대로 나열하면, 1995년에는 자동차구입(29.9%), 연료비(21.9%), 버스(18.3%), 보험료(7.9%), 택시(7.1%)의 순이었으나, 2007년에는 연료비(39.0%), 자동차구입(23.3%), 버스(12.0%), 보험료(6.2%), 정비 및 수리비(3.7%)의 순으로 변동되었다.
- 사무직 도시근로자가구당 월평균 교통비지출액은 1995년 151.8천 원에서 2007년 341.4천 원으로 증가하였으며, 생산직 도시근로자가구당 월평균 교통비지출액은 1995년 96.3천 원에서 2007년 233.1천 원으로 증가하였다.
- 1995년과 2007년 도시근로자가구당 월평균 교통비지출액 비중의 차이는 소득 10분위가 소득 1분위보다 작았다.

---

① 소득분위별 도시근로자가구당 월평균 교통비지출액 현황

(단위 : 천 원, %)

소득분위	소비지출액(A)		교통비지출액(B)		교통비지출액 비중$\left(\dfrac{B}{A}\times100\right)$	
	1995년	2007년	1995년	2007년	1995년	2007년
1분위	655.5	1,124.8	46.1	97.6	7.0	8.7
2분위	827.3	1,450.6	64.8	149.2	7.8	10.3
3분위	931.1	1,703.2	81.4	195.8	8.7	11.5
4분위	1,028.0	1,878.7	91.8	210.0	8.9	11.2
5분위	1,107.7	2,203.2	108.4	285.0	9.8	12.9
6분위	1,191.8	2,357.9	114.3	279.3	9.6	11.8
7분위	1,275.0	2,567.6	121.6	289.1	9.5	11.3
8분위	1,441.4	2,768.8	166.1	328.8	11.5	11.9
9분위	1,640.0	3,167.2	181.4	366.4	11.1	11.6
10분위	2,207.0	4,263.7	226.7	622.5	10.3	14.6

② 도시근로자가구당 월평균 교통비지출액 현황

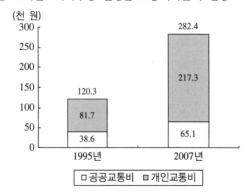

③ 세부항목별 도시근로자가구당 월평균 교통비지출액 현황

(단위 : 원, %)

세부항목	1995년		2007년	
	지출액	비중	지출액	비중
버스	22,031	18.3	33,945	12.0
지하철 및 전철	3,101	2.6	9,859	3.5
택시	8,562	7.1	9,419	3.3
기차	2,195	1.8	2,989	1.1
자동차임차료	212	0.2	346	0.1
화물운송료	1,013	0.8	3,951	1.4
항공	1,410	1.2	4,212	1.5
기타공공교통	97	0.1	419	0.1
자동차구입	35,923	29.9	65,895	23.3
오토바이구입	581	0.5	569	0.2
자전거구입	431	0.4	697	0.3
부품 및 관련용품구입	1,033	0.9	4,417	1.6
연료비	26,338	21.9	110,150	39.0
정비 및 수리비	5,745	4.8	10,478	3.7
보험료	9,560	7.9	17,357	6.2
주차료	863	0.7	1,764	0.6
통행료	868	0.7	4,025	1.4
기타개인교통	310	0.2	1,902	0.7

④ 직업형태별 도시근로자가구당 월평균 교통비지출액 현황

(단위 : 천 원)

직업형태	교통비	1995년	2000년	2005년	2006년	2007년
사무직	공공	39.8	54.1	62.5	64.4	67.0
	개인	112.0	190.5	240.9	254.1	274.4
	소계	151.8	244.6	303.4	318.5	341.4
생산직	공공	37.7	52.3	61.5	61.7	63.6
	개인	58.6	98.6	124.1	147.2	169.5
	소계	96.3	150.9	185.6	208.9	233.1

⑤ 연도별 도시근로자가구당 월평균 소비지출액 현황

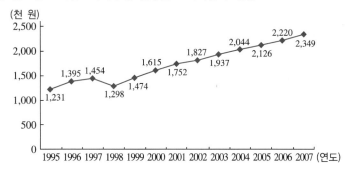

12 다음은 2022년 대전광역시 행정구역별 교통 관련 현황 및 행정구역도에 대한 자료이다. 이를 이용하여 작성한 그래프로 옳지 않은 것은?

〈2022년 대전광역시 행정구역별 교통 관련 현황〉

구분 \ 행정구역	동구	중구	서구	유성구	대덕구	전체
인구(천 명)	249	265	500	285	207	1,506
가구 수(천 가구)	99	101	180	102	75	557
주차장 확보율(%)	78.6	68.0	87.2	90.5	75.3	81.5
승용차 보유대수(천 대)	84	97	187	116	85	569
가구당 승용차 보유대수(대)	0.85	0.96	1.04	1.14	1.13	1.02
승용차 통행발생량(만 통행)	28	32	61	33	25	179
화물차 수송도착량에 대한 화물차 수송발생량 비율(%)	46.8	36.0	30.1	45.7	91.8	51.5

※ [승용차 1대당 통행발생량(통행)] = $\dfrac{(승용차\ 통행발생량)}{(승용차\ 보유대수)}$

〈대전광역시 행정구역도〉

① 행정구역별 인구

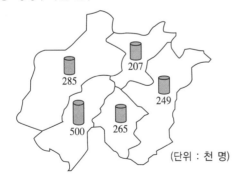

(단위 : 천 명)

② 행정구역별 주차장 확보율

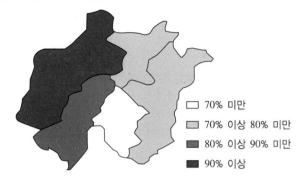

⬜ 70% 미만
🔲 70% 이상 80% 미만
🔲 80% 이상 90% 미만
⬛ 90% 이상

③ 행정구역별 가구당 승용차 보유대수

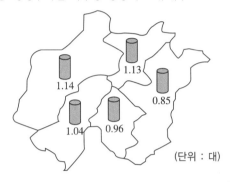

1.14 1.13 0.85 1.04 0.96

(단위 : 대)

④ 행정구역별 화물차 수송도착량에 대한 화물차 수송발생량 비율

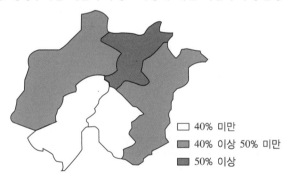

⬜ 40% 미만
🔲 40% 이상 50% 미만
⬛ 50% 이상

⑤ 행정구역별 승용차 1대당 통행발생량

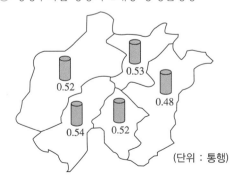

0.52 0.53 0.48 0.54 0.52

(단위 : 통행)

13 다음은 방송통신정책환경에 대한 보고서이다. 보고서를 작성하는 데 직접적인 근거로 활용되지 않은 자료는?

〈보고서〉

2009년 세계 지역별 통신서비스 시장 매출액의 합계는 1조 3,720억 달러에 달하였으며, 2012년에는 1조 4,920억 달러일 것으로 추정된다. 2010년 세계 통신서비스 형태별 가입자 수를 살펴보면, 이동전화 서비스 가입자 수는 세계 인구의 79%에 해당하는 51억 6,700만 명으로 가장 많았고, 그다음으로는 유선전화, 인터넷, 브로드밴드 순서로 가입자가 많았다.

한편 우리나라의 경우 2008 ~ 2010년 GDP에서 정보통신기술(ICT) 산업이 차지하는 비중은 매년 증가하여 2010년에는 11.2%였다. 2010년 4사분기 국내 IPTV 서비스 가입자 수는 308만 6천 명이고, Pre – IPTV와 IPTV 서비스 가입자 수의 합계는 365만 9천 명이다.

---

① 국내 Pre – IPTV와 IPTV 서비스 가입자 수 추이

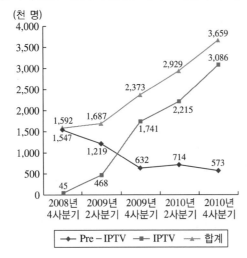

② 국내 IPTV 서비스 매출액

(단위 : 억 원)

구분	2009년	2010년	2011년
매출액	807	4,168	5,320

③ 2010년 세계 통신서비스 형태별 가입자 수

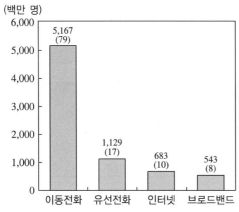

(백만 명)

※ (   ) 안의 숫자는 세계 인구수 대비 비율(%)임

④ 세계 지역별 통신서비스 시장 매출액

(단위 : 십억 달러)

지역 \ 연도	2009년	2010년	2011년	2012년
북미	347	349	352	355
유럽	416	413	415	421
아시아 / 태평양	386	399	419	439
남미	131	141	152	163
중동 / 아프리카	92	99	107	114
합계	1,372	1,401	1,445	1,492

※ 2012년 자료는 추정치임

⑤ 우리나라 GDP 대비 ICT 산업 비중

(단위 : %)

구분 \ 연도	2008년	2009년	2010년
GDP 성장률	2.3	0.2	6.1
ICT 산업 성장률	6.8	5.3	14.0
GDP 대비 ICT 산업 비중	9.9	10.4	11.2

※ 백분율(%)은 소수점 둘째 자리에서 반올림한 값임

14 다음은 2007 ~ 2009년 방송사 A ~ D의 방송심의규정 위반에 따른 제재 현황을 나타낸 자료이다. 이를 이용하여 작성한 그래프로 옳지 않은 것은?

〈방송사별 제재 건수〉

(단위 : 건)

방송사 \ 연도 \ 제재	2007년		2008년		2009년	
	법정제재	권고	법정제재	권고	법정제재	권고
A	21	1	12	36	5	15
B	25	3	13	29	20	20
C	12	1	8	25	14	20
D	32	1	14	30	24	34
전체	90	6	47	120	63	89

※ 제재는 법정제재와 권고로 구분됨

① 방송사별 법정제재 건수 변화

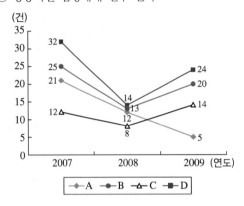

② 연도별 방송사 전체의 법정제재 및 권고 건수

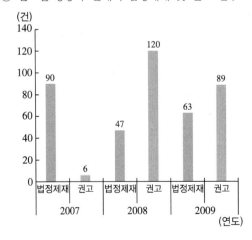

③ 2007년 법정제재 건수의 방송사별 구성비

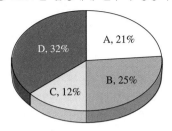

④ 2008년 방송사별 법정제재 및 권고 건수

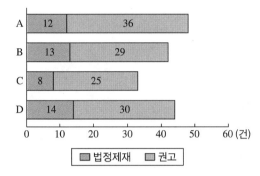

⑤ 2008년과 2009년 방송사별 권고 건수

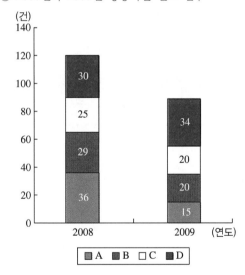

15 다음은 2007 ~ 2010년 우리나라 국민건강영양조사 결과에 대한 보고서이다. 보고서의 내용과 부합하지 않는 것은?

⟨보고서⟩

• 2010년 19세 이상 성인의 비만율은 남성 36.3%, 여성 24.8%였고, 30세 이상 성인 중 남성의 경우 30대의 비만율이 가장 높았으며, 여성의 경우 60대의 비만율이 가장 높았다.
• 2007 ~ 2010년 동안 19세 이상 성인 남성의 현재흡연율과 월평균음주율은 각각 매년 증가하였다. 같은 기간 동안 19세 이상 성인 남성과 여성의 간접흡연노출률도 각각 매년 증가하였다.

---

① 19세 이상 성인의 현재흡연율

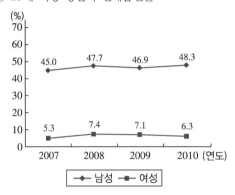

② 30세 이상 성인의 연령대별 비만율(2010년)

(단위 : %)

30대		40대		50대		60대		70대 이상	
남성	여성	남성	여성	남성	여성	남성	여성	남성	여성
42.3	19.0	41.2	26.7	36.8	33.8	37.8	43.3	24.5	34.4

③ 19세 이상 성인의 월평균음주율

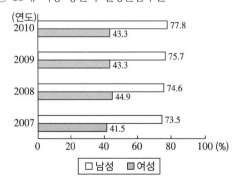

④ 19세 이상 성인의 비만율

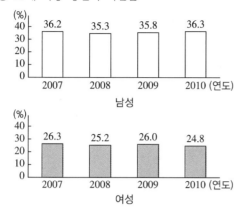

⑤ 19세 이상 성인의 간접흡연노출률

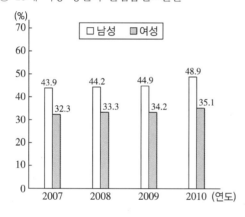

16 다음은 우리나라의 2011년 2월 출입국 현황에 대한 보고서이다. 다음 중 보고서의 내용을 작성하는 데 직접적인 근거로 활용되지 않은 자료는?

〈보고서〉

연평도 포격 사건 이후 안전에 대한 불안감, 구제역 등 악재의 영향이 계속되어 2011년 2월 외국인 입국자 수는 전년 동월 대비 약 4.4%의 낮은 증가에 그쳐 667,089명을 기록하였다. 한편 2011년 2월 국내 거주 외국인의 해외 출국자 수는 전년 동월에 비해 큰 변화가 없었다.

2011년 2월 외국인의 입국 현황을 국가별로 살펴보면 태국, 말레이시아, 베트남 등으로부터의 입국자 수는 전년 동월 대비 증가하였으나, 대만으로부터의 입국자 수는 감소했다. 목적별로 살펴보면 승무원, 유학·연수, 기타 목적이 전년 동월 대비 각각 13.5%, 19.6%, 38.3% 증가하였으나, 업무와 관광 목적은 각각 2.3%, 3.5% 감소하였다. 또한 성별로는 남성이 335,215명, 여성은 331,874명이 입국하여 남녀 입국자 수는 비슷한 수준이었다.

① 연도별 2월 외국인 입국자 수

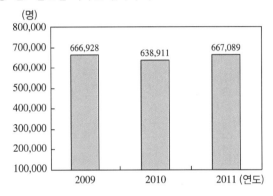

② 2011년 2월의 전년 동월 대비 국가별 외국인 입국자 수 증감률

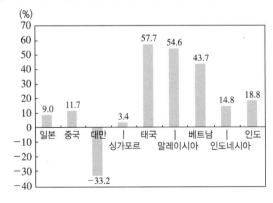

③ 2011년 2월 목적별 외국인 입국 현황

입국목적	입국자(명)	전년 동월 대비 증감률(%)
관광	430,922	−3.5
업무	18,921	−2.3
유학·연수	42,644	19.6
승무원	70,118	13.5
기타	104,484	38.3

④ 2011년 2월 성별 외국인 입국자 수

(단위 : 명)

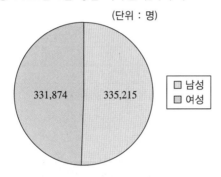

331,874　335,215

□ 남성
□ 여성

⑤ 2011년 2월 내국인의 해외 출국 현황

방문국가	출국자(명)	전년 동월 대비 증감률(%)
일본	2,415,362	52.2
중국	4,076,400	27.5
대만	216,901	29.4
태국	815,970	32.0
말레이시아	264,052	16.2
싱가포르	360,652	32.6
필리핀	740,622	48.7
인도네시아	299,336	17.1
베트남	495,902	36.9

17 다음은 성별에 따른 2022년도 국가별 암 발생률에 대한 자료이다. 이를 이용하여 작성한 그래프로 옳지 않은 것은?

〈국가별 암 발생률(남자)〉

(단위 : 명)

한국		일본		미국		영국	
위	63.8	위	46.8	전립선	83.8	전립선	62.1
폐	46.9	대장	41.7	폐	49.5	폐	41.6
대장	45.9	폐	38.7	대장	34.1	대장	36.2
간	38.9	전립선	22.7	방광	21.1	방광	13.0
전립선	23.0	간	17.6	림프종	16.3	림프종	12.0
기타	95.7	기타	79.8	기타	130.2	기타	115.9
계	314.2	계	247.3	계	335.0	계	280.8

※ 암 발생률 : 특정기간 동안 해당 집단의 인구 10만 명당 새롭게 발생한 암 환자 수

〈국가별 암 발생률(여자)〉

(단위 : 명)

한국		일본		미국		영국	
갑상선	68.6	유방	42.7	유방	76.0	유방	87.9
유방	36.8	대장	22.8	폐	36.2	대장	23.7
위	24.9	위	18.2	대장	25.0	폐	23.5
대장	24.7	폐	13.3	자궁체부	16.5	난소	12.8
폐	13.9	자궁경부	9.8	갑상선	15.1	자궁체부	11.1
기타	72.7	기타	60.8	기타	105.6	기타	90.5
계	241.6	계	167.6	계	274.4	계	249.5

① 성별에 따른 국가별 암 발생률의 계

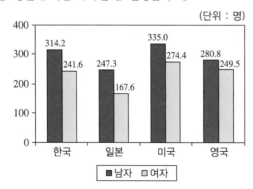

② 국가별 여성 유방암 발생자 수

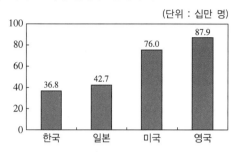

③ 한국의 성별 암 발생률

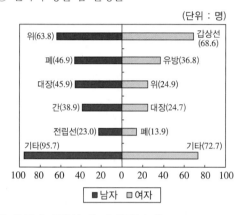

④ 한국과 일본의 암 발생률(남자)

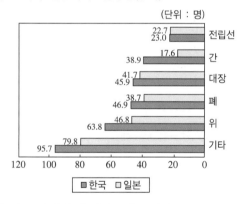

⑤ 한국 여성의 암 발생률의 구성비

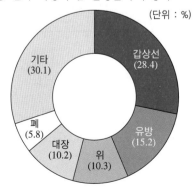

18 다음 중 식량 문제에 있어서 해양의 생물자원에 대한 아래의 보고서를 작성하는 데 인용되지 않은 자료는?

〈보고서〉

지구 전체적으로 해양 어획물은 동물성 단백질 소비의 16%를 차지하고 있으며, 특히 개발도상국에서는 중요한 단백질 공급원이다. 아프리카의 해안 국가와 아시아에서는 10억 명 이상의 사람들이 단백질의 주요 원천을 물고기에 의존하고 있다. 그러나 국가 간 교역 및 산업의 발달로 해양의 자원이 점점 고갈되어 가고 있으며, 오염이 증가하고 있다. 해양오염의 4분의 3 이상이 육지에서 일어나는 활동으로 인한 것이다. 이러한 해양 오염에 이은 서식지의 파괴와 인간의 남획에 따라서 해양 포유동물들도 크게 위협을 받고 있다. 한 예로 스텔라 해우의 경우는 이 동물이 발견된 지 겨우 27년이 지난 1768년경에 선원들의 남획으로 인해서 멸종되었다. 1990년에 양식을 포함한 모든 방법으로 얻은 어획량은 9,700만 톤으로, 인간이 소비하는 단백질의 약 5%를 제공했다. 최근 수십 년 동안 세계 어획량은 급속히 증가해 1950년 기준으로 거의 5배가 되었다. 그러나 최대 어획량은 1989년의 1억 톤 남짓에 그쳤다. 내륙 어장과 양식장의 생산량이 꾸준히 증가했지만 해양 어장의 어획량 감소를 보충하지 못했다. 해양의 어획량은 1989년 최대치인 8,200만 톤을 기록했으나, 1991년에는 7,700만 톤으로 줄어 6%의 감소를 보였다. FAO의 과학자들은 효율적인 어장 관리를 통해서 전체 어획량을 2010년에는 1억 200만 톤으로 증가시킬 수 있다고 믿는다. 그러나 결과적으로 1인당 어획량은 10% 감소할 것이다.

① (단위 : 만 톤)

지역	동물성 단백질 소비 중 해양 어획물의 비율(%)
북아메리카	6.6
서유럽	9.7
아프리카	21.2
아시아	27.8
세계 전체	16.0

② (단위 : 만 톤)

구분	미국	일본	한국	노르웨이	캐나다
참치	402	803	124	65	320
대구	85	72	23	31	42
연어	322	131	75	91	90
고등어	65	126	348	29	54
연체류	36	98	72	26	11
패류	102	212	113	31	58

③ 　　　　　　　　　　　　　　　　　　　　　　　　　　　　　　　　(단위 : 만 톤)

원천	해양오염 비율(%)
육지로부터의 배출수	44
육지로부터 대기를 통해 유입되는 배출물	33
해상 운송 및 사고로 인한 유출	12
해양 투기	10
연안 지역에서의 채광, 석유$가스 채굴	1
합계	100

④ 　　　　　　　　　　　　　　　　　　　　　　　　　　　　　　　　(단위 : 만 톤)

구분	1990년	2010년(추정)	전체변화(%)	1인당 변화(%)
인구(백만 명)	5,290	7,030	+33	-
어획량(백만 톤)	97	102	+5	-10
관개지(헥타르)	237	277	+17	-12
경작지(헥타르)	1,444	1,516	+5	-21
목초지(헥타르)	3,402	3,540	+4	-22
삼림(헥타르)	3,413	3,165	-7	-30

⑤ 　　　　　　　　　　　　　　　　　　　　　　　　　　　　　　　　(단위 : 만 톤)

구분	종	과거 개체 수 (19C 중반 ~ 20C 중반)	최근 개체 수 (1980년대 말 ~ 현재)
감소	지느러미 고래	470,000	110,000
	주앙페르난데스 물개	4,000,000	600
회복	해마	50,000	280,000
	갈라파고스 물개	거의 멸종	30,000
멸종	대서양 회색 고래	멸종, 1730년경	-
	스텔라 해우	멸종, 1768년경	-

01 다음은 스마트폰을 이용한 동영상 및 방송프로그램 시청 현황에 대한 보고서이다. 보고서의 내용과 부합하지 않는 자료는?

〈보고서〉

스마트폰 사용자 3,427만 명 중 월 1회 이상 동영상을 시청한 사용자는 3,246만 명이고, 동영상 시청자 중 월 1회 이상 방송프로그램을 시청한 사용자는 2,075만 명이었다. 월평균 동영상 시청시간은 월평균 스마트폰 이용시간의 10% 이상이었으나 월평균 방송프로그램 시청시간은 월평균 동영상 시청시간의 10% 미만이었다.

스마트폰 사용자 중 동영상 시청자가 차지하는 비중은 모든 연령대에서 90% 이상인 반면, 스마트폰 사용자 중 방송프로그램 시청자의 비중은 20대~40대는 60%를 상회하지만 60대 이상은 50%에 미치지 못해 연령대별 편차가 큰 것으로 나타났다.

월평균 동영상 시청시간은 남성이 여성보다 길고, 연령대별로는 10대 이하의 시청시간이 가장 길었다. 반면, 월평균 방송프로그램 시청시간은 여성이 남성보다 9분 이상 길고, 연령대별로는 20대의 시청시간이 가장 길었는데 이는 60대 이상의 월평균 방송프로그램 시청시간의 3배 이상이다.

월평균 방송프로그램 시청시간을 장르별로 살펴보면, '오락'이 전체의 45% 이상으로 가장 길고, 그 뒤를 이어 '드라마', '스포츠', '보도' 순서이다.

① 스마트폰 사용자 중 월 1회 이상 동영상 및 방송프로그램 시청자 비율

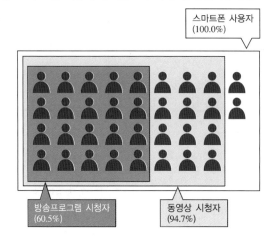

② 스마트폰 사용자의 월평균 스마트폰 이용시간, 동영상 및 방송프로그램 시청시간

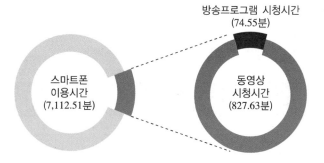

③ 성별, 연령대별 스마트폰 사용자 중 동영상 및 방송프로그램 시청자 비율

(단위 : %)

구분	성별		연령대					
	남성	여성	10대 이하	20대	30대	40대	50대	60대 이상
동영상	94.7	94.7	97.0	95.3	95.6	95.4	93.1	92.0
방송프로그램	59.1	62.1	52.3	68.0	67.2	65.6	56.0	44.5

④ 방송프로그램 장르별 월평균 시청시간

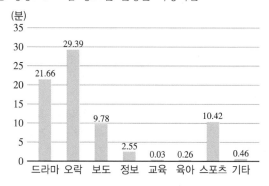

⑤ 성별, 연령대별 스마트폰 사용자의 동영상 및 방송프로그램 월평균 시청시간

(단위 : 분)

구분	성별		연령대					
	남성	여성	10대 이하	20대	30대	40대	50대	60대 이상
동영상	901.0	746.4	1,917.5	1,371.2	671.0	589.0	496.4	438.0
방송프로그램	70.0	79.6	50.7	120.5	75.5	82.9	60.1	38.6

02 다음은 방한 중국인 관광객에 대한 자료이다. 보고서를 작성하기 위해 추가로 필요한 자료를 〈보기〉에서 모두 고르면?

〈2016 ~ 2017년 월별 방한 중국인 관광객 수〉

(단위 : 만 명)

년＼월	1	2	3	4	5	6	7	8	9	10	11	12	계
2016년	60	47	80	80	78	95	87	102	107	106	55	54	951
2017년	15	15	18	17	17	20	15	21	13	19	12	13	195

※ 2017년 자료는 추정값임

〈2016년 방한 중국인 관광객 1인당 관광 지출액〉

(단위 : 달러)

구분	쇼핑	숙박·교통	식음료	기타	총지출
개별	1,430	422	322	61	2,235
단체	1,296	168	196	17	1,677
전체	1,363	295	259	39	1,956

※ 전체는 방한 중국인 관광객 1인당 관광 지출액임

〈보고서〉

2017년 3월부터 7월까지 5개월간 전년 동기간 대비 방한 중국인 관광객 수는 300만 명 이상 감소한 것으로 추정된다. 해당 규모에 2016년 기준 전체 방한 중국인 관광객 1인당 관광 지출액인 1,956달러를 적용하면 중국인의 한국 관광 포기로 인한 지출 감소액은 약 65.1억 달러로 추정된다. 2017년 전년 대비 연간 추정 방한 중국인 관광객 감소 규모는 약 756만 명이며, 추정 지출 감소액은 약 147.9억 달러로 나타난다. 이는 각각 2016년 중국인 관광객을 제외한 연간 전체 방한 외국인 관광객 수의 46.3%, 중국인 관광객 지출액을 제외한 전체 방한 외국인 관광객 총 지출액의 55.8% 수준이다.

2017년 산업부문별 추정 매출 감소액을 살펴보면, 도소매업의 매출액 감소가 전년 대비 108.9억 달러로 가장 크고, 다음으로 식음료업, 숙박업 순서로 나타났다.

ㄱ. 2016년 방한 외국인 관광객의 국적별 1인당 관광 지출액
ㄴ. 2016년 전체 방한 외국인 관광객 수 및 지출액 현황
ㄷ. 2016년 산업부문별 매출액 규모 및 구성비
ㄹ. 2017년 산업부문별 추정 매출액 규모 및 구성비

① ㄱ, ㄷ   ② ㄴ, ㄷ

③ ㄴ, ㄹ   ④ ㄱ, ㄴ, ㄹ

⑤ ㄴ, ㄷ, ㄹ

03 다음은 갑국 맥주 수출 현황에 대한 자료이다. 보고서를 작성하기 위해 추가로 필요한 자료를 〈보기〉에서 모두 고르면?

〈주요 국가에 대한 갑국 맥주 수출액 및 증가율〉

(단위 : 천 달러, %)

구분	2013년	전년 대비 증가율	2014년	전년 대비 증가율	2015년	전년 대비 증가율	2016년 상반기	전년 동기간 대비 증가율
맥주 수출 총액	72,251	6.5	73,191	1.3	84,462	15.4	48,011	3.7
일본	33,007	12.4	32,480	−1.6	35,134	8.2	19,017	0.8
중국	8,482	35.9	14,121	66.5	19,364	37.1	11,516	21.8
이라크	2,881	35.3	4,485	55.7	7,257	61.8	4,264	−15.9
싱가포르	8,641	21.0	3,966	−54.1	6,790	71.2	2,626	−31.3
미국	3,070	3.6	3,721	21.2	3,758	1.0	2,247	26.8
호주	3,044	4.2	3,290	8.1	2,676	−18.7	1,240	−25.1
타이	2,119	9.9	2,496	17.8	2,548	2.1	1,139	−12.5
몽골	5,465	−16.4	2,604	−52.4	1,682	−35.4	1,005	−27.5
필리핀	3,350	−49.9	2,606	−22.2	1,558	−40.2	2,257	124.5
러시아	740	2.4	886	19.7	771	−13.0	417	−10.6
말레이시아	174	144.0	710	308.0	663	−6.6	1,438	442.2
베트남	11	−	60	445.5	427	611.7	101	−57.5

〈보고서〉

중국으로의 수출 증가에 힘입어 2015년 갑국의 맥주 수출액이 맥주 수출을 시작한 1992년 이래 역대 최고치를 기록하였다. 또한 2016년 상반기도 역대 동기간 대비 최고치를 기록하고 있다. 2015년 맥주 수출 총액은 약 8천 4백만 달러로 전년 대비 15.4% 증가하였다. 2015년 맥주 수출 총액은 2013년 대비 16.9% 증가하여, 같은 기간 갑국 전체 수출액이 5.9% 감소한 것에 비하면 주목할 만한 성과이다. 2016년 상반기 맥주 수출 총액은 약 4천 8백만 달러로 전년 동기간 대비 3.7% 증가하였다.

2015년 갑국의 주요 맥주 수출국은 일본(41.6%), 중국(22.9%), 이라크(8.6%), 싱가포르(8.0%), 미국(4.4%) 순서로, 2012년부터 갑국의 맥주 수출액이 가장 큰 상대 국가는 일본이다. 2015년 일본으로의 맥주 수출액은 약 3천 5백만 달러로 전년 대비 8.2% 증가하였다. 특히 중국으로의 맥주 수출액은 2013년부터 2015년까지 매년 두 자릿수 증가율을 기록하여, 2014년부터 중국이 싱가포르를 제치고 갑국 맥주 수출 대상국 중 2위로 자리매김하였다. 또한, 베트남으로의 맥주 수출액은 2013년 대비 2015년에 약 39배로 증가하여 베트남이 새로운 맥주 수출 시장으로 부상하고 있다.

ㄱ. 1992 ~ 2012년 연도별 갑국의 연간 맥주 수출 총액
ㄴ. 1992 ~ 2015년 연도별 갑국의 상반기 맥주 수출액
ㄷ. 2015년 상반기 갑국의 국가별 맥주 수출액
ㄹ. 2013 ~ 2015년 연도별 갑국의 전체 수출액

① ㄱ, ㄴ   ② ㄱ, ㄷ
③ ㄴ, ㄹ   ④ ㄱ, ㄴ, ㄹ
⑤ ㄴ, ㄷ, ㄹ

04 다음은 2022년 주요 곡물(쌀, 밀, 옥수수, 콩)의 국가별 생산량 비율에 대한 자료이다. 보고서를 작성하기 위해 추가로 필요한 자료를 〈보기〉에서 모두 고르면?

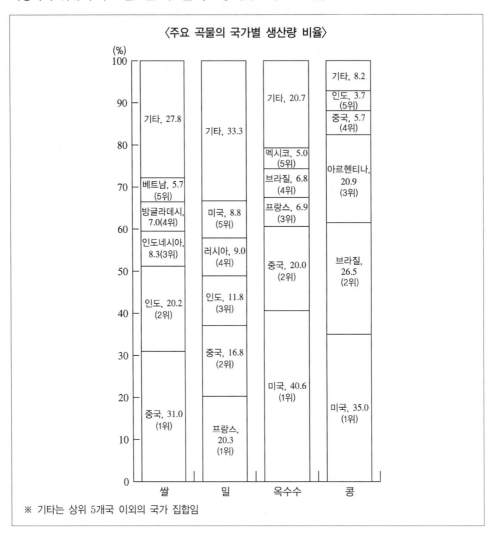

〈주요 곡물의 국가별 생산량 비율〉

※ 기타는 상위 5개국 이외의 국가 집합임

〈보고서〉

• 쌀 생산량 상위 5개국은 모두 아시아 국가이며, 쌀 수출량 상위 3개국도 모두 아시아 국가이다.
• 밀 생산량 상위 5개국의 밀 평균 가격은 해당 국가들의 쌀 평균 가격보다 낮다.
• 미국의 옥수수 생산량은 세계 생산량의 40.6%이며, 바이오연료용 옥수수 수요량은 지속적으로 증가하고 있다.
• 주요 곡물 중 생산량 상위 5개국 비중의 합이 가장 큰 것은 콩이다.

ㄱ. 아시아 국가별 주요 곡물 수요량
ㄴ. 주요 곡물의 국가별 수출량
ㄷ. 국가별 주요 곡물의 가격
ㄹ. 국가별 바이오연료용 곡물의 수요량 추이

① ㄱ, ㄴ
② ㄴ, ㄷ
③ ㄷ, ㄹ
④ ㄴ, ㄷ, ㄹ
⑤ ㄱ, ㄴ, ㄷ, ㄹ

PART 1

05 다음은 2017년과 2018년 청소년활동 참여 실태에 대한 보고서이다. 보고서의 내용과 부합하는 자료를 〈보기〉에서 모두 고르면?

〈보고서〉

2018년 청소년활동 9개 영역 중 '건강·보건활동'의 참여경험(93.6%)이 가장 높게 나타났고, 다음으로 '문화예술활동'(85.2%), '모험개척활동'(57.8%) 순서로 높게 나타났다. 반면, 2017년과 2018년 모두 '교류활동'의 참여경험 비율이 가장 낮게 나타났다. 이와 더불어 2018년 향후 가장 참여를 희망하는 청소년활동으로는 '문화예술활동'(22.5%), '진로탐색·직업체험활동'(21.5%)의 순서로 높게 조사되었다.

2018년 청소년활동 참여형태에 대한 9개 항목 중 '학교에서 단체로 참여'라는 응답(46.0%)이 가장 높게 나타났으며, 다음으로 '교내 동아리활동으로 참여', '개인적으로 참여'의 순서로 높게 나타났다. 2018년 청소년활동을 가장 희망하는 시간대는 '학교 수업시간 중'(43.7%)으로 조사되었고, '기타'를 제외하고는 '방과 후'가 가장 낮은 비율로 조사되었다.

2018년 청소년활동에 대한 '전반적 만족도'는 3.37점으로 2017년보다 상승한 것으로 확인되었고, '지도자 만족도'가 '활동내용 만족도'보다 더 높은 것으로 나타났다. 또한, 2018년 청소년활동 정책 인지도 점수는 최소 1.15점에서 최대 1.42점으로 나타났다.

보기

ㄱ. 청소년활동 영역별 참여경험 및 향후 참여희망 비율(2017 ~ 2018년)

(단위 : %)

구분	영역 연도	건강·보건활동	과학정보활동	교류활동	모험개척활동	문화예술활동	봉사활동	진로탐색·직업체험활동	환경보존활동	자기계발활동
참여 경험	2017년	93.7	53.6	26.5	55.7	79.7	55.4	63.8	42.4	41.3
	2018년	93.6	61.2	33.9	57.8	85.2	62.9	72.5	48.8	50.8
향후 참여 희망	2017년	9.7	11.6	3.6	16.4	21.1	5.0	21.0	1.7	4.7
	2018년	8.2	11.1	3.0	17.0	22.5	5.4	21.5	1.8	3.5

ㄴ. 청소년활동 희망시간대(2018년)

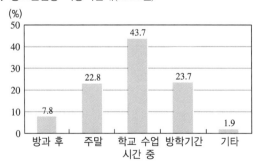

ㄷ. 청소년활동 참여형태(2017 ~ 2018년)

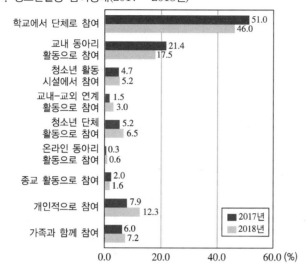

ㄹ. 청소년활동 정책 인지도 점수(2017 ~ 2018년)

(단위 : 점)

연도 항목	2017년	2018년
청소년수련활동인증제	1.24	1.27
국제청소년성취포상제	1.14	1.15
청소년어울림마당	1.40	1.42
청소년특별회의	1.28	1.30
청소년참여위원회	1.35	1.37
청소년운영위원회	1.41	1.44
청소년활동정보서비스	1.31	1.32
대한민국청소년박람회	1.29	1.28
청소년수련활동신고제	1.18	1.20

※ 점수가 높을수록 인지도가 높음

① ㄴ, ㄷ
② ㄴ, ㄹ
③ ㄷ, ㄹ
④ ㄱ, ㄴ, ㄷ
⑤ ㄱ, ㄷ, ㄹ

06 다음은 2009 ~ 2012년 A국의 근로장려금에 관한 조사 결과 보고서이다. 보고서의 내용과 부합하지 않는 자료는?

〈보고서〉

정부는 2009년부터 근로자 가구를 대상으로 부양자녀수와 총급여액에 따라 산정된 근로장려금을 지급함으로써 근로유인을 제고하고 실질소득을 지원하고 있다.

2009년 이후 근로장려금 신청가구 중에서 수급가구가 차지하는 비율은 매년 80% 이상을 기록하여 신청한 가구의 대부분이 혜택을 받고 있는 것으로 조사되었다.

수급가구를 가구구성별로 부부가구와 단독가구로 구분할 때, 수급가구 중 부부가구가 차지하는 비중은 2009년 이후 계속 70%대를 유지하다가 2012년 80%를 돌파하였다.

2012년부터 지급대상이 확대되어 60대 이상 1인 가구도 근로장려금 신청이 가능해졌다. 이에 따라 2012년 60대 이상 수급가구는 전년의 25배 이상이 되었다.

근로형태별 근로장려금 수급가구는 상용근로자 수급가구 보다 일용근로자 수급가구가 더 많았으며, 일용근로자 수급가구가 전체 수급가구에서 차지하는 비율은 2009년부터 매년 65% 이상을 차지했다.

2009년에는 수급가구 중 자녀 2인 가구의 비율이 가장 높았으나 2010년과 2011년에는 자녀 1인 가구의 비율이 가장 높았던 것으로 조사되었다.

① 연도별 근로장려금 신청 및 수급가구 현황

(단위 : 천 가구)

구분	2009년	2010년	2011년	2012년
신청가구	724	677	667	913
수급가구	591	566	542	735
미수급가구	133	111	125	178

② 가구구성별 근로장려금 수급가구 분포

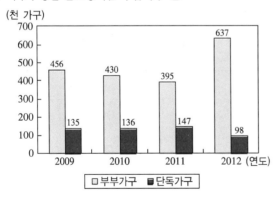

③ 연령대별 근로장려금 수급가구 분포

(단위 : 천 가구)

구분	30대 미만	30대	40대	50대	60대 이상	합
2009년	44	243	260	41	3	591
2010년	39	223	254	46	4	566
2011년	34	207	249	48	4	542
2012년	23	178	270	160	104	735

④ 근로형태별 근로장려금 수급가구 분포

(단위 : 천 가구)

구분	상용근로자	일용근로자	합
2009년	235	356	591
2010년	228	338	566
2011년	222	320	542
2012년	259	476	735

⑤ 부양자녀수별 근로장려금 수급가구 비중

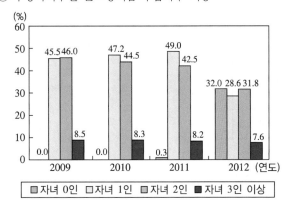

07 다음은 갑국 국회의원의 SNS(소셜네트워크서비스) 이용자 수 현황에 대한 자료이다. 이를 이용하여 작성한 그래프로 옳지 않은 것은?

〈갑국 국회의원의 SNS 이용자 수 현황〉

(단위 : 명)

구분	정당	당선 횟수별				당선 유형별		성별	
		초선	2선	3선	4선 이상	지역구	비례대표	남자	여자
여당	A	82	29	22	12	126	19	123	22
야당	B	29	25	13	6	59	14	59	14
	C	7	3	1	1	7	5	10	2
합계		118	57	36	19	192	38	192	38

① 국회의원의 여야별 SNS 이용자 수

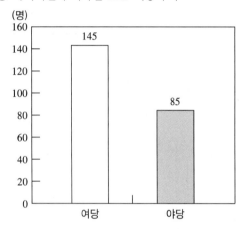

② 남녀 국회의원의 여야별 SNS 이용자 구성비

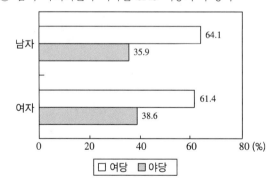

※ 소수점 둘째 자리에서 반올림함

③ 여당 국회의원의 당선 유형별 SNS 이용자 구성비

| 86.9% | 13.1% |

□지역구 □비례대표

※ 소수점 둘째 자리에서 반올림함

④ 야당 국회의원의 당선 횟수별 SNS 이용자 구성비

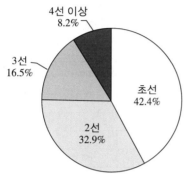

※ 소수점 둘째 자리에서 반올림함

⑤ 2선 이상 국회의원의 정당별 SNS 이용자 수

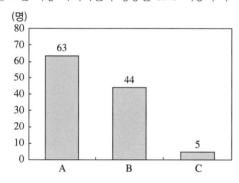

| 01 | 기본문제

01 다음은 갑국의 방송사별 만족도 지수, 질 평가지수, 시청자 평가지수를 나타낸 자료이다. 이에 대한 〈보기〉의 설명 중 옳은 것을 모두 고르면?

〈방송사별 전체 및 주 시청 시간대의 만족도 지수와 질 평가지수〉

방송사	유형/구분	전체 시간대		주 시청 시간대	
		만족도 지수	질 평가지수	만족도 지수	질 평가지수
지상파	A	7.37	7.33	( )	7.20
	B	7.22	7.05	7.23	( )
	C	7.14	6.97	7.11	6.93
	D	7.32	7.16	( )	7.23
종합편성	E	6.94	6.90	7.10	7.02
	F	7.75	7.67	( )	7.88
	G	7.14	7.04	7.20	( )
	H	7.03	6.95	7.08	7.00

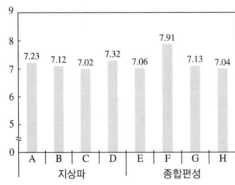

〈방송사별 주 시청 시간대의 시청자 평가지수〉

※ [전체(주 시청) 시간대 시청자 평가지수]

$$= \frac{[\text{전체(주 시청) 시간대 만족도 지수}] + [\text{전체(주 시청) 시간대 질 평가지수}]}{2}$$

보기
ㄱ. 각 지상파 방송사는 전체 시간대와 주 시청 시간대 모두 만족도 지수가 질 평가지수보다 높다.
ㄴ. 각 종합편성 방송사의 질 평가지수는 주 시청 시간대가 전체 시간대보다 높다.
ㄷ. 각 지상파 방송사의 시청자 평가지수는 전체 시간대가 주 시청 시간대보다 높다.
ㄹ. 만족도 지수는 주 시청 시간대가 전체 시간대보다 높으면서 시청자 평가지수는 주 시청 시간대가 전체 시간대보다 낮은 방송사는 2개이다.

① ㄱ, ㄴ   ② ㄱ, ㄷ
③ ㄴ, ㄹ   ④ ㄱ, ㄷ, ㄹ
⑤ ㄴ, ㄷ, ㄹ

02 다음은 A∼E면접관이 갑∼정 응시자에게 부여한 면접 점수에 대한 자료이다. 이에 대한 〈보기〉의 설명 중 옳은 것을 모두 고르면?

〈갑∼정 응시자의 면접 점수〉

(단위 : 점)

면접관 \ 응시자	갑	을	병	정	범위
A	7	8	8	6	2
B	4	6	8	10	( )
C	5	9	8	8	( )
D	6	10	9	7	4
E	9	7	6	5	4
중앙값	( )	( )	8	( )	-
교정점수	( )	8	( )	7	-

※ 1) 범위 : 해당 면접관이 각 응시자에게 부여한 면접 점수 중 최댓값에서 최솟값을 뺀 값
   2) 중앙값 : 해당 응시자가 A∼E면접관에게 받은 모든 면접 점수를 크기순으로 나열할 때 한가운데 값
   3) 교정점수 : 해당 응시자가 A∼E면접관에게 받은 모든 면접 점수 중 최댓값과 최솟값을 제외한 면접 점수의 산술 평균값

보기
ㄱ. 면접관 중 범위가 가장 큰 면접관은 B이다.
ㄴ. 응시자 중 중앙값이 가장 작은 응시자는 정이다.
ㄷ. 교정점수는 병이 갑보다 크다.

① ㄱ   ② ㄴ
③ ㄱ, ㄷ   ④ ㄴ, ㄷ
⑤ ㄱ, ㄴ, ㄷ

다음은 통신사 갑 ~ 병의 스마트폰 소매가격 및 평가점수 자료이다. 이에 대한 〈보기〉의 설명 중 옳은 것을 모두 고르면?

〈통신사별 스마트폰의 소매가격 및 평가점수〉

(단위 : 달러, 점)

통신사	스마트폰	소매가격	평가항목					종합품질점수
			화질	내비게이션	멀티미디어	배터리수명	통화성능	
갑	A	150	3	3	3	3	1	13
	B	200	2	2	3	1	2	( )
	C	200	3	3	3	1	1	( )
을	D	180	3	3	3	2	1	( )
	E	100	2	3	3	2	1	11
	F	70	2	1	3	2	1	( )
병	G	200	3	3	3	2	2	( )
	H	50	3	2	3	2	1	( )
	I	150	3	2	2	3	2	12

※ 스마트폰의 '종합품질점수'는 해당 스마트폰의 평가항목별 평가점수의 합임

보기

ㄱ. 소매가격이 200달러인 스마트폰 중 '종합품질점수'가 가장 높은 스마트폰은 C이다.

ㄴ. 소매가격이 가장 낮은 스마트폰은 '종합품질점수'도 가장 낮다.

ㄷ. 통신사 각각에 대해서 해당 통신사 스마트폰의 '통화성능' 평가점수의 평균을 계산하여 통신사별로 비교하면 '병'이 가장 높다.

ㄹ. 평가항목 각각에 대해서 스마트폰 A ~ I 평가점수의 합을 계산하여 평가항목별로 비교하면 '멀티미디어'가 가장 높다.

① ㄱ

② ㄷ

③ ㄱ, ㄴ

④ ㄴ, ㄹ

⑤ ㄷ, ㄹ

04 다음은 A성씨의 가구 및 인구 분포에 대한 자료이다. 이에 대한 설명으로 옳은 것은?

〈A성씨의 광역자치단체별 가구 및 인구 분포〉

(단위 : 가구, 명)

광역자치단체	연도 구분	1980년		2010년	
		가구	인구	가구	인구
특별시	서울	28	122	73	183
광역시	부산	5	12	11	34
	대구	1	2	2	7
	인천	11	40	18	51
	광주	0	0	9	23
	대전	0	0	8	23
	울산	0	0	2	7
	소계	17	54	50	145
도	경기	( )	124	( )	216
	강원	0	0	7	16
	충북	0	0	2	10
	충남	1	5	6	8
	전북	0	( )	4	13
	전남	0	0	4	10
	경북	1	( )	6	17
	경남	1	( )	8	25
	제주	1	( )	4	12
	소계	35	140	105	327
전체		80	316	228	655

※ 광역자치단체 구분과 명칭은 2010년을 기준으로 함

〈A성씨의 읍·면·동 지역별 가구 및 인구 분포〉

(단위 : 가구, 명)

지역	연도 구분	1980년		2010년	
		가구	인구	가구	인구
읍		10	30	19	46
면		10	56	19	53
동		60	230	190	556
전체		80	316	228	655

※ 읍·면·동 지역 구분은 2010년을 기준으로 함

① 2010년 A성씨의 전체 가구는 1980년의 3배 이상이다.
② 2010년 경기의 A성씨 가구는 1980년의 3배 이상이다.
③ 2010년 A성씨의 동 지역 인구는 2010년 A성씨의 면 지역 인구의 10배 이상이다.
④ 1980년 A성씨의 인구가 부산보다 많은 광역자치단체는 4곳 이상이다.
⑤ 2010년 A성씨의 1980년 대비 인구 증가폭이 서울보다 큰 광역자치단체는 없다.

다음은 성인 500명이 응답한 온라인 도박과 오프라인 도박 관련 조사결과에 대한 자료이다. 이에 대한 〈보기〉의 설명 중 옳은 것을 모두 고르면?

〈온라인 도박과 오프라인 도박 관련 조사결과〉

(단위 : 명)

온라인＼오프라인	×	△	○	합
×	250	21	2	( )
△	113	25	6	144
○	59	16	8	( )
계	422	( )	( )	500

※ 1) × : 경험이 없고 충동을 느낀 적도 없음
　2) △ : 경험은 없으나 충동을 느낀 적이 있음
　3) ○ : 경험이 있음

> **보기**
>
> ㄱ. 온라인 도박 경험이 있다고 응답한 사람은 83명이다.
> ㄴ. 오프라인 도박에 대해, '경험은 없으나 충동을 느낀 적이 있음'으로 응답한 사람은 전체 응답자의 10% 미만이다.
> ㄷ. 온라인 도박 경험이 있다고 응답한 사람 중 오프라인 도박 경험이 있다고 응답한 사람의 비중은 전체 응답자 중 오프라인 도박 경험이 있다고 응답한 사람의 비중보다 크다.
> ㄹ. 온라인 도박에 대해, '경험이 없고 충동을 느낀 적도 없음'으로 응답한 사람은 전체 응답자의 50% 이하이다.

① ㄱ, ㄴ　　　　　　　　　② ㄱ, ㄷ
③ ㄷ, ㄹ　　　　　　　　　④ ㄱ, ㄴ, ㄷ
⑤ ㄱ, ㄷ, ㄹ

06 다음은 2010 ~ 2014년 A시의회의 발의 주체별 조례발의 현황에 대한 자료이다. 이에 대한 설명으로 옳지 않은 것은?

〈A시의회 발의 주체별 조례발의 현황〉

(단위 : 건)

연도＼발의 주체	단체장	의원	주민	합
2010년	527	( )	23	924
2011년	( )	486	35	1,149
2012년	751	626	39	( )
2013년	828	804	51	1,683
2014년	905	865	( )	1,824
전체	3,639	3,155	202	( )

※ 조례발의 주체는 단체장, 의원, 주민으로만 구성됨

① 2012년 조례발의 건수 중 단체장발의 건수가 50% 이상이다.

② 2011년 단체장발의 건수는 2013년 의원발의 건수보다 적다.

③ 주민발의 건수는 매년 증가하였다.

④ 2014년 의원발의 건수는 2010년과 2011년 의원발의 건수의 합보다 많다.

⑤ 2014년 조례발의 건수는 2012년 조례발의 건수의 1.5배 이상이다.

07 다음은 갑국의 2008 ~ 2013년 연도별 산업 신기술검증 현황에 대한 자료이다. 이에 대한 설명으로 옳은 것은?

〈산업 신기술검증 연간건수 및 연간비용〉

(단위 : 건, 천만 원)

구분	연도	2008년	2009년	2010년	2011년	2012년	2013년
서류검증	건수	755	691	( )	767	725	812
	비용	54	( )	57	41	102	68
현장검증	건수	576	650	630	691	( )	760
	비용	824	1,074	1,091	( )	2,546	1,609
전체	건수	1,331	1,341	1,395	1,458	1,577	1,572
	비용	878	1,134	1,148	1,745	2,648	( )

※ 신기술검증은 서류검증과 현장검증으로만 구분됨

① 산업 신기술검증 전체비용은 매년 증가하였다.
② 서류검증 건수는 매년 현장검증 건수보다 많다.
③ 서류검증 건당 비용은 2008년에 가장 크다.
④ 현장검증 비용이 전년에 비해 감소한 연도는 2개이다.
⑤ 현장검증 건수가 전년에 비해 감소한 해에는 서류검증 건수가 전년에 비해 증가하였다.

08 다음은 갑 기업의 사채발행차금 상각 과정을 나타낸 자료이다. 이에 대한 설명으로 옳지 않은 것은?

〈사채발행차금 상각 과정〉

(단위 : 백만 원)

구분	연도	1차년도	2차년도	3차년도	4차년도
	이자비용(A)[＝(전년도 E)×0.1]	－	900	( )	( )
	액면이자(B)	－	600	600	600
사채발행차금	상각액(C)[＝(당해년도 A)－(당해년도 B)]	－	300	( )	( )
	미상각잔액(D)[＝(전년도 D)－(당해년도 C)]	3,000	2,700	( )	( )
사채장부가액(E)[＝(전년도 E)＋(당해년도 C)]		9,000	9,300	( )	9,993

※ 1차년도의 미상각잔액(3,000백만 원)과 사채장부가액(9,000백만 원)은 주어진 값임

① 3차년도의 사채장부가액은 96억 원 이하이다.
② 3차년도, 4차년도의 상각액은 전년도 대비 매년 증가한다.
③ 3차년도, 4차년도의 이자비용은 전년도 대비 매년 증가한다.
④ 3차년도, 4차년도의 미상각잔액은 전년도 대비 매년 감소한다.
⑤ 4차년도 사채장부가액의 3차년도 대비 증가액은 4차년도의 상각액과 일치한다.

09 다음은 2006 ~ 2010년 동남권의 양파와 마늘 재배면적 및 생산량 추이와 2010년, 2011년 동남권의 양파와 마늘 재배면적의 지역별 분포를 나타낸 자료이다. 이에 대한 설명으로 옳은 것은?

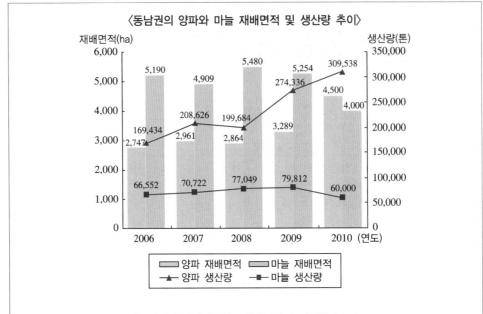

〈동남권의 양파와 마늘 재배면적 및 생산량 추이〉

〈동남권의 양파와 마늘 재배면적의 지역별 분포〉

(단위 : ha)

재배작물	지역	연도	
		2010년	2011년
양파	부산	56	40
	울산	( )	( )
	경남	4,100	4,900
	소계	( )	5,100
마늘	부산	24	29
	울산	42	66
	경남	3,934	4,905
	소계	4,000	5,000

※ 동남권은 부산, 울산, 경남으로만 구성됨

① 2006 ~ 2010년 동안 동남권의 마늘 생산량은 매년 증가하였다.

② 2006 ~ 2010년 동안 동남권의 단위 재배면적당 양파 생산량은 매년 증가하였다.

③ 2011년 울산의 양파 재배면적은 전년에 비해 증가하였다.

④ 2006 ~ 2011년 동안 동남권의 마늘 재배면적은 양파 재배면적보다 매년 크다.

⑤ 2011년 동남권의 단위 재배면적당 마늘 생산량이 2010년과 동일하다면 2011년 동남권의 마늘 생산량은 75,000톤이다.

다음은 조선후기 출발지에서 목적지로 항해하는 선박이 일본으로 표류한 횟수를 나타낸 자료이다. 이에 대한 〈보기〉의 설명 중 옳은 것을 모두 고르면?

〈항해 중 일본으로 표류한 횟수〉

출발지 \ 목적지	A	B	C	D	E	F	G	합
A	5	( )	5	58	2	1	0	136
B	( )	65	22	16	2	0	1	( )
C	22	30	( )	1	13	9	1	( )
D	6	24	0	7	2	0	0	39
E	11	6	11	2	7	2	3	42
F	0	0	4	0	2	0	7	13
G	0	2	1	1	9	4	1	18
계	71	192	136	( )	37	16	13	( )

※ 일본과의 지리적 거리 : A<B<C<D<E<F<G

보기

ㄱ. 출발지를 기준으로 할 때, 출발지가 F인 선박이 일본으로 표류한 횟수의 합이 가장 적다.

ㄴ. 선박의 출발지가 일본과 지리적으로 가까울수록 일본으로 표류한 횟수의 합이 많다.

ㄷ. 목적지를 기준으로 할 때, 일본으로 표류한 횟수의 합이 5번째로 많은 곳은 D이다.

ㄹ. 출발지를 기준으로 할 때, 일본으로 표류한 횟수의 합이 가장 많은 곳은 C이다.

ㅁ. 출발지와 목적지가 같은 선박이 일본으로 표류한 횟수를 모두 합하면, 출발지가 B인 선박이 일본으로 표류한 횟수의 합보다 많다.

① ㄱ, ㅁ
② ㄱ, ㄷ, ㄹ
③ ㄱ, ㄹ, ㅁ
④ ㄴ, ㄷ, ㄹ
⑤ ㄴ, ㄷ, ㅁ

01 다음은 2014 ~ 2018년 부동산 및 기타 재산 압류건수 관련 정보가 일부 훼손된 자료이다. 이에 대한 〈보기〉의 설명 중 옳은 것을 모두 고르면?

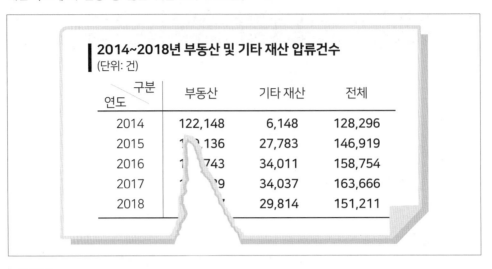

2014~2018년 부동산 및 기타 재산 압류건수
(단위: 건)

연도 \ 구분	부동산	기타 재산	전체
2014	122,148	6,148	128,296
2015	1□□.136	27,783	146,919
2016	1□□743	34,011	158,754
2017	1□□□9	34,037	163,666
2018	□	29,814	151,211

보기

ㄱ. 부동산 압류건수는 매년 기타 재산 압류건수의 4배 이상이다.

ㄴ. 전체 압류건수가 가장 많은 해에 부동산 압류건수도 가장 많다.

ㄷ. 2019년 부동산 압류건수가 전년 대비 30% 감소하고 기타 재산 압류건수는 전년과 동일하다면, 전체 압류건수의 전년 대비 감소율은 25% 미만이다.

ㄹ. 2016년 부동산 압류건수는 2014년 대비 2.5% 이상 증가했다.

① ㄱ, ㄴ   ② ㄱ, ㄷ

③ ㄴ, ㄷ   ④ ㄴ, ㄹ

⑤ ㄷ, ㄹ

02 다음은 2013년과 2016년에 A ~ D국가 전체 인구를 대상으로 통신 가입자 현황을 조사한 자료이다. 이에 대한 설명으로 옳은 것은?

<국가별 2013년과 2016년 통신 가입자 현황>

(단위 : 만 명)

국가 \ 연도·구분	2013년				2016년			
	유선 통신 가입자	무선 통신 가입자	유·무선 통신 동시 가입자	미가입자	유선 통신 가입자	무선 통신 가입자	유·무선 통신 동시 가입자	미가입자
A	( )	4,100	700	200	1,600	5,700	400	100
B	1,900	3,000	300	400	1,400	( )	100	200
C	3,200	7,700	( )	700	3,000	5,500	1,100	400
D	1,100	1,300	500	100	1,100	2,500	800	( )

※ 유·무선 통신 동시 가입자는 유선 통신 가입자와 무선 통신 가입자에도 포함됨

① A국의 2013년 인구 100명당 유선 통신 가입자가 40명이라면, 유선 통신 가입자는 2,200만 명이다.

② B국의 2016년 무선 통신 가입자 수의 2013년 대비 비율이 1.5라면, 2016년 무선 통신 가입자는 5,000만 명이다.

③ C국의 2013년 인구 100명당 무선 통신 가입자가 77명이라면, 유·무선 통신 동시 가입자는 1,600만 명이다.

④ D국의 2016년 인구의 2013년 대비 비율이 1.5라면, 2016년 미가입자는 100만 명이다.

⑤ 2013년 유선 통신만 가입한 인구는 B국이 D국의 3배 이상이다.

03 다음은 연령집단별 인구구성비 변화에 대한 자료이다. 이에 대한 〈보기〉의 설명 중 옳은 것을 모두 고르면?

〈연령집단별 인구구성비 변화〉

(단위 : %)

연령집단	연도							
	1960년	1970년	1980년	1985년	1990년	1995년	2000년	2005년
15세 미만	42.9	42.1	( )	( )	25.7	23.0	21.0	19.1
15 ~ 65세 미만	53.8	54.6	62.3	65.8	( )	( )	( )	( )
65세 이상	( )	( )	3.9	4.3	5.0	5.9	7.3	9.3
계	100.0	100.0	100.0	100.0	100.0	100.0	100.0	100.0

보기

ㄱ. 1990, 1995, 2000, 2005년 해당 연도 전체 인구에서 15 ~ 65세 미만 인구 비율은 각각 70% 이상이다.

ㄴ. 2000년 15세 미만 인구 100명당 65세 이상 인구는 30명 이상이다.

ㄷ. 2005년 65세 이상 인구는 1985년 65세 이상 인구의 2배 이상이다.

ㄹ. 1980년 이후 조사연도마다 전체 인구에서 15세 미만 인구의 비율은 감소하고 전체 인구에서 65세 이상 인구의 비율은 증가한다.

① ㄱ, ㄴ
② ㄱ, ㄷ
③ ㄴ, ㄷ
④ ㄴ, ㄹ
⑤ ㄷ, ㄹ

04 다음은 세조 재위기간 중 지역별 흉년 현황을 나타낸 자료이다. 이에 대한 설명으로 옳지 않은 것은?

〈세조 재위기간 중 지역별 흉년 현황〉

재위년 \ 지역	경기	황해	평안	함경	강원	충청	경상	전라	흉년 지역 수
세조 1	×	×	×	×	×	○	×	×	1
세조 2	○	×	×	×	×	○	○	×	3
세조 3	○	×	×	×	×	○	○	○	4
세조 4	○	( )	( )	( )	×	( )	×	( )	4
세조 5	○	( )	○	○	○	×	×	×	( )
세조 8	×	×	×	×	○	×	×	×	1
세조 9	×	○	×	( )	○	×	×	×	2
세조 10	○	×	×	○	○	○	×	×	4
세조 12	○	○	○	×	○	○	×	×	5
세조 13	○	×	( )	×	○	×	×	( )	3
세조 14	○	○	×	×	○	( )	( )	×	4
흉년 빈도	8	5	( )	2	7	6	( )	1	

※ 1) ○(×) : 해당 재위년 해당 지역이 흉년임(흉년이 아님)을 의미함
　 2) 자료에 제시되지 않은 재위년에는 흉년인 지역이 없음

① 흉년 빈도가 네 번째로 높은 지역은 평안이다.
② 흉년 지역 수는 세조 5년이 세조 4년보다 많다.
③ 경기, 황해, 강원 3개 지역의 흉년 빈도 합은 흉년 빈도 총합의 55% 이상이다.
④ 충청의 흉년 빈도는 경상의 2배이다.
⑤ 흉년 지역 수가 5인 재위년의 횟수는 총 2번이다.

05 다음은 화학경시대회 응시생 A ~ J의 성적 관련 자료이다. 이에 대한 〈보기〉의 설명 중 옳은 것을 모두 고르면?

〈화학경시대회 성적 자료〉

응시생 \ 구분	정답 문항 수	오답 문항 수	풀지 않은 문항 수	점수(점)
A	19	1	0	93
B	18	2	0	86
C	17	1	2	83
D	( )	2	1	( )
E	( )	3	0	( )
F	16	1	3	78
G	16	( )	( )	76
H	( )	( )	( )	75
I	15	( )	( )	71
J	( )	( )	( )	64

※ 1) 총 20문항으로 100점 만점임
2) 정답인 문항에 대해서는 각 5점의 득점, 오답인 문항에 대해서는 각 2점의 감점이 있고, 풀지 않은 문항에 대해서는 득점과 감점이 없음

보기

ㄱ. 응시생 I의 '풀지 않은 문항 수'는 3이다.
ㄴ. '풀지 않은 문항 수'의 합은 20이다.
ㄷ. 80점 이상인 응시생은 5명이다.
ㄹ. 응시생 J의 '오답 문항 수'와 '풀지 않은 문항 수'는 동일하다.

① ㄱ, ㄴ
② ㄱ, ㄷ
③ ㄱ, ㄹ
④ ㄴ, ㄷ
⑤ ㄴ, ㄹ

06 어느 기업에서 3명의 지원자(종현, 유호, 은진)에게 5명의 면접위원(A ~ E)이 평가점수와 순위를 부여하였다. 비율점수법과 순위점수법을 적용한 결과가 다음 자료와 같을 때, 이에 대한 설명으로 옳은 것은?

〈비율점수법 적용 결과〉

(단위 : 점)

면접위원 지원자	A	B	C	D	E	전체합	중앙 3합
종현	7	8	6	6	1	28	19
유호	9	7	6	3	8	( )	( )
은진	5	8	7	2	6	( )	( )

※ 중앙 3합은 5명의 면접위원이 부여한 점수 중 최고값과 최저값을 제외한 3명의 점수를 합한 값임

〈순위점수법 적용 결과〉

(단위 : 순위, 점)

면접위원 지원자	A	B	C	D	E	순위점수합
종현	2	1	2	1	3	11
유호	1	3	3	2	1	( )
은진	3	2	1	3	2	( )

※ 순위점수는 1순위에 3점, 2순위에 2점, 3순위에 1점을 부여함

① 순위점수합이 가장 큰 지원자는 종현이다.
② 비율점수법 중 중앙 3합이 가장 큰 지원자는 순위점수합도 가장 크다.
③ 비율점수법 적용 결과에서 평가점수의 전체합과 중앙 3합이 큰 값부터 등수를 정하면 지원자의 등수는 각각 같다.
④ 비율점수법 적용 결과에서 평가점수의 전체합이 가장 큰 지원자는 은진이다.
⑤ 비율점수법 적용 결과에서 중앙 3합이 높은 값부터 등수를 정하면 2등은 유호이다.

지식에 대한 투자가 가장 이윤이 많이 남는 법이다.

- 벤자민 프랭클린 -

제1회
NCS in PSAT 최종점검 모의고사

모바일 OMR
답안채점 / 성적분석
서비스

☑ 응시시간 : 30분   ☑ 문항 수 : 20문항   정답 및 해설 p.098

01 A씨는 2015년 말 미국기업, 중국기업, 일본기업에서 스카우트 제의를 받았다. 각 기업에서 제시한 연봉은 각각 3만 달러, 20만 위안, 290만 엔으로, 2016년부터 3년간 고정적으로 지급한다고 한다. 다음에 제시된 예상환율을 참고하여 A씨가 이해한 내용으로 가장 적절한 것은?

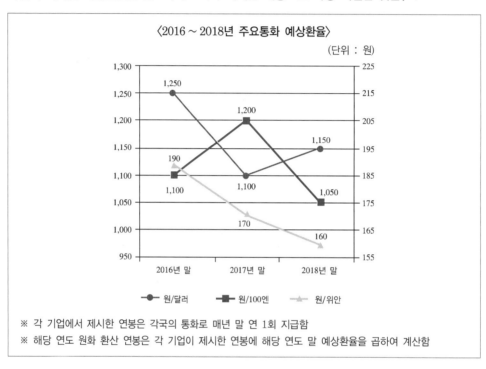

〈2016 ~ 2018년 주요통화 예상환율〉

(단위 : 원)

※ 각 기업에서 제시한 연봉은 각국의 통화로 매년 말 연 1회 지급함
※ 해당 연도 원화 환산 연봉은 각 기업이 제시한 연봉에 해당 연도 말 예상환율을 곱하여 계산함

① 2016년 원화 환산 연봉은 미국기업이 가장 많다.
② 2017년 원화 환산 연봉은 중국기업이 가장 많다.
③ 2018년 원화 환산 연봉은 일본기업이 중국기업보다 많다.
④ 향후 3년간 가장 많은 원화 환산 연봉을 주는 곳은 중국기업이다.
⑤ 2017년 대비 2018년 중국기업의 원화 환산 연봉의 감소율은 2016년 대비 2018년 일본기업의 원화 환산 연봉의 감소율보다 크다.

02 다음은 과목 등급 산정기준과 과목별 이수 단위 및 민수의 과목별 석차에 대한 자료이다. 표와 평균등급 산출 공식에 따라 산정한 민수의 4개 과목 평균등급을 M이라 할 때, M의 범위로 옳은 것은?

〈과목 등급 산정기준〉

등급	과목석차 백분율
1	0% 초과 4% 이하
2	4% 초과 11% 이하
3	11% 초과 23% 이하
4	23% 초과 40% 이하
5	40% 초과 60% 이하
6	60% 초과 77% 이하
7	77% 초과 89% 이하
8	89% 초과 96% 이하
9	96% 초과 100% 이하

※ $[\text{과목석차 백분율}(\%)] = \dfrac{(\text{과목석차})}{(\text{과목이수 인원})} \times 100$

〈과목별 이수 단위 및 민수의 과목별 석차〉

구분 과목	이수 단위	석차(등)	이수 인원(명)
국어	3	270	300
영어	3	44	300
수학	2	27	300
과학	3	165	300

〈평균등급 산출 공식〉

$(\text{평균등급}) = \dfrac{[(\text{과목별 등급}) \times (\text{과목별 이수 단위의 합})]}{(\text{과목별 이수 단위의 합})}$

① $3 \leq M < 4$
② $4 \leq M < 5$
③ $5 \leq M < 6$
④ $6 \leq M < 7$
⑤ $7 \leq M < 8$

다음은 국방비 관련 자료이다. 이에 대한 〈보기〉의 설명 중 옳은 것을 모두 고르면?

〈국가별 국방비 현황〉

국가	GDP(억 $)	국방비(억 $)	GDP 대비 국방비(%)	병력(천 명)	1인당 군사비($)
A	92,000	2,831	3.1	1,372	1,036
B	43,000	404	0.9	243	319
C	19,000	311	1.6	333	379
D	14,000	379	2.7	317	640
E	11,000	568	5.2	1,004	380
F	14,000	369	2.6	212	628
G	2,830	54	1.9	71	148
H	7,320	399	5.5	2,820	32
I	990	88	8.9	174	1,465
J	840	47	5.6	73	1,174
K	150	21	14.0	1,055	98

〈한국의 연도별 국방비〉

(단위 : 억 원, %)

구분＼연도	1990년	1995년	1998년	1999년	2000년	2001년
국방비	66,378	110,744	138,000	137,490	144,774	153,884
재정 대비 국방비 구성비	24.2	21.3	18.3	16.4	16.3	15.5
GDP 대비 국방비 구성비	3.7	3.1	2.9	2.8	2.7	2.6

〈한국의 연도별 국방비 구성〉

(단위 : 억 원, %)

연도	국방비		경상운영비			전략투자비		
	금액	증가율	금액	증가율	구성비	금액	증가율	구성비
1995년	110,744	9.9	71,032	9.9	64.1	39,712	10.0	35.9
1996년	122,434	10.6	79,772	12.3	65.2	42,662	7.4	34.8
1997년	137,865	12.6	86,032	7.8	62.4	51,833	21.5	37.6
1998년	138,000	0.1	87,098	1.2	63.1	50,902	−1.8	36.9
1999년	137,490	−0.4	85,186	−2.2	62.0	52,304	2.8	38.0
2000년	144,774	5.3	91,337	7.2	63.1	53,437	2.2	36.9
2001년	153,884	6.3	101,743	11.4	66.1	52,141	−2.4	33.9

ㄱ. 국방비가 많은 나라일수록 1인당 군사비가 높다.

ㄴ. 한국의 2001년도 국방비와 경상운영비 모두 전년 대비 증가했으나 전략투자비는 전년에 비해 감소했다.

ㄷ. 1998 ~ 2001년 사이에 한국의 국방비 증가율이 전년보다 높은 연도에는 경상운영비의 증가율도 전년보다 높다.

ㄹ. 1990년 이후 한국의 GDP 대비 국방비 구성비와 재정 대비 국방비 구성비 모두 지속적으로 감소하였다.

ㅁ. GDP 대비 국방비의 비율이 높은 나라일수록 1인당 군사비가 높다.

① ㄱ, ㄷ   ② ㄱ, ㅁ

③ ㄴ, ㄷ, ㄹ   ④ ㄴ, ㄹ, ㅁ

⑤ ㄷ, ㄹ, ㅁ

04 다음은 자료를 참고하여 작성한 외국인 관광객의 우리나라 지역축제 만족도와 이미지에 대한 보고서이다. 보고서의 A ~ D에 들어갈 내용을 바르게 짝지은 것은?

〈보고서〉

우리나라 지역축제를 방문한 외국인 관광객을 대상으로 축제 만족도와 이미지를 5점 척도로 설문조사하였다.

외국인 관광객의 우리나라 지역축제에 대한 '전반적 만족도'는 평균 4.61점으로 만족 수준이 높았다. 우리나라 지역축제에 대해 '만족'('매우 만족'+'약간 만족')한다는 응답이 전체의 96.1%로 나타났으며, '보통'은 3.0%, '불만족'('매우 불만족'+'약간 불만족')은 __A__ 에 불과하였다.

외국인 관광객의 부문별 만족도를 성별로 살펴보면, __B__ 부문만이 여성의 만족도가 남성의 만족도보다 높게 나타났으며, 그 외 부문은 남성의 만족도가 더 높은 것으로 나타났다.

연령대별로 살펴보면, '전반적 만족도'는 '50대 이상', '40대', '20대', '10대', '30대' 순서로 높았고, '음식', '쇼핑', '안내정보서비스' 부문에서는 __C__ 연령대가 모든 연령대 중 가장 높은 만족도를 보였다.

외국인 관광객의 우리나라 지역축제에 대한 항목별 이미지를 성별로 분석해 본 결과, 남성은 여성에 비해 '다양하다'와 '역동적이다'는 이미지를 더 강하게 인식하는 반면, 여성은 남성에 비해 __D__ 의 이미지를 더 강하게 인식하고 있는 것으로 나타났다.

※ 5점 척도 값이 클수록 만족도가 높거나 이미지가 강한 것을 나타냄

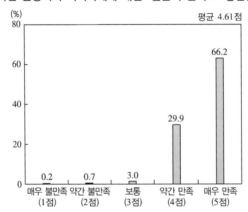

〈외국인 관광객의 지역축제에 대한 '전반적 만족도' 응답분포〉

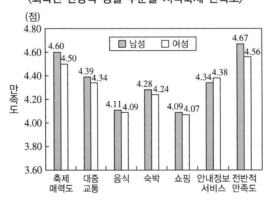

〈외국인 관광객 성별 부문별 지역축제 만족도〉

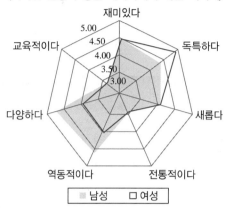

〈외국인 관광객 성별 지역축제에 대한 이미지〉

〈외국인 관광객 연령대별 부문별 지역축제 만족도〉

(단위 : 점)

부문 \ 연령대	10대	20대	30대	40대	50대 이상	평균
축제 매력도	4.45	4.56	4.45	4.78	4.58	4.55
대중교통	4.37	4.34	4.41	4.65	4.60	4.36
숙박	4.42	4.07	4.09	4.45	4.43	4.10
음식	4.39	4.26	4.16	4.41	4.63	4.26
쇼핑	4.33	4.03	4.15	4.20	4.43	4.08
안내정보서비스	4.56	4.38	4.15	4.32	4.62	4.36
전반적 만족도	4.45	4.64	4.44	4.70	4.83	4.61

	A	B	C	D
①	0.7%	대중교통	40대	재미있다
②	0.7%	숙박	20대	새롭다
③	0.9%	안내정보서비스	20대	독특하다
④	0.9%	안내정보서비스	50대 이상	독특하다
⑤	0.9%	대중교통	50대 이상	재미있다

05 다음은 2005 ~ 2012년 A기업의 콘텐츠 유형별 매출액에 대한 자료이다. 이에 대한 설명으로 옳지 않은 것은?

〈2005 ~ 2012년 A기업의 콘텐츠 유형별 매출액〉

(단위 : 백만 원)

콘텐츠 유형 연도	게임	음원	영화	SNS	전체
2005년	235	108	371	30	744
2006년	144	175	355	45	719
2007년	178	186	391	42	797
2008년	269	184	508	59	1,020
2009년	485	199	758	58	1,500
2010년	470	302	1,031	308	2,111
2011년	603	411	1,148	104	2,266
2012년	689	419	1,510	341	2,959

① 2007년 이후 매출액이 매년 증가한 콘텐츠 유형은 영화뿐이다.

② 2012년 매출액의 전년 대비 증가율이 가장 큰 콘텐츠 유형은 SNS이다.

③ 영화 매출액은 매년 전체 매출액의 40% 이상이다.

④ 2006 ~ 2012년 동안 콘텐츠 유형별 매출액이 각각 전년보다 모두 증가한 해는 2012년뿐이다.

⑤ 2009 ~ 2012년 동안 매년 게임 매출액은 음원 매출액의 2배 이상이다.

06 다음은 세계 주요 터널화재 사고 A ~ F에 대한 자료이다. 이에 대한 설명으로 옳은 것은?

〈세계 주요 터널화재 사고 통계〉

사고 \ 구분	터널길이(km)	화재규모(MW)	복구비용(억 원)	복구기간(개월)	사망자(명)
A	50.5	350	4,200	6	1
B	11.6	40	3,276	36	39
C	6.4	120	72	3	12
D	16.9	150	312	2	11
E	0.2	100	570	10	192
F	1.0	20	18	8	0

※ [사고비용(억 원)]=[복구비용(억 원)]+[사망자(명)]×[5(억 원/명)]

① 터널길이가 길수록 사망자가 많다.

② 화재규모가 클수록 복구기간이 길다.

③ 사고 A를 제외하면 복구기간이 길수록 복구비용이 크다.

④ 사망자가 가장 많은 사고 E는 사고비용도 가장 크다.

⑤ 사망자가 30명 이상인 사고를 제외하면 화재규모가 클수록 복구비용이 크다.

07 다음은 어느 나라의 세목별 징수세액에 대한 자료이다. 이에 대한 〈조건〉을 이용하여 A ~ D에 해당하는 세목을 바르게 나열한 것은?

〈세목별 징수세액〉

(단위 : 억 원)

세목 \ 연도	1989년	1999년	2009년
소득세	35,569	158,546	344,233
법인세	31,079	93,654	352,514
A	395	4,807	12,207
증여세	1,035	4,205	12,096
B	897	10,173	10,163
C	52,602	203,690	469,915
개별소비세	12,570	27,133	26,420
주세	8,930	20,780	20,641
전화세	2,374	11,914	11,910
D	4,155	13,537	35,339

조건

- 1989년 징수세액이 5,000억 원보다 적은 세목은 상속세, 자산재평가세, 전화세, 증권거래세, 증여세이다.
- 1999년에 징수세액이 1989년에 비해 10배 이상 증가한 세목은 상속세와 자산재평가세이다.
- 2009년에 징수세액이 1999년에 비해 증가한 세목은 법인세, 부가가치세, 상속세, 소득세, 증권거래세, 증여세이다.

	A	B	C	D
①	상속세	자산재평가세	부가가치세	증권거래세
②	상속세	증권거래세	자산재평가세	부가가치세
③	자산재평가세	상속세	부가가치세	증권거래세
④	자산재평가세	부가가치세	상속세	증권거래세
⑤	증권거래세	상속세	부가가치세	자산재평가세

08 다음은 조선전기(1392 ~ 1550년) 홍수재해 및 가뭄재해 발생 건수에 대한 자료이다. 이에 대한 〈보기〉의 설명 중 옳은 것을 모두 고르면?

〈조선전기 홍수재해 발생 건수〉

(단위 : 건)

분류기간＼월	1	2	3	4	5	6	7	8	9	10	11	12	합
1392 ~ 1450년	0	0	0	0	4	12	8	3	0	0	0	0	27
1451 ~ 1500년	0	0	0	0	1	3	4	0	0	0	0	0	( )
1501 ~ 1550년	0	0	0	0	5	7	9	15	1	0	0	0	37
계	0	0	0	0	( )	22	21	( )	1	0	0	0	( )

〈조선전기 가뭄재해 발생 건수〉

(단위 : 건)

분류기간＼월	1	2	3	4	5	6	7	8	9	10	11	12	합
1392 ~ 1450년	0	1	1	5	9	8	9	2	1	0	0	1	37
1451 ~ 1500년	0	0	0	5	2	5	4	1	0	0	0	0	17
1501 ~ 1550년	0	0	0	4	7	7	6	1	0	0	0	0	( )
계	0	1	1	( )	18	( )	19	4	1	0	0	1	( )

> **보기**
>
> ㄱ. 홍수재해 발생 건수는 총 72건이며, 분류기간별로는 1501 ~ 1550년에 37건으로 가장 많이 발생했다.
> ㄴ. 홍수재해는 모두 5 ~ 8월에만 발생했다.
> ㄷ. 2 ~ 7월의 가뭄재해 발생 건수는 전체 가뭄재해 발생 건수의 90% 이상을 차지한다.
> ㄹ. 매 분류기간마다 가뭄재해 발생 건수는 홍수재해 발생 건수보다 많다.

① ㄱ, ㄴ

② ㄱ, ㄷ

③ ㄴ, ㄹ

④ ㄱ, ㄷ, ㄹ

⑤ ㄴ, ㄷ, ㄹ

09 다음은 2022년 갑국의 수도권 집중 현황에 대한 자료이다. 보고서의 내용 중 표의 자료에서 도출할 수 있는 것은?

〈수도권 집중 현황〉

구분		전국(A)	수도권(B)	$\dfrac{B}{A}\times100(\%)$
인구 및 주택	인구(천 명)	50,034	24,472	48.9
	주택 수(천 호)	17,672	8,173	46.2
산업	지역 총 생산액(십억 원)	856,192	408,592	47.7
	제조업체 수(개)	119,181	67,799	56.9
	서비스업체 수(개)	765,817	370,015	48.3
금융	금융예금액(십억 원)	592,721	407,361	68.7
	금융대출액(십억 원)	699,430	469,374	67.1
기능	4년제 대학 수(개)	175	68	38.9
	공공기관 수(개)	409	345	84.4
	의료기관 수(개)	54,728	26,999	49.3

〈보고서〉

• 수도권 인구의 전국 대비 비중은 48.9%이다. ㉠ 수도권 인구밀도는 전국 인구밀도의 2배 이상이고, ㉡ 수도권 1인당 주택면적은 전국 1인당 주택면적보다 작다.
• 산업측면에서 ㉢ 수도권 제조업과 서비스업 생산액이 전국 제조업과 서비스업 생산액에서 차지하는 비중은 각각 50% 이상이다.
• 수도권 금융예금액은 전국 금융예금의 65% 이상을 차지하고, ㉣ 수도권 1인당 금융대출액은 전국 1인당 금융대출액보다 많다.
• 수도권 의료기관 수의 전국 대비 비중은 49.3%이고 공공기관 수 비중은 84.4%이다. ㉤ 4년제 대학 재학생 수는 수도권이 비수도권보다 적다.

① ㉠
② ㉡
③ ㉢
④ ㉣
⑤ ㉤

10 다음은 2022년 3개 기관 유형의 분야별 연구개발비 비중을 나타낸 자료이다. 이에 대한 〈보기〉의 설명 중 옳은 것을 모두 고르면?

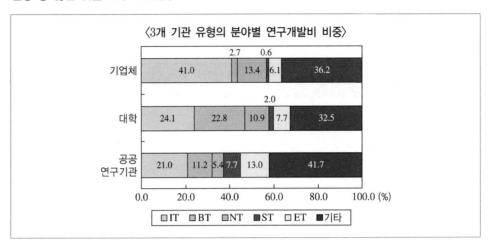

〈3개 기관 유형의 분야별 연구개발비 비중〉

보기

ㄱ. 공공연구기관의 연구개발비는 BT분야가 NT분야의 2배 이상이다.
ㄴ. 기업체의 IT, NT분야 연구개발비 합은 기업체 전체 연구개발비의 50% 이상이다.
ㄷ. 3개 기관 유형 중 ET분야 연구개발비는 공공연구기관이 가장 많다.
ㄹ. 공공연구기관의 ST분야 연구개발비는 기업체와 대학의 ST분야 연구개발비 합보다 크다.
ㅁ. 기타를 제외하고 연구개발비 비중이 가장 작은 분야는 3개 기관 유형에서 모두 동일하다.

① ㄱ, ㄴ
② ㄴ, ㄹ
③ ㄱ, ㄴ, ㄷ
④ ㄱ, ㄴ, ㄹ
⑤ ㄷ, ㄹ, ㅁ

11 다음은 2022년 갑국의 대학유형별 현황에 관한 자료이다. 이에 대한 〈보기〉의 설명 중 옳은 것을 모두 고르면?

〈대학유형별 현황〉

(단위 : 개, 명)

구분＼유형	국립대학	공립대학	사립대학	전체
학교	34	1	154	189
학과	2,776	40	8,353	11,169
교원	15,299	354	49,770	65,423
여성	2,131	43	12,266	14,440
직원	8,987	205	17,459	26,651
여성	3,254	115	5,259	8,628
입학생	78,888	1,923	274,961	355,772
재적생	471,465	13,331	1,628,497	2,113,293
졸업생	66,890	1,941	253,582	322,413

보기

ㄱ. 학과당 교원 수는 공립대학이 사립대학보다 많다.
ㄴ. 전체 대학 입학생 수에서 국립대학 입학생 수가 차지하는 비율은 20% 이상이다.
ㄷ. 입학생 수 대비 졸업생 수의 비율은 공립대학이 국립대학보다 높다.
ㄹ. 각 대학유형에서 남성 직원 수가 여성 직원 수보다 많다.

① ㄱ, ㄷ
② ㄱ, ㄹ
③ ㄴ, ㄹ
④ ㄱ, ㄴ, ㄷ
⑤ ㄴ, ㄷ, ㄹ

12 다음은 2005년부터 2009년까지 정당지지도의 연도별 추이에 대한 자료이다. 이에 대한 설명으로 옳은 것은?

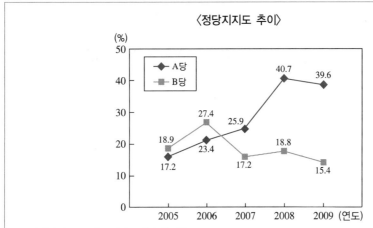

〈정당지지도 추이〉

※ 정당지지도 조사는 매년 1회만 실시함

〈연도별·연령대별 정당지지도〉

(단위 : %)

연령대 \ 연도 정당	2005년 A	2005년 B	2006년 A	2006년 B	2007년 A	2007년 B	2008년 A	2008년 B	2009년 A	2009년 B
20대	10.6	21.9	11.2	30.0	19.3	18.1	33.2	14.9	35.3	12.6
30대	12.6	19.8	14.4	32.8	16.0	21.6	36.5	40.6	33.6	18.8
40대	20.6	14.4	27.5	24.2	28.8	18.2	43.4	17.6	38.4	14.4
50대	23.0	16.9	36.0	22.5	36.3	13.7	49.0	17.9	46.4	16.2
60대 이상	25.4	21.5	36.4	23.8	34.2	12.9	45.8	18.7	48.2	15.0

※ 정당은 A당과 B당만 존재하는 것으로 가정하고, 어느 당도 지지하지 않는 응답자들은 모두 '지지정당 없음'으로 처리함

① 2008년은 전년에 비해 '지지정당 없음'의 비율이 낮아졌다.

② 2006년에 비해 2007년에 모든 연령대에서 A당에 대한 지지도는 높아졌다.

③ 20대의 정당지지도 차이는 2006년부터 확대되고 있으나, 2009년에는 축소되었다.

④ A당이 B당의 지지도를 처음으로 추월한 해에 A당 지지도가 가장 높은 연령대는 40대이다.

⑤ 정당지지도의 차이가 가장 큰 해에, 그 차이보다 더 큰 정당지지도 차이를 보이는 연령대의 수는 3개이다.

13 다음은 2022년 수도권 3개 지역의 지역 간 화물 유동량에 대한 자료이다. 이를 이용하여 작성한 그림으로 옳지 않은 것은?

〈2022년 수도권 3개 지역 간 화물 유동량〉

(단위 : 백만 톤)

출발 지역＼도착 지역	서울	인천	경기	합
서울	59.6	8.5	0.6	68.7
인천	30.3	55.3	0.7	86.3
경기	78.4	23.0	3.2	104.6
계	168.3	86.8	4.5	259.6

※ 수도권 외부와의 화물 이동은 고려하지 않음

① 수도권 출발 지역별 경기 도착 화물 유동량

(단위 : 백만 톤)

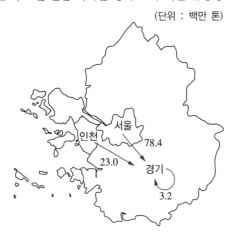

② 수도권 3개 지역별 도착 화물 유동량

(단위 : 백만 톤)

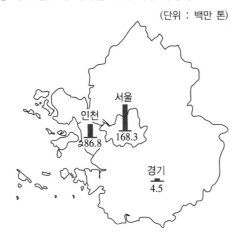

③ 수도권 3개 지역의 상호 간 화물 유동량

(단위 : 백만 톤)

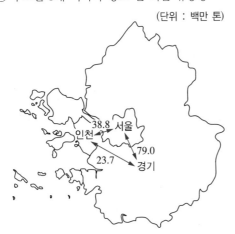

※ '상호 간 화물 유동량'은 두 지역 간 출발 화물 유동량과 도착 화물 유동량의 합임

④ 수도권 3개 지역별 출발 화물 유동량

(단위 : 백만 톤)

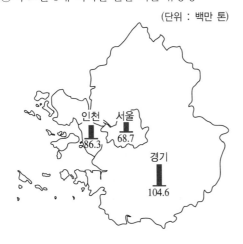

⑤ 인천 도착 화물 유동량의 수도권 출발 지역별 비중

(단위 : %)

14 다음은 A ~ E지역으로만 이루어진 어떤 나라의 어린이 사망률에 대한 자료이다. 이에 대한 〈보기〉의 설명 중 옳은 것을 모두 고르면?

〈연도별 어린이 사망률〉

(단위 : 명)

연도 구분	2006년	2007년	2008년	2009년	2010년
총사망률	85.8	37.5	18.9	17.9	16.7
사고 사망률	30.3	19.7	8.7	7.5	6.7

※ 어린이 사망률은 전체 인구 10만 명당 어린이 사망자 수를 의미함

〈2010년 지역별 어린이 사고 사망률〉

(단위 : 명)

지역	사고 사망률	운수사고 사망률
A	4.5	2.0
B	5.0	2.5
C	12.0	6.0
D	15.0	8.0
E	12.0	8.0

보기

ㄱ. 2010년의 경우, 사고로 인한 어린이 사망자 중 운수사고 이외의 사고로 인한 사망자의 비율은 A지역이 가장 높고 E지역이 가장 낮다.
ㄴ. 2010년 A, B지역의 인구의 합계는 C, D, E지역 인구의 합계보다 많다.
ㄷ. 2007년 이후, 사고 이외의 이유로 사망한 어린이 수는 점차 증가하였다.
ㄹ. 총 어린이 사망자 수는 2007년 이후 지속적으로 감소하였다.

① ㄱ, ㄴ
② ㄱ, ㄷ
③ ㄷ, ㄹ
④ ㄱ, ㄴ, ㄹ
⑤ ㄴ, ㄷ, ㄹ

15 다음은 우리나라의 직장어린이집 수에 대한 자료이다. 이에 대한 설명으로 옳은 것은?

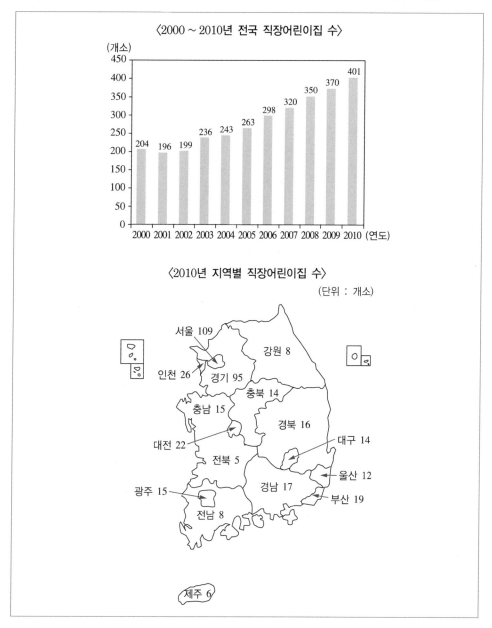

〈2000 ~ 2010년 전국 직장어린이집 수〉

(개소)

204 196 199 236 243 263 298 320 350 370 401

2000 2001 2002 2003 2004 2005 2006 2007 2008 2009 2010 (연도)

〈2010년 지역별 직장어린이집 수〉

(단위 : 개소)

서울 109, 강원 8, 인천 26, 경기 95, 충북 14, 충남 15, 경북 16, 대전 22, 대구 14, 전북 5, 울산 12, 광주 15, 경남 17, 부산 19, 전남 8, 제주 6

① 2000 ~ 2010년 동안 전국 직장어린이집 수는 매년 증가하였다.
② 2008년 전국 직장어린이집 수는 2006년 대비 20% 이상 증가하였다.
③ 2010년 인천 지역 직장어린이집 수는 2010년 전국 직장어린이집 수의 5% 이하이다.
④ 2000 ~ 2010년 동안 전국 직장어린이집 수의 전년 대비 증가율이 10% 이상인 연도는 2003년뿐이다.
⑤ 2010년 서울과 경기 지역 직장어린이집 수의 합은 2010년 전국 직장어린이집 수의 절반 이상이다.

16 다음은 2022년 어느 회사 사원 A ~ C의 매출에 대한 자료이다. 2022년 4사분기의 매출액이 큰 사원부터 나열한 것으로 옳은 것은?

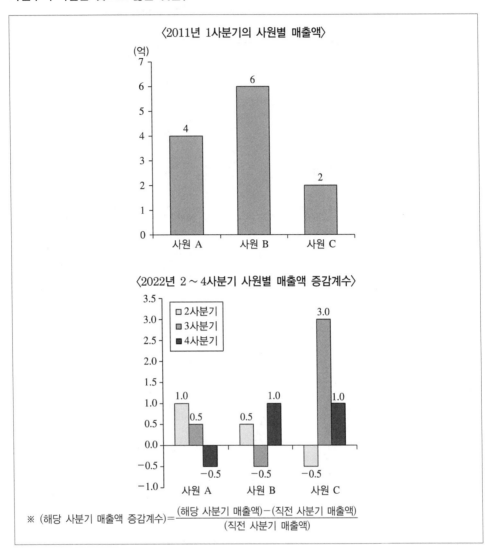

① A, B, C

② A, C, B

③ B, A, C

④ B, C, A

⑤ C, A, B

17 다음은 1982 ~ 2004년 동안 전년 대비 경제성장률과 소득분배 간의 관계를 나타낸 자료이다. 이에 대한 〈보기〉의 설명 중 옳은 것을 모두 고르면?

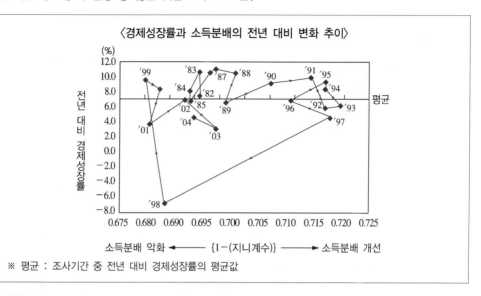

〈경제성장률과 소득분배의 전년 대비 변화 추이〉

※ 평균 : 조사기간 중 전년 대비 경제성장률의 평균값

보기

ㄱ. 1990 ~ 1997년의 지니계수 평균값은 0.3 이하이다.

ㄴ. 1988 ~ 1992년 동안 전년 대비 경제성장률이 전년에 비해 감소한 연도에는 소득분배도 전년에 비해 악화되었다.

ㄷ. 조사기간 동안 전년 대비 경제성장률이 가장 높은 연도는 1999년이다.

ㄹ. 1999년에는 1998년에 비해 전년 대비 경제성장률이 높아졌지만 소득분배는 악화되었다.

ㅁ. 1997년 외환위기 이전까지는 전년 대비 경제성장률이 평균보다 높게 유지되었고 소득분배도 지속적으로 개선되었다.

① ㄱ, ㄹ
② ㄴ, ㄷ
③ ㄱ, ㄷ, ㄹ
④ ㄱ, ㄷ, ㅁ
⑤ ㄴ, ㄹ, ㅁ

18 다음은 6개 대학교의 2023학년도 신입생 정원에 대한 자료이다. 이에 대한 〈보기〉의 설명 중 옳은 것을 모두 고르면?

〈계열별 신입생 정원〉

(단위 : 명)

구분	인문·사회	자연·공학	전체
A대학교	2,400	3,291	5,691
B대학교	2,290	1,833	4,123
C대학교	2,732	2,380	5,112
D대학교	3,528	4,332	7,860
E대학교	823	508	1,331
F대학교	1,534	1,694	3,228

※ 각 대학교의 계열은 인문·사회와 자연·공학 두 가지로만 구성됨

〈모집전형별 계열별 신입생 정원〉

(단위 : 명)

구분	수시전형		정시전형	
	인문·사회	자연·공학	인문·사회	자연·공학
A대학교	1,200	1,677	1,200	1,614
B대학교	561	427	1,729	1,406
C대학교	707	663	2,025	1,717
D대학교	2,356	2,865	1,172	1,467
E대학교	344	240	479	268
F대학교	750	771	784	923

보기

ㄱ. 전체 신입생 정원에서 인문·사회 계열 정원의 비율이 가장 높은 대학교는 B대학교이다.

ㄴ. 자연·공학 계열 신입생 정원이 전체 신입생 정원의 50%를 초과하는 대학교는 A, D, F대학교이다.

ㄷ. 수시전형으로 선발하는 신입생 정원이 정시전형으로 선발하는 신입생 정원보다 많은 대학교는 D대학교 뿐이다.

ㄹ. 수시전형으로 선발하는 신입생 정원과 정시전형으로 선발하는 신입생 정원의 차이가 가장 작은 대학교는 A대학교이다.

① ㄱ, ㄴ
② ㄱ, ㄷ
③ ㄱ, ㄹ
④ ㄴ, ㄷ
⑤ ㄴ, ㄹ

19 다음은 2022년 지역별 외국인 소유 토지면적에 대한 자료이다. 이에 대한 〈보기〉의 설명 중 옳은 것을 모두 고르면?

〈2022년 지역별 외국인 소유 토지면적〉

(단위 : 천m²)

지역	면적	전년 대비 증감면적
서울	3,918	332
부산	4,894	−23
대구	1,492	−4
인천	5,462	−22
광주	3,315	4
대전	1,509	36
울산	6,832	37
경기	38,999	1,144
강원	21,747	623
충북	10,215	340
충남	20,848	1,142
전북	11,700	289
전남	38,044	128
경북	29,756	603
경남	13,173	530
제주	11,813	103
계	223,717	5,262

보기

ㄱ. 2021년 외국인 소유 토지면적이 가장 큰 지역은 경기이다.
ㄴ. 2022년 외국인 소유 토지면적의 전년 대비 증가율이 가장 큰 지역은 서울이다.
ㄷ. 2022년에 외국인 소유 토지면적이 가장 작은 지역이 2021년에도 외국인 소유 토지면적이 가장 작다.
ㄹ. 2021년 외국인 소유 토지면적이 세 번째로 큰 지역은 경북이다.

① ㄱ, ㄷ
② ㄴ, ㄷ
③ ㄴ, ㄹ
④ ㄱ, ㄴ, ㄹ
⑤ ㄱ, ㄷ, ㄹ

20 다음은 A ~ D국의 연구개발비에 대한 자료이다. 보고서를 작성하기 위해 추가로 필요한 자료를 〈보기〉에서 모두 고르면?

〈A ~ D국의 연구개발비〉

연도	구분	국가 A	B	C	D
2016년	연구개발비(억 달러)	605	4,569	1,709	1,064
	GDP 대비(%)	4.29	2.73	3.47	2.85
2015년	(민간연구개발비) : (정부연구개발비)	24 : 76	35 : 65	25 : 75	30 : 70

※ (연구개발비)＝(정부연구개발비)＋(민간연구개발비)

〈보고서〉

A ~ D국 모두 2016년 연구개발비가 2015년에 비하여 증가하였지만, A국은 약 3% 증가에 불과하여 A ~ D국 평균 증가율인 6% 수준에도 미치지 못했다. 특히, 2016년에 A국은 정부연구개발비 대비 민간연구개발비 비율이 가장 작다. 이는 2014 ~ 2016년 동안 A국 민간연구개발에 대한 정부의 지원금액이 매년 감소한 데 따른 것으로 분석된다.

보기

ㄱ. 2013 ~ 2015년 A ~ D국 전년 대비 GDP 증가율
ㄴ. 2015 ~ 2016년 연도별 A ~ D국 민간연구개발비
ㄷ. 2013 ~ 2016년 연도별 A국 민간연구개발에 대한 정부의 지원금액
ㄹ. 2014 ~ 2015년 A ~ D국 전년 대비 연구개발비 증가율

① ㄱ, ㄴ
② ㄱ, ㄹ
③ ㄴ, ㄷ
④ ㄴ, ㄹ
⑤ ㄷ, ㄹ

제2회
NCS in PSAT 최종점검 모의고사

모바일 OMR
답안채점 / 성적분석
서비스

☑ 응시시간 : 30분 ☑ 문항 수 : 20문항 정답 및 해설 p.104

01 다음은 음식점 선택의 5개 속성별 중요도 및 이들 속성에 대한 A와 B음식점의 성과도에 대한 자료이다. 이에 대한 〈보기〉의 설명 중 옳은 것을 모두 고르면?

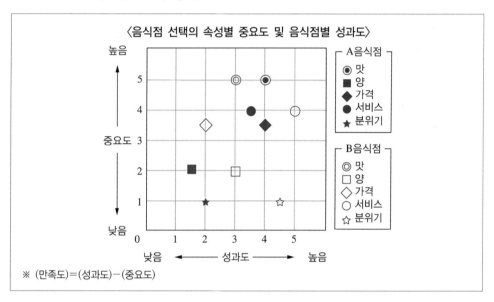

〈음식점 선택의 속성별 중요도 및 음식점별 성과도〉

※ (만족도)＝(성과도)－(중요도)

보기
ㄱ. A음식점은 3개 속성에서 B음식점보다 성과도가 높다.
ㄴ. 만족도가 가장 높은 속성은 B음식점의 분위기 속성이다.
ㄷ. A음식점과 B음식점 사이의 성과도 차이가 가장 큰 속성은 가격이다.
ㄹ. 중요도가 가장 높은 속성에서 A음식점이 B음식점보다 성과도가 높다.

① ㄱ, ㄴ
② ㄱ, ㄹ
③ ㄴ, ㄷ
④ ㄴ, ㄹ
⑤ ㄷ, ㄹ

02 다음은 2005 ~ 2007년도의 지방자치단체 재정력지수에 대한 자료이다. 이에 대한 설명으로 옳은 것은?

〈지방자치단체 재정력지수〉

연도\지방자치단체	2005년	2006년	2007년	평균
서울	1.106	1.088	1.010	1.068
부산	0.942	0.922	0.878	0.914
대구	0.896	0.860	0.810	0.855
인천	1.105	0.984	1.011	1.033
광주	0.772	0.737	0.681	0.730
대전	0.874	0.873	0.867	0.871
울산	0.843	0.837	0.832	0.837
경기	1.004	1.065	1.032	1.034
강원	0.417	0.407	0.458	0.427
충북	0.462	0.446	0.492	0.467
충남	0.581	0.693	0.675	0.650
전북	0.379	0.391	0.408	0.393
전남	0.319	0.330	0.320	0.323
경북	0.424	0.440	0.433	0.432
경남	0.653	0.642	0.664	0.653

※ 1) 매년 지방자치단체의 기준재정수입액이 기준재정수요액에 미치지 않는 경우, 중앙정부는 그 부족분만큼의 지방교부세를 당해년도에 지급함

2) $(재정력지수) = \dfrac{(기준재정수입액)}{(기준재정수요액)}$

① 3년간 지방교부세를 지원받은 적이 없는 지방자치단체는 서울, 인천, 경기 3곳이다.
② 3년간 충북은 전남보다 기준재정수입액이 매년 많았다.
③ 3년간 재정력지수가 지속적으로 상승한 지방자치단체는 전북이 유일하다.
④ 3년간 지방교부세를 가장 많이 지원받은 지방자치단체는 전남이다.
⑤ 3년간 대전과 울산의 기준재정수입액이 매년 서로 동일하다면 기준재정수요액은 대전이 울산보다 항상 크다.

03 다음은 전체 인구를 유년인구, 생산가능인구 및 노인인구로 구분하여 인구구성비 추이를 나타낸 자료이다. 이에 대한 설명으로 옳지 않은 것은?

〈인구구성비 추이〉

구분		1970년	1980년	1990년	2000년	2005년	2010년	2015년	2020년	2030년
유년 인구비	전국	42.5	34.0	25.6	21.1	19.1	16.3	13.9	12.6	11.2
	서울	36.3	31.3	24.7	18.6	16.8	14.7	13.4	12.4	10.5
	인천	39.8	31.9	27.1	23.4	20.2	16.5	13.8	12.7	11.4
	울산	40.2	36.2	30.1	25.1	21.9	17.4	13.9	12.4	11.2
	경기	42.9	32.7	26.8	24.1	21.5	18.1	15.4	13.9	12.2
	충남	45.9	35.6	24.3	20.1	18.8	16.3	13.8	12.4	11.5
	전남	46.8	38.9	25.8	20.0	18.4	13.9	11.3	9.2	9.1
생산 가능 인구비	전국	54.4	62.2	69.3	71.7	71.8	72.8	73.2	71.7	64.7
	서울	62.1	66.2	71.8	76.1	76.1	75.9	74.6	72.5	66.9
	인천	58.0	65.2	68.9	71.2	72.9	75.0	75.5	73.7	64.7
	울산	56.4	61.0	66.7	70.9	72.9	75.7	76.8	74.6	64.9
	경기	54.0	63.6	68.8	70.2	71.5	73.4	74.6	73.7	66.7
	충남	50.3	58.9	67.8	68.0	66.9	68.3	69.7	69.5	64.2
	전남	48.9	55.6	66.4	66.6	64.1	64.8	65.6	64.9	55.7
노인 인구비	전국	3.1	3.8	5.1	7.2	9.1	10.9	12.9	15.7	24.1
	서울	1.7	2.5	3.5	5.3	7.1	9.4	12.0	15.1	22.6
	인천	2.2	2.9	4.0	5.5	6.9	8.5	10.6	13.6	23.9
	울산	3.5	2.9	3.1	4.0	5.2	6.9	9.3	13.0	23.9
	경기	3.0	3.7	4.5	5.7	7.1	8.5	10.0	12.4	21.1
	충남	3.8	5.5	7.9	11.9	14.4	15.5	16.5	18.0	24.3
	전남	4.3	5.5	7.9	13.4	17.5	21.3	23.2	25.9	35.2

※ 1) 고령화사회 : 전체 인구 중 노인인구가 7% 이상 13% 미만

　　고령사회 : 전체 인구 중 노인인구가 14% 이상 21% 미만

　　초고령사회 : 전체 인구 중 노인인구가 21% 이상

2) $(인구부양비)=\dfrac{(유년인구)+(노인인구)}{(생산가능인구)}$

　$(유년부양비)=\dfrac{(유년인구)}{(생산가능인구)}$

　$(노년부양비)=\dfrac{(노인인구)}{(생산가능인구)}$

① 2010년에는 초고령사회로 분류되는 지역이 처음으로 발생한다.

② 2030년의 전국 노년부양비는 0.35를 넘어선다.

③ 2005년의 전국 유년인구비는 1970년 전국 유년인구비의 절반 이하이다.

④ 전국 인구부양비는 2030년이 가장 높다.

⑤ 2005년에 노년부양비가 가장 낮은 지역은 울산이다.

04 다음은 양성평등정책에 대한 의견을 성별 및 연령별로 정리한 자료이다. 이에 대한 〈보기〉의 설명 중 옳은 것을 모두 고르면?

〈양성평등정책에 대한 성별 및 연령별 의견〉

(단위 : 명)

구분	30세 미만		30세 이상	
	여성	남성	여성	남성
찬성	90	78	60	48
반대	10	22	40	52
계	100	100	100	100

보기

ㄱ. 30세 미만 여성이 30세 이상 여성보다 양성평등정책에 찬성하는 비율이 높다.

ㄴ. 30세 이상 여성이 30세 이상 남성보다 양성평등정책에 찬성하는 비율이 높다.

ㄷ. 양성평등정책에 찬성하는 비율의 성별 차이는 연령별 차이보다 크다.

ㄹ. 남성의 절반 이상이 양성평등정책에 찬성하고 있다.

① ㄱ, ㄷ

② ㄴ, ㄹ

③ ㄱ, ㄴ, ㄷ

④ ㄱ, ㄴ, ㄹ

⑤ ㄴ, ㄷ, ㄹ

05 다음은 2022년 충청남도 포장도로 현황에 대한 자료이다. 이에 대한 〈보기〉의 설명 중 옳은 것을 모두 고르면?

〈2022년 충청남도 포장도로 현황〉

(단위 : km, %)

지역＼구분	포장도로					포장률
	고속도로	일반국도	지방도	시·군도	합	
A	50	90	100	700	940	75
B	40	160	240	330	770	73
C	45	110	99	280	534	75
D	0	120	130	530	780	54
E	20	100	100	520	740	50
F	51	70	140	240	501	88
G	0	10	5	110	125	96
H	25	60	110	130	325	85
I	0	48	100	130	278	75
J	0	70	70	170	310	75

$$※ \ [포장률(\%)] = \frac{(포장도로 \ 길이의 \ 합)}{(전체 \ 도로길이)} \times 100$$

보기

ㄱ. C지역의 전체 도로 길이는 712km이다.
ㄴ. 전체 도로 길이가 가장 짧은 지역은 I이다.
ㄷ. 포장도로에서 고속도로가 차지하는 비율이 가장 큰 지역은 F이다.
ㄹ. 비포장도로의 길이가 가장 짧은 지역은 D이다.

① ㄱ, ㄴ   ② ㄱ, ㄷ
③ ㄴ, ㄷ   ④ ㄴ, ㄹ
⑤ ㄷ, ㄹ

06 다음은 1991년과 2010년의 품목별 항만 수출 실적 및 A항만 처리 분담률에 대한 자료이다. 이에 대한 〈보기〉의 설명 중 옳은 것을 모두 고르면?

〈품목별 항만 수출 실적〉

(단위 : 백만 달러)

품목	1991년		2010년	
	총 항만 수출액	A항만 수출액	총 항만 수출액	A항만 수출액
전기・전자	16,750	10,318	110,789	19,475
기계류	6,065	4,118	52,031	23,206
자동차	2,686	537	53,445	14,873
광학・정밀기기	766	335	37,829	11,415
플라스틱제품	1,863	1,747	23,953	11,878
철강	3,287	766	21,751	6,276
계	31,417	17,821	299,798	87,123

〈1991년 품목별 A항만 처리 분담률〉

(단위 : %)

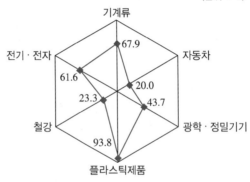

〈2010년 품목별 A항만 처리 분담률〉

(단위 : %)

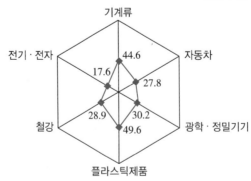

※ [해당 항만 처리 분담률(%)] = $\dfrac{(\text{해당 항만 수출액})}{(\text{총 항만 수출액})} \times 100$

ㄱ. 품목별 총 항만 수출액과 A항만 수출액은 1991년 대비 2010년에 각각 증가하였다.

ㄴ. A항만 처리 분담률이 1991년 대비 2010년에 감소한 품목은 모두 4개이다.

ㄷ. 2010년 A항만 수출액의 1991년 대비 증가율이 가장 큰 품목은 자동차이다.

ㄹ. 플라스틱제품의 A항만 처리 분담률은 1991년 대비 2010년에 70% 이상 감소하였다.

① ㄱ, ㄴ

② ㄱ, ㄹ

③ ㄷ, ㄹ

④ ㄱ, ㄴ, ㄷ

⑤ ㄴ, ㄷ, ㄹ

07 다음은 2013 ~ 2017년 갑국의 사회간접자본(SOC) 투자규모에 대한 자료이다. 이에 대한 설명으로 옳지 않은 것은?

〈갑국의 사회간접자본(SOC) 투자규모〉

(단위 : 조 원, %)

연도 구분	2013년	2014년	2015년	2016년	2017년
SOC 투자규모	20.5	25.4	25.1	24.4	23.1
총지출 대비 SOC 투자규모 비중	7.8	8.4	8.6	7.9	6.9

① 2017년 총지출은 300조 원 이상이다.

② 2014년 'SOC 투자규모'의 전년 대비 증가율은 30% 이하이다.

③ 2014 ~ 2017년 동안 'SOC 투자규모'가 전년에 비해 가장 큰 비율로 감소한 해는 2017년이다.

④ 2014 ~ 2017년 동안 'SOC 투자규모'와 '총지출 대비 SOC 투자규모 비중'의 전년 대비 증감방향은 동일하다.

⑤ 2018년 'SOC 투자규모'의 전년 대비 감소율이 2017년과 동일하다면, 2018년 'SOC 투자규모'는 20조 원 이상이다.

08 A시는 2016년에 폐업 신고한 전체 자영업자를 대상으로 창업교육 이수 여부와 창업부터 폐업까지의 기간을 조사하였다. 다음은 조사결과를 이용하여 창업교육 이수 여부에 따른 기간별 생존비율을 비교한 자료이다. 이에 대한 설명으로 옳은 것은?

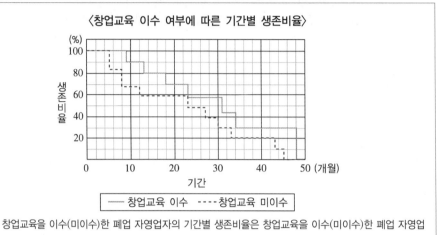

〈창업교육 이수 여부에 따른 기간별 생존비율〉

※ 1) 창업교육을 이수(미이수)한 폐업 자영업자의 기간별 생존비율은 창업교육을 이수(미이수)한 폐업 자영업자 중 생존기간이 해당 기간 이상인 자영업자의 비율임
   2) 생존기간은 창업부터 폐업까지의 기간을 의미함

① 창업교육을 이수한 폐업 자영업자 수가 창업교육을 미이수한 폐업 자영업자 수보다 더 많다.

② 창업교육을 미이수한 폐업 자영업자의 평균 생존기간은 창업교육을 이수한 폐업 자영업자의 평균 생존기간보다 더 길다.

③ 창업교육을 이수한 폐업 자영업자의 생존비율과 창업교육을 미이수한 폐업 자영업자의 생존비율의 차이는 창업 후 20개월에 가장 크다.

④ 창업교육을 이수한 폐업 자영업자 중 생존기간이 32개월 이상인 자영업자의 비율은 50% 이상이다.

⑤ 창업교육을 미이수한 폐업 자영업자 중 생존기간이 10개월 미만인 자영업자의 비율은 20% 이상이다.

09 다음은 어느 도시의 엥겔계수 및 슈바베계수 추이와 소비지출 현황을 나타낸 자료이다. 빈칸 A
~ E에 들어갈 값으로 옳지 않은 것은?

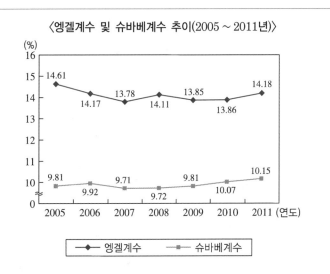

〈엥겔계수 및 슈바베계수 추이(2005 ~ 2011년)〉

〈연도별 소비지출 현황(2008 ~ 2011년)〉

(단위 : 억 원, %p)

구분 연도	총 소비지출	식료품·비주류음료 소비지출	주거·수도·광열 소비지출	계수 차이
2008년	100,000	A	9,720	4.39
2009년	120,000	16,620	B	4.04
2010년	150,000	20,790	15,105	C
2011년	D	E	20,300	4.03

※ 1) [엥겔계수(%)]= $\dfrac{(식료품·비주류음료\ 소비지출)}{(총\ 소비지출)} \times 100$

2) [슈바베계수(%)]= $\dfrac{(주거·수도·광열\ 소비지출)}{(총\ 소비지출)} \times 100$

3) (계수 차이)= |(엥겔계수)−(슈바베계수)|

① A : 14,110 　　　　　　② B : 11,772
③ C : 3.79 　　　　　　　④ D : 200,000
⑤ E : 27,720

10 다음은 특정분야의 기술에 대한 정보검색 건수를 연도별로 나타낸 자료이다. 이에 대한 〈보기〉의 설명 중 옳은 것을 모두 고르면?

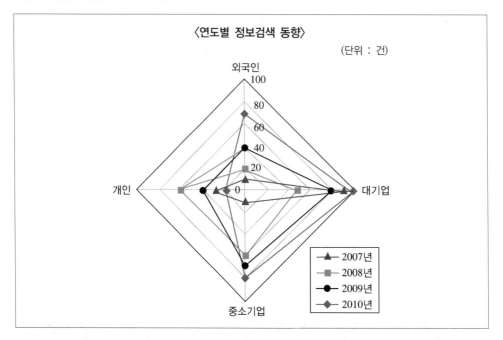

보기

ㄱ. 전체 검색 건수는 2008년에 가장 적었다.

ㄴ. 중소기업의 검색 건수는 2007년부터 2010년까지 계속 증가하고 있다.

ㄷ. 2007년부터 2010년까지 검색 건수 총합은 대기업이 가장 많았다.

ㄹ. 2009년에는 외국인과 개인의 검색 건수가 가장 적었고, 중소기업의 검색 건수가 가장 많았다.

① ㄱ, ㄴ
② ㄴ, ㄷ
③ ㄷ, ㄹ
④ ㄱ, ㄴ, ㄷ
⑤ ㄴ, ㄷ, ㄹ

11 다음은 국내 입지별 지식산업센터 수에 대한 자료이다. 이에 대한 설명으로 옳지 않은 것은?

〈국내 입지별 지식산업센터 수〉

(단위 : 개)

지역	구분	개별입지	계획입지	합
서울		54	73	127
6대 광역시	부산	3	6	9
	대구	2	2	4
	인천	7	11	( )
	광주	0	2	2
	대전	( )	4	6
	울산	1	0	1
경기		100	( )	133
강원		1	0	1
충북		0	0	0
충남		0	1	1
전북		0	1	1
전남		1	1	2
경북		2	0	2
경남		2	15	( )
제주		0	0	0
전국 합계		175	149	324

※ 지식산업센터가 조성된 입지는 개별입지와 계획입지로 구분됨

① 국내 지식산업센터는 60% 이상이 개별입지에 조성되어 있다.

② 수도권(서울, 인천, 경기)의 지식산업센터 수는 전국 합계의 80%가 넘는다.

③ 경기지역의 지식산업센터는 계획입지보다 개별입지에 많이 조성되어 있다.

④ 동남권(부산, 울산, 경남)의 지식산업센터 수는 대경권(대구, 경북)의 4배 이상이다.

⑤ 6대 광역시 중 계획입지에 조성된 지식산업센터 수가 개별입지에 조성된 지식산업센터 수보다 적은 지역은 울산광역시뿐이다.

12 다음은 2022년 A시 가 ~ 다 지역의 아파트 실거래 가격 지수를 나타낸 자료이다. 이에 대한 설명으로 옳은 것은?

⟨2022년 A시 가 ~ 다 지역의 아파트 실거래 가격 지수⟩

월 \ 지역	가	나	다
1	100.0	100.0	100.0
2	101.1	101.6	99.9
3	101.9	103.2	100.0
4	102.6	104.5	99.8
5	103.0	105.5	99.6
6	103.8	106.1	100.6
7	104.0	106.6	100.4
8	105.1	108.3	101.3
9	106.3	110.7	101.9
10	110.0	116.9	102.4
11	113.7	123.2	103.0
12	114.8	126.3	102.6

※ (N월 아파트 실거래 가격 지수)= $\dfrac{(\text{해당 지역의 N월 아파트 실거래 가격})}{(\text{해당 지역의 1월 아파트 실거래 가격})} \times 100$

① '가'지역의 12월 아파트 실거래 가격은 '다'지역의 12월 아파트 실거래 가격보다 높다.

② '나'지역의 아파트 실거래 가격은 다른 두 지역의 아파트 실거래 가격보다 매월 높다.

③ '다'지역의 1월 아파트 실거래 가격과 3월 아파트 실거래 가격은 같다.

④ '가'지역의 1월 아파트 실거래 가격이 1억 원이면 '가'지역의 7월 아파트 실거래 가격은 1억 4천만 원이다.

⑤ 2022년 7 ~ 12월 동안 아파트 실거래 가격이 각 지역에서 매월 상승하였다.

13 다음은 전산장비(A ~ F) 연간유지비와 전산장비 가격 대비 연간유지비 비율을 나타낸 자료이다. 이에 대한 설명으로 옳은 것은?

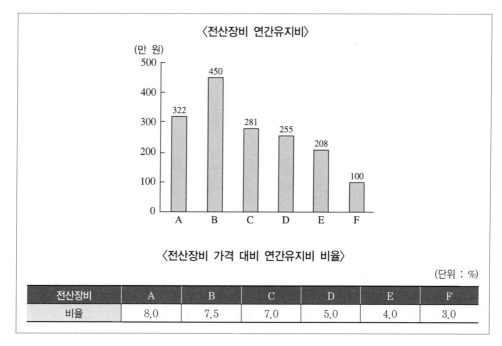

〈전산장비 연간유지비〉

(만 원)

〈전산장비 가격 대비 연간유지비 비율〉

(단위 : %)

전산장비	A	B	C	D	E	F
비율	8.0	7.5	7.0	5.0	4.0	3.0

① B의 연간유지비가 D의 연간유지비의 2배 이상이다.

② 가격이 가장 높은 전산장비는 A이다.

③ 가격이 가장 낮은 전산장비는 F이다.

④ C의 가격은 E의 가격보다 높다.

⑤ A를 제외한 전산장비는 가격이 높을수록 연간유지비도 더 높다.

14 다음은 임차인 A∼E의 전·월세 전환 현황에 대한 자료이다. 이에 대한 〈보기〉의 설명 중 옳은 것을 모두 고르면?

〈임차인 A∼E의 전·월세 전환 현황〉

(단위 : 만 원)

임차인	전세금	월세보증금	월세
A	( )	25,000	50
B	42,000	30,000	60
C	60,000	( )	70
D	38,000	30,000	80
E	58,000	53,000	( )

※ [전·월세 전환율(%)] = $\dfrac{(월세) \times 12}{(전세금) - (월세보증금)} \times 100$

보기

ㄱ. A의 전·월세 전환율이 6%라면, 전세금은 3억 5천만 원이다.

ㄴ. B의 전·월세 전환율은 10%이다.

ㄷ. C의 전·월세 전환율이 3%라면, 월세보증금은 3억 6천만 원이다.

ㄹ. E의 전·월세 전환율이 12%라면, 월세는 50만 원이다.

① ㄱ, ㄴ   ② ㄱ, ㄷ

③ ㄱ, ㄹ   ④ ㄴ, ㄹ

⑤ ㄷ, ㄹ

15 다음은 A국에서 2022년에 채용된 공무원 인원에 대한 자료이다. 이에 대한 〈보기〉의 설명 중 옳은 것을 모두 고르면?

〈A국의 2022년 공무원 채용 인원〉

(단위 : 명)

공무원구분 \ 채용방식	공개경쟁채용	경력경쟁채용	합
고위공무원	–	73	73
3급	–	17	17
4급	–	99	99
5급	296	205	501
6급	–	193	193
7급	639	509	1,148
8급	–	481	481
9급	3,000	1,466	4,466
연구직	17	357	374
지도직	–	3	3
우정직	–	599	599
전문경력관	–	104	104
전문임기제	–	241	241
한시임기제	–	743	743
전체	3,952	5,090	9,042

※ 1) 채용방식은 공개경쟁채용과 경력경쟁채용으로만 이루어짐
2) 공무원구분은 자료에 제시된 것으로 한정됨

보기

ㄱ. 2022년에 공개경쟁채용을 통해 채용이 이루어진 공무원구분은 총 4개이다.

ㄴ. 2022년 우정직 채용 인원은 7급 채용 인원의 절반보다 많다.

ㄷ. 2022년에 공개경쟁채용을 통해 채용이 이루어진 공무원구분 각각에서는 공개경쟁채용 인원이 경력경쟁채용 인원보다 많다.

ㄹ. 2023년부터 공무원 채용 인원 중 9급 공개경쟁채용 인원만을 해마다 전년 대비 10%씩 늘리고 그 외 나머지 채용 인원을 2022년과 동일하게 유지하여 채용한다면, 2024년 전체 공무원 채용 인원 중 9급 공개경쟁채용 인원의 비중은 40% 이하이다.

① ㄱ, ㄴ
② ㄱ, ㄷ
③ ㄷ, ㄹ
④ ㄱ, ㄴ, ㄹ
⑤ ㄴ, ㄷ, ㄹ

16 다음은 11개 전통 건축물에 대해 조사한 자료이다. 이에 대한 보고서의 설명 중 옳은 것을 모두 고르면?

〈11개 전통 건축물의 공포양식과 주요 구조물 치수〉

(단위 : 척)

명칭	현 소재지	공포양식	기둥 지름	처마 서까래 지름	부연	
					폭	높이
숭례문	서울	다포	1.80	0.60	0.40	0.50
관덕정	제주	익공	1.50	0.50	0.25	0.30
봉정사 화엄강당	경북	주심포	1.50	0.55	0.40	0.50
문묘 대성전	서울	다포	1.75	0.55	0.35	0.45
창덕궁 인정전	서울	다포	2.00	0.70	0.40	0.60
남원 광한루	전북	익공	1.40	0.60	0.55	0.55
화엄사 각황전	전남	다포	1.82	0.70	0.50	0.60
창의문	서울	익공	1.40	0.50	0.30	0.40
장곡사 상대웅전	충남	주심포	1.60	0.60	0.40	0.60
무량사 극락전	충남	다포	2.20	0.80	0.35	0.50
덕수궁 중화전	서울	다포	1.70	0.70	0.40	0.50

〈보고서〉

문화재연구소는 11개 전통 건축물의 공포양식과 기둥 지름, 처마서까래 지름, 그리고 부연의 치수를 조사하였다. 건축물 유형은 궁궐, 사찰, 성문, 누각 등으로 구분된다.

㉠ 11개 전통 건축물을 공포양식별로 구분하면 다포양식 6개, 주심포양식 2개, 익공양식 3개이다. 건축물의 현 소재지는 서울이 5곳으로 가장 많다.

㉡ 11개 전통 건축물의 기둥 지름은 최소 1.40척, 최대 2.00척이고, 처마서까래 지름은 최소 0.50척, 최대 0.80척이다. 각 건축물의 기둥 지름 대비 처마서까래 지름 비율은 0.30보다 크고 0.50보다 작다.

㉢ 11개 전통 건축물의 부연은 폭이 최소 0.25척, 최대 0.55척이고 높이는 최소 0.30척, 최대 0.60척으로, 모든 건축물의 부연은 높이가 폭보다 크다.

㉣ 기둥 지름 대비 부연 폭의 비율은 0.15보다 크고 0.40보다 작다.

① ㉠, ㉡

② ㉠, ㉣

③ ㉡, ㉢

④ ㉠, ㉢, ㉣

⑤ ㉡, ㉢, ㉣

17 다음은 세계 에너지 수요 현황 및 전망에 대한 자료이다. 보고서를 작성하기 위해 추가로 이용한 자료를 〈보기〉에서 모두 고르면?

〈세계 에너지 수요 현황 및 전망〉

(단위 : QBtu, %)

지역	구분 연도	현황 1990년	현황 2000년	현황 2010년	전망 2015년	전망 2025년	전망 2035년	연평균 증가율 (2015 ~ 2035년)
OECD	북미	101	120	121	126	138	149	0.9
OECD	유럽	70	81	81	84	89	92	0.5
OECD	아시아 / 오세아니아	27	37	38	39	43	45	0.8
OECD		198	238	240	249	270	286	0.7
비OECD	유럽	67	50	51	55	63	69	1.3
비OECD	아시아 / 오세아니아	58	122	133	163	222	277	3.5
비OECD	아프리카	10	14	14	17	21	24	2.1
비OECD	중남미	15	23	23	28	33	38	1.8
비OECD		150	209	221	263	339	408	2.8
전체		348	447	461	512	609	694	1.8

〈보고서〉

전 세계 에너지 수요는 2010년 461QBtu(Quadrillion British thermal units)에서 2035년 694QBtu로 50% 이상 증가할 것으로 전망된다. 이 기간 동안 국제 유가와 천연가스 가격 상승이 예측되어 장기적으로 에너지 수요를 다소 둔화시키는 요인으로 작용하겠으나, 비OECD 국가들의 높은 경제성장률과 인구증가율로 인해 세계 에너지 수요 증가율은 높은 수준을 유지할 것이다. OECD 국가들의 에너지 수요는 2015 ~ 2035년 기간 중 연평균 0.7%씩 증가할 것으로 전망되어 2035년에는 2010년 수준에 비해 19.2% 늘어날 것으로 예상된다. 반면, 같은 기간 비OECD 국가들의 에너지 수요는 연평균 2.8%씩 증가하여 2035년에는 2010년 수준에 비해 84.6%나 늘어날 것으로 예상된다.

비OECD 국가들 중에서도 중국과 인도의 경제성장률이 가장 높게 전망되고 있으며, 두 국가의 2035년 에너지 수요는 2010년 수준보다 두 배 이상으로 증가하여 전 세계 에너지 수요의 25%를 점유할 것으로 예측되고 있다. 한편 전 세계에서 미국의 에너지 수요가 차지하는 비중은 2010년 22%에서 2035년 17%로 줄어들 것으로 보인다.

보기
> ㄱ. 1990 ~ 2035년 국제 유가와 천연가스 가격 현황 및 전망
> ㄴ. 1990 ~ 2035년 국가별 경제성장률 현황 및 전망
> ㄷ. 1990 ~ 2035년 국가별 인구증가율 현황 및 전망
> ㄹ. 1990 ~ 2035년 국가별 에너지 생산 현황 및 전망

① ㄱ, ㄴ   ② ㄱ, ㄹ

③ ㄷ, ㄹ   ④ ㄱ, ㄴ, ㄷ

⑤ ㄴ, ㄷ, ㄹ

PART 2

18 다음은 A ~ D국의 성별 평균소득과 대학진학률의 격차지수만으로 계산한 '간이 성평등지수'에 대한 자료이다. 이에 대한 〈보기〉의 설명 중 옳은 것을 모두 고르면?

〈A ~ D국의 성별 평균소득, 대학진학률 및 '간이 성평등지수'〉

(단위 : 달러, %)

국가＼항목	평균소득			대학진학률			간이 성평등지수
	여성	남성	격차지수	여성	남성	격차지수	
A	8,000	16,000	0.50	68	48	1.00	0.75
B	36,000	60,000	0.60	( )	80	( )	( )
C	20,000	25,000	0.80	70	84	0.83	0.82
D	3,500	5,000	0.70	11	15	0.73	0.72

※ 1) 격차지수는 남성 항목값 대비 여성 항목값의 비율로 계산하며, 그 값이 1을 넘으면 1로 함
　 2) '간이 성평등지수'는 평균소득 격차지수와 대학진학률 격차지수의 산술 평균임
　 3) 격차지수와 '간이 성평등지수'는 소수점 셋째 자리에서 반올림한 값임

보기

ㄱ. A국의 여성 평균소득과 남성 평균소득이 각각 1,000달러씩 증가하면 A국의 '간이 성평등지수'는 0.80 이상이 된다.

ㄴ. B국의 여성 대학진학률이 85%이면 '간이 성평등지수'는 B국이 C국보다 높다.

ㄷ. D국의 여성 대학진학률이 4%p 상승하면 D국의 '간이 성평등지수'는 0.80 이상이 된다.

① ㄱ
② ㄴ
③ ㄷ
④ ㄱ, ㄴ
⑤ ㄱ, ㄷ

19 다음은 2007 ~ 2011년 A국의 금융서비스 제공방식별 업무처리 건수 비중 현황에 대한 자료이다. 이에 대한 〈보기〉의 설명 중 옳은 것을 모두 고르면?

〈금융서비스 제공방식별 업무처리 건수 비중 현황〉

(단위 : %)

연도＼구분	대면거래	비대면거래			합
		CD/ATM	텔레뱅킹	인터넷뱅킹	
2007년	13.6	38.0	12.2	36.2	100.0
2008년	13.8	39.5	13.1	33.6	100.0
2009년	13.7	39.3	12.6	34.4	100.0
2010년	13.6	39.8	12.4	34.2	100.0
2011년	12.2	39.1	12.4	36.3	100.0

보기

ㄱ. 2011년의 비대면거래 건수 비중은 2009년 대비 1.5%p 증가하였다.

ㄴ. 2008 ~ 2011년 동안 대면거래 건수는 매년 감소하였다.

ㄷ. 2007 ~ 2011년 동안 매년 비대면거래 중 업무처리 건수가 가장 적은 제공방식은 텔레뱅킹이다.

ㄹ. 2007 ~ 2011년 중 대면거래 금액이 가장 많았던 연도는 2008년이다.

① ㄱ, ㄷ
② ㄱ, ㄹ
③ ㄴ, ㄷ
④ ㄴ, ㄹ
⑤ ㄷ, ㄹ

20 다음은 우리나라 8개 중앙부처의 예산규모와 인적자원을 나타낸 자료이다. 〈보기〉에서 설명하는 A ~ F부처를 그림에서 찾을 때, 두 번 이상 해당되는 부처는?

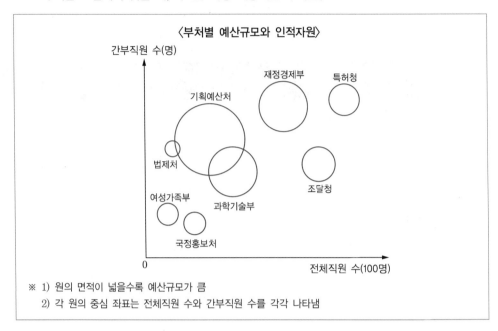

〈부처별 예산규모와 인적자원〉

※ 1) 원의 면적이 넓을수록 예산규모가 큼
   2) 각 원의 중심 좌표는 전체직원 수와 간부직원 수를 각각 나타냄

보기

• 전체직원이 가장 많은 부처와 가장 적은 부처는 각각 A와 B이다.
• 예산규모가 가장 큰 부처와 가장 작은 부처는 각각 C와 D이다.
• 전체직원 수 대비 간부직원 수의 비율이 가장 높은 부처와 가장 낮은 부처는 각각 E와 F이다.

① 특허청
② 기획예산처
③ 법제처
④ 여성가족부
⑤ 조달청

아는 것을 안다고 하고, 모르는 것을 모른다고 말하는 것이, 그것이 아는 것이다.

- 논어 -

현재 나의 실력을 객관적으로 파악해 보자!

모바일 OMR
답안채점 / 성적분석 서비스

도서에 수록된 모의고사에 대한 객관적인 결과(정답률, 순위)를 종합적으로 분석하여 제공합니다.

OMR 입력

성적분석

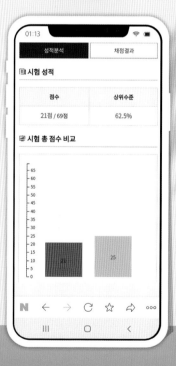

채점결과

※OMR 답안채점 / 성적분석 서비스는 등록 후 30일간 사용 가능합니다.

참여 방법

도서 내 모의고사 우측 상단에 위치한 QR코드 찍기
➡

로그인 하기
➡

'시작하기' 클릭
➡
'응시하기' 클릭
➡

나의 답안을 모바일 OMR 카드에 입력
➡

'성적분석 & 채점결과' 클릭
➡

현재 내 실력 확인하기

공기업 취업
NCS는 우리가 책임진다!
SD에듀 NCS 직업기초능력평가 시리즈

NCS의 FREE Pass! NCS 기본서 시리즈

NCS의 가장 확실한 입문서! NCS 왕초보 시리즈

2023 최신판

합격의 모든 것!

 본 도서는 항균잉크로 인쇄하였습니다.

1위
기업별 NCS 시리즈
누적 판매량

NCS IN PSAT

+ 무료 NCS 특강

[합격시대]
온라인 모의고사
무료쿠폰

[WIN시대로]
AI면접
무료쿠폰

NCS 핵심이론
및 대표유형
PDF 제공

모바일 OMR
답안채점 / 성적분석
서비스

NCS직무능력연구소 김현철 외 편저

수리능력(자료해석)

정답 및 해설

SD에듀
(주)시대고시기획

Add+

2022년 7급 자료해석 PSAT
최신기출문제

01	02	03	04	05	06	07	08	09	10	11	12	13	14	15	16	17	18	19	20
①	⑤	④	①	②	①	④	①	⑤	④	②	③	⑤	④	②	②	⑤	③	①	③

21	22	23	24	25															
③	⑤	①	④	②															

01

정답 ①

2020년 7월 대비 15세 이상 인구가 1만 5천 명 감소하였는데, 경제활동인구는 3만 명 증가하였으므로 또 다른 구성요소인 비경제활동인구는 4만 5천 명 감소하였을 것이다. 그리고 2021년 7월의 경제활동인구가 175만 7천 명인데, 실업자 수가 6만 1천 명이므로 또 다른 구성요소인 취업자는 169만 6천 명일 것이다.

02

정답 ⑤

ㄱ. 2019년 청구인이 내국인인 특허심판 청구건수는 어림해 보더라도 1,200건에 미치지 못하는데, 2018년은 이의 2배인 2,400을 훌쩍 넘는다.

ㄴ. 직접 계산해보지 않더라도 청구인이 내국인이면서 피청구인이 내국인인 건수가 외국인인 건수의 3배를 넘으며, 청구인이 외국인인 경우도 같으므로 전체 합은 3배 이상이 될 것이다.

ㄷ. 전자는 270건이고 후자는 230건이므로 전자가 더 크다.

03

정답 ④

예식장의 경우 2019년의 사업자수가 2018년에 비해 증가하였으므로 부합하지 않는다.

04

정답 ①

기획재정부장관, 부건복지부장관, 여성가족부장관, 국토교통부장관, 해양수산부장관, 문화재청장 등 총 6명이 모두 동의하였다.

오답분석

ㄴ. 25회차에서는 6명이 부동의하였으나 26회차에서는 4명이 부동의하였다.

ㄷ. 전체 위원의 $\frac{2}{3}$ 이상이 동의하기 위해서는 11명 이상이 동의해야 하는데 25회차에서는 10명이 동의하였다.

05

정답 ②

• 첫 번째 조건 : C는 2010년대에 1천만 원 이상의 창업 건수가 더 많으므로 제외한다.

• 두 번째 조건 : D는 2010년대에 77건, 2000년대에 39건이므로 2배에 미치지 못하므로 제외한다.

• 세 번째 조건 : A는 1990년대에 200건을 넘는데 2020년 이후에는 2,000건에 훨씬 미치지 못하므로 제외한다.

• 네 번째 조건 : E는 전체 창업건수가 253건인데 이의 3%는 7을 넘으므로 제외한다.

따라서 모든 조건을 충족하는 B가 보고서의 내용에 부합하는 도시이다.

06

정답 ①

A지역의 3등급 쌀 가공비용은 25×100천 원인데 B지역의 2등급 현미 가공비용은 25×97천 원이므로 계산해 볼 필요 없이 전자가 더 크다.

[오답분석]

ㄴ. 1등급 현미 전체의 가공비용은 106×105천 원인데 2등급 현미 전체 가공 비용은 82×97천 원이므로 곱해지는 값들의 차이가 그리 크지 않은 상황이다. 따라서 직접 계산해 볼 필요없이 2배에는 미치지 못할 것이다.

ㄷ. 감소폭을 구하면 되는 것이므로 전체 총액을 구하지 말고 곧바로 감소액을 계산하면 된다.

A지역 : (25×10)+(7×5)=285
B지역 : (55×10)+(5×5)=575
C지역 : (20×10)+(2×5)=210

B지역은 쌀의 가공비용이 다른 지역에 비해 압도적으로 많으므로 제외되며, A지역은 곱해지는 가공량이 모두 C지역에 비해 크다. 따라서 C지역의 감소폭이 가장 작다.

07

정답 ④

주어진 자료를 정리하면 다음과 같다

구분	편익	피해액	재해발생위험도	합계(우선순위)
갑	6	15	17	38(2)
을	8	6	25	39(1)
병	10	12	10	32(3)

ㄱ. 재해발생위험도는 을, 갑, 병의 순으로 높은데, 우선순위도 이와 순서가 같다.
ㄷ. '피해액' 점수와 '재해발생위험도' 점수의 합은 갑이 32, 을이 31, 병이 22이므로 갑이 가장 크다.
ㄹ. 갑 지역의 합계점수가 40으로 변경되므로 갑 지역의 우선순위가 가장 높아진다.

[오답분석]

ㄴ. 우선순위가 가장 높은 지역(을)과 가장 낮은 지역(병)의 '피해액' 점수차이는 6점인데, '재해발생위험도' 점수차이는 15점이므로 후자가 전자보다 크다.

08

정답 ①

해당 기간동안의 특허 출원건수 합은 식물기원이 58, 동물기원이 42, 미생물효소가 40이므로 미생물효소가 가장 작다.

[오답분석]

ㄴ. 연도별로는 분모가 되는 전체 특허 출원건수가 동일하므로 유형별 특허 출원건수의 대소만 비교해보면 된다. 이에 따르면 2019년은 동물기원이 가장 높다.

ㄷ. 식물기원과 미생물효소가 전년 대비 2배 이상 증가하였으므로 이 둘만 비교해보면 된다. 그런데 두 유형 모두 2021년의 출원건수가 2020년의 2배보다 1만큼 더 많은 상황이다. 그렇다면, 2020년의 출원건수가 더 작은 미생물효소의 증가율이 더 높을 것임을 계산을 하지 않고도 알 수 있다.

09

정답 ⑤

A : 서울특별시, 부산광역시, 광주광역시, 전라북도, 전라남도, 경상남도 등 총 6개 지역이 이에 해당한다.
B : 전라북도의 경우 전년 대비 증가폭이 0.3%p로 가장 크다.
C : 2019년 빈집비율이 가장 높은 지역은 전라남도(15.5%)이고, 가장 낮은 지역은 서울특별시(3.2%)인데, 2020년 역시 전자가 전라남도(15.2%), 후자가 서울특별시(3.2%)이다. 그런데, 서울특별시의 빈집비율이 두 해 모두 동일하므로 전라남도의 빈집비율이 더 큰 2019년의 차이가 더 크다는 것을 알 수 있다. 따라서 빈집비율의 차이는 2019년에 비해 2020년이 감소하였다.

10

ㄱ. 첫 번째 단락의 두 번째 문장을 작성하기 위해 필요한 자료이다.

ㄴ. 세 번째 단락의 첫 번째 문장을 작성하기 위해 필요한 자료이다.

ㄹ. 마지막 단락을 작성하기 위해 필요한 자료이다.

오답분석

ㄷ. 첫 번째 표를 통해 알 수 있으므로 추가로 필요한 자료가 아니다.

11
정답 ②

ㄱ. 2016년의 비중은 $\dfrac{96}{322}$, 2018년은 $\dfrac{90}{258}$인데 분자의 경우 2016년이 2018년에 비해 10%에 미치지 못하게 크지만, 분모는 10%를 훨씬 넘게 크다. 따라서 2018년의 비중이 더 높다.

ㄷ. 2017년과 2018년은 전년에 비해 접수 건수가 감소하였으니 제외하고 2019년과 2020년을 비교해보자. 2019년의 전년 대비 증가율은 $\dfrac{36}{168}$이고, 2020년은 $\dfrac{48}{204}$인데, 2020년의 분자는 $\dfrac{1}{3}$만큼 2019년에 비해 크지만 2020년의 분모는 $\dfrac{1}{3}$보다 작게 크다. 따라서 증가율은 2020년이 더 크다.

오답분석

ㄴ. 2018년의 전년 이월 건수가 90건이고 2019년이 71건이므로 2018년이 답이 될 것으로 착각하기 쉬우나 마지막 2020년의 차년도 이월 건수가 131건임을 놓쳐서는 안 된다.

ㄹ. 재결 건수가 가장 적은 연도는 2019년인데 해당 연도 접수 건수가 가장 적은 것은 2018년이다.

12
정답 ③

멸종우려종 중 고래류가 80% 이상이라고 하였는데 이는 표에서 D에 해당함을 쉽게 알 수 있다. 다음으로 9개의 지표 중 멸종우려종 또는 관심필요종으로만 분류된 것은 B이므로 해달류 및 북극곰이 이에 해당한다. 마지막으로, A와 C 중 자료부족종으로 분류된 종이 없는 것은 C이므로 해우류가 이에 해당하게 되며 남은 A는 기각류임을 알 수 있다.

13
정답 ⑤

2019년의 지출 총액은 8,250억 원인데 이의 50%는 4,125억 원으로 2021년보다 작다. 따라서 감소율은 50%에 미치지 못한다.

14
정답 ④

각급 학교의 수는 교장의 수와 같으므로 $\dfrac{(여성 교장 수)}{(비율)}$를 구하면 전체 학교의 수를 구할 수 있다. 그런데 중학교의 비율을 2로 나누면 나머지 학교들과 같은 3.8이 되므로 모두 분모가 같게 만들 수 있다. 분모가 같다면 굳이 분수식을 계산할 필요없이 분자의 수치만으로 판단하면 되는데, 이에 따르면 초등학교는 222, 중학교는 90.5, 고등학교는 66이 되어 중학교와 고등학교의 합보다 초등학교가 더 크게 된다.

오답분석

① 제시된 표는 5년마다 조사한 자료이므로 매년 증가했는지 여부는 알 수 없다.

② 각 학교의 교장은 1명이므로 교장 수를 구하면 곧바로 학교의 수를 알 수 있다. 2020년의 여성 교장 수 비율이 40.3%이므로 전체 교장 수는 대략 6,000으로 판단할 수 있는데, 6,000의 1.8%는 108에 불과하므로 1980년의 여성 교장 수에 미치지 못한다. 따라서 1980년의 전체 교장 수는 6,000보다는 클 것이다.

③ 두 해 모두 여성 교장의 비율이 같은 반면 여성 교장 수는 1990년이 더 많으므로 전체 교장 수도 1990년이 더 많다. 그런데 여성 교장의 비율이 같다면 남성 교장의 비율도 같을 것이므로 이 비율에 더 많은 전체 교장의 수가 곱해진 1990년의 남성 교장 수가 더 많을 것이다.

⑤ 2000년의 초등학교 여성 교장 수는 490명이고 이의 5배는 2,450인데 이는 2020년에 비해 크다. 따라서 5배에 미치지 못한다.

15

보고서의 순서대로 지역을 판단해보면 다음과 같다.

ⅰ) TV 토론회 전에 B후보자에 대한 지지율이 A후보자보다 10%p 이상 높음 : 마 제외

ⅱ) TV 토론회 후에 지지율 양상에 변화 : 라 제외

ⅲ) TV 토론회 후 '지지 후보자 없음' 비율 감소 : 다 제외

ⅳ) TV 토론회 후 두 후보자간 지지율 차이가 3%p 이내 : 가 제외

따라서 보고서 내용에 해당하는 지역은 '나'이다.

16

ㄱ. 각주 1)의 식에 의하면 업종별 업체 수는 도입률에 업종별 스마트시스템 도입 업체 수를 곱해서 구할 수 있다. 그런데 표 1에서 자동차부품보다 업체 수가 많은 업종의 업체 수는 자동차부품의 2배를 넘지 않는 반면, 이들의 도입률은 모두 절반에 미치지 못한다. 또한 자동차부품보다 업체 수가 적은 업종은 모두 업체 수도 작고 도입률도 작다. 따라서 이 둘을 곱한 수치가 가장 큰 것은 자동차부품이다.

ㄷ. 도입률과 고도화율을 곱한 값을 비교하면 되는데, 외견상 확연히 1, 2위가 될 것으로 보이는 항공기부품과 자동차부품을 비교해보면 항공기부품은 28.4×37.0, 자동차부품은 27.1×35.1이므로 곱해지는 모든 값이 더 큰 항공기부품이 더 크다.

오답분석

ㄴ. 고도화율이 가장 높은 업종은 항공기부품인 것은 그래프에서 바로 확인 가능하다. 다음으로 스마트시스템 고도화 업체 수는 각주의 산식을 통해 '도입률×고도화율×업종별 업체 수'임을 알 수 있는데, 자동차부품의 경우 '도입률×고도화율'은 항공기부품과 비슷한 데 반해 업종별 업체 수는 7배 이상 크다. 따라서 항공기부품의 스마트시스템 고도화 업체 수가 가장 많은 것은 아니다.

ㄹ. 도입률이 가장 낮은 업종은 소재인데, 고도화율이 가장 낮은 업종은 금형주조도금이므로 서로 다르다.

17

주어진 산식에 맞추어 운전자별 정지시거를 계산하면 다음과 같다.

구분	반응거리	맑은 날		비 오는 날	
		제동거리	정지시거	제동거리	정지시거
A	40	$\dfrac{20^2}{2 \times 0.4 \times 10}=50$	90	$\dfrac{20^2}{2 \times 0.1 \times 10}=200$	240
B	40	$\dfrac{20^2}{2 \times 0.4 \times 10}=50$	90	$\dfrac{20^2}{2 \times 0.2 \times 10}=100$	140
C	32	$\dfrac{20^2}{2 \times 0.8 \times 10}=25$	57	$\dfrac{20^2}{2 \times 0.4 \times 10}=50$	82
D	48	$\dfrac{20^2}{2 \times 0.4 \times 10}=50$	98	$\dfrac{20^2}{2 \times 0.2 \times 10}=100$	148
E	28	$\dfrac{20^2}{2 \times 0.4 \times 10}=50$	78	$\dfrac{20^2}{2 \times 0.2 \times 10}=100$	128

따라서 바르게 연결된 것은 ⑤이다.

18

ㄱ. 2020년 어획량이 가장 많은 어종은 고등어인데, 이것은 전년에 비해 감소한 수치이므로 2019년에는 더 많았을 것이다. 반면, 그림에서 고등어의 오른쪽에 위치한 어종들은 전년에 비해 어획량이 증가하였음에도 여전히 고등어에 비해 작은 상태이므로 2019년에도 고등어의 어획량에 미치지 못했을 것이다. 마지막으로 광어는 전년에 비해 어획량이 감소하기는 했으나 2020년의 어획량 자체가 고등어에 비해 턱없이 작다. 따라서 광어의 2019년 어획량도 고등어에 미치지 못한다.

ㄷ. 갈치의 평년비가 100%를 넘는다는 것은 갈치의 2011 ~ 2020년 연도별 어획량의 평균보다 2020년의 어획량이 더 많다는 것을 의미한다. 그런데 여전히 2011 ~ 2020년 연도별 어획량의 평균보다 큰 2021년의 어획량이 더해진다면 이것이 포함된 2011 ~ 2021년 연도별 어획량의 평균은 당연히 2011 ~ 2020년 연도별 어획량의 평균보다 커질 것이다.

[오답분석]

ㄴ. 선택지의 문장이 옳다면 $\dfrac{전년비(\%)}{평년비(\%)}$의 값이 1보다 커야 한다. 이는 그림에서 원점에서 해당 어종에 해당하는 점을 연결한 직선의 기울기가 1보다 작아야 함을 의미하는데 조기는 이에 해당하지 않는다.

19

 정답 ①

ㄱ. 5위 선수의 수영 기록을 계산해보면 약 1시간 20분 정도로 계산되므로 수영 기록이 한 시간 이하인 선수는 1위, 2위, 6위이며, 이들의 T2 기록은 모두 3분 미만이다.

ㄴ. 먼저 9위 선수의 종합기록을 계산해보면 9:48:07이며, 이 선수까지 포함해서 6위, 7위, 10위 선수가 이에 해당한다.

[오답분석]

ㄷ. 6위 선수의 달리기 기록이 3위 선수보다 빠르므로 대한민국 선수 3명이 1 ~ 3위를 모두 차지할 수는 없다. 8위 선수의 달리기 기록은 문제의 정오를 판단하는 데 영향을 주지 않으므로 계산하지 않는다.

ㄹ. 5위 선수를 제외하고 순위를 매겨보면 수영, T1 모두 4위를 기록하고 있다. 그런데 ㄱ에서 5위의 수영 기록은 1시간 20분 정도라는 것을 이미 구해놓았으며 이 선수의 수영과 T1의 합산 기록은 10위 선수에 한참 뒤처진다. 따라서 10위 선수의 수영과 합산 기록 모두 4위로 동일하다.

20

 정답 ③

고정원가와 변동원가율(＝1－고정원가율)을 통해 제품별 제조원가를 구하고, 구해진 제조원가와 제조원가율을 통해 매출액을 구하면 다음과 같다(대소비교만 하면 되므로 천 단위 이하의 소수점으로 처리하였다).

구분	고정원가율	제조원가	매출액
A	60	100	400
B	40	90	300
C	60	55	약 180
D	80	62.5	625
E	50	20	200

따라서 C의 매출액이 가장 작다.

21

정답 ③

먼저 이 자료에서 잠금해제료는 일종의 기본요금 성격을 가진다고 볼 수 있다. 따라서 잠금해제료가 없는 A의 대여요금이 대여 직후부터 일정 시점까지는 4곳 중 가장 낮지만 어느 시점부터는 분당대여료가 A보다 낮은 나머지 3곳의 요금이 작아질 것이다. 대여시간을 x분이라 하고 4곳의 요금식을 구하면 다음과 같다.

A : $200x$
B : $250+150x$
C : $750+120x$
D : $1,600+60x$

먼저 A와 B가 교차하는 시점을 알기 위해 둘을 같다고 놓고 풀어보면 $x＝5$가 되고, 이것은 5시간 이전까지는 A가 B보다 요금이 작지만 5시간을 기점으로 순서가 뒤바뀌게 된다는 것을 의미한다(이는 그래프를 그려보면 더 직관적으로 이해가능한데, A는 원점을 지나는 직선인 반면 나머지는 모두 Y절편이 양수이면서 기울기가 A보다 작은 직선이기 때문이다).

같은 방식으로 계산해보면 C는 10, D는 12가 되므로 B가 가장 먼저 A보다 낮은 요금이 된다는 것을 확인할 수 있다(이 때, 실제 C의 값은 9.x가 되는데 요금은 분단위로 부과되므로 10분부터 실제 요금이 달라지게 될 것이다. D도 같다).

이제 세 번째로 낮은 요금이 되는 것을 찾기 위해 B와 C, B와 D의 요금식을 풀어보면 C는 17, D는 15가 된다. 따라서, 15분부터는

D의 요금이 가장 작게 된다.

그럼 남은 C가 마지막으로 낮은 요금이 되는 것일까? 만약 C가 마지막으로 낮은 요금이 된다면 이는 어느 시점부터는 계속 C가 가장 낮은 요금이 되어야 하는데, 이는 기하학적으로 불가능하다. 왜냐하면, D는 C보다 기울기가 작기 때문에 이 둘이 교차한 이후부터는 D가 C의 아래쪽에 위치하기 때문이다. 따라서 C는 마지막으로 낮은 요금이 될 수 없다. 그렇다면 C는 어떤 경우에도 가장 낮은 요금이 되지 못하므로 (가)에는 C가 들어가게 된다.

다음으로, (나)는 C가 요금을 바꾼 이후에 가장 낮은 요금이 되지 못한다고 하였는데 잠금해제료 자체가 없는 A는 대여직후부터 일정 시점까지는 가장 낮은 요금이 될 수 밖에 없으므로 (나)는 A가 될 수 없다. 또한 C도 될 수 없다. 왜냐하면 C가 요금을 바꾼 이유가 자신들의 요금이 최저요금이 되지 못하기 때문이었는데, 바꾼 다음에도 여전히 최저요금이 되지 못한다는 것은 말이 되지 않기 때문이다(만약 그렇다면 처음부터 분당대여료를 50원 인하했으면 될 것이다). 그렇다면 남은 것은 B와 D인데 D도 (나)가 될 수 없다. D는 4곳 중에서 기울기가 가장 작기 때문에 그래프 상에서 어느 순간부터는 가장 아래에 위치할 수밖에 없기 때문이다. 그렇다면 남은 B가 (나)에 해당한다.

마지막으로 (다)를 구하기 위해 C와 B의 요금을 계산해보면 C는 750+(120×15)=2,550원, B는 250+(100×20)=2,250원이 된다. 따라서 둘의 차이인 300이 (다)에 들어가게 된다.

22

 정답 ⑤

ㄱ. 2019년의 국내 매출액은 약 123억 원이고, 2020년은 약 136억 원이므로 국내 매출액이 가장 큰 연도는 2020년이다. 그런데 분모가 되는 2020년의 총매출액은 3개 연도 중 가장 크고, 분자가 되는 국외 매출액은 가장 작으므로 총매출액 중 국외 매출액 비중은 2020년이 가장 작다.

ㄴ. 탄약의 매출액 증가액은 약 600억 원이므로 매출액 증가율은 2 ~ 3%인데 나머지 분야는 모두 이에 미치지 못한다.

ㄹ. 2020년 대기업의 국내 매출액은 119,586억 원이고 '항공유도' 분야의 매출액은 49,024억 원이다. 이 둘을 더하면 168,610억 원이 되는데 전체 총매출액은 153,867억 원이므로 이 둘의 차이인 14,743억 원은 항공유도 분야이면서 대기업 모두에 해당함을 알 수 있다.

[오답분석]

ㄷ. 선택지의 문장이 옳게 되기 위해서는 $\dfrac{16,612}{27,249}$ 가 1,012에 4를 곱해 구한 $\dfrac{4,048}{5,855}$ 보다 더 커야 한다. 이를 간단하게 비교하기 위해 앞 두자리 유효숫자로 변환하면 $\dfrac{16}{27}$ 과 $\dfrac{40}{58}$ 이 되는데 분자의 경우 후자가 전자의 2배보다 훨씬 큰 반면, 분모는 2배를 겨우 넘는 수준이다. 따라서 후자가 더 크다.

23

정답 ①

보고서의 내용을 토대로 해당하는 분야를 판단하면 다음과 같다.

ⅰ) 종사자 수는 통신전자, 함정, 항공유도 분야만 증가 : A, C, D가 이에 해당

ⅱ) 2018 ~ 2020년 동안 매출액과 종사자 수가 매년 증가한 분야는 통신전자 : D

ⅲ) 함정과 항공유도가 A, C에 해당하므로 이후에는 이 둘만 판단

ⅳ) 함정 분야 종사자 수는 전체에서 가장 많이 증가 : A, C 둘만 비교하면 되며 C가 이에 해당

따라서 남은 A가 항공유도에 해당한다.

24

정답 ④

각주의 산식을 조합하여 풀이할 수도 있으나 그럴 경우 1인당 국내총생산이 분모에 위치하는 등 숫자의 구성이 매우 복잡하다. 따라서, 정석대로 첫 번째 각주를 통해 총인구를 구하고, 이를 이용해 이산화탄소 총배출량을 구해보자(계산의 편의를 위해 국내총생산의 '억'단위는 무시한다).

첫 번째 각주를 통해 총인구를 어림하여 구해보면 A는 3.3, B는 약 1.2, C는 약 0.5, D는 약 14로 계산된다. 그리고 두 번째 각주를 통해 이산화탄소 총배출량을 계산해보면 A는 약 50, B는 약 10, C는 약 6, D는 약 100으로 계산된다.

따라서 이산화탄소 총배출량이 적은 국가부터 나열하면 C − B − A − D이다.

25

ㄱ. 2020년의 다중이용시설 급속충전기 수는 2019년에 비해 2배 이상 증가하였으나 일반시설은 2배에 미치지 못하므로 2020년의 비율이 2019년에 비해 크다. 또한, 2021년의 다중이용시설 급속충전기 수는 2020년에 비해 50%보다 훨씬 많이 증가한 반면, 일반시설은 50%에 한참 미치지 못한다. 따라서 2021년의 비율도 2020년에 비해 크다.

ㄷ. 2019년과 2021년의 빈칸들을 어느정도 어림해서 구해야 판단이 가능하다. 먼저 2019년의 휴게소의 급속충전기 수는 약 500대 정도 되며, 공동주택은 약 30대로 계산할 수 있다. 그리고 2021년의 주유소는 약 1,000대로 계산되므로 2019년에 비해 8배 증가하였다. 하지만 나머지 장소들의 증가율은 이에 미치지 못한다.

[오답분석]

ㄴ. 2021년의 공공시설 급속충전기 수는 약 3,700대인데, 쇼핑몰과 주차전용시설의 급속충전기 수의 합은 이보다 더 크다.

ㄹ. ㄷ의 해설에서 2019년의 휴게소 급속충전기 수가 약 500대라는 것을 계산했는데 이는 문화시설에 비해 적다.

수리능력(자료해석)
in PSAT

01 NCS 기출유형확인

01	02	03	04	05															
③	⑤	②	④	④															

01

정답 ③

2011년 이후 매년 엔젤계수가 엥겔계수보다 큰 비율을 차지한다.

오답분석

① 엔젤계수의 2017년 전년 대비 상승폭은 1.8%p이며, 2018년도에는 전년 대비 0.4%p 상승했다.

② 2009년 대비 2019년의 엥겔계수 하락폭은 $16.6-12.2=4.4$%p로 엔젤계수 상승폭 $20.1-14.4=5.7$%p보다 작다.

④ 2013 ~ 2017년 동안 매년 18세 미만 자녀에 대한 보육·교육비 대비 식료품비의 비율은 $\dfrac{(엥겔계수)}{(엔젤계수)}$이며, 분모인 엔젤계수는

계속 증가하고 분자인 엥겔계수는 계속 감소하거나 엔젤계수의 증가폭에 못미치게 증가하기 때문에 비율은 감소한다.

⑤ 엔젤계수가 가장 높은 해는 2018년 20.5%이고, 가장 낮은 해는 2009년 14.4%이므로 두 비율의 차이는 6.1%p이다.

02

정답 ⑤

수입 건수에서 점유율이 의미하는 것은 총 수입 건수 대비 국가별 수입 건수를 나타내는 지표이다. 따라서 점유율의 합이 바로 전체 수입 건수에서 차지하는 비중이다. 상위 10개국의 점유율의 합은 100%에서 기타 국가의 점유율인 21.33%를 빼면 78.67%가 나온다. 따라서 상위 10개 수입상대국 수입 건수 대비 중국의 수입 건수의 비중은 $\dfrac{32.06}{78.67}\times100 ≒ 40.75\%$이다.

오답분석

① 점유율이 100%가 될 때의 총수입액을 구하면 된다. 일본을 기준으로 할 때, 0.17조 원 : $x=1.06\%$: 100%

$\therefore\ x=\dfrac{0.17조\ 원\times100}{1.06}≒16조\ 원$

② 수입액에서 점유율이 의미하는 것은 총수입액 대비 국가별 수입액을 나타내는 지표가 된다. 따라서 점유율의 합이 바로 전체 식품 수입액에서 차지하는 비중이다.

$\therefore\ 21.06+19.51+6.83+4.54+3.42+3.11+2.61+2.24+2.11+1.06=66.49\%$

③ 식품 수입액 상위 10개 수입상대국과 식품 수입 건수 상위 10개 수입상대국에 모두 속하는 국가는 중국, 미국, 태국, 베트남, 필리핀, 영국, 일본 등 7개이다.

④ • 중국의 식품 수입 건수당 식품 수입액 : $\dfrac{3.39조\ 원}{104,487건}≒3,240만\ 원/건$

• 미국의 식품 수입 건수당 식품 수입액 : $\dfrac{3.14조\ 원}{55,980건}≒5,610만\ 원/건$

03

ㄴ. 2021년 대형 자동차 판매량의 전년 대비 감소율은 $\dfrac{185.0-186.1}{186.1} \times 100 ≒ -0.6\%$이다.

ㄷ. SUV 자동차의 3년 동안 총판매량은 $452.2+455.7+450.8=1,358.7$천 대이고, 대형 자동차 총판매량은 $186.1+185+177.6=548.7$천 대이다. 이때, 대형 자동차 총판매량의 2.5배는 $548.7 \times 2.5=1,371.75$이므로 SUV 자동차의 3년 동안 총판매량의 2.5배보다 적다.

[오답분석]

ㄱ. 2020 ~ 2022년 동안 판매량이 지속적으로 감소하는 차종은 대형 1종류이다.

ㄹ. 2021년 대비 2022년 판매량이 증가한 차종은 준중형과 중형. 두 차종의 증가율을 비교하면 준중형은 $\dfrac{180.4-179.2}{179.2} \times 100 ≒ 0.7\%$, 중형은 $\dfrac{205.7-202.5}{202.5} \times 100 ≒ 1.6\%$로 중형이 가장 높은 증가율을 나타낸다.

04

녹지의 면적은 2021년부터 유원지 면적을 추월하였다.

05

모든 채널의 만족도가 4.0점 이상인 평가 항목은 없다.

[오답분석]

① 실생활 정보에 도움을 주는 프로그램의 척도는 내용 항목에서 알 수 있으므로 채널 중 WORK TV가 4.2점으로 만족도가 가장 높다.

② 가중치를 적용한 두 채널의 만족도 점수를 구하면 다음과 같다.
- 연합뉴스 TV : $(3.5 \times 0.3)+(3.4 \times 0.2)+(4.5 \times 0.1)+(3.4 \times 0.4)=3.54$점
- JOBS : $(3.8 \times 0.3)+(3.0 \times 0.2)+(3.1 \times 0.1)+(3.2 \times 0.4)=3.33$점

따라서 JOBS는 연합뉴스 TV보다 $3.54-3.33=0.21$점 낮다.

③ 가중치는 전체 집단에서 개별 구성요소가 차지하는 중요도를 수치화한 값을 말한다. 따라서 가중치의 크기로 비교하면 만족도 평가 항목의 중요도는 '편의성 – 유익성 – 내용 – 진행' 순서로 중요하다.

⑤ 직업방송 관련 채널 만족도 점수가 가장 높은 두 채널은 EBS(3.94점), 방송대학 TV(3.68점)이다.
- WORK TV : $(3.4 \times 0.3)+(4.2 \times 0.2)+(3.5 \times 0.1)+(3.1 \times 0.4)=3.45$점
- 연합뉴스 TV : $(3.5 \times 0.3)+(3.4 \times 0.2)+(4.5 \times 0.1)+(3.4 \times 0.4)=3.54$점
- 방송대학 TV : $(3.5 \times 0.3)+(3.0 \times 0.2)+(4.3 \times 0.1)+(4.0 \times 0.4)=3.68$점
- JOBS : $(3.8 \times 0.3)+(3.0 \times 0.2)+(3.1 \times 0.1)+(3.2 \times 0.4)=3.33$점
- EBS : $(3.8 \times 0.3)+(4.1 \times 0.2)+(3.8 \times 0.1)+(4.0 \times 0.4)=3.94$점

| 01 | 기본문제

01	02	03	04	05	06	07	08	09	10	11	12	13	14	15	16	17	18	19	20
③	③	⑤	②	②	④	②	③	①	④	①	④	⑤	⑤	③	④	①	①	⑤	④

21	22	23	24	25	26	27	28	29	30	31	32	33	34	35	36	37	38	39	40
③	②	①	②	③	④	④	①	③	③	⑤	①	⑤	④	⑤	⑤	⑤	②	③	②

01

정답 ③

ㄷ. 정이 1차 시기에서 심사위원 A ~ D에게 10점씩 더 높은 점수를 받는다면, 1차 평균점수도 10점이 높아지고, 최종점수도 10점이 높아져 176+10=186점으로 가장 높다.

ㄹ. 1차 시기에서 심사위원 C는 4명의 선수 모두에게 심사위원 A보다 높은 점수를 부여했음을 확인할 수 있다.

[오답분석]

ㄱ. 정의 최종점수는 176점으로 을의 166점보다 높다.

ㄴ. 갑의 3차 시기 평균점수는 94점으로 병의 71점보다 높다.

02

정답 ③

공군이 참전한 국가는 미국, 캐나다, 호주, 태국, 그리스, 남아공 6개국이며, 전체 피해인원 대비 '부상' 인원 비율은 다음과 같이 태국이 약 89.5%로 가장 크다.

- 미국 : $\frac{92,134}{137,250} \times 100 ≒ 67.1\%$
- 캐나다 : $\frac{1,212}{1,557} \times 100 ≒ 77.8\%$
- 호주 : $\frac{1,216}{1,584} \times 100 ≒ 76.8\%$
- 태국 : $\frac{1,139}{1,273} \times 100 ≒ 89.5\%$
- 그리스 : $\frac{543}{738} \times 100 ≒ 73.6\%$
- 남아공 : $\frac{0}{43} \times 100 ≒ 0\%$

[오답분석]

① 미국의 참전인원은 1,789,000명이고, 나머지 국가들의 참전인원의 합의 15배는 (1,938,330－1,789,000)×15=149,330×15=2,239,950명이다. 따라서 미국 참전인원은 나머지 국가들의 참전인원의 합의 15배 미만이다.

② 참전인원 대비 전체 피해인원 비율은 터키는 $\frac{3,216}{14,936} \times 100 ≒ 21.5\%$이지만, 프랑스는 $\frac{1,289}{3,421} \times 100 ≒ 37.7\%$로 프랑스의 참전인원 대비 전체 피해인원 비율이 터키보다 크다.

④ 육군만 참전한 모든 국가(터키, 필리핀, 에티오피아, 벨기에, 룩셈부르크)의 '전사·사망' 총인원은 741+112+121+99+2=1,075명이고, 공군만 참전한 모든 국가의 경우 남아공만 해당되므로 34명이다. 따라서 남아공의 '전사·사망' 인원의 30배는 1,020명으로 육군만 참전한 모든 국가의 인원보다 적다.

⑤ '실종' 인원이 '포로' 인원보다 많은 국가는 태국, 뉴질랜드, 벨기에 3개국이다.

03

ㄷ. 두 번째 표에서 두 순위가 2021년 대비 2022년에 모두 상승한 브랜드는 AU와 HY 2개뿐이므로 옳은 내용이다.

ㄹ. 일단 두 번째 표의 자동차업계 내 순위에서 2022년 부분은 1위부터 7위까지 순서대로 나열되어 있고 2021년 부분은 TO ~ WO까지의 6개 브랜드와 하단에서 두 번째인 XO가 7위를 차지하고 있다. 이를 토대로 첫 번째 표에서 필요한 정보만을 나타내면 다음과 같다.

구분	2021년	2022년
TO	248	279
BE	200	218
BM	171	196
HO	158	170
FO	132	110
WO	56	60
AU	–	42
HY	–	–
XO	38	–
NI	–	–

선택지에서 묻는 것은 상위 7개 브랜드 가치평가액의 평균의 대소를 비교하는 것이었다. 그런데 이는 다르게 생각하면 상위 7개 브랜드 가치평가액의 총합의 대소를 비교하는 것과 동일한 결과를 가져오게 됨을 알 수 있다. 따라서 먼저 브랜드별로 2021년과 2022년을 비교해 보면 공교롭게도 FO를 제외한 나머지 브랜드들은 2022년의 가치평가액이 더 크다는 것을 알 수 있는데, 그 차이가 FO의 감소분을 상쇄하고도 남는다. 따라서 총합은 2022년이 더 크다는 것을 알 수 있으며, 평균 역시 2022년이 더 크게 된다.

오답분석

ㄱ. 2022년 전체 제조업계 내 순위가 2017년 대비 하락한 브랜드는 FO, XO, NI의 3개 브랜드인데 XO의 브랜드 가치평가액은 2022년 39억 달러로 2021년에 비해 1억 달러 상승하였다. 따라서 옳지 않다.

ㄴ. 브랜드별로 2021년과 2022년의 브랜드 가치평가액 차이를 계산해보면 FO가 22억 달러로 3번째임을 알 수 있다.

04

11위를 차지한 '썬더맨'은 10월에 개봉된 영화 중 흥행순위 1 ~ 20위 내에 든 유일한 국외제작영화이다. 따라서 옳지 않은 내용이다.

오답분석

① 흥행순위 1 ~ 20위 내의 영화 중 한 편의 영화도 개봉되지 않았던 달은 2월뿐인데, 2월의 국외제작영화 관객 수는 6,282천 명이며 국내제작영화 관객 수는 8,900천 명이어서 전자가 후자보다 작다. 따라서 옳은 내용이다.

③ 두 번째 표에 의하면 매달 국외제작영화 개봉편수가 국내제작영화 개봉편수보다 많음을 확인할 수 있으므로 옳은 내용이다.

④ 국외제작영화 관객 수가 가장 많았던 달은 7월이며, 7월에 개봉된 영화 중 흥행순위 1 ~ 20위 내에 든 국외제작영화 개봉작은 '거미인간(4위)', '슈퍼카인드(18위)'이므로 옳은 내용이다.

⑤ 흥행순위가 1위인 영화는 '버스운전사'인데, '버스운전사'의 관객 수는 12,100천 명이고 국내제작영화 전체 관객 수가 113,905천 명이므로 이의 10%보다 '버스운전사'의 관객 수가 더 많으므로 옳은 내용이다.

05

ㄱ. 습도가 70%일 때 연간소비전력량이 가장 적은 제습기는 A(790kwh)임을 알 수 있으므로 옳은 내용이다.

ㄷ. 습도가 40%일 때 제습기 E의 연간소비전력량은 660kwh이고, 습도가 50%일 때 제습기 B의 연간소비전력량은 640kwh이므로 옳은 내용이다.

오답분석

ㄴ. 제습기 D와 E를 비교하면, 60%일 때 D(810kwh)가 E(800kwh)보다 소비전력량이 더 많은 반면, 70%일 때에는 E(920kwh)가 D(880kwh)보다 더 많아 순서가 다르게 되므로 옳지 않은 내용이다.

ㄹ. 제습기 E의 경우 습도가 40%일 때의 연간전력소비량은 660kwh이어서 이의 1.5배는 990kwh로 계산되는 반면 습도가 80%일 때의 연간전력소비량은 970kwh이므로 전자가 후자보다 크다. 따라서 옳지 않은 내용이다.

06 정답 ④

㉠ 셔츠 상품군의 판매수수료율은 백화점(33.9%), TV홈쇼핑(42.0%) 모두에서 가장 높으므로 옳은 내용이다.
㉢ 디지털기기 상품군의 판매수수료율은 TV홈쇼핑(21.9%)이 백화점(11.0%)보다 더 높으므로 옳은 내용이다.
㉣ TV홈쇼핑 판매수수료율 순위 자료를 보면 여행패키지의 판매수수료율은 8.4%이다. 반면, 백화점 판매수수료율 순위 자료에 여행패키지 판매수수료율이 제시되지 않았지만 상위 5위와 하위 5위의 판매수수료율을 통해 여행패키지 판매수수료율은 20.8% 보다 크고 31.1%보다 낮다는 것을 추론할 수 있다. 즉, 8.4×2=16.8<20.8이므로 여행패키지 상품군의 판매수수료율은 백화 점이 TV홈쇼핑의 2배 이상이라는 설명은 옳다.

오답분석

㉡ 백화점 판매수수료율 순위 자료를 보면 여성정장과 모피의 판매수수료율은 각각 31.7%, 31.1%이다. 반면, TV홈쇼핑 판매수수 료율 순위 자료에는 여성정장과 모피의 판매수수료율이 제시되지 않았다. 상위 5위와 하위 5위의 판매수수료율을 통해 제시되지 않은 상품군의 판매수수료율은 28.7%보다 높고 36.8%보다 낮은 것을 추측할 수 있다. 즉, TV홈쇼핑의 여성정장과 모피의 판매수수료율이 백화점보다 높은지 낮은지 판단할 수 없다.

07 정답 ②

서울의 비중이 22.1%, 인천·경기의 비중이 35.8%으로 주어져 있으므로 둘을 합하면 50%를 넘음을 알 수 있다.

오답분석

① 대마 단속 전체 건수(167건)는 마약 단속 전체 건수(65건)의 3배(195)에 미치지 못하므로 옳지 않은 내용이다.
③ 마약 단속 건수가 없는 지역은 강원, 충북, 제주로 3곳이다.
④ 향정신성의약품 단속 건수는 대구·경북 지역(138건)이 광주·전남 지역(38건)의 4배(152)에 미치지 못하므로 옳지 않은 내용 이다.
⑤ 강원 지역은 향정신성의약품 단속 건수(35건)가 대마 단속 건수(13건)의 3배에 미치지 못하므로 옳지 않은 내용이다.

08 정답 ③

삶의 만족도가 한국보다 낮은 국가들의 장시간근로자비율은 에스토니아(3.6%), 포르투갈(9.3%), 헝가리(2.7%)이므로 이들의 산술 평균은 5.2%이다. 따라서 이탈리아의 장시간근로자비율(5.4%)보다 낮으므로 옳지 않은 내용이다.

오답분석

① 삶의 만족도가 가장 높은 국가는 덴마크(7.6점)이며 장시간근로자비율이 가장 낮은 국가도 덴마크(2.1%)이므로 옳은 내용이다.
② 한국의 장시간근로자비율은 28.1%로 삶의 만족도가 가장 낮은 국가인 헝가리의 장시간근로자비율 2.7%의 10배 이상이므로 옳은 내용이다.
④ 여가·개인돌봄시간이 가장 긴 국가는 덴마크(16.1시간)이고 가장 짧은 국가는 멕시코(13.9시간)이며 이들 국가의 삶의 만족도 는 덴마크(7.6점), 멕시코(7.4점)이므로 둘의 차이는 0.2점으로 0.3점 이하이다. 따라서 옳은 내용이다.
⑤ 장시간근로자비율이 미국(11.4%)보다 낮은 국가는 덴마크, 프랑스, 이탈리아, 에스토니아, 포르투갈, 헝가리이며 이들 국가의 여가·개인돌봄시간은 모두 미국(14.3시간)보다 길다. 따라서 옳은 내용이다.

09 정답 ①

㉠ 첫 번째 표를 살펴보면 2021년 원조액의 10%는 약 52,000백만 원임에 반해 2022년과의 차이는 이보다 큰 것을 알 수 있다. 따라서 옳은 내용이다.
㉡ 양자 지원형태의 원조액이 90% 이상이라는 것은 다자 지원형태의 원조액이 10% 미만임을 의미한다. 그런데 첫 번째 표에서 볼 수 있듯이 두 기간 모두 다자 지원형태의 원조액은 전체의 10%에 한참 미치지 못함을 알 수 있다. 따라서 옳은 내용이다.
㉣ 세 번째 표에서 2021년에 비해 2022년 공적개발원조액 전체에서 차지하는 비중이 낮아진 사업유형은 프로젝트, 연수생초청, 민관협력의 3개 유형이므로 옳은 내용이다.

오답분석

ⓒ 두 번째 표에서 2021년 지원분야별 원조액의 순위를 살펴보면 3위가 산업에너지이고, 2022년은 공공행정이 3위를 차지하고 있다. 따라서 옳지 않은 내용이다.

ⓔ 네 번째 표의 지역별 원조액을 살펴보면 중동지역은 2022년에 감소하였으므로 옳지 않은 내용이다.

10

정답 ④

ㄴ. 연도별 비중을 직접 계산할 필요 없이 2021년의 비중은 분모가 되는 전체 생산액은 증가한 반면, 분자가 되는 쌀 생산액은 감소하였으므로 전체 비중은 2020년에 비해 감소하였음을 알 수 있다. 또한 2022년의 경우 분모가 되는 전체 생산액과 분자가 되는 쌀 생산액 모두 증가하였으나 눈으로 어림해보더라도 분모의 증가율이 더 크다. 따라서 2022년의 비중은 2021년에 비해 감소하였으므로 옳은 내용이다.

ㄹ. 2022년의 오리 생산액(12,323억 원)은 2018년(6,490억 원)에 비해 증가하였다는 것을 자료를 통해 곧바로 알 수 있다. 또 2021년의 경우도 2020년에 10위를 차지한 마늘의 생산액이 5,324억 원이어서 오리의 생산액이 아무리 많아도 이 수치보다는 작다는 것을 알 수 있다. 따라서 2021년의 오리 생산액도 2020년에 비해 증가하였음을 알 수 있다.

오답분석

ㄱ. 2022년의 감귤 생산액(분자)은 2018년에 비해 10%가량 증가하였으나 농축수산물 전체 생산액(분모)은 10%를 훨씬 넘는 증가율을 기록하였다. 따라서 전체 비중은 감소하였다.

ㄷ. 2020년부터 2022년까지 매년 상위 10위 이내에 포함된 품목은 쌀, 돼지, 소, 우유, 고추, 닭, 달걀, 감귤 총 8개이므로 옳지 않은 내용이다.

11

정답 ①

2022년 10월 스마트폰 기반 웹 브라우저 중 상위 5종 전체의 이용률 합이 94.39%이므로 6위 이하의 이용률 합은 5.61%임을 알 수 있다. 그런데 10월 현재 5위인 인터넷 익스플로러의 이용률이 1.30%이므로 6위 이하의 이용률은 1.30%를 넘을 수 없다. 따라서 6위 이하 나머지 웹 브라우저의 이용률이 모두 1.30%라고 하더라도 최소 5개 이상이 존재해야 함을 알 수 있다. 왜냐하면 4개만 존재한다면 이용률의 합이 최대 5.2%에 그쳐 5.61%에 모자라기 때문이다. 결론적으로 자료에서 주어진 5개 이외에 추가로 최소 5개의 브라우저가 존재하여야 하므로 전체 대상 웹 브라우저는 10종 이상이 된다.

오답분석

② 2023년 1월 이용률 상위 5종 웹 브라우저 중 PC 기반 이용률 3위와 스마트폰 기반 이용률 3위가 모두 크롬으로 동일하므로 옳지 않다.

③ 2022년 12월 PC 기반 웹 브라우저 이용률 3위는 파이어폭스이고 2위는 크롬인 반면, 2023년 1월의 3위는 크롬, 2위는 파이어폭스로 둘의 순위가 바뀌었다. 따라서 옳지 않은 내용이다.

④ 스마트폰 기반 이용률 상위 5종 웹 브라우저 중 2022년 10월과 2023년 1월 이용률의 차이가 2%p 이상인 것은 크롬(4.02%p), 오페라(2.40%p)이므로 옳지 않다.

⑤ 상위 3종 웹 브라우저 이용률의 합을 직접 구하기보다는 주어진 상위 5종 전체 이용률 합에서 4위와 5위를 차감하여 판단하는 것이 더 수월하다. 이에 따르면 주어진 모든 월에서 상위 3종 웹 브라우저 이용률의 합이 90%에 미치지 못하므로 옳지 않다.

12

정답 ④

ㄱ. 강풍과 풍랑의 피해금액이 눈어림으로는 쉽게 판단되지 않는 상태이므로 직접 계산하면 강풍 피해금액 합계는 661억 원, 풍랑 피해금액 합계는 702억 원이므로 전자가 더 작다. 따라서 옳은 내용이다.

ㄴ. 전체의 90%를 직접 구하기보다는 여사건 개념을 적용하여 전체 피해금액의 10%를 이용하여 계산해 보면, 2021년 전체 피해금액은 9,620억 원이므로 이의 10%는 962억 원으로 계산될 수 있다. 만약 태풍 피해금액이 전체의 90% 이상이라면, 태풍을 제외한 나머지 유형의 피해금액 총합이 전체의 10%에 미치지 못해야 한다. 그런데 실제 이를 계산해보면 855억 원으로 962억 원보다 작다는 것을 확인할 수 있다. 따라서 옳은 내용이다.

ㄹ. 피해금액이 큰 자연재해 유형부터 순서대로 나열하면 2019년과 2020년 모두 '호우 – 태풍 – 대설 – 풍랑 – 강풍'임을 알 수 있다.

ㄷ. 피해금액이 매년 10억 원보다 큰 자연재해 유형은 호우와 대설이므로 옳지 않은 내용이다.

13

정답 ⑤

ㄴ. 경남(72.0%)보다 PC 보유율이 낮은 지역은 충남(69.9%), 전북(71.8%), 전남(66.7%), 경북(68.8%)이며 이 네 곳의 인터넷 이용률은 충남(69.7%), 전북(72.2%), 전남(67.8%), 경북(68.4%)으로 모두 경남(72.5%)보다 낮다. 따라서 옳은 내용이다.

ㄹ. PC 보유율보다 인터넷 이용률이 높은 지역은 전북, 전남, 경남의 세 곳이므로 옳은 내용이다.

오답분석

ㄱ. PC 보유율이 네 번째로 높은 지역은 경기(86.3%)이지만, 인터넷 이용률이 네 번째로 높은 지역은 광주(81.0%)이므로 둘은 일치하지 않는다.

ㄷ. 인터넷 이용률이 가장 낮은 지역은 전남(67.8%)으로 이의 1.3배는 약 88%인데 반해, 울산의 인터넷 이용률은 85%이므로 전자가 후자보다 크다. 따라서 옳지 않다.

14

정답 ⑤

학습성과 항목 각각에 대해 대학 졸업생 보유도와 산업체 고용주 보유도 차이가 가장 큰 학습성과 항목은 직업윤리(0.9)이므로 옳지 않은 내용이다.

오답분석

① 대학 졸업생의 보유도와 중요도 간의 차이가 가장 큰 학습성과 항목은 국제적 감각(0.9)이고 산업체 고용주의 보유도와 중요도 간의 차이가 가장 큰 학습성과 항목도 국제적 감각(1.2)이므로 옳은 내용이다.

② 대학 졸업생 설문결과에서 중요도가 가장 높은 학습성과 항목은 실험능력(4.1)이므로 옳은 내용이다.

③ 산업체 고용주 설문결과에서 중요도가 가장 높은 학습성과 항목은 기본지식(4.2)이므로 옳은 내용이다.

④ 대학 졸업생 설문결과에서 보유도가 가장 낮은 학습성과 항목은 시사지식(2.6)이므로 옳은 내용이다.

15

정답 ③

갑국의 인구는 $\dfrac{(연구개발비)}{(인구 \ 만 \ 명당 \ 연구개발비)}$ 를 통해 알 수 있는데, 2021년과 2022년을 비교하면 분자는 10% 이상 증가한 것이 명확한 반면 분모는 그보다 적게 증가하고 있다. 따라서 갑국의 인구는 2021년에 비해 2022년이 더 많다.

오답분석

① 연구개발비의 공공부담 비중은 2022년에 전년 대비 0.7%p만큼 감소하였으므로 옳지 않은 내용이다.

② 2019년의 경우 인구 만 명당 연구개발비는 2018년에 비해 약 800백만 원만큼 증가한 것에 반해 나머지 연도들의 증가폭은 그에 미치지 못하고 있으므로 옳지 않은 내용이다.

④ 2020년의 경우 연구개발비는 전년에 비해 약 3,200십억 원만큼 증가한 것에 반해 나머지 연도들의 증가폭은 모두 그보다 크다. 2021년의 경우는 전년에 비해 약 3,400십억 원만큼 증가하였다.

⑤ 먼저 연도별로 전년 대비 연구개발비의 증가액을 어림해보면 2019년은 약 4,000십억 원, 2020년은 약 3,100십억 원, 2021년은 약 3,500십억 원, 2022년은 약 6,000십억 원 증가하였다. 따라서 증가율이 가장 작은 해는 2020년과 2021년 둘 중의 하나임을 알 수 있다. 그런데 민간부담 비중이 가장 큰 해, 즉 공공부담 비중이 가장 작은 해는 2018년으로 두 해는 서로 다르므로 옳지 않은 내용이다.

16

정답 ④

ㄴ. 2018년 이후 영어와 일어 관광통역안내사 자격증 신규 취득자 수는 2021년까지는 전년 대비 매년 증가하다가 2022년에 감소하는 모습이 같으므로 옳은 내용이다.

ㄹ. 교육 건수당 교육인원이 가장 많은 해는 2020년(125명)이므로 옳은 내용이다.

ㄱ. 중국어 관광통역안내사 자격증 신규취득자 수는 2018년과 2019년에 전년 대비 감소하였으므로 옳지 않은 내용이다.

ㄷ. 2022년의 경우 중국어 관광통역안내사 자격증 신규취득자 수가 370명으로 가장 많으므로 옳지 않은 내용이다.

17

소년 수감자의 성격유형 구성비 순위와 전국 인구의 성격유형 구성비 순위는 '나 – 가 – 다 – 라'로 동일하므로 옳은 내용이다.

ㄴ. 두 번째 표에서 제시된 비율은 각 성격유형에서 차지하는 비율이 아닌 범죄유형에서 차지하는 비율이다. 구체적으로 수감자 수에 해당 비율을 곱해 구해보면 '가', '다'형 모두에서 장물취득이 가장 많으므로 옳지 않은 내용이다.

ㄷ. 전국 인구와 갑 지역 인구의 성격유형 구성비 차이가 가장 큰 성격유형은 '가'(0.9%p)이고 기타범죄의 성격유형 구성비가 가장 큰 유형은 '나'(35.6%)이므로 옳지 않은 내용이다.

ㄹ. '라'형 소년 수감자 중 강력범죄로 수감된 수감자 수는 약 6명(=72×0.084)이고, 기타범죄로 수감된 수감자 수는 약 21명(= 177×0.119)이므로 옳지 않은 내용이다.

18

먼저 두 번째 표를 토대로 첫 번째 표의 빈칸을 채워보면 8월의 평균습도는 80% 이상이며, 1월과 11월의 평균기온은 각각 −5℃ 미만, 5℃ 이상 10℃ 미만임을 알 수 있다.

ㄱ. 평균습도가 가장 높은 월은 8월(80% 이상)이며 8월에 강수일수(22일)와 강수량(668.8mm)이 가장 많으므로 옳은 내용이다.

ㄴ. 평균기온이 가장 낮은 월은 1월(−5℃ 미만)이며 1월에 강수량(4.5mm)도 가장 적으므로 옳은 내용이다.

ㄷ. 11월의 평균기온은 5℃ 이상 10℃ 미만이고 3월의 평균기온은 3℃이므로 옳은 내용이다.

ㄹ. 6월의 평균기온은 9월보다 높지만 강수일수당 강수량은 9월(약 17)이 6월(약 6.5)보다 많으므로 옳지 않은 내용이다.

ㅁ. 평균기온이 0℃ 미만인 월은 1월, 2월, 12월인데 이들의 강수일수의 합은 24일이어서 8월의 강수일수(22일)보다 많다. 따라서 옳지 않은 내용이다.

19

ⓒ 2022년 공공기관 전체 대형공사의 2020년 대비 발주건수는 13건 감소하였으나, 소형공사의 발주건수는 2020년 32,198건에서 2022년 37,323건으로 증가하였으므로 옳은 내용이다.

ⓔ 2022년 정부기관 발주공사 중에서 대형공사가 차지하는 발주건수의 비율은 약 1%이고, 공사금액의 비율은 약 24%이므로 옳은 내용이다.

ⓜ 2022년 지방자치단체의 공사 발주규모는 소형공사가 대형공사보다 건수(61건 vs 28,939건), 금액(1,137십억 원 vs 10,289십억 원) 모두 크므로 옳은 내용이다.

ⓐ 2021년 대형공사 발주금액은 3,172십억 원으로 2020년 3,362십억 원에서 감소하였으므로 옳지 않은 내용이다.

ⓒ 매년 공공기관 전체에서 대형공사와 소형공사를 비교해보면 발주건수, 발주금액 모두 소형공사가 크므로 옳지 않은 내용이다.

20

ㄱ. 국내 건강기능식품의 총생산액과 총생산량은 각각 매년 증가하였으므로 옳은 내용이다.

ㄴ. 국내 건강기능식품의 내수용 생산액은 매년 증가하였으므로 옳은 내용이다.

ㄹ. 2022년 생산액 기준 국내 건강기능식품 상위 10개 품목 중 홍삼은 매년 생산액이 가장 많으므로 옳은 내용이다.

ㄷ. 알로에의 경우 2018년 생산액이 797억 원이고, 2022년 생산액이 691억 원이므로 옳지 않은 내용이다.

21

ㄱ. 연령대가 높아질수록 TV 선호비율은 여성이 30%에서 40%로, 남성이 20%에서 35%로 높아지고 있으므로 옳은 내용이다.

ㄴ. 40 ~ 50대의 대중매체 선호비율 순위는 여성과 남성이 모두 온라인 – TV – 신문의 순서로 동일하므로 옳은 내용이다.

ㄷ. 연령대가 높은 집단일수록 신문 선호비율은 남성(25%p)보다 여성(40%p)에서 더 큰 폭으로 증가하므로 옳은 내용이다.

[오답분석]

ㄹ. 남성그룹과 여성그룹 내에서의 비율 자료만으로는 남성과 여성의 실수치를 비교할 수 없다. 따라서 옳지 않은 내용이다.

22

금요일과 토요일을 비교할 때 식사와 정서 그리고 외출의 경우 각각 30분 이상 증가한 반면 나머지 유형은 증감폭이 이를 상쇄하기에는 매우 부족하다. 따라서 전체 참여시간을 모두 계산할 필요 없이 아내의 총 참여시간은 토요일이 더 크다는 것을 알 수 있다.

[오답분석]

① 토요일에 남편의 참여시간이 가장 많았던 양육활동유형은 정서활동(73분)이므로 옳은 내용이다.

③ 남편의 양육활동 참여시간을 계산하면 금요일은 총 46분이고, 토요일은 140분임을 알 수 있으므로 옳은 내용이다. 그러나 실전에서는 이러한 선택지는 가장 마지막에 판단해야 한다.

④ 금요일 아내의 양육활동을 참여시간이 많은 순서대로 나열하면 식사(199분), 정서(128분), 가사(110분), 외출(70분)이므로 옳은 내용이다.

⑤ 아내의 양육활동유형 중 금요일에 비해 토요일에 참여시간이 가장 많이 감소한 것은 교육활동(-4분)이므로 옳은 내용이다.

23

2020년 서울(2.2%), 부산(3.0%), 광주(6.5%)의 실질 성장률은 각각 2019년 서울(1.0%), 부산(0.6%), 광주(1.5%)에 비해 2배 이상 증가하였으므로 옳은 내용이다.

[오답분석]

② 2019년 실질 성장률이 가장 높은 도시는 울산(4.3%)이고 2020년은 광주(6.5%)이므로 둘은 서로 다르다. 따라서 옳지 않다.

③ 부산의 경우 2016년 실질 성장률(7.9%)은 2012년(5.3%)에 비해 증가하였으므로 옳지 않은 내용이다.

④ 2017년 대비 2018년 실질 성장률이 5%p 이상 감소한 도시는 서울(6.7%p), 인천(8.3%p), 광주(7.9%p), 울산(13.2%p)의 총 4개이므로 옳지 않다.

⑤ 2015년 실질 성장률이 가장 높은 도시는 광주(10.1%)이며 2022년 실질 성장률이 가장 낮은 도시는 대전(3.2%)이므로 둘은 다르다. 따라서 옳지 않다.

24

2016년 전체 참여공동체의 수는 122개소이며 이의 30%는 36.6개소이므로 전남지역 참여공동체의 수(32개소)보다 크다. 따라서 옳지 않은 내용이다.

[오답분석]

① 참여어업인은 매년 증가하고 있으므로 옳은 내용이다.

③ 충북지역을 제외하면, 인천의 2022년 참여공동체는 2015년 대비 약 7배 증가하였으며 나머지 지역은 모두 이보다 높은 증가율을 보이고 있다. 따라서 옳은 내용이다.

④ 모든 어업유형에서 참여공동체의 수는 매년 증가하였으므로 옳은 내용이다.

⑤ 2020년과 2021년 지역별 참여공동체의 수를 큰 순서대로 나열하면 두 해 모두 '전남 – 경남 – 경북 – 충남'으로 나타낼 수 있다. 따라서 2020년과 2021년 모두 충남은 4위로 동일하므로 옳은 내용이다.

25

정답 ③

2022년의 경우 총 양식어획량이 520백만 마리이고 이의 50%는 260백만 마리이나 조피볼락의 양식어획량은 254백만 마리로 이에 미치지 못한다. 따라서 옳지 않은 내용이다.

[오답분석]

① 2020년 어업생산량은 2019년 대비 303.2만 톤에서 약 24만 톤 증가한데 반해, 2021년은 2020년 대비 327.5만 톤에서 10에도 미치지 못하는 증가분을 보이고 있다. 2020년의 경우 더 적은 수치에서 더 많은 증가분을 기록했으므로 증가율도 더 높게 된다. 따라서 옳은 내용이다.

② 첫 번째 표에 의하면 다른 조업방법은 그렇지 않으나, 내수면어업의 경우 2018년 2.4만 톤에서 시작하여 2022년 3.0만 톤에 이르기까지 매년 어업생산량이 증가하였다. 따라서 옳은 내용이다.

④ 2022년 양식어획량이 전년 대비 감소한 어종은 조피볼락, 감성돔, 참돔, 농어인데 이 중 감성돔과 참돔은 직관적으로 보아도 농어보다 감소율이 크다는 것을 알 수 있다. 그리고 조피볼락은 감소분이 26백만 마리로서 감소율이 약 9%인 데 반해, 농어는 감소율이 1백만 마리로서 감소율이 약 6%이다. 따라서 옳은 내용이다.

⑤ 기타 어류를 제외하고 각각의 어종을 양식어획량이 많은 순서대로 나열하면 2018년과 2022년 모두 '조피볼락 – 넙치류 – 참돔 – 감성돔 – 숭어 – 농어'의 순서로 동일하므로 옳은 내용이다.

26

정답 ④

2017년 이후 전년에 비해 친환경 농산물 총생산량이 처음으로 감소한 시기는 2021년이며, 이때부터 저농약 인증이 폐지되었다. 따라서 옳은 내용이다.

[오답분석]

① 친환경 농산물 총생산량은 2020년도에 증가하고 2021년에는 감소하였다. 따라서 저농약 신규 인증 중단(2019년) 이후 친환경 농산물의 총생산량이 매년 감소한 것은 아니다.

② 저농약 인증 폐지(2021년) 이전인 2016 ~ 2020년의 기간 동안 저농약 농산물 생산량은 2020년을 제외하고 매년 전체 친환경 농산물 생산량의 절반 이상을 차지하였으므로 옳지 않은 내용이다.

③ 2019년과 2020년의 경우 무농약 농산물 생산량은 친환경 농산물 총생산량의 50%에 미치지 못한다. 따라서 옳지 않은 내용이다.

⑤ 2017년 이후 전년에 비해 무농약 농산물 생산량의 증가폭이 가장 큰 시기는 2022년이므로 옳지 않은 내용이다.

27

정답 ④

A부처(201명)가 B부처(182명)에 비해 충원 직위 수가 많고, A부처의 충원 직위 수 대비 내부 임용 비율은 58.2%이고, B부처는 84.1%이므로 옳은 내용이다.

[오답분석]

① 연도를 모두 계산할 필요 없이 2021년의 미충원 직위 수가 10명(=156−146)이고 2022년의 미충원 직위 수가 22명이라고 하였으므로 옳지 않은 내용임을 알 수 있다.

② 2017년도 이후 타 부처로부터의 충원 수는 5명, 5명, 4명, 8명, 7명의 순서로 2020년에만 증가하였으므로 옳지 않은 내용이다.

③ 2022년도 개방형 총 직위 수는 165명으로 이의 50%는 82.5명인데 내부 임용된 인원은 81명이어서 50%에 미치지 못한다. 따라서 옳지 않은 내용이다.

⑤ 전년도에 비해 개방형 총 직위 수가 증가한 2017년의 경우 민간인 외부 임용 및 충원 직위 수 대비 민간인 외부 임용 비율은 12.2%로 감소하였으므로 옳지 않은 내용이다.

28

정답 ①

ㄱ. 지역 평균 흡연율이 전국 평균 흡연율(22.9%)보다 높은 지역은 A(24.4%), B(24.2%), C(23.1%), D(23.0%)의 4개이므로 옳은 내용이다.

ㄴ. 40대를 기준으로 흡연율이 가장 높은 지역은 B(29.9%)이고, 20대를 기준으로 흡연율이 가장 높은 지역은 E(30.0%)이므로 옳은 내용이다.

오답분석

ㄷ. 비율로만 제시된 자료에서 다른 지역 간 실수치의 비교는 불가능하므로 옳지 않은 내용이다.

ㄹ. 전국 평균의 연령대 흡연율 순위는 30대 – 20대 – 40대 – 50대 – 60대 이상인데, 이와 순위가 동일한 지역은 D와 F의 2개이므로 옳지 않은 내용이다.

29

정답 ③

ㄴ. 전기전자 업종의 순위는 2020년 5위, 2021년 4위, 2022년 2위로 그 순위가 매년 상승하였으므로 옳은 내용이다.

ㄷ. 2021년과 2022년의 경우 대기업의 정보화 수준이 전년과 비교하여 증감한 방향은 증가 – 감소인데, 건설 업종의 증감 방향도 증가 – 감소이므로 옳은 내용이다.

오답분석

ㄱ. 2022년 중소기업 정보통신 업종의 정보화 수준의 2020년 대비 상승률(약 1.1배)은 2022년 중소기업 전체의 정보화 수준의 2020년 대비 상승률(약 1.7배)보다 낮으므로 옳지 않은 내용이다.

ㄹ. 2022년 건설 업종의 정보화 수준도 전년 대비 하락하였으므로 옳지 않은 내용이다.

30

정답 ③

ㄱ. 2003 ~ 2008년 사이 오직 한 해에만 사망자가 발생한 나라는 아제르바이잔, 이라크, 라오스, 나이지리아, 파키스탄, 터키 등 6개국이므로 옳은 내용이다.

ㄹ. 2005년 태국과 베트남의 감염자 수 합(66명)은 2005년 전체 감염자 수(98명)의 65%를 넘으므로 옳은 내용이다. 전체 감염자 수가 100명이라고 해도 66%인데, 실제 전체 감염자 수는 이보다 적으므로 비율은 당연히 66%보다 올라갈 것이기 때문이다.

ㅁ. 2006 ~ 2008년 사이 이집트와 인도네시아의 총 감염자 수 합(163명)은 같은 기간 전체 감염자 수(234명)의 50% 이상이므로 옳은 내용이다.

오답분석

ㄴ. 2003 ~ 2008년의 기간에는 중국과 인도네시아의 감염자 수 합이 전체 감염자 수의 50%에 미치지 못하므로 옳지 않은 내용이다.

ㄷ. 2003 ~ 2008년 사이 총 감염자 수 대비 총 사망자 수 비율이 50% 이상인 나라는 아제르바이잔, 캄보디아, 중국, 인도네시아, 이라크, 라오스, 나이지리아, 태국 등 8개국이므로 옳지 않은 내용이다.

31

정답 ⑤

국비를 지원받지 못하는 문화재 수는 7개이고, 구비를 지원 받지 못하는 문화재 수는 9개이므로 옳은 내용이다.

오답분석

① 7번 문화재의 경우 2022년 11월 17일에 공사를 시작하였으며 현재 공정이 공사 중으로 되어있으므로 보고서가 작성된 시점은 11월 17일 이후여야 한다. 따라서 옳지 않은 내용이다.

② 전체 사업비 중 시비와 구비의 합이 전체 사업비의 절반 이하라면 국비가 전체 사업비의 절반 이상이 되어야 한다. 그런데 국비가 전체 사업비의 절반인 8번, 10번, 12번을 제외하면 1번, 7번, 13번만이 이에 해당하고 그마저도 국비 사업비의 금액이 2번 등 시비와 구비 사업비가 절반 이상인 문화재에 비해 현저히 적다. 따라서 옳지 않은 내용이다.

③ 문화재별로 시비가 전체 사업비에서 차지하는 비중을 살펴보면 4번, 5번, 6번, 9번, 11번 5개만이 시비가 차지하는 비중이 80%를 넘는다. 그런데 전체 문화재 수는 13개여서 5개는 이의 절반에 미치지 못하므로 옳지 않은 내용이다.

④ 공사 중인 문화재 사업비의 합은 1,159백만 원이고, 공사 완료된 문화재 사업비 합은 2,551백만 원이므로 전자는 후자의 절반에 미치지 못한다. 따라서 옳지 않은 내용이다.

32

정답 ①

ㄱ. 경기북부 지역의 도시가스를 사용하는 비율은 66.1%이고 등유를 사용하는 비율은 3.0%이므로 전자는 후자의 20배 이상이다. 따라서 옳은 내용이다.

ㄴ. 서울 지역의 도시가스를 사용하는 비율은 84.5%, 인천 지역의 도시가스를 사용하는 비율은 91.8%로 다른 난방연료보다 높다. 따라서 옳은 내용이다.

오답분석

ㄷ. 비율만 제시된 자료로는 같은 지역 내에서의 비교만 가능할 뿐 다른 지역과의 비교는 불가능하므로 옳지 않은 내용이다.

ㄹ. 경기남부 지역의 지역난방 사용비율은 67.5%이고 경기북부 지역은 27.4%이므로 옳지 않은 내용이다.

33

정답 ⑤

ㄷ. 같은 지역 내의 비교이므로 비율만으로도 판단이 가능하다. 따라서 2009년 수리(가)영역에서 1 ~ 4등급을 받은 학생의 비율은 54.2%, 7 ~ 9등급을 받은 학생의 비율은 8.4%이므로 1 ~ 4등급을 받은 학생의 비율은 7 ~ 9등급을 받은 학생의 비율의 5배 이상이다. 따라서 옳은 내용이다.

ㄹ. D지역의 경우 5 ~ 6등급의 비율이 37.5%이고 7 ~ 9등급의 비율이 25.1%이어서 차이가 12.4%p에 불과하다. 따라서 옳은 내용이다.

오답분석

ㄱ. 주어진 자료에서는 각 지역별 비율만을 알 수 있을 뿐 실제 수치는 알 수 없으므로 옳지 않은 내용이다.

ㄴ. 2009년 4개 영역 중 1 ~ 4등급 비율이 가장 높은 지역과 가장 낮은 지역 간 비율 차이가 가장 작은 영역은 외국어영역(12.4%p)이므로 옳지 않은 내용이다.

34

정답 ④

ㄴ. 2021년 A시 거주 전체 외국인(175,036명) 중 중국국적 외국인(119,300명)이 차지하는 비중은 약 68%이므로 옳은 내용이다.

ㄹ. 2014년 A시 거주 전체 외국인 중 일본국적 외국인과 캐나다국적 외국인의 합이 차지하는 비중은 약 14%$\left(≒\dfrac{6,332+1,809}{57,189}\times 100\right)$이고, 2021년 A시 거주 전체 외국인 중 대만국적 외국인과 미국국적 외국인의 합이 차지하는 비중은 약 12%$\left(≒\dfrac{8,974+11,890}{175,036}\times 100\right)$이므로 옳은 내용이다.

오답분석

ㄱ. A시 거주 인도국적 외국인 수는 2018년 836명에서 2019년 828명으로 감소하였으므로 옳지 않은 내용이다.

ㄷ. 2015 ~ 2022년 사이에 A시 거주 외국인 수가 매년 증가한 국적은 중국뿐이므로 옳지 않은 내용이다.

35

정답 ⑤

F부처의 새터민 장학금의 전년 대비 증가율은 약 117%인 반면, C부처의 보훈장학금의 증가율은 125%이므로 옳지 않은 내용이다.

오답분석

① 2022년 총등록금 중 정부부담 비율은 27.2%$\left(=\dfrac{3.4}{12.5}\times 100\right)$이므로 옳은 내용이다.

② 2022년 A부처의 기초생활수급자 장학금과 이공계 장학금을 합한 금액은 1,520억 원으로 총 등록금 12조 5천억 원의 1%를 넘는다. 따라서 옳은 내용이다.

③ 2022년 A부처의 장학금 총액은 2,140억 원으로 전체 정부부담 장학금 4,000억 원의 절반을 넘는다. 따라서 옳은 내용이다.

④ 2021년 C부처의 군자녀 장학금 수혜인원은 22,000명으로 다른 장학금에 비해 가장 많으므로 옳은 내용이다.

36

2020년에 대리의 수가 2010년에 비해 늘어난 출신 지역은 서울·경기도, 강원도, 충청남도 3곳이고, 줄어든 출신 지역은 충청북도, 경상남도, 전라북도, 전라남도의 4곳이므로 옳지 않은 내용이다.

오답분석

① 이사 직급의 경우 2010년 4명에서 2020년 8명으로 2배(100%) 증가하였으나 나머지 직급의 증가율은 이에 미치지 못하므로 옳은 내용이다.

② 전라북도의 경우 전체 임직원 수(25명)에서 과장 직급(18명)이 차지하는 비중이 절반을 넘고 있으나 나머지 지역은 이에 미치지 못하므로 옳은 내용이다.

③ 2010년의 과장의 수는 44명이고, 2020년은 75명으로 증가하였으므로 옳은 내용이다.

④ 2010년의 경우 충청북도 출신의 임직원이 67명으로 가장 많고, 2020년의 경우도 충청북도 출신의 임직원이 71명으로 가장 많으므로 옳은 내용이다.

37

ⓒ '만화 / 캐릭터'와 '컴퓨터 프로그램'을 제외한 나머지 항목에서는 모두 고등학생이 중학생이나 초등학생에 비하여 구입 경험의 비율이 높으므로 옳은 내용이다.

ⓔ 모두 정품으로 구입했다고 응답한 학생의 비율은 중학교(55.9%)에서 가장 높으므로 옳은 내용이다.

ⓜ 10회 중 3회 이상 정품을 구입하였다고 응답한 학생의 비율이 가장 높은 학교급은 고등학교(86명)이며, 가장 낮은 학교급은 중학교(38명)이어서 둘의 차이는 48명이다. 따라서 옳은 내용이다.

오답분석

ⓐ 전반적으로 '만화 / 캐릭터'의 구입 경험 비율이 초등학생(73.2%)이 중학생(53.3%)이나 고등학생(62.6%)보다 높은 것으로 나타났다. '컴퓨터 프로그램'의 경우 학교급 간의 차이는 2%p 미만인 반면, '게임'은 초등학교와 고등학교 간의 차이는 2.1%p이므로 옳지 않은 내용이다.

ⓑ 초등학교의 경우 정품만을 구입했다고 응답한 학생의 비율은 35.3%로 절반에 미치지 못하므로 옳지 않은 내용이다.

38

'비전·일기' 지역의 1410 ~ 1419년 파견 횟수(53회)는 1392 ~ 1409년(59회)보다 감소하였으므로 옳지 않은 내용이다.

오답분석

ㄱ. 모든 왕에 걸쳐 조선에서 명으로 사절을 파견한 횟수가 명에서 조선으로 사절을 파견한 횟수보다 많으므로 옳은 내용이다.

ㄷ. 조선에서 일본과 명으로 사절을 파견한 횟수가 많은 왕부터 나열하면 세종(216회), 태종(160회), 세조(106회), 성종(75회), 태조(68회), 단종(22회), 문종(13회), 정종(11회), 예종(8회)이므로 옳은 내용이다.

ㄹ. 1392 ~ 1494년 사이에 일본에서 조선으로 사절을 파견한 횟수가 많은 지역부터 나열하면 대마도(2,201회), 비전·일기(1,087회), 구주(776회), 본주·사국(292회), 실정막부(42회), 기타(25회)이므로 옳은 내용이다.

39

ㄱ. 2020 ~ 2022년 동안 매년 연평균 아황산가스 오염도가 가장 높은 도시는 G(0.013, 0.011, 0.010)이고, 연평균 오존 오염도가 가장 높은 도시는 B(0.022, 0.023, 0.024)이므로 옳은 내용이다.

ㄷ. 표에 의하면 연평균 오존 오염도가 매년 지속적으로 높아진 도시는 B, C, E이고, 빗물의 연중최고 산도가 매년 지속적으로 높아진 도시는 D이므로 옳은 내용이다.

ㅁ. 2019 ~ 2022년 동안 연평균 오존 오염도는 모든 도시에서 적정 환경기준치(0.06ppm)을 벗어나지 않았으나, 2021년과 2022년에 빗물의 연중최저 pH는 모든 도시에서 5.6이하로 떨어졌으므로 옳은 내용이다.

오답분석

ㄴ. 2022년의 경우, 연평균 오존 오염도가 가장 낮은 도시와 빗물의 연중최고 산도가 가장 높은 도시는 A로 동일하지만 연평균 아황산가스 오염도가 가장 낮은 도시는 E이므로 옳지 않은 내용이다.

ㄹ. 2019년과 2022년을 비교하였을 때, 연평균 아황산가스 오염도의 감소폭이 가장 큰 작은 도시는 E(0.009)이지만, 가장 큰 도시는 C(0.032)이므로 옳지 않은 내용이다.

40

정답 ②

ㄱ. 1920 ~ 1932년 동안 보통문관시험 응시자 수는 매년 400명에서 600명 사이였으나, 1934년의 응시자는 938명으로 1,000명에 미치지 못한다. 따라서 옳지 않은 내용이다.

ㄴ. 1925년의 경우 합격자 수 대비 조선인 합격자 수의 비율은 $25\%\left(=\dfrac{7}{28}\times100\right)$이며, 1929년에도 $25\%\left(=\dfrac{5}{20}\times100\right)$이므로 옳지 않은 내용이다.

ㅁ. 조사기간 동안 조선인과 일본인의 전체 임용률은 각각 58.2%, 79.3%이었으나, 1919년, 1921년 등 조선인의 임용률이 일본인보다 높은 경우가 존재하므로 옳지 않은 내용이다.

오답분석

ㄷ. 임용되지 못한 조선인의 수는 161명=385(A)-224(D)이고, 일본인의 수는 159명=767(B)-608(E)이므로 옳은 내용이다.

ㄹ. 조사기간 동안의 전체 임용자 수는 일본인(608명)이 조선인(224명)의 약 2.7배이고, 전체 합격자 수는 일본인(767명)이 조선인(385명)의 약 2배이므로 옳은 내용이다.

| 02 | 심화문제

01	02	03	04	05	06	07	08	09	10	11	12	13	14	15	16	17	18	19	20
①	④	④	③	②	①	③	②	①	③	③	①	②	⑤	⑤	③	③	①	③	④

21	22	23																	
②	⑤	③																	

01

정답 ①

ㄱ. 택시를 이용한 날은 1일(9,500보), 9일(8,500보), 11일(7,700보), 12일(8,200보), 14일(8,500보), 15일(8,500보) 등 6일이며 이 날들의 만보기 측정값은 모두 9,500보 이하이므로 옳은 내용이다.

ㄴ. 섭취 열량이 소비 열량보다 큰 날은 8일과 10일인데, 8일의 몸무게는 7일보다 1.7kg 증가한 79.0kg이며, 10일의 몸무게는 9일보다 1.1kg 증가한 79.6kg이어서 모두 전날보다 1kg 이상 증가하였다.

오답분석

ㄷ. 버스를 이용한 날 중 8일과 10일은 위 ㄴ에서 살펴본 바와 같이 전날보다 몸무게가 증가하였으므로 옳지 않은 내용이다.

ㄹ. 만보기 측정값이 10,000보 이상인 날 중 3일과 4일은 각각 섭취 열량이 2,400kcal, 2,350kcal이어서 2,500kcal에 미치지 못한다. 따라서 옳지 않은 내용이다.

02

정답 ④

'G인터넷'과 'HS쇼핑'의 3월 데이터 사용량의 합은 7.1GB(=5.3+1.8)이나 나머지 앱들의 데이터 사용량은 '톡톡'(2.4GB)과 '앱가게'(2.0GB), '위튜브'(836.0MB), '쉬운지도'(321.0MB), 'NEC뱅크'(254.0MB)를 제외하고는 모두 데이터의 사용량이 미미한 수준이어서 이들을 모두 합하더라도 7.1GB를 넘어설 수 없다. 따라서 옳은 내용이다.

① 1GB가 1MB의 1,024배라는 것만 놓치지 않았다면 굳이 계산을 할 필요가 없는 선택지이다. '뮤직플레이'의 경우는 데이터 사용량의 증가량이 500MB에도 미치지 못하고 있으나 'G인터넷'은 1.4GB만큼 사용량이 증가하여 '뮤직플레이'에 비해 증가량이 훨씬 크다. 따라서 옳지 않은 내용이다.

② 3월과 4월에 모두 데이터 사용량이 있는 앱 중 4월 데이터 사용량이 3월 대비 감소한 앱은 10개(톡톡, 앱가게, 위튜브, 영화예매, NEC뱅크, 알람, 어제뉴스, S메일, 카메라, 일정관리)이며 증가한 앱은 7개이므로 옳지 않은 내용이다.

③ 4월에만 데이터 사용량이 있는 앱은 '가계부'(27.7MB), '17분 운동'(14.8MB), 'JC카드'(0.7MB)의 3개로 이들의 데이터 사용량의 합은 43.2MB이다. 그런데 '날씨정보'의 6월 데이터 사용량은 45.3MB로서 43.2MB보다 크다. 따라서 옳지 않은 내용이다.

⑤ 'S메일'의 4월 데이터 사용량의 3월 대비 변화율은 약 -97%이지만, 'JJ멤버십'은 약 430%로 'S메일'의 변화율보다 훨씬 크다. 따라서 옳지 않은 내용이다.

03

ㄱ. 무더위 쉼터가 100개 이상인 도시는 C(120개), D(100개), E(110개)이고, 그중 인구 수가 가장 많은 도시는 C(89만 명)이므로 옳은 내용이다.

ㄷ. 온열질환자 수가 가장 적은 도시는 F(10명)이고, 인구수 대비 무더위 쉼터 수가 가장 많은 도시도 $F\left(3.4 = \dfrac{85}{25}\right)$이므로 옳은 내용이다.

ㄹ. 전체 도시의 폭염주의보 발령일수 평균은 53일$\left(= \dfrac{318}{6}\right)$인데, 이보다 폭염주의보 발령일수가 많은 도시는 A(90일), E(75일)의 2개이므로 옳은 내용이다.

ㄴ. 인구 수에 따른 순위는 1위 A(100만 명), 2위 C(89만 명)인데 반해 온열질환자 수에 따른 순위는 1위 A(55명), 2위 E(52명)이므로 둘은 서로 다르다. 따라서 옳지 않은 내용이다.

04

파주시 문화유산 보유건수 합은 63건인데, 전체 문화유산 보유 건수 합은 652건($=224+293+100+35$)이므로 전체의 10%에 미치지 못한다. 따라서 옳은 내용이다.

① '등록 문화재'를 보유한 시는 용인, 여주, 고양, 남양주, 파주, 성남, 수원의 7개이므로 옳지 않은 내용이다.

② 유형별 전체 보유건수가 가장 많은 문화유산은 '지방 지정 문화재'(293건)이므로 옳지 않은 내용이다.

④ '문화재 자료' 보유건수가 가장 많은 시는 용인시(16건)이므로 옳지 않은 내용이다.

⑤ '국가 지정 문화재'의 시별 보유건수 순위는 1위 용인시, 2위 성남시인데 반해 '문화재 자료'의 순위는 1위 용인시, 2위 안성시이므로 둘은 서로 다르다. 따라서 옳지 않은 내용이다.

05

2017년 이후 연도별 전시건수 중 미국 전시건수 비중이 가장 작은 해는 2020년 약 $20.8\%\left(≒ \dfrac{5}{24} \times 100\right)$인데 이 해에 프랑스에서 1건의 전시회가 있었으므로 옳은 내용이다.

① 2021년의 국외반출 허가 문화재 수량 중 지정 문화재 수량의 비중은 약 $2.1\%\left(≒ \dfrac{16}{749} \times 100\right)$인 데 반해, 2018년의 비중은 약 $4.5\%\left(≒ \dfrac{15}{330} \times 100\right)$이므로 2021년이 가장 큰 것은 아니다. 따라서 옳지 않은 내용이다.

③ 국가별 전시건수의 합은 일본이 46건, 미국이 30건인 데 반해, 영국은 8건에 그치고 있어 옳지 않은 내용이다.

④ 보물인 국외반출 허가 지정 문화재의 수량이 가장 많은 해는 2019년(13개)인데, 전시 건당 국외반출 허가 문화재 수량이 가장 많은 해는 2021년 약 83개$\left(≒\dfrac{749}{9}\right)$이므로 둘은 서로 같지 않다. 따라서 옳지 않은 내용이다.

⑤ 2019년 이후 연도별 전시건수가 많은 순서대로 나열하면 2019년, 2020년, 2022년, 2021년인 데 반해, 국외반출 허가 문화재 수량이 많은 순서대로 나열하면 2022년, 2019년, 2020년, 2021년으로 둘은 순서가 전혀 다르다. 따라서 옳지 않은 내용이다.

06

ㄱ. '1시간 미만' 운동하는 3학년 남학생 수는 87명이고, '4시간 이상' 운동하는 1학년 여학생 수는 46명이므로 옳은 내용이다.
ㄴ. 남학생 중 1시간 미만 운동하는 남학생의 비율과 여학생 중 1시간 미만 운동하는 남학생의 비율을 학년별로 비교해보면, 1학년의 경우는 남 10.0%, 여 18.8%, 2학년의 경우는 남 5.7%, 여 19.2%, 3학년의 경우는 남 7.6%, 여 25.1%이다. 이에 따르면 모든 학년에서 남학생의 비율이 여학생의 비율보다 낮으므로 옳은 내용이다.

[오답분석]
ㄷ. 1학년 남학생 중 3시간 이상 운동하는 학생의 비율은 46.0%(=34.8+11.2), 2학년 남학생 중 3시간 이상 운동하는 학생의 비율은 53.0%(=34.0+19.0)이므로 학년이 높아진다고 해서 3시간 이상 운동하는 학생의 비율이 낮아지는 것은 아니다. 따라서 옳지 않은 내용이다.
ㄹ. 3학년 남학생 중 3시간 이상 4시간 미만 운동하는 학생의 비율은 23.4%이고, 4시간 이상 운동하는 학생의 비율은 25.2%이므로 옳지 않은 내용이다.

07

정답 ③

함흥부에 거주하는 외국인들의 국적은 일본, 중국, 영국, 독일, 기타 총 5개국이다. 만약 기타의 인원이 2명 이상이었다면 국적 종류의 개수를 확정할 수 없지만 1명뿐이므로 기타에 해당하는 국적은 1개로 확정할 수 있다. 그리고 청진부에 거주하는 외국인들의 국적은 일본, 중국, 소련, 프랑스, 독일 총 5개국이므로 둘은 서로 같다. 따라서 옳은 내용이다.

[오답분석]
① 신의주부의 경우 조선인과 일본인을 합한 인구는 부 전체 인구의 약 81.1%에 그치고 있으므로 옳지 않은 내용이다.
② 각 부의 외국인 수를 직접 계산하기보다는 전체 인구에서 조선인 인구를 빼서 판단하는 것이 효율적이다. 이에 따르면 경성부, 부산부, 평양부의 순서로 외국인의 수가 많다는 것을 확인할 수 있다. 따라서 외국인 수가 세 번째로 많은 부는 평양부이므로, 옳지 않은 내용이다.
④ 일본인을 제외한 외국인이 차지하는 비중은 100%에서 조선인 비중과 일본인 비중을 차감하여 구할 수 있다. 이것은 결국 조선인 비중과 일본인 비중을 합한 값이 가장 작은 부를 찾는 것이므로 신의주부(81.1%)가 이에 해당함을 알 수 있다. 그런데 일본인 수가 가장 적은 부는 개성부이다. 따라서 전체 인구에서 일본인을 제외한 외국인이 차지하는 비중이 가장 큰 부는 신의주부, 일본인 수가 가장 적은 부는 개성부로 서로 다르므로 옳지 않은 내용이다.
⑤ 중국인이 가장 많이 거주하는 지역은 신의주부(9,071명)와 평양부(3,534명)가 포함된 북부지역이고, 일본인이 가장 많이 거주하는 지역은 경성부(105,639명)가 포함된 중부지역이므로 옳지 않은 내용이다.

08

정답 ②

2022년 친환경인증 농산물의 종류별 생산량에서 무농약 농산물 생산량이 차지하는 비중을 구하면 서류는 약 72.2%$\left(≒\dfrac{30,157}{41,782}\times\right.$ $\left.100\right)$, 곡류는 약 78.4%$\left(≒\dfrac{269,280}{343,380}\times100\right)$이므로 옳지 않은 내용이다.

[오답분석]
① 2022년 친환경인증 농산물 종류 중 생산 감소량이 전년 대비 큰 순서대로 나열하면 채소류(약 17만 톤), 과실류(약 12만 톤), 곡류(약 2.8만 톤)으로 곡류가 세 번째로 크다. 따라서 옳은 내용이다.
③ 2022년 전라도와 경상도에서 생산된 친환경인증 농산물의 합은 1,078,727톤이며 친환경인증 채소류의 생산량은 585,004톤이다. 만약 전라도와 경상도가 채소류는 전혀 생산하지 않는다고 하면 친환경인증 농산물의 전체 생산량이 최소 1,663,731톤이 되어야 하지만 실제 전체 생산량은 1,498,235톤이므로 최소한 165,496톤만큼은 서로 중복될 수밖에 없다. 따라서 옳은 내용이다.

④ 2022년 서울의 인증형태별 생산량 순위를 살펴보면 1위가 무농약 농산물, 2위가 유기 농산물, 3위가 저농약 농산물이다. 나머지 지역 중에서 이와 같은 순위 분포를 보이는 지역은 인천과 강원도뿐이므로 옳은 내용이다.

⑤ 2022년 친환경인증 농산물의 생산량의 2021년 대비 감소율을 구하면 부산은 약 $41.6\%\left(≒\dfrac{6,913-4,040}{6,913}\times100\right)$, 전라도는 약 $33.7\%\left(≒\dfrac{922,641-611,468}{922,641}\times100\right)$이고 나머지 지역은 30%에 미치지 못하므로 옳은 내용이다.

09   정답 ①

ㄱ. A(A$^+$, A0)를 받은 학생 수가 가장 많은 강좌는 이민부 교수의 유비쿼터스 컴퓨팅이며 이는 전공심화 분야에 해당하므로 옳은 내용이다.

ㄴ. 전공기초 분야의 강좌당 수강인원은 51명$\left(=\dfrac{204}{4}\right)$이고, 전공심화 분야의 강좌당 수강인원은 약 36명$\left(≒\dfrac{321}{9}\right)$이므로 옳은 내용이다.

오답분석

ㄷ. 강좌별 수강인원 중 A$^+$를 받은 학생의 비율을 어림해보면 이성재 교수의 '경영정보론', 정상훈 교수의 '경영정보론', 황욱태 교수의 'IT거버넌스'의 비율이 낮은 편이다. 따라서 이를 계산해보면, 이성재 교수의 '경영정보론'은 약 $11\%\left(≒\dfrac{3}{27}\times100\right)$, 정상훈 교수의 '경영정보론'은 약 $14\%\left(≒\dfrac{9}{66}\times100\right)$, 황욱태 교수의 'IT거버넌스'는 약 $14\%\left(≒\dfrac{4}{29}\times100\right)$로 계산된다. 따라서 이성재 교수의 '경영정보론'의 비율이 가장 낮으므로 옳지 않은 내용이다.

ㄹ. 정상훈 교수의 '경영정보론'은 A를 받은 학생 수와 C를 받은 학생 수가 18명으로 동일하며, 황욱태 교수의 '회계학원론'은 A를 받은 학생 수는 14명인데 반해, C를 받은 학생 수는 15명으로 오히려 더 많으므로 옳지 않은 내용이다.

10   정답 ③

ㄱ. 교수와 대학생의 경우 3배를 초과하여 증가한 반면, 나머지 직업군은 그 이하로 증가하였음을 알 수 있다. 따라서 교수의 전년 대비 증가율(여기서는 배수를 구하도록 한다)을 구하면 약 4.4배$\left(≒\dfrac{183-34}{34}\right)$이며, 대학생은 약 3.4배$\left(≒\dfrac{74-17}{17}\right)$이므로 옳은 내용이다.

ㄴ. 기술개발단계에 있는 신청자 수 비중의 연도별 차이는 9.5%p(=45.8−36.3)이고, 시장진입단계에 있는 신청자 수 비중의 연도별 차이는 7.3%p(=36.4−29.1)이므로 옳은 내용이다.

오답분석

ㄷ. 2022년 조사에서 전년보다 신청자 수는 증가하고 신청자 수 비중은 감소한 창업단계는 시장진입단계와 시제품제작단계의 2개이므로 옳지 않은 내용이다.

11   정답 ③

30년 경과 비공개기록물 중 공개로 재분류된 기록물의 비율은 약 $90\%\left(≒\dfrac{1,079,690}{1,199,421}\times100\right)$이고, 30년 미경과 비공개기록물 중 비공개로 재분류된 기록물의 비율은 약 $85.4\%\left(≒\dfrac{1,284,352}{1,503,232}\times100\right)$이므로 옳지 않은 내용이다.

오답분석

① 비공개기록물 공개 재분류 사업 대상 전체 기록물은 2,702,653건이고, 비공개로 재분류된 문건은 1,404,083건이므로 비공개로 재분류된 문건의 비율은 50%를 넘는다. 따라서 옳은 내용이다.

② 30년 경과 비공개기록물 중 전부공개로 재분류된 기록물 건수는 33,012건이고, 30년 경과 비공개기록물 중 개인사생활 침해 사유에 해당하여 비공개로 재분류된 기록물의 건수는 46,298건이다. 따라서 옳은 내용이다.

④ 30년 경과 비공개기록물 중 재분류 건수가 많은 분류를 순서대로 나열하면 부분공개(1,046,678건), 비공개(119,731건), 전부공개(33,012건)의 순서고, 30년 미경과 비공개기록물 중 재분류 건수가 많은 분류를 순서대로 나열하면 비공개(1,284,352건), 전부공개(136,634건), 부분공개(82,246건)의 순서다. 따라서 옳은 내용이다.

⑤ 국민의 생명 등 공익침해와 개인 사생활 침해로 비공개 재분류된 기록물 건수의 합은 100,627건(=54,329+46,298)이어서 전체 기록물 2,702,653건의 5%인 135,132건보다 적다. 따라서 옳은 내용이다.

12

정답 ①

ㄱ. 1937년 도별 산업용재 생산량은 충남뿐만이 아니라, 전북, 경기도 1934년보다 작다. 따라서 옳지 않은 내용이다.

ㄷ. 전체 산업용재 생산량 대비 남부지방 생산량 비중은 1934년 14.6%에서 1937년 12.9%로 감소하였으나 남부지방의 생산량은 1934년 444,631톤에서 1937년 538,467톤으로 증가하였으므로 옳지 않은 내용이다.

[오답분석]

ㄴ. 전체 산업용재 생산량 대비 북부지방 생산량 비중은 1934년 74.6%에서 1937년 76.3%로 증가하였으므로 옳은 내용이다.

ㄹ. 연도별로 산업용재 생산량 비중이 높은 지방부터 나열하면 1934년은 북부(74.6%) – 남부(14.6%) – 중부(10.8%)이고 1935년은 북부(73.4%) – 남부(16.0%) – 중부(10.7%), 1936년은 북부(79.1%) – 남부(12.0%) – 중부(8.9%), 1937년은 북부(76.3%) – 남부(12.9%) – 중부(10.8%)로 매년 북부, 남부, 중부 순서다. 따라서 옳은 내용이다.

ㅁ. 산업용재의 도별 생산량에서 1934년에 비해 1937년 생산량이 가장 크게 증가한 도는 함북(+601,834톤)이므로 옳은 내용이다.

13

정답 ②

ㄱ. 2022년 3월(147건), 9월(326건), 10월(359건)에 발생한 등산사고 건수의 합은 총 832건으로 전체 등산사고 건수(3,114건)의 약 26.7%이므로 30%에 미치지 못한다. 따라서 옳지 않은 내용이다.

ㄴ. 2022년 서울에서 발생한 등산사고 건수는 2월(135건)이 가장 많고, 3월(72건)이 가장 적으므로 옳지 않은 내용이다.

ㅁ. 2022년 매월 등산사고가 발생한 지역의 수는 전체 16개 지역 중 부산, 충남, 경북, 제주의 4개를 제외한 12개 지역이므로 옳지 않은 내용이다.

[오답분석]

ㄷ. 2022년 등산사고 발생 원인 중 조난이 등산사고 건수의 25% 이상인 지역은 대구가 약 33.9%$\left(\fallingdotseq \frac{18}{53}\times 100\right)$, 강원이 약 25.4% $\left(\fallingdotseq \frac{91}{358}\times 100\right)$, 경북이 약 28.5%$\left(\fallingdotseq \frac{2}{7}\times 100\right)$로 3개이므로 옳은 내용이다.

ㄹ. 기타를 제외하고 2022년 발생 원인별 전체 등산사고 건수는 실족·추락이 1,121건으로 가장 많고, 안전수칙불이행이 160건으로 가장 적으므로 옳은 내용이다.

14

정답 ⑤

ㄴ. 2022년 이산화탄소 배출량이 가장 많은 국가는 중국(6,877.2백만 TC)이며, 이는 전 세계 이산화탄소 배출량의 약 23.7%$\left(\fallingdotseq \frac{6,877.2}{28,999.4}\times 100\right)$이므로 옳은 내용이다.

ㄷ. 러시아의 2016년과 2022년 이산화탄소 배출량 차이는 646.2백만 TC(=2,178.8−1,532.6)이고 이란은 353.6백만 TC(=533.2−179.6)이므로 옳은 내용이다.

ㄹ. 한국의 2016년 이산화탄소 배출량은 229.3백만 TC이고, 2022년은 515.5백만 TC이므로 후자는 전자의 2배 이상이다. 따라서 옳은 내용이다.

[오답분석]

ㄱ. 전 세계 이산화탄소 배출량을 살펴보면 2022년(28,999.4백만 TC)은 2021년(29,454.0백만 TC)에 비해 감소하였으므로 옳지 않은 내용이다.

15

정답 ⑤

2022년 12월 칠레지사 수출 상담실적이 256건이라면, 2022년 연간 칠레지사 수출 상담실적 건수는 900건이 되는데, 이는 2021년 연간 칠레지사 수출 상담실적 건수(472건)의 2배에 미치지 못한다. 따라서 옳지 않은 내용이다.

오답분석

① 태국지사의 2022년 1 ~ 11월 상담실적이 2,520건이고 전년 동기 대비 증감률이 80%라고 하였으므로 2021년 1 ~ 11월 상담실적은 1,400건$\left(=\dfrac{2,520}{1.8}\right)$임을 알 수 있다. 그런데 2021년 태국지사의 연간 상담실적이 1,526건이므로 2021년 12월의 상담실적은 126건이다. 따라서 옳은 내용이다.

② 2021년 수출 상담실적의 전년 대비 건수가 가장 많이 늘어난 해외지사는 인도지사(1,197건 증가)이므로 옳은 내용이다.

③ A회사 해외지사의 수출 상담실적은 2020년 5,623건, 2021년 7,630건이고 2022년은 11월까지의 합계가 20,227건이어서 이미 2021년의 실적을 넘어선다. 따라서 옳은 내용이다.

④ 싱가포르지사와 미국지사의 수출 상담실적 건수의 합을 연도별로 구하면 2019년 443건, 2020년 316건, 2021년 592건으로 모두 독일지사의 수출 상담실적 건수보다 적다. 따라서 옳은 내용이다.

16

정답 ③

7월 마지막 주에 시청률이 20% 미만인 코너는 '예술성'(19.2%), '어색한 친구'(17.7%), '좋지 아니한가'(16.7%), '합기도'(14.6%)인데 이 중 10월 첫째 주에도 시청률이 20% 미만인 코너는 '합기도'(15.1%)이므로 옳은 내용이다.

오답분석

① 제시된 자료로는 7월 마지막 주와 10월 첫째 주에 신설된 코너만을 알 수 있을 뿐, 그 중간 기간에 신설된 코너는 알 수 없다. 따라서 옳지 않은 내용이다.

② '세가지'의 경우 10월 첫째 주(19.8%)에 전주(19.9%)보다 시청률이 낮으므로 옳지 않은 내용이다.

④ 신설된 코너와 폐지된 코너를 제외하고, 7월 마지막 주에 전주 대비 시청률 상승폭이 가장 큰 코너는 '세가지'(+5.3%p)이고, 10월 첫째 주는 '생활의 문제'(+7.4%p)이므로 옳지 않은 내용이다.

⑤ 시청률 순위 상위 5개 코너의 시청률 산술평균을 구하면 7월 마지막 주는 27.14%, 10월 첫째 주는 25.44%이므로 옳지 않은 내용이다.

17

정답 ③

ㄴ. 2022년 산업부문의 최종에너지 소비량은 115,155천 TOE이고 전체 최종에너지 소비량은 193,832천TOE이므로 전자는 후자의 절반을 넘는다. 따라서 옳은 내용이다.

ㄷ. 석유제품 소비량 대비 전력 소비량의 비율을 구하면 2020년 약 34.1%$\left(≒\dfrac{18.2}{53.3}\times100\right)$, 2021년 약 34.4%$\left(≒\dfrac{18.6}{54.0}\times100\right)$이므로 2020년 대비 2021년에 증가하였으며 2022년은 2021년에 비해 분모는 감소하고 분자는 증가하였으므로 계산할 필요 없이 증가하였음을 확인할 수 있다. 따라서 옳은 내용이다.

오답분석

ㄱ. 주어진 것은 전체 에너지 소비량에서 차지하는 비중이다. 따라서 2020년과 2021년의 전체 최종에너지 소비량을 알지 못하면 해당 기간의 전력 소비량은 구할 수 없다. 따라서 옳지 않은 내용이다.

ㄹ. 유연탄 소비량 대비 무연탄 소비량의 비율이 25% 이하라는 것은 무연탄 소비량의 4배보다 유연탄 소비량이 더 커야 한다는 의미이다. 이에 따르면 가정·상업부문은 25% 이하이지만 산업부문은 25% 이상이므로 옳지 않은 내용이다.

18

정답 ①

ㄱ. 2017년 원자로 안전도 평가의 모든 분야에서 '보통' 이상의 평가점수를 받은 원자로는 2, 3, 6호기이지만 이 중 2022년 모든 분야에서 '보통' 이상의 평가점수를 받은 원자로는 3호기뿐이므로 옳은 내용이다.

ㄴ. 2017년 전체 '주의' 평가 건수는 11건이고, 2022년은 10건이므로 이 중 7호기가 차지하는 비중은 2017년 약 18%$\left(≒\dfrac{2}{11}\times100\right)$, 2022년 20%$\left(=\dfrac{2}{10}\times100\right)$로 모두 15% 이상이다. 따라서 옳은 내용이다.

ㄷ. 2017년 '안전설비 신뢰도' 부분의 안전도 점수를 구하면 '안전 주입'(25점), '비상 발전기'(20점), '보조 급수'(22점)이며, 2022년은 '안전 주입'(19점), '비상 발전기'(21점), '보조 급수'(24점)이다. 따라서 2017년 안전도 점수가 가장 높은 분야는 '안전 주입'이고 2022년은 '보조 급수'이므로 옳지 않은 내용이다.

ㄹ. 2022년 '양호' 평가 건수의 2017년 대비 증가율은 약 $83\%\left(≒\dfrac{22-12}{12}\times100\right)$, '보통' 평가 건수의 증가율은 약 $45\%\left(≒\dfrac{16-11}{11}\times100\right)$이므로 옳지 않은 내용이다.

19
정답 ③

쌍계사와 천은사는 증가율이 0%이고, 화엄사는 약 $36\%\left(≒\dfrac{800}{2,200}\times100\right)$, 연곡사는 $25\%\left(=\dfrac{400}{1,600}\times100\right)$이므로 옳은 내용이다.

오답분석

① 관람료가 한 번도 변경되지 않은 사찰은 쌍계사(1,800원), 천은사(1,600원), 보리암(1,000원)의 3곳이므로 옳지 않은 내용이다.
② 2006년에 문화재 관람료가 가장 높은 사찰은 화엄사와 법주사(2,200원)이고, 2008년은 불국사와 석굴암(4,000원)이므로 둘은 같지 않다. 따라서 옳지 않은 내용이다.
④ 신흥사가 2,500원의 문화재 관람료를 받고 있으므로 옳지 않은 내용이다.
⑤ 제시된 자료에서 문화재 관람료가 매년 상승한 사찰은 한 곳도 없으므로 옳지 않은 내용이다.

20
정답 ④

ㄱ. 풍력의 경우 2009 ~ 2011년 동안 출원 건수와 등록 건수가 매년 증가하였으므로 옳지 않은 내용이다.
ㄷ. 2011년 등록 건수가 많은 상위 3개 기술 분야의 등록 건수 합은 2,126건(=950+805+371)이어서 2011년 전체 등록 건수(3,166건)의 약 67%를 차지한다. 따라서 옳지 않은 내용이다.
ㄹ. 2011년 출원 건수가 전년 대비 50% 이상 증가한 기술 분야는 '태양광/열/전지', '석탄가스화', '풍력', '지열' 4개이므로 옳지 않은 내용이다.

오답분석

ㄴ. 2010년에 출원 건수가 전년 대비 감소한 기술 분야는 '태양광/열/전지', '수소바이오/연료전지', '석탄가스화'이며 이들은 모두 2011년 등록 건수도 전년 대비 감소하였으므로 옳은 내용이다.

21
정답 ②

갑팀 구성원 중 A작업을 수행할 수 있는 사람은 수리활용, 대인관계, 변화관리 역량을 모두 보유하고 있는 '라'이며, F작업을 수행하기 위해 추가로 필요한 역량인 의사소통을 '라'가 이미 보유하고 있으므로 옳지 않은 내용이다.

오답분석

① 갑팀 구성원 중 D작업을 수행할 수 있는 사람은 의사소통, 정보활용, 자원관리, 변화관리 역량을 모두 보유하고 있는 '가'이며 '가'는 기술활용 역량도 보유하고 있으므로 G작업도 수행할 수 있다. 따라서 옳은 내용이다.
③ 갑팀 구성원 중 E작업을 수행할 수 있는 사람은 자기개발, 문제해결, 변화관리 역량을 모두 보유하고 있는 '나'인데, '나'의 보유역량을 표 2와 연결 지어 보면 E작업 이외의 다른 작업을 수행할 수 없음을 알 수 있다. 따라서 옳은 내용이다.
④ 갑팀 구성원 중 B작업을 수행할 수 있는 사람은 문제해결, 대인관계, 문화이해 역량을 모두 보유하고 있는 '다'인데, '다'가 기술활용 역량을 추가로 보유하면 G작업을 수행할 수 있으므로 옳은 내용이다.
⑤ C작업을 수행하기 위해서는 문제해결, 자원관리 역량을 모두 보유하고 있어야 하는데 갑팀 구성원 중 이 둘을 모두 보유하고 있는 구성원이 없으므로 옳은 내용이다.

22

정답 ⑤

조선의 대일 수입액과 조선의 대청 수입액의 차이를 계산하면 1890년이 1,426,822달러이고, 1886년이 1,609,338달러이므로 1886년이 더 크다. 따라서 옳지 않은 내용이다.

오답분석

① 1891년 조선의 대일 수출액(3,219,887달러)이 대일 수입액(3,226,468달러)보다 적으므로 대일 무역수지는 적자이다. 따라서 옳은 내용이다.

② 1885~1892년 동안 매년 조선의 대일 수출액은 대청 수출액의 10배 이상이므로 옳은 내용이다.

③ 1885~1892년 동안 매년 조선의 대일 수입액은 대청 수입액보다 크므로 옳은 내용이다.

④ 1886~1892년 동안 조선의 대청·대일 수입액 전체에서 대일 수입액이 차지하는 비중은 1886년 82%에서 1892년 55%로 지속적으로 감소하고 있으므로 옳은 내용이다.

23

정답 ③

ⓒ 여름방학 때 봉사활동을 하고자 하는 학생의 50% 이상이 1학년인 것은 맞으나, 아르바이트를 하고자 하는 학생의 37.5%만이 1학년이다. 따라서 옳지 않은 내용이다.

ⓒ 1학년과 2학년은 '봉사 – 외국어 학습 – 음악·미술 – 기타 – 주식투자'의 순서로 관심을 보였으나, 3학년은 '외국어 학습 – 봉사 – 음악·미술 – 주식투자 – 기타', 4학년은 '외국어 학습 – 주식투자 – 음악·미술 – 봉사 – 기타'의 순서이므로 옳지 않은 내용이다.

오답분석

㉠ 여름방학에 자격증 취득을 계획하고 있는 학생 수가 각 학년의 학생 수에서 차지하는 비율은 1학년(31.6%), 2학년(42.4%), 3학년(51.5%), 4학년(56.7%)으로 학년이 높을수록 증가하였다. 그리고 기타를 제외할 경우, 여름방학에 봉사활동을 계획하고 있는 학생 수가 각 학년의 학생 수에서 차지하는 비율은 1학년(8.8%), 2학년(2.9%), 3학년(4.6%), 4학년(4.0%)로 모든 학년에서 가장 낮으므로 옳은 내용이다.

㉣ 주식투자 동아리에 관심 있는 학생 중 3학년이 차지하는 비중은 $24\%\left(=\dfrac{12}{50}\times100\right)$, 외국어 학습 동아리에 관심 있는 학생 중 1학년이 차지하는 비중은 약 $23.9\%\left(≒\dfrac{72}{301}\times100\right)$이므로 옳은 내용이다.

03 그림으로 된 자료의 읽기

| 01 | 기본문제

01	02	03	04	05	06	07	08	09	10	11	12	13	14	15	16	17			
①	⑤	②	①	③	②	④	②	①	④	⑤	②	③	①	③	④	③			

01

정답 ①

ㄱ. 이와 같이 그래프의 수치가 명확하지 않은 경우에는 수치로 접근하기 보다는 간격이 몇 칸인지로 판단하는 것이 더 효율적이다. 이에 따라 20g일 때와 60g일 때를 비교하면 약품 A는 2칸, B는 2칸 이상, C는 3칸의 차이를 보이고 있다. 따라서 A의 오염물질 제거량 차이(약 10g)가 가장 작다.

ㄴ. 각 약품의 투입량이 20g일 때, 각 약품별 오염물질 제거량은 A가 7칸이며, C가 3칸이다. 따라서 A가 C의 2배 이상이다.

오답분석

ㄷ. 오염물질 30g을 제거하기 위해 필요한 약품의 투입량을 살펴보면 A약품의 그래프가 가장 왼쪽에 있으므로 구체적인 수치를 찾아볼 필요 없이 A의 투입량이 가장 적다는 것을 알 수 있다. 따라서 옳지 않다.

ㄹ. 약품 투입량 20 ~ 40g의 구간은 시각적으로 살펴보아도 오염물질 제거량이 7g을 넘는다는 것을 알 수 있으므로 옳지 않은 내용이다.

02

정답 ⑤

2012년에 10위를 차지한 캐나다인 방문객 수가 67,000명이므로 인도네시아인 방문객 수는 이를 넘을 수 없다. 그런데 2022년 인도네시아인 방문객 수는 124,000명이므로 2012년에 비해 최소 57,000명은 증가하였다는 것을 알 수 있다. 따라서 옳은 내용이다.

오답분석

① 2012년의 미국인, 중국인, 일본인 방문객 수의 합은 3,319천 명이고, 2022년은 6,171천 명이므로 2022년이 2012년의 2배에 미치지 못한다. 따라서 옳지 않다.
② 2022년 말레이시아인의 2012년 대비 방문객은 거의 2배에 육박하는 증가율을 보였으나 미국인 방문객은 2배에는 훨씬 미치지 못하는 증가율을 보이고 있다. 따라서 옳지 않다.
③ 전체 외국인 방문객 중 중국인 방문객 비중을 어림하면, 2012년은 약 10%이고, 2022년은 약 22%이므로 후자는 전자의 3배에 미치지 못한다. 따라서 옳지 않다.
④ 2012년 외국인 방문객 수 상위 10개국 중 2022년 외국인 방문객 수 상위 10개국에 포함되지 않은 국가는 캐나다 뿐이므로 옳지 않다.

03

정답 ②

ㄱ. 자료에서 성과 점수가 가장 높은 과제는 '비용부담완화'(5.12점)이고 가장 낮은 과제는 '보육인력 전문성 제고'(3.84점)이므로 둘의 차이는 1점보다 크다. 따라서 옳은 내용이다.
ㄴ. '보육인력 전문성 제고'의 성과 점수는 3.84점이고 추진 필요성 점수는 3.70점으로 차이는 0.14점인데 나머지 항목들은 눈으로 어림해보아도 이보다 더 크다는 것을 쉽게 알 수 있다.

오답분석

ㄷ. 6대 과제의 추진 필요성 점수의 총합은 21.76점이므로 이들의 평균은 약 3.62이다. 따라서 옳지 않다.

04

정답 ①

ㄱ. 2021년과 2022년 모두 이용률이 가장 높은 소셜미디어는 페이스북임을 자료에서 확인할 수 있다.
ㄴ. 2021년 4위는 링크트인, 5위는 구글플러스였던 것에 반해, 2022년에는 4위와 5위의 순서가 바뀌었으므로 옳은 내용이다.
ㄹ. 2021년에 비해 2022년 이용률이 감소한 소셜미디어는 93%에서 91%로 2% 감소한 페이스북뿐이다.

오답분석

ㄷ. 2022년 이용률이 2021년에 비해 가장 큰 폭으로 증가한 소셜미디어는 45%에서 62%로 17%p 증가한 유튜브이다.
ㅁ. 2021년 이용률이 50% 이상인 소셜미디어는 페이스북(93%)뿐이며, 유튜브의 이용률은 45%에 그치고 있다.

05

정답 ③

그래프만으로 판단해보더라도 2021년과 2022년의 미혼녀와 미혼남의 인원수 차이는 거의 비슷함을 알 수 있다. 실제로 계산해보아도 2021년이 11,695명, 2022년이 11,634명으로 거의 차이가 나지 않는다.

오답분석

① 2019년 이후 미혼녀 인원수가 매년 증가하였음을 알 수 있으므로 옳은 내용이다.
② 2021년의 미혼녀 인원수는 14,720명이며 이의 2배는 29,440명이다. 따라서 2022년의 미혼녀 인원수는 2021년의 2배 이상이다.
④ 공무원의 수는 9,644명이며 변호사의 수는 3,888명이다. 따라서 공무원 수는 변호사 수의 2배 이상이다.
⑤ 회계사의 수는 5,315명이며 승무원의 수는 2,580명이다. 따라서 회계사 수는 승무원 수의 2배 이상이다.

06

'용기디자인'의 점수는 A음료가 약 4.5점이므로 가장 높고, C음료가 약 1.5점에서 가장 낮으므로 옳은 내용이다.

[오답분석]
① C음료는 8개 항목 중 '단맛'의 점수가 가장 높으므로 옳지 않은 내용이다.
③ A음료가 B음료보다 높은 점수를 얻은 항목은 '단맛'과 '쓴맛'을 제외한 6개 항목이므로 옳지 않은 내용이다.
④ 각각의 항목별 점수의 합이 크다는 것은 이를 연결한 다각형의 면적이 가장 크다는 것을 의미한다. 따라서 D음료가 B음료보다 크다.
⑤ A∼D 음료 간 '색'의 점수를 비교할 때 점수가 가장 높은 음료는 A음료이고, '단맛'의 점수가 가장 높은 것은 B, C음료이므로 옳지 않은 내용이다.

07

자살률이 가장 높은 국가는 A인데 A국가의 1인당 GDP는 약 17천 달러이고, 자살률이 두 번째로 높은 국가는 B인데 B국가의 1인당 GDP는 약 30천 달러이다. 따라서 B국가의 1인당 GDP는 A국가의 1인당 GDP의 50% 이상이므로 옳은 내용이다.

[오답분석]
① 1인당 GDP가 가장 낮은 국가는 S(10천 달러)이며, 자살률이 가장 낮은 국가는 T(약 3명)이므로 둘은 일치하지 않는다.
② 1인당 GDP가 4만 달러 이상인 국가는 K(60천 달러)인데, 이 국가의 자살률은 약 13명이므로 옳지 않은 내용이다.
③ 자살률이 가장 높은 국가는 A(약 23명)이고, 가장 낮은 국가는 T(약 3명)이므로 둘의 차이는 약 20명이어서 15명을 초과한다. 따라서 옳지 않은 내용이다.
⑤ C국보다 자살률과 1인당 GDP가 모두 낮은 국가는 G, H, I, O, S의 5개국이며 C국보다 자살률과 1인당 GDP가 모두 높은 국가는 B이므로 옳지 않은 내용이다.

08

ⓒ 첫 번째 그래프에서 1사분면에 속한 5개의 유형 중 그래프 2에서는 1사분면에 속하지 않는 것은 도매시장 항목이다. 따라서 민간업체, 영농법인, 대형공급업체, 농협의 4개 유형이 모든 속성에서 3점 이상을 얻고 있다.
ⓔ 두 번째 그래프에 따르면 할인점의 공급력 속성의 선호도가 가장 낮았으므로 옳은 내용이다.

[오답분석]
ⓐ 가격적정성 속성의 경우 민간업체가 농협보다 높은 점수를 받았으나, 품질 속성에서는 농협이 민간업체보다 높은 점수를 받았으므로 옳지 않은 내용이다.
ⓑ 농협은 품질과 공급력 속성에서는 선호도가 가장 높았으나 가격적정성의 경우는 민간업체의 선호도가 가장 높으므로 옳지 않은 내용이다.
ⓓ 개인 납품업자의 경우 품질 속성에서는 가장 낮은 선호도를 보이고 있으나 나머지 속성에서는 그렇지 않으므로 옳지 않은 내용이다.

09

2022년 폭 − 수심비 최댓값은 5.5km 지점에서 측정된 값이며 약 550임을 알 수 있다.

[오답분석]
ㄴ. 2012년과 2022년의 폭 − 수심비 차이가 가장 큰 측정지점은 5.5km 지점이며 그 차이는 약 360임을 알 수 있다. 따라서 옳지 않은 내용이다.
ㄷ. 구체적인 수치를 직접 계산할 필요 없이 2012년의 그래프 자체가 300의 범위를 벗어나지 못하고 있으므로 옳지 않은 내용이다.

10

ㄴ. A사가 조사한 시청률과 B사가 조사한 시청률이 동일한 점을 선으로 이으면 원점을 통과하는 45°선을 그릴 수 있다. 만약 어떠한 항목이 이 선 위에 위치한다면 A사와 B사가 조사한 시청률이 동일하다는 것이며 멀리 떨어져 있다면 두 회사 간의 시청률의 차이가 크다는 것을 의미한다. 이에 따르면 예능프로그램이 가장 멀리 떨어져 있으므로 시청률 차이가 가장 크다는 것을 알 수 있다.

ㅁ. A사의 조사에서는 오디션프로그램(20% 이상)이 뉴스(20%)보다 시청률이 높으나, B사의 조사에서는 뉴스(20% 이상)가 오디션 프로그램(20% 미만)보다 시청률이 높다.

오답분석

ㄱ. 자료에 따르면 B사가 조사한 일일연속극의 시청률은 40%를 약간 넘고 있으므로 옳지 않다.

ㄷ. 오디션프로그램의 시청률은 A사의 조사에서는 20%를 조금 넘고 있으나 B사의 조사에서는 20%에 미치지 못하고 있다. 따라서 A사의 조사결과가 B사의 조사결과보다 더 높다.

ㄹ. ㄴ에서 설명한 것처럼 주말연속극 항목은 45°선에 위치하고 있으므로 두 회사의 조사결과가 동일하다.

11

ㄴ. 2019 ~ 2022년 사이에 A·C사의 매출액은 증가한 반면, B사는 감소하였으므로 결과적으로 B사의 시장점유율은 하락하였으며, 2022년의 경우 A사의 매출액은 증가하였고, C사의 매출액은 감소하였으나 그 감소폭이 B사보다 적으므로 역시 B사의 시장점유율은 하락하였다. 따라서 옳은 내용이다.

ㄷ. 2018년에 A사의 매출액은 2017년에 비해 증가하였고 B·C사의 매출액은 모두 감소하였으므로 A사의 시장점유율은 상승하였다. 따라서 옳은 내용이다.

ㄹ. C사는 2014 ~ 2017년 사이에 매출액이 증가하였으나 A·B사의 경우는 매출액의 증가폭이 C사에 미치지 못하거나 매출액이 감소하였으므로 C사의 시장점유율은 증가하였다. 2018년에는 A·B사의 매출액은 증가하였으나 C사의 매출액은 감소하였으므로 C사의 시장점유율은 감소하였다. 따라서 옳은 내용이다.

오답분석

ㄱ. 2022년의 경우 A사의 매출액의 증가분보다 B사와 C사의 매출액의 감소분의 합이 더 크므로 전체 매출액은 감소하였다. 따라서 옳지 않은 내용이다.

12

ㄱ. 분기별 출발지연 건수를 직접 계산하지 않더라도 그래프 상으로도 확인이 가능하다. 3/4분기의 경우가 조금 혼동될 수 있으나 4월과 7월, 5월과 9월, 6월과 8월로 그룹지어 판단해보면 3/4분기에도 증가했음을 알 수 있다. 따라서 옳은 내용이다.

ㄷ. 2022년의 월별 편성횟수 대비 정시출발 비율이 95% 이상이 되려면 월별 출발지연 건수가 12.5회 이하여야 하는데, 그래프 2에서 볼 수 있듯이 2022년 매월 지연 건수는 12.5회에 미치지 못하므로 옳은 내용이다.

오답분석

ㄴ. 세 번째 그래프의 5건의 도수가 0이라는 의미는 5월에 수하물 분실 건수가 0이라는 것이 아니라 한 달에 5건 분실이 발생한 달이 없다는 의미이다. 또한, 도수를 모두 더해보면 44건으로 첫 번째 그래프에서의 수치와 일치하므로 세 번째 그래프에 표시된 수치 이외의 분실은 없다는 것을 의미한다. 따라서 옳지 않은 내용이다.

ㄹ. '항공기 출발지연'(84건), '수하물 분실'(44건), '기계적 결함'(25건)의 건수의 합은 153건이고, 전체 문제 발생 건수는 181건이다. 따라서 이들 3가지 문제의 발생 건수가 전체 문제에서 차지하는 비율은 약 84.5%$\left(≒\dfrac{153}{181}×100\right)$이므로 옳지 않은 내용이다.

13

ㄴ·ㄹ. 자료를 통해서는 알 수 없으므로 옳지 않은 내용이다.

ㅂ. 제시된 자료는 교통사고가 발생한 음주운전에 대한 내용이므로 사고가 발생하지 않은 경우에 대해서는 알 수 없다. 따라서 옳지 않은 내용이다.

오답분석

ㄱ. 20대의 교통사고 발생 건수의 비율은 35.6%이고, 30대의 비율은 38.6%이므로 둘의 합은 74.2%로 약 66.7%$\left(=\frac{2}{3}\times100\right)$를 넘는다. 따라서 옳은 내용이다.

ㄷ. 전체 음주운전 교통사고 발생 건수 중에서 운전자의 혈중 알코올 농도가 0.30%이상인 경우는 10.4%(=8.6+1.8)이므로 옳은 내용이다.

ㅁ. 20세 미만의 음주운전 교통사고 발생 건수 대비 사망자 수 비율은 약 1.9%$\left(=\frac{5.1}{2.7}\right)$인 반면 다른 연령대의 비율은 이에 한참 미치지 못한다. 따라서 옳은 내용이다.

14

지방정부 신뢰 수준이 높은 집단일수록 그래프가 상단에 위치하여 중앙정부에 대해서도 신뢰도가 높다는 것을 알 수 있다. 따라서 옳은 내용이다.

오답분석

ㄴ. 최종 학력이 중학교인 집단의 경우 지방정부의 신뢰 수준이 높은 경우에도 중앙정부의 신뢰도가 가장 낮은 것으로 나타나고 있으므로 두 신뢰도 사이의 차이가 크다고 볼 수 있다. 따라서 옳지 않은 내용이다.

ㄷ. 지방정부에 대한 신뢰 수준이 낮은 그룹에서만 중앙정부에 대한 신뢰도가 1.15로 동일할 뿐, 나머지 그룹들에서는 모두 중앙정부에 대한 신뢰도가 다르므로 옳지 않은 내용이다.

ㄹ. 지방정부에 대한 신뢰 수준이 낮은 그룹 중 최종 학력이 전문대학인 경우와 지방정부에 대한 신뢰 수준이 높은 그룹 중 최종 학력이 대학원인 경우는 그보다 학력이 낮은 경우에 비해 중앙정부에 대한 신뢰도가 낮아졌으므로 옳지 않은 내용이다.

15

ㄱ. 제시된 자료에서는 학년이 높아질수록 장학금을 받는 학생의 1인당 평균 교내 특별활동 수가 증가하고 있음을 알 수 있을 뿐, 학년이 높아질수록 장학금을 받는 학생 수가 늘어났는지는 알 수 없다. 따라서 옳지 않은 내용이다.

ㄴ. 장학금을 받는 4학년생이 참가한 1인당 평균 교내 특별활동 수는 0.5개이고 장학금을 받지 못하는 4학년생이 참가한 1인당 평균 교내 특별활동 수는 2.5이상이므로 후자는 전자의 5배를 넘는다. 따라서 옳지 않은 내용이다.

ㄹ. 학년별로 장학금을 받는 학생과 장학금을 받지 못하는 학생의 비율을 알 수 없으므로 2학년과 3학년 전체의 1인당 평균 교내 특별활동 수를 알 수 없다. 따라서 옳지 않은 내용이다.

오답분석

ㄷ. 구체적인 수치를 판단하기보다 그림으로 판단해보더라도 학년이 높아질수록 장학금을 받는 학생과 받지 못하는 학생 간의 1인당 평균 교내 특별활동 수의 차이가 커지고 있으므로 옳은 내용이다.

16

ㄱ. 신문보도에서 착공 전에 가장 높은 보도 비율을 보인 두 분야는 교통과 환경인데, 이 두 분야 모두 착공 후 보도 비율이 감소하였으므로 옳은 내용이다.

ㄷ. 착공 전에 비해 착공 후 교통에 대한 보도 비율의 감소폭은 신문(30.6%p)이 방송(22.3%p)보다 더 크므로 옳은 내용이다.

ㄹ. 역사 분야의 착공 전 대비 착공 후 보도 비율의 증가율은 신문(약 3배), 방송(약 5배)로 다른 분야에 비해 가장 크므로 옳은 내용이다.

ㅁ. 착공 전 교통에 대한 보도 비율은 신문(49.0%)보다 방송(51.6%)에서 더 높으므로 옳은 내용이다.

ㄴ. 착공 후 신문에서 가장 많이 보도된 분야는 교통이지만 방송에서 가장 많이 보도된 분야는 공정이므로 옳지 않은 내용이다.

17

정답 ③

70세 이상 연령대의 남성의 1인당 진료비는 60대에 비해 감소하였으므로 옳지 않은 내용이다.

① 19세 이하의 모든 연령대에서 남성의 총진료비가 많으므로 옳은 내용이다.
② 20세 이상의 모든 연령대에서 여성의 총진료비가 많으므로 옳은 내용이다.
④ 직접 계산할 필요 없이 그래프 1을 기준으로 판단하더라도 남녀 간 총진료비의 차이가 20∼29세에서 가장 크고, 1세 미만에서 가장 작다는 것을 확인할 수 있다. 따라서 옳은 내용이다.
⑤ 70세 이상의 경우, 총진료비는 여성(992십억 원)이 남성(680십억 원)의 1.5배를 넘지 않고, 1인당 진료비는 여성(9,137천 원)이 남성(3,014천 원)의 3배를 넘으므로 옳은 내용이다.

|02| 심화문제

01	02	03	04	05																
②	①	③	③	①																

01

정답 ②

ㄱ. 자료에 의하면 2016∼2022년 재생에너지 생산량은 매년 전년 대비 10% 이상 증가하였음을 어림산으로도 확인할 수 있다. 만약을 위해 증가폭이 좁은 2018년(31.7TWh)의 경우를 살펴보더라도 2017년의 28.5TWh에서 10% 증가한 수치인 31.35TWh보다 더 많이 증가하였으므로 옳은 내용이다.
ㄷ. 2020년 태양광을 에너지원으로 하는 재생에너지 생산량은 4.905TWh(=45.0×0.109)이고, 2021년은 5.488TWh(=56.0×0.098), 2022년은 5.984TWh(=68.0×0.088)로 매년 증가하였으므로 옳은 내용이다.

ㄴ. 2020년 에너지원별 재생에너지 생산량 비율의 순위는 1위 폐기물, 2위 바이오, 3위 태양광인 데 반해 2021년은 1위 폐기물, 2위 바이오, 3위 수력으로 둘은 서로 다르다. 따라서 옳지 않은 내용이다.
ㄹ. 2020년 수력을 에너지원으로 하는 재생에너지 생산량은 4.635TWh(=45.0×0.103)이고, 2022년은 10.268TWh(=68.0×0.151)이다. 따라서 2022년의 생산량은 2020년의 3배인 13.905TWh(=4.635×3)에 미치지 못하므로 옳지 않은 내용이다.

02

정답 ①

ㄱ. 할인점의 전체 구매액 중 50대 이상 연령대의 구매액 비중은 약 40%인 데 반해 나머지 연령대의 구매액 비중은 이에 미치지 못한다. 따라서 옳은 내용이다.
ㄴ. 여성의 구매액 비중이 남성보다 큰 유통업은 오픈마켓과 할인점인데, 이 모두에서 40세 이상의 구매액 비중은 60%가 넘으므로 옳은 내용이다.

ㄷ. 일반유통에서는 50대 이상의 구매액 비중이 20대 이하의 구매액 비중보다 작으므로 옳지 않은 내용이다.
ㄹ. 40세 미만의 구매액 비중이 50% 미만인 유통업태는 소셜커머스, 오픈마켓, 할인점인데, 소셜커머스에서는 여성의 구매액 비중이 50%에 미치지 못해 남성보다 작다. 따라서 옳지 않은 내용이다.

03

정답 ③

ㄱ. 청소년의 반사회적 인격장애 발생 비율은 A유전자 '보유' 집단(5% - 30% - 50%)과 '미보유' 집단(9% - 15% - 20%) 모두 아동기 가정폭력 경험 수준이 높아질수록 증가하고 있으므로 옳은 내용이다.

ㄹ. 청소년의 품행장애 발생 비율은 A유전자 '보유' 집단 중 아동기 가정폭력 경험 수준이 '높음'(30%)인 집단이 가장 높으므로 옳은 내용이다.

ㅁ. A유전자 '보유' 집단과 '미보유' 집단 간 청소년의 반사회적 인격장애 발생 비율의 차이는 아동기 가정폭력 경험 수준이 낮음인 경우 4%p, 중간인 경우 15%p, 높음인 경우 30%p이다. 따라서 옳은 내용이다.

[오답분석]

ㄴ. 청소년의 반사회적 인격장애 발생 비율은 아동기 가정폭력 경험 수준이 '낮음'인 경우 A유전자 '미보유' 집단(9%)이 A유전자 '보유' 집단(5%)보다 높으므로 옳지 않은 내용이다.

ㄷ. 아동기 가정폭력 경험 수준이 낮은 경우에는 A유전자 '미보유' 집단과 '보유' 집단의 비율이 10%로 동일하므로 옳지 않은 내용이다.

04

정답 ③

2022년의 경우 시행기업당 참여직원 수가 거의 3에 육박하는 수준이지만 다른 해는 2에도 미치지 못하는 상황이다. 따라서 옳은 내용이다.

[오답분석]

① 직접 계산을 하지 않고 눈으로도 판단이 가능한 선택지이다. 2020년 이후 전년보다 참여직원 수가 가장 많이 증가한 해는 2022년인 반면, 시행기업 수가 가장 많이 증가한 해는 2021년이므로 둘은 동일하지 않다. 따라서 옳지 않은 내용이다.

② 2022년 남성육아휴직제 참여직원 수는 21,530명이며 2019년은 3,197명이므로 2022년의 참여직원 수는 2019년의 약 6.7배에 그친다. 따라서 옳지 않은 내용이다.

④ 2022년 시행기업 수의 2020년 대비 증가율은 약 174%$\left(≒\dfrac{7,686-2,802}{2,802}\times100\right)$이고 참여직원 수의 증가율은 약 290%$\left(≒\dfrac{21,530-5,517}{5,517}\times100\right)$이므로 옳지 않은 내용이다.

⑤ 2022년 참여직원 수는 2019년 대비 18,333명 증가하였으므로 3년간 증가인원의 평균은 6,111명으로 6,000명을 넘는다. 따라서 옳지 않은 내용이다.

05

정답 ①

ㄱ. 집단 A의 유권자와 집단 B의 유권자를 1:1로 짝을 지어 판단해보면 5쌍 모두 집단 B의 유권자의 소득이 더 많다는 것을 알 수 있으므로 집단의 평균소득 역시 집단 B가 집단 A보다 더 많다. 따라서 옳은 내용이다.

ㄴ. ㄱ과 같은 논리로 판단해보면 집단 B의 '가' 정당 지지도의 평균이 집단 C보다 높으므로 옳은 내용이다.

[오답분석]

ㄷ. 동일한 집단 내에 있는 임의의 두 유권자를 선택해 비교해보면 소득이 많을수록 '가' 정당 지지도도 높으므로 옳지 않은 내용이다.

ㄹ. 평균소득이 많은 순서대로 각 집단을 나열하면 C, B, A임을 알 수 있는데, '가' 정당 지지도의 평균이 높은 순서대로 나열하면 A, B, C이다. 따라서 옳지 않은 내용이다.

CHAPTER 02 자료의 계산

01 NCS 기출유형확인

01	02	03	04	05															
①	③	③	①	⑤															

01

정답 ①

ㄱ. 샘플 I의 총질소 농도는 $5.27+1.12+35.19=41.58$mg/L로 샘플 A의 총질소 농도인 46.24mg/L보다 낮다.

ㄴ. 샘플 B의 TKN 농도는 $6.46+25.01=31.47$mg/L이다.

오답분석

ㄷ. 질산성 질소 농도를 구하는 식은 총질소 농도에서 TKN 농도를 빼면 얻을 수 있다. 따라서 샘플 B의 질산성 질소는 $37.38-(6.46+25.01)=5.91$mg/L, 샘플 D의 질산성 질소는 $54.38-49.39=4.99$mg/L이므로 샘플 B의 질산성 농도가 더 높다.

ㄹ. 샘플 F는 TKN 농도와 질산성 질소 농도를 합하면 총질소 농도를 알 수 있고, TKN 농도는 암모니아성 질소와 유기성 질소 농도의 합이지만, TKN 농도에서 암모니아성 질소와 유기성 질소 농도가 차지하는 비율을 알 수 없으므로 각각의 질소 농도는 구할 수 없다.

02

정답 ③

D씨는 골드 등급이므로 3%를 할인받을 수 있다. 이에 대한 할인가는 $99,800\times0.97=96,806$원 → 96,800원($\because$ 단계별 10원 미만 절사)이다.

또한 집전화와 인터넷 결합상품에 가입하였으므로 이에 해당하는 할인율은 2%, A-family 3인 결합 할인율은 3%이다. 하지만 이 두 가지는 중복할인이 되지 않고 이 중에 높은 할인율 하나만 적용되므로 A-family 3% 할인이 적용된다. 따라서 이번 달 D씨가 내야하는 요금은 $96,800\times0.97=93,896$원 → 93,890원($\because$ 단계별 10원 미만 절사)이다.

03

정답 ③

2023년 4월 2일에 측정한 발전소별 수문 자료를 보면 이날 온도가 27℃를 초과한 발전소는 춘천, 섬진강, 보성강, 괴산이다. 춘천을 제외한 나머지 발전소의 출력량의 합은 다음과 같다.

- 섬진강 : $9.8\times6.9\times20\times0.9$
- 보성강 : $9.8\times1.1\times20\times0.9$
- 괴산 : $9.8\times74.2\times20\times0.9$

$\therefore$ 합계 : $9.8\times20\times0.9\times(6.9+1.1+74.2)=14,500.08$kW

춘천의 출력량은 총출력량 15,206.08kW에서 나머지 발전소의 출력량의 합을 뺀 $15,206.08-14,500.08=706$kW이다.

춘천의 초당 유량을 $x\,\text{m}^3$/sec라 하였을 때,

$706=9.8\times x\times20\times0.9$ → $x=706\div(9.8\times20\times0.9)$ → $x\fallingdotseq4$

따라서 춘천 발전소의 분당 유량은 $60\times4=240\text{m}^3$/min이다.

04

W사원이 영국에서 출장 중에 받는 해외여비는 50×5=250파운드이고, 스페인에서는 60×4=240유로이다. 항공권은 편도 금액이 므로 왕복으로 계산하면 영국은 380×2=760파운드, 스페인은 870×2=1,740유로이며, 영국과 스페인의 비행시간 추가 비용은 각각 20×(12−10)×2=80파운드, 15×(14−10)×2=120유로이다. 따라서 영국 출장 시 드는 비용은 250+760+80=1,090파 운드, 스페인 출장은 240+1,740+120=2,100유로이다.

은행별 환율을 이용하여 출장비를 원화로 계산하면 다음 표와 같다.

구분	영국	스페인	총비용
A은행	1,090×1,470=1,602,300원	2,100×1,320=2,772,000원	4,374,300원
B은행	1,090×1,450=1,580,500원	2,100×1,330=2,793,000원	4,373,500원
C은행	1,090×1,460=1,591,400원	2,100×1,310=2,751,000원	4,342,400원

따라서 A은행이 가장 비용이 많이 들고, C은행이 비용이 적으므로 두 은행의 총비용 차이는 4,374,300−4,342,400=31,900원 이다.

05

항목별 조건 범위에 따라 각 지역의 점수를 구하면 다음과 같다.

(단위 : 점)

구분	외국인 인구	지역 지원예산	선호도
A지역	40	30	48
B지역	50	40	40
C지역	30	30	45
D지역	40	50	50
E지역	50	50	32

가중치를 적용하여 총점을 구하면 다음과 같다.
- A지역 : 40×0.5+30×0.3+48×0.2=38.6점
- B지역 : 50×0.5+40×0.3+40×0.2=45점
- C지역 : 30×0.5+30×0.3+45×0.2=33점
- D지역 : 40×0.5+50×0.3+50×0.2=45점
- E지역 : 50×0.5+50×0.3+32×0.2=46.4점

따라서 총점이 가장 높은 46.4점인 E지역이 가장 적합한 지역이다.

| 01 | 기본문제

01	02	03	04	05	06	07	08	09	10	11	12	13	14	15	16	17	18	19	20
⑤	②	①	⑤	⑤	②	①	①	②	③	④	④	④	②	③	②	⑤	④	⑤	②
21	22	23	24	25	26	27	28	29	30	31	32	33	34	35	36	37	38	39	40
①	②	④	②	①	③	③	④	②	⑤	⑤	④	④	③	①	②	④	⑤	②	④
41	42	43	44	45	46	47	48	49	50	51	52	53	54	55	56	57	58		
⑤	②	④	⑤	③	⑤	②	③	④	③	①	⑤	⑤	②	④	②	①	④		

01

정답 ⑤

정식재판기소 인원과 약식재판기소 인원의 합은 기소 인원과 같다. 처리 인원을 백의 자리 이하는 버림하고 50% 인원을 구하면 다음과 같다.
- 2018년 : $33,000 \times 0.5 = 16,500$명 > $14,205$명
- 2019년 : $26,000 \times 0.5 = 13,000$명 > $10,962$명
- 2020년 : $28,000 \times 0.5 = 14,000$명 > $12,287$명
- 2021년 : $31,000 \times 0.5 = 15,500$명 > $12,057$명
- 2022년 : $38,000 \times 0.5 = 19,000$명 > $14,263$명

따라서 매년 기소 인원은 처리 인원의 50% 미만이다.

오답분석

① 2021년도 처리 인원은 전년 대비 증가했지만, 기소 인원은 전년 대비 감소했다.

② 2022년 기소 인원은 기소 유형의 인원을 합한 것으로 $3,513 + 10,750 = 14,263$명으로 2018년 기소 인원인 $14,205$명보다 58명 더 많다. 그러나 처리 인원은 2018년 대비 2022년에 $38,152 - 33,654 = 4,498$명이 증가했으므로, 기소율은 2018년과 2022년을 비교하면 분자(기소 인원)보다 분모(처리 인원)의 증가량이 약 80배이다. 따라서 2018년 기소율보다 2022년 기소율은 감소하였다.

- 2018년 기소율 : $\dfrac{14,205}{33,654} \times 100 = 42.2\%$

- 2022년 기소율 : $\dfrac{14,263}{38,152} \times 100 = 37.4\%$

③ 2022년 불기소 인원은 $19,039$명이며, 2022년의 불기소 인원은 $38,152 - 14,263 = 23,889$명으로 2022년 불기소 인원이 더 많다.

④ 2018년 불기소 인원은 $33,654 - 14,205 = 19,449$명이고, 정식재판기소 인원은 $14,205 - 12,239 = 1,966$명이다. 따라서 불기소 인원은 정식재판기소 인원의 10배인 $19,660$명보다 적다.

02

정답 ②

2016년 비수도권의 지가변동률은 1.47%로 수도권의 0.37%에 비해 높으며, 2017년 비수도권은 1.30%로 수도권의 1.20%에 비해 높다. 마지막으로 2019년 비수도권은 2.77%로 수도권의 1.90%에 비해 높으므로 총 3개 연도에서 비수도권의 지가변동률이 수도권의 지가변동률보다 높다.

오답분석

ㄱ. 2017년 비수도권의 지가변동률은 1.30%로 2016년 1.47%에 비해 하락하였으므로 옳지 않은 내용이다.

ㄷ. 수도권의 경우는 2022년이 전년에 비해 1.80%p 높아 전년 대비 지가변동률 차이가 가장 크지만, 비수도권은 2021년이 전년에 비해 1.00%p 높아 차이가 가장 크다. 따라서 옳지 않은 내용이다.

03

2022년 한국, 중국, 일본 모두에서 원자재 수입액이 수출액보다 크므로 원자재 무역수지는 모두 적자임을 알 수 있다.

오답분석

ㄴ. 2010년과 2022년을 비교할 때 한국의 원자재 수출액과 자본재 수출액은 2022년에 50% 이상 증가했음을 알 수 있으나 소비재 수출액의 경우는 그렇지 않다는 것을 직관적으로 알 수 있다. 따라서 옳지 않은 내용이다.

ㄷ. 무역특화지수의 값이 클수록 수출경쟁력이 높다고 하였으므로 일본과 한국의 무역특화지수를 구하면 다음과 같다.

- 일본 : $\dfrac{4,541-2,209}{4,541+2,209} \fallingdotseq \dfrac{23}{68}$

- 한국 : $\dfrac{3,444-1,549}{3,444+1,549} \fallingdotseq \dfrac{19}{50}$

둘을 분수비교하면 한국이 더 큼을 알 수 있으므로 옳지 않은 내용이다.

04

ㄴ. 각주에서 주어진 공식을 변형하면 '(에너지소비량)=(에너지원단위)×(매출액)'으로 나타낼 수 있다. 이에 의하면 2020년은 2019년에 비해 매출액과 에너지원단위가 모두 증가하였으므로 둘의 곱인 에너지소비량 역시 증가하였으며, 2021년과 2022년의 경우 매출액은 증가하고 에너지원단위는 감소하였으나 매출액의 증가율이 에너지원단위의 감소율을 상쇄하고도 남을 정도로 크므로 에너지소비량 역시 증가하였음을 알 수 있다. 따라서 옳은 내용이다.

ㄷ. 단위수를 배제하고 2021년 기업 A의 에너지소비량을 구하면 0.25×400=100이고, 기업 B는 0.15×800=120이므로 후자가 더 크다는 것을 알 수 있다. 따라서 옳은 내용이다.

오답분석

ㄱ. 2020년의 경우 기업 A의 에너지원단위는 2019년 0.25에서 0.30으로 증가하였다. 따라서 두 기업의 에너지원단위가 매년 감소한 것은 아니므로 옳지 않은 내용이다.

ㄴ과 ㄷ에서 에너지소비량을 일일이 계산하여 수치가 증가하였는지 확인할 수도 있지만, 에너지소비량의 크기가 주어진 점과 원점을 잇는 직선을 대각선으로 하는 직사각형 면적임을 이해한다면 그 크기를 통해 보다 직관적으로 비교할 수 있다.

05

1933년 미곡과 맥류 재배면적의 합은 2,000천 정보가 넘는 반면, 곡물 재배면적 전체의 70%는 약 1,900천 정보이므로 옳은 내용이다.

오답분석

① 1932년의 경우 미곡 재배면적은 전년 대비 감소하였으나, 두류는 증가하였으므로 1931 ~ 1934년의 기간 동안 미곡과 두류의 전년 대비 증감방향이 일치하는 것은 아니다.

② 1932년부터는 서류의 생산량이 두류보다 더 많으므로 옳지 않은 내용이다.

③ 1934년의 경우 잡곡의 재배면적이 서류의 2배에 미치지 못하므로 옳지 않은 내용이다.

④ 재배면적당 생산량이 가장 크다는 것은 생산량당 재배면적이 가장 작다는 것을 의미한다. 직관적으로 보아도 서류의 분모가 분자의 대략 20배의 값을 지니므로 가장 작은 것을 알 수 있다.

06

정답 ②

B국부터 F국까지 5개국의 GDP를 모두 백의 자리에서 올림하여 계산하더라도 15,500십억 달러에 불과하여 A국의 18,562십억 달러에 미치지 못한다. 따라서 옳은 내용이다.

[오답분석]

ㄱ. B국과 C국을 비교하면 GDP와 GDP 대비 국가자산총액의 변화 방향이 동일함을 알 수 있으나 선택지의 진술은 이와 반대로 서술되어 있으므로 옳지 않은 내용이다.

ㄷ. 각주에서 주어진 산식을 통해 국가자산총액은 (GDP 대비 국가자산총액)×GDP로 계산됨을 알 수 있다. 즉 단위수를 무시하면 D국의 국가자산총액은 2,650×522, F국은 1,404×828로 나타낼 수 있는데 이를 대략적으로 어림산을 해보더라도 전자가 훨씬 큼을 알 수 있으므로 옳지 않은 내용이다.

07

정답 ①

2020년의 투자액은 2019년에 비해 3배 이상 증가하였는데 다른 연도에서는 이 정도의 증가율을 보이는 것이 없다. 따라서 전년 대비 증가율이 가장 높은 해는 2020년이다.

[오답분석]

② 투자 건수의 전년 대비 증가율이 가장 낮은 연도는 비교연도의 수치(60건)가 가장 크고 증가폭(3건)이 가장 작은 2022년이다.

③ 2017년의 투자 건수 8건과 2020년의 투자 건수 25건의 합은 33건으로 2022년의 투자 건수는 63건보다 작다. 따라서 옳은 내용이다.

④ 투자액이 가장 큰 연도는 390억 원을 기록한 2021년이므로 옳은 내용이다.

⑤ 그림에서 꺾은선 그래프가 계속 증가하는 방향으로 나타나고 있으므로 옳은 내용이다.

08

정답 ①

ㄱ. 지연율을 직접 계산하기보다는 분자와 분모의 관계를 바꿔 총 운항 대수가 총 지연 대수의 몇 배인가를 따져 가장 배수 값이 큰 것을 고르는 것이 더 편하다. 이 기준으로 판단할 경우 BK항공사는 나머지 항공사에 비해 월등히 큰 20배가 넘는 값으로 계산되므로 지연율이 가장 낮았다는 것을 알 수 있다.

ㄴ. 여사건의 개념을 활용하여 항공사별 총 지연 대수 중 연결편 접속사유가 차지하는 비중이 가장 낮은 항공사를 찾으면 된다. 다른 항공사의 경우는 두 값이 큰 차이를 보이지 않아 이 비중이 크다는 것을 알 수 있는데, ZH항공사의 경우는 구체적인 수치를 계산해보지 않아도 이 값이 작다는 것을 눈어림으로 확인할 수 있다. 따라서 옳은 내용이다.

[오답분석]

ㄷ. 기상 악화로 인한 총 지연 대수는 605건이어서 이의 50%는 약 302건으로 계산할 수 있는데, EK항공과 JL항공의 기상 악화로 인한 지연 대수의 합은 361건으로 이보다 크다. 따라서 옳지 않은 내용이다.

ㄹ. EZ항공의 경우 항공기 정비로 인한 지연 대수 대비 기상 악화로 인한 지연 대수 비율이 3과 4 사이 값으로 계산되나, 8L의 경우는 이 비율이 9로 나타나 EZ항공보다 더 크다. 따라서 옳지 않은 내용이다.

09

정답 ②

ㄱ. 먼저 2019년의 빈칸을 채우면, 산식에 의해 2019년의 전년 이월 건수는 8,278(2018년 처리대상 건수)－6,444(2018년 처리 건수)=1,834건이며, 이에 따라 2019년의 처리대상 건수 소계는 9,717건으로 계산할 수 있다. 그러므로 처리대상 건수가 가장 적은 연도는 2022년임을 알 수 있으며 이 해의 처리율은 약 81%$\left(≒\dfrac{6,628}{8,226}×100\right)$이므로 75% 이상이 된다. 따라서 옳은 내용이다.

ㄹ. 직접 인용률을 계산하기보다는 분모와 분자의 크기비교로 대소를 비교할 수 있다. 2020년의 경우 분모는 인용 건수가 줄어들기는 했지만 기각 건수의 증가폭이 그것을 상쇄하고도 남을 만큼 크기 때문에 2018년보다 크다. 또한 분자인 인용 건수의 경우도 2020년이 2018년보다 작기 때문에 결과적으로 2018년의 인용률이 더 크다는 것을 알 수 있다.

ㄴ. 2021년의 경우 취하 건수는 2020년에 비해 증가했으나 기각 건수는 반대로 감소하는 모습을 보이고 있으므로 옳지 않은 내용이다.

ㄷ. ㄱ에서 구한 수치를 이용하여 살펴보면, 만약 2019년의 처리율이 80%라면 처리 건수는 9,717×0.8로 계산되는데 이 수치는 구체적으로 계산하지 않아도 실제 처리 건수인 7,314건보다 크다는 것은 판단이 가능하다. 따라서 2019년 처리율은 80% 미만이므로 옳지 않은 내용이다.

10

정답 ③

대칭형 도표는 대각선을 기준으로 좌우의 수치가 서로 반대로 표시된다는 것만 알면 간단하게 접근할 수 있다. 이에 따라 빈칸을 채우면 다음과 같다.

팀＼상대팀	A	B	C	D	E
A	–	(10-6-0)	(9-7-0)	(9-6-1)	(12-4-0)
B	6-10-0	–	(8-8-0)	(8-8-0)	(8-8-0)
C	7-9-0	8-8-0	–	8-8-0	(10-6-0)
D	6-9-1	8-8-0	8-8-0	–	(6-10-0)
E	4-12-0	8-8-0	6-10-0	10-6-0	–

팀별 경기수가 64경기이므로 32승 이상을 기록한 팀을 찾으면 되는데, 위의 표를 통해 찾아보면 A(40승)와 C(33승) 2팀이 이에 해당함을 알 수 있다. 따라서 옳지 않은 내용이다.

① B팀이 A팀을 상대로 6승 10패를 기록한 것이므로 이를 뒤집어서 판단하면 A팀은 B팀을 상대로 10승 6패를 기록한 것이므로 옳은 내용이다.

② B팀은 A팀을 제외한 나머지와의 경기에서 모두 8승 8패를 기록하여 50%의 승률을 기록하였으며 A팀과의 경기에서는 6승 10패로 50%에 미치지 못하고 있다. 따라서 B팀의 전체 승률은 50% 이하이다.

④ C팀은 E팀을 상대로 10승 6패를 기록하였으므로 옳은 내용이다.

⑤ 무승부는 D팀과 A팀 간의 경기에서 한 번 나온 것을 확인할 수 있으므로 옳은 내용이다.

11

정답 ④

주어진 평균을 이용하여 빈칸을 채우면 심사위원 A의 '라'와 '차' 정책에 대한 점수는 모두 0점이고, 심사위원 B의 '마' 정책에 대한 점수는 1점, 심사위원 C의 '자' 정책에 대한 점수는 1점, 마지막으로 심사위원 D의 '라', '아' 정책에 대한 점수는 모두 0점으로 계산할 수 있다. 이에 따라 정책별 평가점수를 정리하면 다음과 같다.

가	나	다	라	마	바	사	아	자	차
2.5	3.5	2	1.5	3.5	2.5	2.5	2	3	1.5

총점이 낮은 순서대로 4개 정책을 폐기한다고 하였으므로 라(1.5), 차(1.5), 다(2), 아(2) 정책이 폐기된다.

12

정답 ④

ㄱ. 지분율 상위 4개 회원국의 특표권 비율은 중국(26.06%), 인도(7.51%), 러시아(5.93%), 독일(4.15%)이므로 이들의 합은 약 43%이다. 따라서 옳은 내용이다.

ㄴ. 중국을 제외한 지분율 상위 9개 회원국들에 대해 지분율과 투표권 비율의 차이를 어림해보면 인도는 1%p를 넘는 반면 나머지 8개 회원국들은 1%p에 미치지 못한다. 따라서 옳은 내용이다.

ㄹ. 독일(4.57%)과 프랑스(3.44%)의 지분율 합은 8.01%이므로 AIIB의 자본금 총액이 2,000억 달러라면 이들이 출자한 자본금의 합은 160억 달러를 넘는다. 따라서 옳은 내용이다.

ㄷ. 직접 계산하는 것 이외에는 특별한 방법이 없다. A지역 회원국의 지분율 합은 약 50%인 데 반해, B지역 회원국의 지분율 합은 약 21%이므로 전자가 후자의 3배에 미치지 못한다. 따라서 옳지 않은 내용이다.

13
정답 ④

ㄱ. $A+B$에서 B가 전체합의 50% 이하라면 A는 B보다 커야 한다. 이 논리를 주어진 표에 대입하면, 관내와 관외 모두 2019 ~ 2021년의 신규 안치 건수가 2022년보다 크므로 2022년 안치 건수가 50% 이하임을 알 수 있다. 따라서 옳은 지문이다.

ㄴ. 개인단과 부부단 모두 2019 ~ 2022년의 관내 신규 안치 건수가 관외 신규 안치 건수보다 크다. 따라서 개인단과 부부단을 합한 전체 안치 건수 역시 관내가 관외보다 크다.

ㄷ. 먼저 어떤 항목의 X년의 값이 $X-1$년에 비해 50% 증가한 것이라면 $X-1$년의 값은 X년의 값을 1.5로 나눈 값이라는 것을 정리해두자. 이를 통해 2021년 부부단의 매출액을 계산해보면 관내는 22만 원이며 관외는 약 11만 원임을 알 수 있다. 그렇다면 2019 ~ 2020년의 매출액은 관내가 약 10만 원, 관외가 약 18만 원으로 계산되므로 2019 ~ 2020년 매출액의 합은 부부단 관내가 부부단 관외보다 작다.

ㄹ. 2019 ~ 2021년과 2022년 모두 개인단 – 관내 유형의 신규 안치 건수가 가장 크므로 두 기간을 합한 것 역시 개인단 – 관내 유형이 제일 크다.

14
정답 ②

ㄱ. 부정적 키워드와 긍정적 키워드를 직접 비교하는 것보다는 긍정적 키워드의 건수가 전체 건수의 절반이 넘는지를 대략적으로 어림해보는 것이 효율적이다. 이에 따라 판단해보면 2010년, 2011년, 2016 ~ 2022년의 9개년도에서 긍정적 키워드의 건수가 부정적 키워드의 건수보다 더 많으므로 옳은 내용이다.

ㄷ. 모든 연도를 계산해볼 필요 없이 전체를 스캔해보면 2011년의 경우 2010년에 비해 검색 건수가 2배 이상 증가했다는 것을 확인할 수 있는데 다른 연도의 경우 이처럼 큰 증가율을 보이고 있지 않다. 따라서 옳은 내용이다.

ㄴ. '세대소통' 키워드의 검색 건수는 2022년이 년에 비해 감소하였다. 따라서 2014년 이후 매년 증가하였다는 진술은 옳지 않다.

ㄹ. 2011년 '세대소통'의 2010년 대비 검색 건수는 정확히 2배 증가하였는데, '세대갈등'의 경우는 2배에 미치지 못하고 있다. 따라서 검색 건수의 전년 대비 증가율이 가장 낮은 것은 '세대소통'이 아니다.

15
정답 ③

빈칸의 수가 3개에 불과하고 그를 구할 수 있는 산식이 주어져 있는 유형이므로 결국에는 이 빈칸을 채워야만 선택지의 판단이 가능하다. 따라서 빈칸을 먼저 채운다.

먼저 산정식에서 B는 0이고, C는 16이므로 극한기후 발생지수 산정식은 $\dfrac{A}{4}+1$로 단순화시킬 수 있다. 이를 이용하여 빈칸을 채워 넣으면 다음과 같다.

유형	폭염	한파	호우	대설	강풍
발생일수(일)	16	5	3	0	1
발생지수	5.00	$\dfrac{9}{4}$	$\dfrac{7}{4}$	1.00	$\dfrac{5}{4}$

대설(1.00)과 강풍$\left(\dfrac{5}{4}\right)$의 발생지수의 합은 $\dfrac{9}{4}$이므로 호우의 발생지수 $\dfrac{7}{4}$보다 크다. 따라서 옳은 내용이다.

① 발생지수가 가장 높은 것은 폭염(5.00)이므로 옳지 않은 내용이다.

② 호우의 발생지수는 $\dfrac{7}{4}$이므로 2.00에 미치지 못한다. 따라서 옳지 않은 내용이다.

④ 제시된 극한기후 유형별 발생지수를 모두 더하면 $\frac{(20+9+7+4+5)}{4} = \frac{45}{4}$ 이므로 이의 평균은 $\left(\frac{45}{20} = \frac{9}{4}\right)$ 임을 알 수 있다. 이는 3에 미치지 못하는 수치이므로 옳지 않은 내용이다.

⑤ 폭염의 발생지수는 $\frac{20}{4}$ 이고 강풍의 발생지수는 $\frac{5}{4}$ 이므로 전자는 후자의 4배이다. 따라서 옳지 않은 내용이다.

16

정답 ②

ㄱ. 1949 ~ 2010년 동안 직전 조사연도에 비해 도시 수가 증가한 조사연도는 1955, 1960, 1966, 1970, 1975, 1985, 2000, 2005, 2010년이며 이 해에는 모두 직전 조사연도에 비해 도시화율이 증가하였다. 따라서 옳은 내용이다.

ㄷ. 1970년의 도시인구는 2천백만 명에 육박하는 상황에서 도시화율은 50%에 약간 미치지 못하고 있다. 만약 1970년의 전체인구가 4천만 명이 되지 않는다면 주어진 도시화율을 대입했을 때 도시인구는 2천만 명에도 미치지 못할 것이다. 따라서 1970년의 전체인구는 4천만 명을 넘었다는 것을 알 수 있으며 그 이전의 조사연도에는 구체적으로 계산할 필요 없이 이에 한참 미치지 못했다는 것을 알 수 있다.

[오답분석]

ㄴ. 1949 ~ 2010년 동안 직전 조사연도 대비 도시인구 증가폭이 가장 큰 조사연도는 약 590만 명 증가한 1960년이고, 직전 조사연도 대비 도시화율 증가폭이 가장 큰 조사연도는 8.5%p 증가한 1975년이다. 따라서 옳지 않은 내용이다.

ㄹ. 만약 1955년의 도시 수가 63.20823개였다면 평균 도시인구 수는 정확히 10만 명이었을 것이다. 하지만 1955년의 도시 수는 이보다 많은 65개이므로 평균 도시인구 수는 10만 명보다 적을 것이다. 따라서 옳지 않은 내용이다.

17

정답 ⑤

편의를 위해 선택지를 바꾸면, 'GDP 대비 에너지사용량은 B국이 A국보다 낮다.'로 나타낼 수 있다. 이때 GDP 대비 에너지사용량은 원점에서 해당 국가를 연결한 직선의 기울기이므로 그래프에서 이를 살펴보면 B국이 A국보다 더 크다는 것을 알 수 있다. 따라서 옳지 않은 내용이다.

[오답분석]

① 에너지 사용량이 가장 많은 국가는 최상단에 위치한 A국이고, 가장 적은 국가는 최하단에 위치한 D국이므로 옳은 내용이다.

② 원의 면적이 각 국가의 인구 수에 정비례한다고 하였으므로 C국과 D국의 인구 수는 거의 비슷하다는 것을 알 수 있다. 그런데 총 에너지사용량은 C국이 D국에 비해 많으므로 1인당 에너지사용량은 C국이 D국보다 많음을 알 수 있다.

③ GDP가 가장 낮은 국가는 가장 왼쪽에 위치한 D국이고, 가장 높은 국가는 가장 오른쪽에 위치한 A국이므로 옳은 내용이다.

④ 분모가 되는 인구수는 B국이 더 크고, 분자가 되는 GDP는 B국이 더 작으므로 1인당 GDP는 H국이 B국보다 높다는 것을 알 수 있다.

18

정답 ④

ㄱ. 대소비교만 하면 되는 것이므로 백분율을 무시하고 각주의 첫 번째 산식을 변형하면 주택 수는 [주택보급률(%)]×(가구 수)로 나타낼 수 있다. 그런데 주택보급률과 가구 수 모두 주어진 기간 동안에는 매년 증가하는 모습을 보이고 있으므로 이의 곱인 주택 수 역시 매년 증가하였을 것이다. 따라서 옳은 내용이다.

ㄷ. 2019년의 1인당 주거공간의 전년 대비 증가율을 살펴보면, 분모가 되는 전년도의 1인당 주거공간의 면적은 가장 작은 반면, 분자가 되는 면적의 증가분은 가장 크다. 따라서 직접 계산할 필요 없이 2019년이 가장 크다는 것을 확인할 수 있다.

ㄹ. 이는 직접 구하기보다 곱셈비교를 통해 비교하는 방법이 보다 간편하다. 즉, 10,167×58.5×2<12,995×94.2의 관계가 성립하는지를 확인하면 된다. 여기서 12,995는 10,167보다 약 30%가량 증가한 수치인 반면 94.2는 117에 비해 20% 정도만 감소한 상태이다. 따라서 위의 관계가 성립함을 알 수 있다.

[오답분석]

ㄴ. 단순히 주택보급률과 가구 수만으로는 주택을 두 채 이상 소유한 가구 수를 계산할 수 없다. 극단적인 예로 한 가구가 모든 주택을 소유하고 있는 경우, 실제 소유한 가구는 한 가구에 불과하지만 전체 주택 수에 따라 주택보급률이 변화하게 된다.

19

ㄷ. D지방법원의 출석률이 25% 이상이라면 소환인원인 191명의 $\frac{1}{4}$ 이상인 약 47명 이상이 출석했어야 하는데 실제는 그보다 더 많은 57명이 출석하였으므로 옳은 내용이다.

ㄹ. 이런 선택지는 약식으로 판단이 어려우므로 전체 소환인원을 직접 구하면 4,947명으로 계산된다. 따라서 $\frac{1,880}{4,947}$ 과 $\frac{35}{100}$ 을 비교하면 되는데 분수비교를 위해 $\frac{35}{100}$ 의 분모와 분자에 50을 곱하면 $\frac{1,750}{5,000}$ 이므로, $\frac{1,880}{4,947}$ 은 35% 이상임을 알 수 있다.

오답분석

ㄱ. 출석의무자의 수를 계산해보면 B지방법원(737명)이 A지방법원(774명)보다 적다.

ㄴ. E지방법원의 실질출석률을 계산하면 $\frac{115}{174}$ 이고, C지방법원의 $\frac{189}{343}$ 이다. 그런데 분모는 C지방법원이 거의 2배가량 큰 반면, 분자의 증가율은 그에는 미치지 못한다. 따라서 C지방법원 실질출석률이 더 낮다.

20

ㄱ. 먼저 A, D, E는 에탄올 주입량이 0.0g일 때의 렘수면시간이 4.0g일 때와 비교할 때 2배를 훨씬 뛰어넘는 차이를 보인다. 그리고 C는 2배에는 미치지 못하지만 1이 부족할 뿐이고 B 역시 7이 부족할 뿐이다. 따라서 B와 C는 나머지 쥐들이 벌려놓은 대세에 영향을 주지 못하므로 이 둘의 평균은 2배 이상의 차이를 보인다고 판단할 수 있다.

ㄷ. 에탄올 주입량이 0.0g일 때와 1.0g일 때의 렘수면시간 차이를 계산하면 A(24분), B(19분), C(21분), D(18분), E(3분)로 A의 차이가 가장 크다.

오답분석

ㄴ. 에탄올 주입량이 2.0g일 때 쥐 B(60분)와 쥐 E(39분)의 렘수면시간 차이는 21분이므로 옳지 않은 내용이다.

ㄹ. A, E는 에탄올 주입량이 많을수록 렘수면시간이 감소하였다. 그러나 B와 D는 에탄올 주입량이 1.0g에서 2.0g으로 늘어날 때에 렘수면시간이 증가하였고 C는 2.0g에서 4.0g으로 늘어날 때에 렘수면시간이 증가하였으므로 옳지 않은 내용이다.

21

ㄱ. 대소비교만 하면 되므로 백분율값을 무시하고 각주에서 주어진 산식을 변형하면 (공급의무량)=[공급의무율(%)]×(발전량)으로 나타낼 수 있다. 그런데 2022년은 2021년에 비해 발전량과 공급의무율이 모두 증가하였으므로 계산하지 않고도 공급의무량 또한 증가하였음을 알 수 있다. 그리고 2021년은 2020년에 비해 공급의무율의 증가율이 50%에 육박하고 있어 발전량의 감소분을 상쇄하고도 남는다. 따라서 2021년 역시 2020년에 비해 공급의무량이 증가하였다.

ㄴ. 2022년의 인증서 구입량은 2020년의 10배가 넘는 데 반해, 자체공급량은 10배에는 미치지 못한다. 따라서 자체공급량의 증가율이 더 작다.

오답분석

ㄷ. 직접 계산해보면 둘의 차이는 2020년에 680(GWh), 2021년에 570(GWh), 2022년에 710(GWh)으로 2021년에 감소한다. 다만, 이 선택지는 실전에서 직접 계산하게끔 출제된 것이 아니라 시간소모를 유도하기 위해서 출제된 것이다. 과도한 계산이 요구되는 선택지는 일단 뒤로 미뤄놓고 정오판별을 하는 습관을 들이도록 하자.

ㄹ. 먼저 연도별 이행량은 2020년 90(GWh), 2021년 450(GWh), 2022년 850(GWh)임을 구할 수 있다. 이를 통해 이행량에서 자체공급량이 차지하는 비중을 구하면 2020년 $\frac{75}{90} \times 100 ≒ 83\%$, 2021년 $\frac{380}{450} \times 100 ≒ 84\%$, $\frac{690}{850} \times 100 ≒ 81\%$ 이므로 이행량에서 자체공급량이 차지하는 비중이 매년 감소하는 것은 아님을 알 수 있다.

22
정답 ②

ㄱ. 비중이 25% 이상이라는 것은 결국 해당 항목의 수치에 4를 곱한 것이 전체 합계보다 크다는 것을 의미한다. 이에 따르면 노인복지관과 자원봉사자의 수치에 4를 곱한 것이 전체 합계보다 크므로 각각의 비중은 25% 이상이다.

ㄷ. A~I지역 중 복지종합지원센터 1개소당 자원봉사 수가 가장 많은 지역은 E(1,188명)이며 복지종합지원센터 1개소당 등록노인 수가 가장 많은 지역은 E(59,050명)이므로 옳은 내용이다.

오답분석

ㄴ. $\left(\dfrac{\text{노인복지관 수}}{\text{복지종합지원센터 수}} \right) \leq 100$을 변형하면, 노인복지관 수 $\leq$ (복지종합지원센터 $\times$ 100)으로 나타낼 수 있다. 이를 이용하면 A, B, I가 이에 해당하며 D는 노인복지관 수가 더 크기 때문에 해당되지 않는다.

ㄹ. 분수의 대소비교를 이용하면, 분모가 되는 노인복지관의 수는 H가 C의 3배임에 반해 분자가 되는 자원봉사자의 수는 3배에 미치지 못한다. 따라서 H가 C보다 더 적다.

23
정답 ④

문제에서 주어진 인구와 분포를 토대로 거주구역별 인구수를 계산하면 다음과 같다.

거주구역 성별	A	B	C
남성(200명)	30	110	60
여성(300명)	126	90	84
총합	156	200	144

ㄴ. C구역 인구는 144명이며 A구역 인구는 156명이므로 옳은 내용이다.

ㄹ. 변화된 조건에 의해 거주구역별 인구수를 계산하면 다음과 같다.

거주구역 성별	A	B	C
남성(200명)	30	55	115
여성(300명)	126	90	84
총합	156	145	199

갑시 전체 인구는 500명이고 이의 40%는 200명이다. 그런데 C구역의 전체 인구는 199명이기 때문에 이에 미치지 못하므로 옳은 내용이다.

오답분석

ㄱ. A구역 남성 인구는 30명이며 B구역 여성 인구는 90명이므로 옳지 않은 내용이다.

ㄷ. C구역의 남성 인구는 60명이고 여성 인구는 84명이므로 옳지 않은 내용이다.

24
정답 ②

주어진 공식을 이용하여 빈칸과 인용률을 계산하면 다음과 같다.

구분 연도	접수	심리·의결				취하·이송	인용률
		인용	기각	각하	소계		
2018년	31,473	4,990	24,320	1,162	30,472	1,001	16.4
2019년	29,986	4,640	23,284	(999)	28,923	1,063	16
2020년	26,002	3,983	19,974	1,030	24,987	1,015	16
2021년	26,255	4,713	18,334	1,358	24,405	1,850	19.3
2022년	26,014	4,131	19,164	(1,975)	25,270	744	16.3

ㄱ. 위의 표를 보면 인용률이 가장 높은 해는 2021년이다. 하지만 실전에서 위의 표처럼 모두 계산할 수는 없으므로 2021년과 비교했을 때 분모가 크고 분자가 작은 것은 제외하고 살펴보는 것이 좋은데, 2019, 2020, 2022년이 이에 해당함을 알 수 있다. 결국 2021년과 2018년을 비교해보면 분모는 20%가 훨씬 넘게 증가한 반면, 분자는 그에는 미치지 못하게 증가했음을 알 수 있다. 따라서 2021년의 인용률이 가장 높다.

ㄷ. 위의 표를 보면 2019년의 각하 건수는 999건이고, 2022년은 1,975건이므로 각하 건수가 가장 적은 해는 2019년임을 알 수 있다.

오답분석

ㄴ. 취하ㆍ이송 건수는 2019년과 2021년에 전년 대비 증가하였으므로 옳지 않은 내용이다.

ㄹ. 2021년의 경우 접수 건수는 전년 대비 증가하였으나 심리ㆍ의결 건수는 전년 대비 감소하였으므로 둘의 연도별 증감방향은 동일하지 않다.

25 [정답] ①

ㄱ. 2022년 평균연봉 순위가 2021년에 비해 상승했다는 것은 그림에서 45°선의 아래 영역에 위치한 기업임을 의미한다. 따라서 이를 세어보면 총 7개(B, C, G, H, I, K, N)이므로 옳은 내용이다.

ㄴ. 2022년 평균연봉 순위의 2021년 대비 하락폭이 가장 큰 기업은 M기업(4위 → 13위)이며, 평균연봉 감소율(1−평균연봉비)이 가장 큰 기업도 M기업(0.21)이다.

오답분석

ㄷ. 2022년 평균연봉 순위의 2021년 대비 상승폭이 가장 큰 기업은 45°선의 아래 영역에 위치한 기업 중 45°선과의 수직거리가 가장 먼 기업을 의미한다. 따라서 이에 해당하는 것을 찾으면 B기업임을 알 수 있다. 그런데 평균연봉 증가율이 가장 큰 기업은 N기업(1.33)이므로 둘은 일치하지 않는다.

ㄹ. 2022년 평균연봉이 2021년에 비해 감소했다는 것은 〈 〉 안의 평균연봉비의 수치가 1미만임을 의미하는데 이에 해당하는 기업은 A, J, M기업임을 확인할 수 있다. 그런데 A기업과 J기업은 2021년과 2022년의 평균연봉 순위가 동일하므로 옳지 않은 내용임을 알 수 있다.

ㅁ. 2021년 평균연봉 순위가 10위 이내인 기업 중 M기업은 2022년에 13위로 하락했다.

26 [정답] ③

전 세계 승인 품목이 총 200개이고 이 중 국내 승인 품목이 92개이므로 국내에서 승인되지 않은 품목의 비율은 50%를 넘는다. 따라서 옳은 내용이다.

오답분석

① 만약 모든 국가가 하나의 품목만 승인했다면 승인한 국가의 수는 120개국이 될 것이다. 하지만 이와 같은 전제가 주어져 있지 않은 상황에서는 승인 국가의 수를 확정할 수 없다. 옥수수를 승인한 22개 국가가 나머지 농산물을 중복해서 승인했을 수도 있기 때문이다.

② 국내에서 승인된 품목이 국외에는 승인되지 않은 것이 아니기 때문에 국외 승인 품목은 최소 108개부터 최대 200개까지 가능하다.

④ 옥수수의 국내 승인 품목은 B유형이 A유형보다 많지만, 면화의 경우는 두 유형의 품목 수가 동일하므로 옳지 않다.

⑤ 옥수수의 전 세계 승인품목은 B유형이 40개이지만, 면화와 감자는 각각 10개와 0개에 그쳐 20개에 미치지 못한다. 따라서 옳지 않다.

27 [정답] ③

비중이 같은 육군과 공군, 해군과 해병대의 평균을 각각 구한 후 이들의 가중평균을 구하면 된다. 먼저 육군과 공군의 평균은 115,000원이고 해군과 해병대의 평균은 110,000원이다. 그런데 이들 각각의 가중치가 60:40, 즉 3:2이므로 전체 평균은 115,000원과 110,000원의 중간보다 115,000원에 치우친 값으로 결정되게 된다. 따라서 옳지 않은 내용이다.

오답분석

① 1인당 월지급액이 모두 동일한 액수만큼 증가하는 경우라면 11월의 1인당 월지급액이 가장 작은 것의 증가율이 가장 크게 된다. 따라서 옳은 내용이다.

② 해군과 해병대의 비중이 동일하다는 것은 결국 양군의 전체 인원 수가 동일하다는 의미이기에 각각의 전체 월지급액의 대소비교는 1인당 월지급액만으로도 가능하다[(전체 월지급액)=(해당 군의 인원 수)×(1인당 월지급액)].

따라서 해군의 1인당 월지급액이 10% 늘어난다면 1인당 월지급액은 12,000원 늘어나는 것이고 해병대는 12% 늘어난다고 했으므로 역시 같은 12,000원이 늘어나게 된다. 그런데 11월과 12월의 군인 수가 동일하다고 하였으므로 해군과 해병대의 월지급액은 동일하게 증가하게 된다.

④ 군인 수만을 놓고 본다면 해병대의 인원보다 나머지 군의 군인 수 합계가 4배 많다. 만약 1인당 월지급액이 4군 모두 동일하다면 해병대를 제외한 나머지 군의 총지급액이 해병대보다 4배 많을 것이다. 하지만 육해공 3군의 1인당 월지급액이 모두 100,000원 보다 크기 때문에 적어도 이들의 월지급액의 총합은 해병대의 4배보다 클 수밖에 없다.

⑤ 계산을 간단하게 하기 위해 1인당 월지급액에 곱해지는 비중을 10으로 나눈 값으로 처리하고 1인당 월지급액을 1000으로 나누면, 육군(315), 해군(240), 공군(375), 해병대(200)로 계산된다. 따라서 공군과 해병대의 차이는 175이며, 육군과 해군의 차이는 75이므로 차이는 2배 이상이다.

28

주어진 정보를 토대로 자료를 정리하면 다음과 같다.

구분	상반기	하반기	합계
일반상담가	48	72	120
전문상담가	6	54	60
합계	54	126	180

따라서 2022년 하반기 전문상담가에 의한 가족상담 건수는 54건이다.

29

ㄱ. 각주에서 제시된 전세가격 지수의 산식을 통해서 이 지수의 기준시점이 2021년 11월임을 알 수 있다. 그런데 자료에서 제시된 모든 면적별 전세가격 지수가 100을 넘고 있으므로 7개 도시 모두에서 2022년 11월에 아파트 평균 전세가격이 2021년 11월에 비해 상승하였음을 알 수 있다.

ㄷ. 각주에서 제시된 전세수급 동향 지수의 산출방법을 살펴보면 '부족' 응답비율과 '충분' 응답비율이 동일할 경우는 100, '부족'이 '충분'보다 클 경우는 100 이상의 값이 계산되는 구조이다. 그런데 제시된 7개 도시의 전세수급 동향 지수가 모두 100을 넘고 있으므로 이는 각 도시에서 '부족'이라고 응답한 공인중개사가 '충분'이라고 응답한 공인중개사보다 많다는 것을 의미한다. 따라서 옳은 내용이다.

오답분석

ㄴ. 특별한 상황이 아닌 한 지수만 주어진 자료로는 실제 수치(이 문제에서는 가격)의 대소비교를 할 수 없다.

ㄹ. 광주의 전세수급 동향 지수는 101.3이므로 '부족' 응답비율과 '충분' 응답비율 간의 격차가 1.3%p에 불과하다. 만약 60% 이상이 '부족'이라고 답하였다면 '충분'이라고 응답한 비율이 40% 이하라는 의미이므로 둘의 차이가 20%p 이상 벌어지게 된다. 따라서 옳지 않다.

30

ㄷ. 제조업 생산액 대비 식품산업 생산액 비중을 a라 하고 GDP 대비 식품산업 생산액 비중을 b라 하면, GDP 대비 제조업 생산액 비중은 $\frac{b}{a}$ 로 나타낼 수 있다. 따라서 2017년의 비중은 $\frac{3.4}{13.89}$, 2022년의 비중은 $\frac{3.42}{12.22}$ 로 표현할 수 있는데, 분자는 변화가 거의 없는 반면 분모는 2022년이 적으므로 2022년의 비중이 더 크다는 것을 알 수 있다.

ㄹ. 정확한 수치, 더 나아가 단위수가 중요한 역할을 하므로 ㄱ과 같이 백분율을 무시한 계산이 아닌 제대로 된 수치를 계산해야 한다. 즉, GDP는 $\frac{(\text{식품산업 생산액})}{(\text{비중})} \times 100$으로 구할 수 있으므로 수치를 대입하면 $\frac{36,650}{3.57} \times 100 ≒ 1,026,610$, 즉, 1,000,000 이상이 된다. 그런데 주어진 생산액의 단위가 십억 원이므로 최종적인 수치는 1,000조 원 이상임을 알 수 있다.

ㄱ. 백분율을 무시하고 제조업 생산액을 구하면 2011년은 $\frac{27,685}{17.98}$ 로, 2022년은 $\frac{43,478}{12.22}$ 로 나타낼 수 있다. 이는 직접 구하는 것보다 어림산으로 계산하는 것이 훨씬 효율적이다. 즉, 2011년의 생산액을 $\frac{28}{18}$ ($\fallingdotseq 1.6$)로 2022년의 생산액을 $\frac{43}{12}$ ($\fallingdotseq 3.6$)로 자릿수를 줄여 판단하면 후자는 전자의 4배에 미치지 못함을 알 수 있다.

ㄴ. 2019년과 2021년을 비교해보면, 2019년의 식품산업 매출액은 39,299십억 원에서 44,441억 원으로 증가하였고, 2021년은 38,791십억 원에서 44,448십억 원으로 증가하였다. 즉, 2021년이 2019년보다 더 적은 매출액에서 거의 비슷한 매출액으로 증가한 것이므로 매출액의 증가율은 2021년이 더 클 것이라는 것을 알 수 있다.

31 정답 ⑤

유치원당 교지면적은 국립(255.0m^2)이 사립(1478.4m^2)보다 작지만 원아 1인당 교사면적은 국립(7.5m^2)이 사립(7.2m^2)보다 크므로 옳지 않은 내용이다.

① 사립의 원아 1인당 교지면적은 13.2m^2이며 공립은 6.1m^2이므로 사립이 공립의 2배 이상임을 알 수 있다.

② 유치원당 교사면적이 가장 큰 유형부터 순서대로 나열하면 사립(806.4m^2), 국립(562.5m^2), 공립(81.2m^2) 순서이므로 옳은 내용이다.

③ 유치원당 교지면적이 유치원당 교사면적보다 작은 유치원 유형은 국립($255.0\text{m}^2 < 562.5\text{m}^2$)뿐이므로 옳은 내용이다.

④ 유치원당 교지면적은 사립($1,478.4\text{m}^2$)이 국립(255.0m^2)의 약 5.8배이므로 5.5배 이상이고, 유치원당 교사면적은 사립(806.4m^2)이 국립(562.5m^2)의 약 1.43배이므로 1.4배 이상이다. 따라서 옳은 내용이다.

32 정답 ④

ㄱ. 갑이 이긴 횟수는 47회이고 을이 이긴 횟수는 20회이므로 옳은 내용이다.

ㄴ. 갑이 바위로 이긴 횟수는 15회이고 을이 가위로 이긴 횟수는 5회이므로 옳은 내용이다.

ㄷ. 갑과 을이 비긴 횟수는 33회이고 전체 게임 횟수는 100회이므로 전체에서 비긴 횟수의 비율은 33%이다. 따라서 옳은 내용이다.

ㄹ. 을이 바위로 진 횟수는 12회이고 갑이 가위로 진 횟수는 5회이므로 둘의 합은 17회에 그친다. 따라서 옳지 않은 내용이다.

33 정답 ④

ㄴ. 각 대륙의 지역별 인구가 주어져 있어야 이를 가중치로 활용하여 가중평균을 구할 수 있으나 선택지의 상황에서는 알 수 없는 내용이다.

ㄷ. 유럽 대륙에서 2022년 1인당 가용수자원량의 전년 대비 감소율이 가장 큰 지역은 영국(25%)이므로 옳지 않은 내용이다.

ㄱ. 모든 지역에서 1인당 가용수자원량은 2020년보다 2022년이 적으므로 옳은 내용이다.

34

ㄱ. 2022년 세계 물 부문 매출액이 350억 달러라면, 세계 10대 물 기업이 세계 물 부문 매출액에서 차지하는 비중은 약 80.4%이므로 옳은 내용이다.

ㄹ. 2022년 아그바의 국내 서비스인구는 약 1,605만 명($\fallingdotseq 3,490 \times 0.46$)이므로 옳은 내용이다.

[오답분석]

ㄴ. 2022년 세계 10대 물 기업 중, 국외 서비스인구가 1,000만 명 이상인 회사는 수에즈, 베올리아, 알베에, 아그바, 유틸리티즈 5개이므로 옳지 않은 내용이다.

ㄷ. 2022년 서비스인구의 2021년 대비 증가율이 10% 이상인 회사는 FCC, 아체아 2개이므로 옳지 않은 내용이다.

35

ㄱ. 2021년 대비 증감률이 5%에도 미치지 못하는 상황에서 2022년 의사 수가 30만 명을 넘고 있는 H의 2021년 의사 수가 가장 많은 국가임을 알 수 있으며, 2022년 H국의 인구 만 명당 의사 수는 60명으로 역시 가장 많으므로 옳은 내용이다.

ㄴ. 단순히 대소비교만 하면 되므로 $\frac{(의사\ 수)}{(인구\ 만\ 명당\ 의사\ 수)}$ 를 구해 비교하면 되는데, 분모가 비슷한 상황에서 분자가 나머지 두 개에 비해 월등히 큰 E를 제외하고 C와 D를 비교하면, 분모가 더 크고 분자가 작은 D의 인구가 가장 적다는 것을 확인할 수 있다. 따라서 옳은 내용이다.

ㄷ. ㄴ에서 2022년의 인구는 $\frac{(의사\ 수)}{(인구\ 만\ 명당\ 의사\ 수)}$ 라고 하였는데, 2021년에 비해 이 값이 더 커지기 위해서는 분자의 전년 대비 증가율이 분모의 전년 대비 증가율보다 더 커야 한다. 따라서 이를 만족하는 D, E, F, G의 2022년 인구가 2021년보다 많다는 것을 알 수 있어 옳은 내용이다.

[오답분석]

ㄹ. 수리적 센스가 필요한 선택지이다. 먼저 2021년 의사 수를 판단해보면 H 다음으로 B가 크다는 것을 알 수 있다. 그런데 B의 2022년 인구 만 명당 의사 수는 18명에 불과한 데다가 전년 대비 증감률을 감안하면 B의 2021년 인구 만 명당 의사 수가 두 번째로 크지는 않을 것이라는 것은 계산을 하지 않고도 알 수 있다. 따라서 옳지 않은 내용이다.

36

ㄱ. 각주의 산식을 분석해보면, 가격 괴리율이 0% 이상인 점은 '해당 월 시장가격>해당 월 이론가격'의 관계를 갖는 점을 의미함을 알 수 있는데, 이는 그래프상에서 원점을 통과하는 45°선의 상단에 위치하는 점을 나타낸다. 따라서 가격 괴리율이 0% 이상인 달이 2월, 3월, 5월, 7월 총 4개임을 알 수 있다.

ㄷ. 가격 괴리율을 직접 구해야 하는 것이 아닌 대소비교만 하면 되는 상황이다. 따라서 주어진 산식을 변형해보면 괴리율은 $\frac{(시장가격)}{(이론가격)} - 1$ 로 나타낼 수 있으며 이를 통해 괴리율의 대소는 $\frac{(시장가격)}{(이론가격)}$, 즉 원점에서 해당 월의 점을 연결한 직선의 기울기로 비교할 수 있다. 이에 따르면 가격 괴리율이 전월 대비 증가한 달은 2월, 5월, 7월의 세 달임을 알 수 있다.

[오답분석]

ㄴ. 이론가격이 전월 대비 증가한 달은 3월과 4월뿐이며 7월은 이론가격이 전월 대비 감소하였다.

ㄹ. 시장가격이 전월 대비 가장 큰 폭으로 증가한 달은 5월(약 1,400원 증가)이며 6월은 전월 대비 가장 큰 폭(약 1,600원 감소)으로 감소하였으므로 옳지 않은 내용이다.

37

이 선택지를 판단하기 위해서는 ②를 먼저 이해하는 것이 좋다. ②의 해설에서 수확 벌채로 얻은 원목에서 목재로 이용된 것이 200만m³을 조금 넘는 상황이라고 하였으므로 목재이용 원목의 50% 이상이 수확 벌채로 얻어진 것이라는 것을 알 수 있다. 그런데 보드용을 제외한 나머지 용도의 비율을 모두 합해도 45%에 그치고 있으므로 일부는 보드용으로 사용되었음을 알 수 있다.

오답분석

① 전체 원목 벌채량(846만m³) 중 목재로 이용된 양은 399만m³이고, 목재로 미이용된 양은 447만m³이므로 후자가 전자보다 크다. 따라서 옳지 않다.

② 수확 벌채로 얻은 원목에서 목재로 이용된 것이 200만m³를 조금 넘기 때문에 전체 목재 이용량의 절반을 넘는 상황이다. 따라서 목재로 이용된 원목에서 차지하는 비율이 가장 큰 것은 수확 벌채이다.

③ 목재로 이용된 원목이 399만m³이기 때문에 이의 50%는 200만m³에 육박하게 되며, 따라서 보드용으로 55%가 사용되었다면 사용된 원목의 양은 200만m³보다 크다. 따라서 옳지 않다.

⑤ 피해목 벌채를 통해 얻어진 원목이 51만m³이므로 이의 20%만 하더라도 10만m³을 넘어서는 상황이다. 따라서 피해목 벌채를 통해 얻어진 원목의 25%는 10만m³보다 클 수밖에 없다.

38

회주철 수도관의 총 파손 건수(334건)의 10%는 약 33건인데 보수과정 실수로 인한 파손 건수는 43건으로 이보다 더 크다. 따라서 보수과정 실수로 인한 파손 건수는 전체 회주철 수도관 파손 건수의 10% 이상이다.

오답분석

① 덕타일주철 수도관의 파손 건수가 50건 이상인 파손원인은 시설노후(71건), 수격압(98건)이므로 옳은 내용이다.

② 회주철 수도관의 총 파손 건수(334건)가 덕타일주철 수도관의 총 파손 건수(232건)보다 많으므로 옳은 내용이다.

③ 주철 수도관의 파손원인별 파손 건수 중에서 '자연재해' 파손 건수(2건)가 가장 적으므로 옳은 내용이다.

④ 주철 수도관의 총 파손 건수(566건)의 30%는 약 170건임에 반해 시설노후로 인한 파손 건수는 이보다 더 큰 176건이다. 따라서 시설노후로 인한 파손 건수는 전체 파손 건수의 30% 이상이다.

39

2025년 전체 에너지 효율화 시장규모의 30%는 23.55억 달러인데 '사무시설'의 2025년 시설규모는 21.7억 달러로 예상되므로 옳은 내용이다.

오답분석

① 2022년 '주거시설' 유형의 에너지 효율화 시장규모의 2021년 대비 증가폭은 0.8억 달러인데, 2021년 시장규모의 15%는 0.96억 달러이므로 전자보다 크다. 따라서 매년 15% 이상 증가한 것은 아니므로 옳지 않다.

③ 자료에서 나타난 것은 2025년과 2030년의 효율화 시장규모의 예상치일 뿐이므로 이 사이의 연도에 대한 자료는 알 수 없다. 따라서 매년 30% 증가할지의 여부는 알 수 없다.

④ 2021년 전체 에너지 효율화 시장규모는 46억 달러이며 이의 50%는 23억 달러인 데 반해, '산업시설' 유형의 에너지 효율화 시장규모는 23.9억 달러이므로 이보다 크다. 따라서 옳지 않다.

⑤ '공공시설'의 2020년 시장규모가 2.5억 달러이고 2030년 시장규모가 10억 달러로 예상되고 있으므로 '공공시설' 시장규모의 증가율은 300%, 즉 4배이다. 그러나 나머지 3개의 시설은 4배에 미치지 못하는 시장규모를 보이고 있다. 따라서 증가율이 가장 높을 것으로 전망되는 시설유형은 '공공시설'이다.

40

정답 ④

3월 27일의 전체 순위의 합은 30이며 A차트와 E차트는 전일과 동일 순위이므로, 결국 B와 C차트의 순위의 합은 11이 된다. 그런데 B차트의 경우는 전일보다 순위가 상승하였다고 하였으므로 최소 5위임을 알 수 있다. 만약 B차트의 순위가 5위라면 C차트의 순위는 6위가 되고, 같은 논리로 (B-4위, C-7위), (B-3위, C-8위) 등의 조합을 찾을 수 있는데, 어떤 경우에 해당되더라도 27일 C차트의 순위는 전일보다 하락하게 됨을 알 수 있다.

오답분석

① 평균 순위가 가장 높았던 날은 2.6을 기록한 3월 25일이며, 해당일의 C음원차트 순위는 전일과 동일한 2위였다. 따라서 옳지 않다.
② 3월 24일의 전체 순위의 합은 21이며, 다음날인 25일의 순위가 전일과 동일한 2위라고 하였으므로 C음원차트의 순위는 20이다. 따라서 A음원차트의 순위는 7위이다.
③ 5개 차트의 순위가 전일 대비 모두 하락한 날은 3월 26일이지만 이날의 평균 순위는 5.8로서 3월 27일의 6.0보다 높다. 따라서 옳지 않다.
⑤ 평균 순위는 3월 25일에 4.2에서 2.6으로 올랐다가 이후 하락하고 있다.

41

정답 ⑤

빈칸이 2개뿐이므로 빈칸의 값을 모두 구해야만 정답을 고를 수 있을 것이다. 따라서 빈칸을 먼저 채워놓고 시작하자.

i) 7거래일 5일 이동평균 : 단순히 3 ~ 7거래일의 주가를 5로 나누어도 되지만 6거래일의 5일 이동평균값과의 차이를 통해 구할 수도 있다.

즉, 7거래일 5일 이동평균은 $\dfrac{(2 \sim 6거래일\ 주가의\ 합) + (7거래일\ 주가) - (2거래일\ 주가)}{5}$ 로 나타낼 수 있는데

$\dfrac{(2 \sim 6거래일\ 주가의\ 합)}{5}$ 은 6거래일의 5일 이동평균이므로 다시 정리하면 다음과 같다.

$(6거래일\ 5일\ 이동평균) + \left\{ \dfrac{(7거래일\ 주가) - (2거래일\ 주가)}{5} \right\}$ 로 나타낼 수 있다. 이를 이용하면 7거래일 5일 이동평균은 $7,706 + \left(\dfrac{7,830 - 7,590}{5} \right) = 7,754$원이 된다.

ii) 8거래일 주가 : 위의 논리를 적용하면 8거래일 5일 이동평균과 7거래일 5일 이동평균의 차이인 36원에 5를 곱한 180원이 3거래일 주가인 7,620원과 8거래일 주가와의 차이가 되어야 한다. 수식으로 정리하면 (8거래일 주가)-7,620=180원이므로 8거래일 주가는 7,800원이 된다.

ㄴ. 위에서 살펴본 것과 같이 7거래일의 5일 이동평균이 7,754원이므로 5거래일 이후 5일 이동평균은 거래일마다 상승하였다.
ㄷ. 4거래일의 주가는 3거래일에 비해 100원 상승하였으나 나머지 거래일의 상승폭은 이에 미치지 못하므로 옳은 내용이다.
ㄹ. 5거래일 이후 주가와 이동평균의 차이는 128원, 114원, 76원, 10원으로 감소하였다.

오답분석

ㄱ. 8거래일 주기는 7,800원이며 7거래일 주가보다 하락하였으므로 옳지 않다.

42

정답 ②

ㄱ. 2020년 화물차 1대당 월평균 에너지 사용량(A)는 일반화물이 4,541리터, 개별화물이 1,722리터, 용달화물이 761리터로 용달화물이 가장 적다.
ㄷ. 2022년 화물차 1대당 월평균 에너지 효율성(C)은 일반화물이 27.2, 개별화물이 11.1, 용달화물이 4.1로 월평균 에너지 효율성이 큰 분야는 일반화물, 개별화물, 용달화물 순서다.

오답분석

ㄴ. 자료에서 주어진 B는 화물차 1대당 월평균 화물운송실적이므로 여기에 12를 곱하면 연간 화물차 1대당 화물운송실적을 구할 수 있다. 그러나 각 화물 유형별 화물차의 댓수가 주어져 있지 않으므로 전체 화물운송실적은 구할 수 없다.
ㄹ. 화물차 1대당 월평균 에너지 효율성(C)은 일반화물은 감소 - 증가, 개별화물은 감소 - 감소, 용달화물은 증가 - 감소의 패턴을 보이고 있으므로 옳지 않은 내용이다.

43

정답 ④

구체적으로 계산해보지 않더라도 배구의 관중 수는 1,400천 명을(구체적으로 계산하면 1,472천 명) 넘는 데 반해 핸드볼은 그에는 한참 미치지 못하며 1,100천 명을 넘는 수준(구체적으로 계산하면 1,207천 명)이다. 따라서 2020년 연간 관중 수는 배구가 핸드볼보다 많다.

오답분석

① 축구의 연간 관중 수는 2019년에는 11,644천 명, 2020년에는 10,980천 명, 2021년에는 10,864천 명으로 감소하고 있음을 알 수 있다.
② 2022년의 경우 야구(65.7%)의 관중수용률이 농구(59.5%)보다 높으므로 옳지 않은 내용이다.
③ 관중수용률이 매년 증가한 종목은 야구와 축구 2개이므로 옳지 않은 내용이다.
⑤ 2018년을 보더라도 농구의 수용규모는 전년보다 증가하고 있는 반면, 핸드볼의 수용규모는 전년보다 감소하고 있음을 알 수 있으므로 옳지 않은 내용이다.

44

정답 ⑤

실제수요가 3,000개 이하인 제품은 A, B, C, D이다. 수요예측치가 실제수요보다 크다는 것은 그래프상에서 45° 대각선 아래에 위치하고 있다는 것이므로 옳은 내용임을 알 수 있다.

오답분석

① 주어진 산식과 그래프의 관계를 살펴보면 수요예측 오차가 작을수록 45° 대각선에 근접하며, 오차가 클수록 멀어짐을 알 수 있다. 따라서 G는 수요예측 오차가 가장 큰 제품이다.
② 실제수요가 크다고 하더라도 수요예측 오차는 일정하지 않다. 예를 들어 A ~ D의 경우 D로 갈수록 실제 수요는 커지고 있으나 45° 대각선과의 거리인 수요예측 오차는 거의 비슷한 상황이며, E와 J를 비교해보더라도 실제수요는 J가 훨씬 더 크지만 수요예측 오차는 비슷한 상황이다.
③ J를 살펴보면, 제시된 10가지 제품 중 수요예측치가 가장 크지만 실제수요는 G, H, I보다 작다. 따라서 옳지 않은 내용이다.
④ 실제수요가 3,000개를 초과한 제품 유형은 E, F, G, H, I, J의 6개이므로 전체 제품유형 수의 60%를 차지한다. 따라서 옳지 않은 내용이다.

45

정답 ③

ㄱ. 55는 홀수이므로 이의 중앙값을 구하면 $\frac{(55+1)}{2}=28$이다. 따라서 표에서 낮은 학생부터 나열했을 때 28번째에 위치한 학생은 5점을 얻었음을 알 수 있다.
ㄹ. 표에서 학급에서 가장 많은 학생이 받은 체육점수는 5점(23명)임을 확인할 수 있으므로 옳은 내용이다.

오답분석

ㄴ. 전체 학생 수가 55명이고 4 ~ 6점을 받은 학생 수가 43명이므로 이를 계산하면 약 78%이다. 따라서 옳지 않은 내용이다.
ㄷ. 표에서 제시된 분포는 1 ~ 9점의 구간을 놓고 볼 때 5점을 기준으로 정확하게 좌우가 대칭인 구조를 이루고 있다. 따라서 이 분포의 산술평균은 이 구간의 정확히 가운데 지점에서 형성되는데, 이 같은 대칭구조는 양극단의 수치인 1점과 9점의 데이터가 제외된다고 하여도 역시 같은 결과가 나오게 된다. 따라서 옳지 않은 내용이다.

46

정답 ⑤

결국은 빈칸을 모두 채워야 풀 수 있는 문제인 만큼 하나씩 빈칸을 채워보자.
ⅰ) A국의 승점이 1점이므로 1무를 기록했다.
ⅱ) 4팀 중에 3팀만 무승부를 기록할 수는 없으므로 C국도 1무를 기록했다. 따라서 C국의 승점은 4점이다.
ⅲ) 모든 팀의 득점의 합과 실점의 합은 동일해야 하므로 C국의 실점은 2점이다.
ⅳ) 팀별로 3경기를 치르게 되므로 D국은 2승을 기록했으며 따라서 D국의 승점은 7점이다.

v) 이제 남은 것은 B국뿐인데, B국을 제외한 나머지 국가들의 승수의 합과 패수의 합이 동일하므로 B국의 승수와 패수도 동일해야 함을 알 수 있다. 따라서 3경기 중 1무를 제외한 나머지 2경기는 각각 1승 1패를 기록했으며, B국의 승수는 4점임을 알 수 있다. 이에 따라 표의 빈칸을 채우면 다음과 같다.

구분	승	무	패	득점	실점	승점
A국	0	(1)	2	1	4	1
B국	(1)	1	(1)	3	5	(4)
C국	1	(1)	1	3	(2)	(4)
D국	(2)	1	0	4	0	(7)

47

정답 ②

2021년의 20대 여성취업자는 1,946천 명이며 2022년은 1,918천 명이므로 28천 명 감소했음을 알 수 있다. 그런데 2021년의 수치인 1,946천 명의 1%가 19.46천 명임에 반해 3%는 거의 60천 명에 육박하여 28천 명을 뛰어넘는다. 따라서 옳지 않은 내용이다.

오답분석

① 표에 의하면 20대 여성취업자는 2015 ~ 2022년의 기간 동안 매년 감소하고 있음을 알 수 있다.
③ 2022년의 경우 50대 여성취업자가 2,051천 명으로 20대 1,918천 명보다 더 많은 반면, 다른 해의 경우는 모두 20대가 더 많다. 따라서 옳은 내용이다.
④ 2021년 전체 여성취업자의 전년 대비 증가폭은 100천 명을 넉넉하게 넘고 있으나 나머지 연도는 그렇지 않으므로 옳은 내용이다.
⑤ 분모가 되는 전체 여성취업자의 경우 2022년이 2016년에 비해 10%도 못 되게 증가하였으나 분자가 되는 50대 여성취업자의 수는 40% 이상 증가하였으므로 전체 비율은 증가하였다는 것을 알 수 있다.

48

정답 ③

ㄱ. 전출한 직원보다 전입한 직원이 많은 팀은 A(16명), B(13명), C(13명), F(15명)팀이며 이 팀들의 전입 직원 수의 합은 57명이다. 이는 기업 내 전체 전출·입 직원 수(75명)의 70%인 52.5를 초과하므로 옳은 내용이다.
ㄹ. 식품 사업부 내에서 전출·입한 직원 수는 17명이고, 외식 사업부 내에서 전출·입한 직원 수는 15명이므로 동일한 사업부 내에서 전출·입한 직원 수는 32명이다. 그런데 기업 내 전출·입한 직원 수(75명)의 50%는 37.5명이므로 옳은 내용이다.

오답분석

ㄴ. 직원이 가장 많이 전출한 팀은 20명이 전출한 E이고, 가장 많이 전입한 팀은 16명이 전입한 A이다. 그런데 20명의 40%인 8명이 배치된 부서도 없을뿐더러 A팀에는 6명만이 배치되었으므로 옳지 않은 내용이다.
ㄷ. 식품 사업부에서 외식 사업부로 전출한 직원 수는 18명이고, 외식 사업부에서 식품 사업부로 전출한 직원 수는 25명이므로 옳지 않다.

49

정답 ④

ㄱ. 보육시설 공급률과 이용률의 차이는 $\dfrac{(보육시설\ 정원)-(보육시설\ 현원)}{(영유아\ 인구수)}$ 로 나타낼 수 있으므로 $\dfrac{35}{512}$ 로 계산된다. 이는 10%에 미치지 못하므로 옳은 내용이다.

ㄴ. 영유아 인구수가 10만 명 이상인 지역은 A, B, E, G, I의 5개 지역이며 이 중 보육시설 공급률이 50% 미만인 지역은 A와 B지역뿐이다.
ㄹ. 이 지역의 보육시설 정원충족률이 80%가 되려면 보육시설 정원이 34.4명 이상이어야 하는데, 선택지에서 주어진 C지역의 보육시설 공급률이 50%라는 가정에 따라 C지역의 보육시설 정원은 43명이므로 옳은 내용임을 알 수 있다.

오답분석

ㄷ. 영유아 인구수가 가장 많은 지역은 E지역이며, 가장 적은 지역은 J지역이다. 그리고 E지역의 보육시설 이용률은 약 39%이고, J지역의 이용률은 약 71%이므로 둘 사이의 차이는 40%p를 넘지 못한다.

50

ㄴ. 완치된 환자 수가 많은 약물부터 나열하면 B(26명), D(23명), A(21명), C(14명)이므로 옳은 내용이다.

ㄷ. 질병별로 완치된 환자 수를 나열하면 가(20명), 나(27명), 다(37명)이므로 옳은 내용이다.

[오답분석]

ㄱ. 표에 따르면 약물 B는 여자가 2명 많은 반면, C는 남자가 2명 많으므로 B와 C의 총합은 동일해진다. 그리고 약물 A는 남자가 1명 많은 반면 D는 여자가 3명 많으므로 A ~ D의 완치된 환자 수를 모두 합한 수치는 여자가 2명 많은 것으로 계산할 수 있다.

ㄹ. 전체 환자 수가 120명이므로 25%는 30명인데, 약물 D를 투여받고 완치된 환자 수는 23명에 불과하다. 따라서 옳지 않다.

51

ㄱ. 분모가 되는 직원 수는 국민은행이 한국씨티은행보다 6배 많으나 분자가 되는 총자산은 약 3배 많다. 따라서 직원 1인당 총자산은 한국씨티은행이 국민은행보다 더 많다.

ㄴ. 총자산순이익률은 그림에서 원점과 해당 은행의 중심좌표를 연결한 직선의 기울기와 같다. 따라서 총자산순이익률이 가장 낮은 은행은 하나은행이고, 가장 높은 은행은 외환은행이다.

[오답분석]

ㄷ. 분모가 되는 직원 수는 신한은행이 외환은행보다 조금 더 많고 분자가 되는 당기순이익은 외환은행이 신한은행보다 더 많다. 따라서 직원 1인당 당기순이익은 외환은행이 신한은행보다 더 많다.

ㄹ. 원의 중심 좌표가 가장 위쪽에 위치한 것이 우리은행이고, 가장 아래에 위치한 것이 하나은행이므로 옳지 않다.

52

ㄴ. 2021년 훈련지원금 총액은 1조 2백억을 넘어 최고치를 기록하였다. 이 문제는 단위수를 이용해 얼마나 빨리 큰 수를 읽어낼 수 있는지를 테스트하는 문제이다. 일반적인 경우는 백만, 십억으로 제시되는 경우가 많으나 이 문제의 경우는 단위수가 억이라는 점에 주목하자.

ㄹ. 표에 의하면 실업자 훈련인원은 재직자의 10%에도 미치지 못하는 수준으로 계속 유지되고 있으므로 옳은 내용이다.

ㅁ. 분자가 되는 훈련지원금은 실업자와 재직자가 큰 차이를 보이지 않고 있으나 분모가 되는 훈련인원은 실업자가 재직자보다 훨씬 적다. 따라서 1인당 훈련지원금은 매년 실업자가 재직자보다 많다.

[오답분석]

ㄱ. 2022년의 경우 실업자 훈련인원은 증가한 반면, 실업자 훈련지원금은 감소하였으므로 옳지 않다.

ㄷ. 실업자 훈련인원의 증가율은 3배인 200%에 가깝지만 실업자 훈련지원금의 증가율은 약 34%에 불과하다. 따라서 7배에 미치지 못한다.

53

ㄱ. 대당 일일 연료소모량은 $\dfrac{(대당\ 일일\ 통행거리)}{(연비)}$ 이므로 이를 구하면 휘발유 차량이 약 3.3ℓ로 가장 적다. 따라서 옳은 내용이다.

ㄴ. 대당 일일 연료비는 ㄱ의 (대당 일일 연료소모량)×(연료가격)이므로 이를 구하면 LPG가 약 6,300원으로 가장 낮다. 따라서 옳은 내용이다.

ㄷ. 등록된 전체 차량의 일일 총연료비는 ㄴ의 (대당 일일 연료비)×(차량 등록 대수)이므로 약 210억 원($≒8,740×2,400$)이다. 따라서 옳은 내용이다.

ㄹ. 대당 일일 이산화탄소 발생량은 ㄱ의 (대당 일일 연료소모량)×(이산화탄소 발생량)이므로 휘발유 차량이 약 6.6g으로 가장 적다. 따라서 옳은 내용이다.

54

ㄱ. 기존의 평균 주화 공급량이 2,500만 개를 조금 넘는 수준$\left(=\dfrac{10,023}{4}\right)$이므로 주화 종류별로 주화 공급량이 각각 200만 개씩 증가한다면 A지역의 평균 주화 공급량은 2,700만 개를 조금 넘을 것임을 알 수 있다. 따라서 옳은 내용이다.

ㄷ. 10원과 500원 주화의 공급량은 5,294만 개, 50원과 100원은 4,729만 개이므로 두 그룹의 공급량의 가중평균치는 산술평균 (15%)보다 10원과 500원의 증가율인 10% 쪽으로 치우치게 된다. 따라서 옳은 내용이다.

오답분석

ㄴ. 주화 종류별 공급기관당 공급량을 직접 계산하지 않더라도 10원 주화는 2를 넘고, 500원은 2에 미치지 못한다는 것을 눈어림할 수 있으므로 옳지 않은 내용이다.

ㄹ. (주화 공급액)=(주화 공급량)×(액면가)이므로 총 주화 공급액 규모가 12% 증가했고 액면가의 변동이 없다면 주화 종류별 주화 공급량의 비율은 얼마든지 변화할 수 있다. 변수가 4개인 방정식을 생각해보면 이해가 쉬울 것이다.

55

여자의 과거 흡연율은 소득수준이 낮을수록 높아지고 있으므로 옳지 않은 내용이다.

오답분석

① 평생 흡연량이 100개비 이상인 사람의 비율은 현재 흡연율과 과거 흡연율을 합한 값인데, 이를 교육수준별로 비교해보면 '중졸' 에서 48.7%로 가장 높으므로 옳은 내용이다.

② 30대 이상의 남자는 연령대가 높아질수록 현재 흡연율이 낮아지고 있음을 확인할 수 있으므로 옳은 내용이다.

③ 50대 남자의 경우 평생 흡연량이 100개비 이상인 사람의 비율은 83.3%(=41.5+41.8)인데, 이 중 과거 흡연율이 차지하는 비중이 절반을 넘으므로 옳은 내용이다.

⑤ 여자의 소득수준별 현재 흡연율은 '중하'(9.3%)에서 가장 높으므로 옳은 내용이다.

56

ㄱ. 남자 응답자(60.6%)와 여자 응답자(56.2%) 모두 신뢰한다는 비율이 절반을 넘으므로 옳은 내용이다.

ㄹ. 만약 남자 응답자 수와 여자 응답자 수가 동일하다면 전체 응답자 중 '매우 부정확하다'라고 응답한 수는 1.0%가 될 것이다. 하지만 여자 응답자 수가 757명으로 남자에 비해 더 많으므로 응답자 수를 가중치로 한 가중평균은 1.0보다 작을 수밖에 없다. 따라서 옳은 내용이다.

오답분석

ㄴ. 중졸 이하 그룹의 '신뢰한다'에 해당하는 비율은 59.4%인데, 고졸은 58.4%이므로 옳지 않은 내용이다.

ㄷ. 200만 원 미만 그룹의 '신뢰한다'에 해당하는 비율은 60.3%인데, 200~400만 원 미만 그룹은 56.9%이므로 옳지 않은 내용 이다.

ㅁ. 200~400만 원 미만 그룹의 '정확한 편이다'라고 응답한 비율(53.6%)은 200만 원 미만 그룹(55.6%)보다 작지만 응답자 수가 훨씬 크다. 따라서 옳지 않은 내용이다.

57

ㄱ. 1970년 한국의 총수입액은 869백만 달러이고 일본으로부터의 수입액은 647백만 달러이므로 한국의 대일 수입의존도는 50%를 넘는 것을 확인할 수 있다. 따라서 옳은 내용이다.

ㄴ. 1970년 한국의 대일 수출액은 108백만 달러이고, 1980년은 2,191백만 달러이므로 후자는 전자의 10배를 넘는다. 따라서 옳은 내용이다.

오답분석

ㄷ. 한국의 대미 무역수지는 1970년이 '375백만 달러-201백만 달러', 1980년이 '4,477백만 달러-1,922백만 달러'로 계산할 수 있으므로 모두 흑자이다. 따라서 옳지 않은 내용이다.

ㄹ. 1980년의 한국의 대일 무역수지 적자는 2,677백만 달러(=2,191-4,868)이므로 약 26.8억 달러임을 알 수 있다. 따라서 옳지 않은 내용이다.

58

2003년과 비교할 때, 2010년 국외 입양아동 수는 약 1,100명 감소하였으나 국내 입양아동 수는 약 300명 감소하였으므로 옳은 내용이다.

오답분석

① 2010년의 경우 국내 입양아동 수(1,388명)가 국내 입양아동 수(1,264명)보다 많으므로 옳지 않은 내용이다.
② 2004년과 2007년의 경우 전체 입양아동 수는 전년 대비 증가하였으므로 옳지 않은 내용이다.
③ 2009년 국회 입양아동 수의 전년 대비 감소율은 약 10%인데 반해, 2010년의 감소율은 30%를 넘는다. 따라서 옳지 않은 내용이다.
⑤ 2004년 전체 입양아동 수에 대한 국내 입양아동 수의 비율은 약 42%$\left(≒\dfrac{1,770}{4,206}×100\right)$이므로 옳지 않은 내용이다.

| 02 | 심화문제

01	02	03	04	05	06	07	08	09	10	11	12	13							
①	④	①	②	①	①	⑤	②	③	⑤	⑤	③	②							

01

ㄱ. 신소재 산업분야에서 중요도 상위 2개 직무역량은 '문제해결능력'(4.58), '수리능력'(4.46)이므로 옳은 내용이다.
ㄴ. 산업분야별로 직무역량 중요도의 최댓값과 최솟값을 차이를 구하면 신소재(0.61점), 게임(0.88점), 미디어(0.91점), 식품(0.62점)이므로 옳은 내용이다.

오답분석

ㄷ. 신소재, 게임, 식품의 경우 중요도가 가장 낮은 직무역량은 '조직이해능력'이지만 미디어의 경우는 '기술능력'의 중요도가 가장 낮다. 따라서 옳지 않은 내용이다.
ㄹ. 신소재 분야와 식품 분야의 경우는 '문제해결능력'의 중요도가 가장 높지만 게임 분야와 미디어 분야의 경우는 '직업윤리'의 중요도가 가장 높고 '문제해결능력'이 두 번째로 높다. 따라서 '문제해결능력'과 '직업윤리'를 서로 비교하여 정리하면 다음과 같다.

	신소재	게임	미디어	식품
문제해결능력	+0.14	-	-	+0.11
직업윤리	-	+0.14	+0.14	-

'문제해결능력'의 평균값이 가장 높다는 것은 다시 말해 각 분야의 중요도를 모두 합한 값이 가장 크다는 것을 의미하는데, 위 표에서 보듯 '직업윤리'의 합계가 더 크므로 옳지 않은 내용이다.

02

ㄴ. 최종학력이 석사 또는 박사인 B기업 지원자는 63명(=21+42)이고, 관련 업무 경력이 20년 이상인 지원자는 25명이다. 만약 이들이 모두 독립적인 집단이라면 B기업 전체 지원자 수는 최소 88명이 되어야 하나 실제 지원자 수는 81명에 불과하므로 적어도 7명은 두 집단 모두에 속할 것이라는 것을 알 수 있으므로 옳은 내용이다.
ㄹ. A, B기업 전체 지원자 수는 155명이고, 40대 지원자는 51명이므로 전체 지원자 중 40대 지원자의 비율은 약 33%$\left(≒\dfrac{51}{155}×100\right)$이다. 따라서 옳은 내용이다.

CHAPTER 02 자료의 계산 • 57

ㄱ. 동일한 집단 내에서의 비교이므로 실수치의 비교를 통해 판단가능하다. A기업 지원자 중 남성 지원자는 53명이고, 관련 업무 경력이 10년 이상인 지원자 역시 53명(=18+16+19)이므로 둘은 같다는 것을 알 수 있으므로 옳지 않은 내용이다.

ㄷ. A기업 지원자 중 여성 지원자의 비율은 약 28.4%$\left(≒\frac{21}{74}\times100\right)$이고, B기업 지원자 중 여성 지원자의 비율은 약 29.6%$\left(≒\frac{24}{81}\times100\right)$이므로 후자가 전자보다 크다. 따라서 옳지 않은 내용이다.

03

전체 전투 대비 일본 측 공격 비율은 임진왜란 전기가 약 33%$\left(≒\frac{29}{87}\times100\right)$이고 임진왜란 후기가 약 44%$\left(≒\frac{8}{18}\times100\right)$이므로 옳지 않은 내용이다.

② 조선 측 공격이 일본 측 공격보다 많았던 해는 1592년, 1593년, 1598년이며 이 해에는 항상 조선 측 승리가 일본 측 승리보다 많았으므로 옳은 내용이다.

③ 전체 전투 대비 관군 단독전 비율은 1598년이 75%$\left(≒\frac{6}{8}\times100\right)$이고, 1592년이 약 27%$\left(≒\frac{19}{70}\times100\right)$이므로 1598년이 1592년의 2배 이상이다. 따라서 옳은 내용이다.

④ 1592년 조선 측이 승리한 횟수가 40회이고, 관군·의병 연합전의 횟수가 42회이므로 둘이 서로 중복되지 않기 위해서는 전체 전투 횟수가 최소 82회가 되어야 하지만 실제 전체 전투 횟수는 70회에 불과하므로 최소 12회는 관군·의병 연합전이면서 조선 측이 승리한 것이라는 것을 알 수 있다. 이는 그 해 조선 측 승리 횟수(40회)의 30%에 해당하는 수치이므로 옳은 내용이다.

⑤ 1598년 조선 측이 승리한 횟수는 6회, 관군 단독전의 횟수는 6회이므로 둘이 서로 중복되지 않기 위해서는 전체 전투 횟수가 최소 12회가 되어야 하지만 실제 전체 전투 횟수는 8회에 불과하므로 최소 4회는 관군 단독전이면서 조선 측이 승리한 것이라는 것을 알 수 있다. 따라서 옳은 내용이다.

04

먼저 2017년 9월의 순위를 추가하여 정리하면 다음과 같다.

순위	2016년 10월	2017년 9월	2017년 10월
1위	아르헨티나	독일	독일
2위	독일	브라질	브라질
3위	브라질	포르투갈	포르투갈
4위	벨기에	아르헨티나	아르헨티나
5위	콜롬비아	벨기에	벨기에
6위	칠레	폴란드	폴란드
7위	프랑스	스위스	스위스
8위	포르투갈	프랑스	프랑스
9위	우루과이	칠레	칠레
10위	스페인	콜롬비아	콜롬비아
11위	웨일스	스페인	스페인

2017년 9월의 순위가 2016년 10월의 순위보다 낮은 국가는 아르헨티나, 벨기에, 프랑스, 칠레, 콜롬비아 등 총 5개국이며, 높은 국가는 4개국이므로 옳은 내용이다. 독일은 두 시점에서의 순위가 동일하다는 점과 2017년 10월 상위 10개 국가 중에서 선택해야 한다는 점에 주의하자.

오답분석

① 2016년 10월과 2017년 10월 모두 10위 이내인 국가는 아르헨티나, 독일, 브라질, 벨기에, 콜롬비아, 칠레, 프랑스, 포르투갈 등 8개국이므로 옳지 않은 내용이다.

③ 2017년 10월 상위 5개 국가의 점수 평균은 약 1,435점이고, 2016년 10월 상위 5개 국가의 점수 평균은 약 1,448점이므로 후자가 더 크다. 따라서 옳지 않은 내용이다.

④ 2017년 10월 상위 11개 국가 중 전년 동월 대비 점수가 상승한 국가는 독일, 브라질, 포르투갈, 폴란드, 스위스, 스페인인데, 스페인의 경우 점수는 상승했지만 순위는 하락했으므로 옳지 않은 내용이다.

⑤ 2017년 10월 상위 11개 국가 중 2017년 10월 순위가 전월 대비 상승한 국가는 독일, 포르투갈, 벨기에, 프랑스 등 4개국이고, 전년 동월 대비 상승한 국가는 독일, 브라질, 포르투갈, 폴란드, 스위스 등 5개국이므로 후자가 더 많다. 따라서 옳지 않은 내용이다.

05

정답 ①

ㄱ. '출신 성분이 낮은 급제자' 중 '본관이 없는 자'의 비율은 태조·정종 대는 $0.7\left(=\dfrac{28}{40}\right)$이고, 선조 대는 $0.06\left(≒\dfrac{11}{186}\right)$이므로 옳은 내용이다.

ㄴ. '본관이 없는 자'와 '3품 이상 오른 자'에 해당하는 사람들이 서로 중복되지 않기 위해서는 두 그룹의 합이 '출신신분이 낮은 급제자'의 수인 40명 이하이어야 한다. 하지만 '본관이 없는 자'는 28명, '3품 이상 오른 자'는 13명으로 두 그룹의 합은 41명이 되어 최소 1명은 중복되어야 함을 알 수 있으므로 옳은 내용이다.

오답분석

ㄷ. '전체 급제자'가 가장 많은 왕은 선조(1,112명)이지만 '출신 신분이 낮은 급제자'가 가장 많은 왕은 중종(188명)이므로 옳지 않은 내용이다.

ㄹ. 중종 대의 '전체 급제자' 중에서 '출신신분이 낮은 급제자'가 차지하는 비율은 약 $21\%\left(≒\dfrac{188}{900}\times100\right)$이므로 옳지 않은 내용이다.

06

정답 ①

ㄱ. 2021년과 2022년의 항목별 금액 순위와 구성비 순위를 정리하면 다음과 같다.

구분	2021년	2022년
1	유형자산	유형자산
2	무형자산	이연법인세자산
3	단기금융상품	단기금융상품
4	이연법인세자산	무형자산
5	기타비유동자산	기타비유동자산
6	매출채권	현금 및 현금성자산
7	현금 및 현금성자산	매출채권
8	재고자산	재고자산

이에 따르면 2021년 항목별 금액의 순위가 2022년과 동일한 항목은 '유형자산', '단기금융상품', '기타비유동자산', '재고자산' 4개이므로 옳은 내용이다.

ㄴ. 2021년 유동자산의 구성비의 합은 34.3%(=7.0+15.0+7.2+5.1)이므로 유동자산 중 '단기금융상품'의 구성비는 약 $44\%\left(≒\dfrac{15}{34.3}\times100\right)$이다. 따라서 옳은 내용이다.

오답분석

ㄷ. 2022년의 '현금 및 현금성자산'의 금액은 228억 원(=2,850×0.08)이고 2021년은 238억 원(=3,400×0.07)이므로 옳지 않은 내용이다.

ㄹ. 2022년 '무형자산'의 2021년 대비 구성비가 4.3%p만큼 감소하였다고 해서 금액이 그만큼 감소하였다고 볼 수는 없다. 그 같은 관계가 성립하기 위해서는 2021년과 2022년 자산총액이 동일하다는 전제가 있어야만 하므로 옳지 않은 내용이다. 또한 이 선택지는 %p가 아닌 %를 사용한 함정 선택지이기도 하다.

07

ㄴ. 서귀포시의 논 면적은 서귀포시의 경지 면적에서 밭 면적을 차감한 것이므로 25ha(=31,271−31,246)이며, 같은 논리로 제주시의 논 면적은 8ha(=31,585−31,577)이므로 서귀포시의 논 면적이 더 크다. 따라서 옳은 내용이다.

ㄷ. 서산시의 밭 면적은 5,555ha(=27,285−21,730)이며, 김제시의 밭 면적은 5,086ha(=28,501−23,415)이므로 서산시의 밭 면적이 더 크다. 따라서 옳은 내용이다.

ㄹ. 상주시의 경지 면적은 5위인 서산시보다 작아야 하기 때문에 27,285ha보다 작다. 따라서 상주시의 논 면적은 서산시의 경지 면적(27,285ha)에서 상주시의 밭 면적(11,047ha)을 차감한 16,238ha보다 작을 수밖에 없다. 이는 익산시 논 면적의 약 85%이므로 옳은 내용이다.

오답분석

ㄱ. 해남군의 밭 면적은 12,327ha이므로 이의 2배는 24,654ha이다. 그런데 해남군의 논 면적은 23,042ha로서 밭 면적의 2배에 미치지 못한다. 따라서 옳지 않은 내용이다.

08

2007년 1분기의 노동시간당 산출 비율은 177.0%이고 2016년 1분기는 172.4%이며, 나머지 분기도 모두 2007년의 노동시간당 산출 비율이 더 크다는 것을 확인할 수 있다. 이는 노동시간당 산출이 매 분기마다 전년 동기에 비해 증가하고 있는 것과 같은 의미이므로 옳은 내용이다.

오답분석

ㄱ. 2006년이나 2007년의 분기별 노동시간당 산출이 주어져 있지 않으므로 1992년의 노동시간당 산출을 구할 수는 없다. 따라서 옳지 않은 내용이다.

ㄴ. 2007년 1분기와 2분기의 1인당 인건비 비율은 주어져 있지만 1992년 1분기와 2분기의 1인당 인건비는 알 수 없다. 따라서 옳지 않은 내용이다.

ㄹ. 2007년 3분기의 노동시간당 인건비 비율은 2006년 동기에 비해 6.1%p 증가하였다. %와 %p를 혼동하지 말기 바란다.

09

ㄱ. 전체 학생들의 독서량의 합은 30권이고, 학생의 수가 6명이므로, 학생들의 평균 독서량은 5권이다. 따라서 옳은 내용이다.

ㄹ. 여학생이거나 독서량이 7권 이상인 학생 수는 3명이므로 전체 학생 수의 50%이다. 따라서 옳은 내용이다.

오답분석

ㄴ. 남학생이면서 독서량이 5권 이상인 학생은 관호뿐이고, 전체 남학생 수는 4명이므로, 선택지의 비율은 25%이다. 따라서 옳지 않은 내용이다.

ㄷ. 독서량이 2권 이상인 학생(5명) 중 남학생(3명) 비율은 60%이며, 전체 학생(6명) 중 여학생(2명) 비율은 약 33%이므로 옳지 않은 내용이다.

10

사고 전・후의 이용 가구 수의 차이를 구하면 수돗물(40가구), 정수(0가구), 약수(30가구), 생수(70가구)이므로 차이가 가장 큰 것은 생수이다. 따라서 옳은 내용이다.

오답분석

① 사고 전에 각 가구가 이용하는 식수 조달원을 정리하면 수돗물(120명), 정수(100명), 약수(80명), 생수(70명)이므로 수돗물을 이용하는 가구 수가 가장 많다. 따라서 옳지 않은 내용이다.

② 사고 전에 비해 사고 후에 이용 가구 수가 감소한 식수 조달원은 수돗물(40가구 감소), 약수(30가구 감소)의 2개이므로 옳지 않은 내용이다.
③ 전체 가구 수가 370가구이고 사고 전과 사고 후의 조달원이 동일한 가구 수는 140가구이므로 사고 전·후 식수 조달원이 변경된 가구 수는 230가구(=370-140)이다. 따라서 전체 가구 수 중 변경된 가구 수의 비율은 약 62%이므로 옳지 않은 내용이다.
④ 사고 전에 식수 조달원으로 정수를 이용하던 가구 중 사고 후에도 정수를 이용하는 가구 수는 50가구이므로 옳지 않은 내용이다.

11

현재 3위인 C팀의 홈 경기 승률은 약 0.77이므로 옳지 않은 내용이다.

[오답분석]
① A팀의 최근 10경기 전적이 9승 1패이고, 최근 연승 연패 기록이 1패이므로 그 이전에 치른 9경기를 모두 이겼다는 것을 알 수 있다. 따라서 옳은 내용이다.
② H팀이 남은 6경기를 모두 패하고 I팀이 남은 6경기를 모두 승리하면 H팀과 I팀의 전적은 46승 38패가 되나 홈 경기 전적에서 H팀은 23승 19패, I팀은 25승 17패가 되어 I팀이 8위가 되므로 옳은 내용이다.
③ 문제의 조건에 무승부는 없다고 했으므로, L팀과 M팀이 최근 5경기에서 서로 경기를 치렀다면 둘 다 6연패 이상을 기록하는 일은 일어날 수 없다. 그런데 현재 L팀과 M팀은 각각 6연패, 8연패를 기록하고 있으므로, 두 팀은 최근 5경기에서 서로 경기를 치르지 않았다.
④ 만약 A팀이 남은 6경기를 모두 패하고 B팀이 남은 6경기를 모두 승리한다면 B팀이 1위가 될 수 있다. 따라서 옳은 내용이다.

12
정답 ③

전체 47개 기업 중 존속성 기술을 개발하는 기업은 24개이고, 와해성 기술을 개발하는 기업은 23개이므로 옳은 내용이다.

[오답분석]
① 와해성 기술을 개발하는 기업은 총 23개인데, 이 중 벤처기업은 12개이고, 대기업은 11개이므로 벤처기업의 비율이 더 높다. 따라서 옳지 않은 내용이다.
② 기술추동전략을 취하는 기업은 총 20개인데, 이 중 존속성 기술을 개발하는 기업은 12개이고, 와해성 기술을 개발하는 기업은 8개이므로 존속성 기술을 개발하는 기업의 비율이 더 높다. 따라서 옳지 않은 내용이다.
④ 벤처기업은 총 20개인데 이 중 기술추동전략을 취하는 기업이 10개이고, 시장견인전략을 취하는 기업이 10개로 동일하므로 옳지 않은 내용이다.
⑤ 대기업은 총 27개인데 이 중 시장견인전략을 취하는 기업이 17개이고, 기술추동전략을 취하는 기업은 10개이므로 옳지 않은 내용이다.

13
정답 ②

ㄴ. 2021년의 이익수준의 전체 평균 대비 하위 평균의 비율은 약 36%$\left(≒\frac{119}{329}×100\right)$인데, 이보다 분모가 크고 분자가 작은 2017~2019년을 제외하고 2020년은 약 33%$\left(≒\frac{140}{420}×100\right)$, 2022년은 약 32%$\left(≒\frac{123}{387}×100\right)$이므로 2021년이 가장 크다. 그리고 2021년은 전체 표준편차도 0.1056으로 가장 크므로 옳은 내용이다.
ㄹ. 2018년부터 2022년까지 적자보고율과 이익수준 상위 평균의 전년 대비 증감 방향은 감소 - 증가 - 감소 - 증가 - 감소로 동일하므로 옳은 내용이다.

[오답분석]
ㄱ. 각주에 의하면 적자로 보고한 기업 수는 '(조사대상 기업 수)×(적자보고율)'로 계산할 수 있다. 따라서 연도별로 이를 계산하면 2017년 88.4개, 2018년 81개, 2019년 98.6개, 2020년 93개, 2021년 95.4개, 2022년 96.9개이므로 최대는 2019년이고, 최소는 2018년이다. 따라서 옳지 않은 내용이다.
ㄷ. 이익수준의 상위 평균이 가장 높은 해는 2019년(0.0818)이고, 전체 평균이 가장 높은 해는 2020년(0.0420)이므로 옳지 않은 내용이다.

CHAPTER 02 자료의 계산 • 61

| 01 | 기본문제

01	02	03	04	05	06	07	08	09	10	11	12	13	14	15	16	17	18	19	20
⑤	①	⑤	⑤	①	①	⑤	④	①	⑤	③	⑤	③	③	④	④	③	⑤	①	②

21	22	23	24	25	26	27	28	29	30	31	32	33	34	35	36	37	38	39	40
④	②	⑤	①	③	③	②	①	③	②	②	⑤	②	⑤	②	②	③	①	③	②

01

 정답 ⑤

ㄴ. 선택지의 상황을 따른다면 결국 진로상담은 교수와 진로컨설턴트에게만 해당되게 된다. 그래프와 표를 통해 진로상담 건수가 2,403건임을 알 수 있고 이 중 641건이 진로컨설턴트에 의해 진행되었으므로 결국 교수가 진행한 진로상담은 1,762건임을 알 수 있다. 이는 교수가 진행한 전체 건수의 30%(약 1,300건)을 훨씬 초과하므로 옳은 내용임을 알 수 있다.

ㄷ. 상담건수의 전체 항목을 비교하는 것으로 4학년, 1학년, 2학년, 3학년 순서로 상담 건수가 많았으므로 옳은 내용이다.

ㄹ. 상담횟수별 학생 수를 모두 더하면 된다. 이를 계산하면 4,496명이어서 4,600명에 미치지 못하므로 옳은 내용이다.

오답분석

ㄱ. 2학년과 3학년의 상담 건수를 비교해보면 분모가 되는 전체 상담 건수는 3학년이 적은 반면, 분자가 되는 상담직원 수는 3학년이 더 크다. 따라서 전체 상담 건수 중 상담직원의 상담 건수가 차지하는 비중은 3학년이 2학년보다 더 크므로 옳지 않은 내용이다.

02

정답 ①

문제를 풀기 전에 먼저 확인해보아야 할 것은, A프랜차이즈가 서울과 6대 광역시에만 위치하고 있느냐이다. 정석대로 하려면 주어진 숫자들을 정확하게 더한 값이 전체의 총합과 일치하는지를 판단해보아야 하나, 실전에서는 일의 자리 숫자만 더해보고 일치하는지의 여부로 판단해도 충분하다. 이 문제의 경우는 서울과 6대 광역시를 제외한 나머지 지역에는 프랜차이즈가 위치하고 있지 않은 상황이다.

만약 중규모 가맹점과 대규모 가맹점이 모두 서울 지역에 위치하고 있다면 이 둘의 결제 건수인 4,758건이 모두 서울 지역에서 발생한 것이 된다. 그렇다면 서울 지역의 결제 건수인 142,248건에서 4,758건을 차감한 137,490건이 최소로 가능한 건수이다. 따라서 옳지 않은 내용이다.

오답분석

② 서울 지역의 결제 건수인 142,248건에 6,000건을 더하더라도 전체 결제 건수인 148,323건에 미치지 못한다. 따라서 6대 광역시 가맹점의 결제 건수 합은 6,000건 이상이다.

③ 두 번째 표에서 결제 건수 대비 결제 금액을 어림해보면 소규모와 대규모 가맹점은 건당 2만 원에 근접한 수치로 계산되는데, 중규모 가맹점의 경우는 건당 2만 원에 한참 미치지 못한다. 따라서 옳은 내용이다.

④ 대구 지역의 가맹점 수 대비 결제 금액은 약 300만 원인 데 반해 나머지 지역들은 이에 한참 미치지 못한다. 따라서 옳은 내용이다.

⑤ 전체 가맹점 수인 1,363개에서 이의 10%를 차감한 값이 90% 값이다. 이를 계산하면 1,363－136＝1,227이므로 서울의 가맹점 수인 1,269개는 이보다 크다. 따라서 옳은 내용이다.

03

정답 ⑤

'우수수준'의 학생비율은 표에서 '550점 이상'의 누적비율에서 '625점 이상'의 누적비율을 차감하여 구할 수 있다. B국은 30%인 반면, D국은 33%이므로 D국이 B국보다 높음을 알 수 있다.

오답분석

① 자료에서 2022년의 차이는 1점에 불과한 반면 2002년의 차이는 17점이나 되어 2002년이 훨씬 크다는 것을 알 수 있다. 따라서 옳지 않은 내용이다.

② 갑국의 전체 평균점수는 남학생의 평균점수와 여학생의 평균점수를 가중평균한 값이므로 두 값의 사이에 존재할 수밖에 없다. 그런데 2018년의 전체 평균점수는 610 ~ 616점의 범위 안에 위치하나 2022년은 605 ~ 606점의 범위에 있으므로 당연히 2018년의 전체 평균점수가 더 크다.

③ 자료에서 G국과 H국은 '수월수준'의 학생비율이 7%로 동일하지만 평균점수는 G가 더 높으므로 옳지 않은 내용임을 알 수 있다.

④ '기초수준 미달'의 학생비율이 가장 높다는 것은 표의 '400점 이상' 누적비율이 가장 낮음을 의미하므로 91%를 기록한 F국이 이에 해당한다. 따라서 옳지 않다.

04
정답 ⑤

2022년 총연봉의 2021년 대비 증가율이 A팀과 E팀 모두 50%이지만, 2022년 총연봉의 크기가 E팀이 더 크므로 2021년의 총연봉 역시 E팀이 더 크다는 것을 알 수 있다. 따라서 옳지 않은 내용이다.

오답분석

① 표를 이용하여 2022년 팀 선수 평균 연봉을 구하면, A팀 3억 원, B팀 2.5억 원, C팀 3억 원, D팀 5억 원, E팀 4억 원으로 D팀이 가장 많음을 알 수 있다.

② C팀의 2022년 선수 인원수인 8명은 전년 대비 33.3% 증가한 수치이므로 2021의 선수 인원수는 6명임을 알 수 있는데 이를 통해 전년 대비 2명이 증가했음을 알 수 있다. 또한 D팀의 2022년 선수 인원수 6명은 전년 대비 50% 증가한 수치이므로 2021의 선수 인원수는 4명임을 알 수 있으며 이 역시 전년 대비 2명이 증가한 것이므로 옳은 내용이다.

③ A팀의 2022년 선수 인원수 5명은 전년 대비 25% 증가한 수치이므로 2021년의 선수 인원수는 4명을 알 수 있다. 또한, 2022년 총연봉 15억 원은 전년 대비 50% 증가한 수치이므로 2021년의 총연봉은 10억 원임을 알 수 있다. 따라서 2021년 A팀의 '팀 선수 평균 연봉'은 2.5억 원$\left(=\dfrac{10}{4}$억 원$\right)$으로 계산되며 2022년은 3억 원으로 주어져 있으므로 옳은 내용임을 알 수 있다.

④ 2022년 선수 인원수의 증가율이 가장 높은 팀은 B팀인데, 전년 대비 100% 증가하여 10명이 된 것이므로 2021년의 선수 인원수는 5명이었고 여기에 5명이 증가된 것이 2022년의 선수 인원수임을 알 수 있다. 그러나 나머지 팀들은 눈으로 어림해 보아도 5명 이상 증가할 수 없으므로 B팀의 선수 인원수가 가장 많이 증가했음을 알 수 있다. 또한 2022년 연봉의 증가율이 가장 높은 팀도 B팀인데, 전년 대비 150% 증가하여 25억 원이 된 것이므로 이의 증가액을 직접 계산하지 않더라도 다른 팀들에 비해 증가폭이 가장 크다는 것을 알 수 있다. 따라서 옳은 내용이다.

05
정답 ①

ㄱ. 표에서 2016년 매분기 '느타리' 1kg의 도매가는 '팽이' 3kg의 도매가보다 높다는 것을 알 수 있으므로 옳은 내용이다.

ㄴ. 자료를 통해 2015년 분기별 '팽이'의 소매가를 계산하면 1분기는 3,136+373, 2분기는 3,080-42, 3분기는 3,080-60, 4분기는 3,516-389로 계산할 수 있으므로 매 분기 3,000원/kg을 넘는다는 것을 알 수 있다.

오답분석

ㄷ. 자료를 통해 2016년 1분기 '새송이'의 소매가는 5,233원/kg이고, 2015년 4분기는 5,363-45=5,318원/kg임을 알 수 있으므로 옳지 않은 내용이다.

ㄹ. 2016년 1분기 '느타리' 도매가의 1.5배는 약 8,600원/kg이므로 소매가에 미치지 못한다. 따라서 1분기의 경우 소매가가 도매가의 1.5배를 넘으므로 옳지 않은 내용이다. 6,000의 1.5배가 9,000이라는 사실을 활용하여 어림해보는 것도 하나의 방법이다.

06

ㄱ. 동일한 연도라면 분모가 되는 해당 연도 한국의 도시폐기물량이 동일하므로 도시폐기물량지수의 비교만으로도 실제 해당 국가의 도시폐기물량의 비교가 가능하다. 이에 따르면 2012년 미국의 도시폐기물량지수는 12.73이고 일본은 2.53이어서 미국의 수치가 일본의 4배 이상이다. 따라서 옳은 내용이다.

ㄷ. 이 선택지를 판단하기 위해서는 먼저 아래의 ㄴ에서 사용된 원리를 파악해야 한다. 이에 따라 계산하면 2009년 스페인의 폐기물량은 1.33×1,901만 톤임을 알 수 있다. 그런데 2012년의 경우는 상위 10개국에 스페인이 포함되지 않아 구체적인 지수값은 알 수 없다. 그러나 10위인 이탈리아(1.40×1,788)보다는 작을 것임은 확실하므로 이 둘을 곱셈비교를 통해 비교하여 판단하면 2009년 스페인의 폐기물량이 더 크다는 것을 알 수 있다. 따라서 2012년 스페인의 도시폐기물량은 2009년에 비해 감소하였다.

오답분석

ㄴ. 주어진 산식을 변형하면 2011년 러시아의 도시폐기물량은 도시폐기물량지수(3.87)에 한국의 도시폐기물량(1,786만 톤)을 곱한 값이 되는데, 어림산으로 계산해보면 7,000만 톤에도 미치지 못하므로 옳지 않은 내용이다.

ㄹ. ㄱ에서 살펴본 것과 같이 동일한 연도 내의 폐기물량을 비교하기 위해서는 도시폐기물량지수를 직접 비교하면 된다. 그런데 2012년의 경우는 터키의 지수(1.72)가 영국(1.70)보다 큰 것으로 나타나고 있으므로 옳지 않은 내용임을 알 수 있다.

07

가격지수의 기준연도가 2002년이고 2002년의 가격지수가 100이므로, 2002년 가격지수 대비 2015년 3월의 가격지수의 상승률을 판단하는 것은 결국 2015년 3월 가격지수의 크기를 비교하는 것과 같은 의미이다. 따라서 가격지수가 가장 낮은 유지류(151.7)의 상승률이 가장 낮음을 알 수 있다.

오답분석

① 그래프에서 2014년 3월의 식량 가격지수가 213.8이므로 이의 10%는 21.4, 5%는 약 10.7이므로 15%는 대략 32.1%임을 알 수 있다. 따라서 213.8에서 15% 감소한 값은 약 181.7로 계산되는데 이는 2015년 3월의 식량 가격지수 173.8보다 더 크다. 따라서 옳은 내용임을 알 수 있다.

② 그래프에서 2014년 4월부터 9월까지 식량 가격지수가 매월 하락하였음을 알 수 있으므로 옳은 내용이다.

③ 표에서 2014년 3월에 비해 2015년 3월 가격지수가 가장 큰 폭으로 하락한 품목은 낙농품(83.6)이므로 옳은 내용이다.

④ 표에서 육류 가격지수는 2014년 8월까지 매월 상승하다가 그 이후에는 매월 하락하고 있음을 알 수 있으므로 옳은 내용이다.

08

국세 징수액과 지방세 징수액의 차이가 가장 큰 해는 2016년(154조 원)이나 2016년 국세 감면율과 지방세 감면율의 차이는 그림에서 보듯이 가장 작다. 따라서 옳지 않은 내용이다.

오답분석

① 표에 의하면 감면액은 국세가 지방세보다 매년 많은 것을 알 수 있으므로 옳은 내용이다.

② 그래프에 의하면 감면율은 지방세가 국세보다 매년 높은 것을 알 수 있으므로 옳은 내용이다.

③ 직접 계산하지 않고 눈어림으로 판단해보면 둘의 차이가 그리 크지 않을 것으로 판단되므로 부득이하게 직접 계산해야 하는 문제이다(%는 생략하고 풀이한다).

- 국세 징수액 증가율 : $\frac{(216조\ 원-138조\ 원)}{138조\ 원} ≒ 0.56$

- 지방세 징수액 증가율 : $\frac{(62조\ 원-41조\ 원)}{41조\ 원} ≒ 0.51$

따라서 2016년 징수액의 2008년 대비 증가율은 국세가 지방세보다 높다.

⑤ 국세 감면액과 지방세 감면액의 차이는 2014년 18조 원, 2015년 20조 원, 2016년 22조 원으로 매년 증가하고 있으므로 옳은 내용이다.

09

정답 ①

갑국 전체의 국제선 운항 횟수가 353,272회이며 첫 번째 표에서 언급된 1 ~ 5위의 운항 횟수를 모두 더하면 348,622회이므로 6위 이하 공항의 운항 횟수가 4,650회임을 알 수 있다. 그런데 현재 5위인 CJ공항의 운항 횟수가 약 3,500회에 불과하여 6위 이하에는 최소 2개의 공항이 존재함을 알 수 있다. 따라서 2022년 국제선 운항 공항 수는 7개 이상이다.

[오답분석]

② 2022년 KP공항 국제선의 운항 횟수는 18,643회이며 국내선의 운항 횟수는 56,309회이고 국내선 운항 횟수의 $\frac{1}{3}$은 약 18,770회로 계산된다. 따라서 2022년 KP공항의 국제선 운항 횟수는 국내선의 $\frac{1}{3}$에 미치지 못한다.

③ 두 번째 표에서 MA공항 운항 횟수의 전년 대비 증가율이 1위라는 것은 알 수 있으나 MA공항의 전년과 금년의 운항 횟수가 얼마인지는 알 수 없으므로 옳지 않은 내용이다.

④ 국내선 운항 횟수 상위 5개 공항의 국내선 운항 횟수 합은 약 153,000회인데 갑국 전체 국내선 운항 횟수의 90%는 약 150,000회이므로 옳지 않은 내용이다.

⑤ 국내선 운항 횟수와 국내선 운항 횟수의 전년 대비 증가율 모두 상위 5개 이내에 포함된 공항은 KP, TG, AJ 총 3개의 공항이므로 옳지 않은 내용이다.

10

정답 ⑤

ㄴ. 전체 저수지 수인 3,226개소의 80%는 2,580.8인데 저수 용량이 10만m³ 미만인 저수지 수는 2,668개소로 이보다 크다. 따라서 옳은 진술이다.

ㄷ. 관리기관이 N공사인 저수지의 개소당 수혜면적은 $\frac{69,912}{996}$이며, 관리기관이 자치단체인 저수지의 개소당 수혜면적은 $\frac{29,371}{2,230}$으로 나타낼 수 있는데, 이를 어림해서 구하면 전자는 약 70이고 후자는 약 13이다. 따라서 전자는 후자의 5배 이상이므로 옳은 내용이다.

ㄹ. 전체 저수지 총 저수용량의 5%는 약 3,500만m³인데 저수용량이 50만 이상 100만 미만인 저수지가 100개소라고 하였다. 따라서 이들의 저수용량은 최소 5,000만m³이므로 전체 저수용량의 5%보다는 클 수밖에 없다. 따라서 옳은 내용이다.

[오답분석]

ㄱ. 관리기관이 자치단체인 저수지는 2,230개소이고 제방높이가 10m 미만인 저수지는 2,566개소이다. 만약 이 둘이 서로 겹치지 않는다면 이 둘의 합이 전체 저수지 수보다 작아야 한다. 하지만 둘의 합은 4,796개소로 전체 저수지 수인 3,226개소보다 크다. 따라서 적어도 1,570개소 이상은 관리기관이 자치단체이면서 제방높이가 10m 미만인 저수지이다.

11

정답 ③

국내사업비 지출액 중 아동복지 지출액은 0.4×0.45=0.18(18%)이고 해외사업비 지출액 중 교육보호 지출액은 0.5×0.54=0.27(27%)이므로 둘의 합은 45%이다.

[오답분석]

① 먼저 각주에서 수입액과 지출액이 같다고 하였으므로 구성비를 통해 직접 대소비교가 가능하다는 점을 알아두자. 이에 따르면 전체 수입액 중 후원금 수입액은 10%이고, 국내사업비 지출액 중 아동복지 지출액은 0.4×0.45=0.18(18%)이므로 전자가 후자보다 작다.

② 국내사업비 지출액 중 아동권리지원 지출액은 0.4×0.27=0.108(10.8%)이고 해외사업비 지출액 중 소득증대 지출액은 0.5×0.2=0.1(10%)이므로 전자가 후자보다 크다.

④ 해외사업비 지출액 중 식수위생 지출액은 0.5×0.05=0.025(2.5%)이므로 A자선단체 전체 지출액의 2%를 넘는다.

⑤ 전체 수입액(=지출액)을 100이라 가정하면, 전체 수입액이 증가하기 전의 지역사회복지 지출액은 6.4이다. 그런데 전체 수입액이 6만큼 증가하였고 지역사회복지 지출액을 제외한 나머지 지출액은 동일하게 유지되었다고 하였으므로, 증가액 전체가 지역사회복지 지출액과 같다고 판단할 수 있다. 여기서 현재 지출액의 2배 이상이 되려면 전체 수입액이 6.4만큼 증가하여야 하는데 그에 미치지 못하는 6만큼만 증가하고 있다. 따라서 2배 미만 증가한다.

12

ㄴ. 5등급 요양기관 중 서울 지역 요양기관의 비중은 $0.5\left(=\dfrac{4}{8}\right)$이고, 2등급 요양기관 중 강원 지역 요양기관의 비중은 $0.2\left(=\dfrac{2}{10}\right)$ 이므로 전자가 더 크다. 따라서 옳은 내용이다.

ㄷ. 1등급 '상급종합병원' 요양기관 수는 37개소이고, 5등급을 제외한 '종합병원' 요양기관 수의 합은 38개소이므로 전자가 후자보다 적다. 따라서 옳은 내용이다.

ㄹ. '상급종합병원' 요양기관 중 1등급 요양기관의 비중은 $\dfrac{37}{42}$이고, 1등급 요양기관 중 '종합병원' 요양기관의 비중은 $\dfrac{30}{67}$인데 전자는 분자가 분모의 절반을 넘는 반면, 후자는 분자가 분모의 절반이 되지 않으므로 전자가 더 크다. 따라서 옳은 내용이다.

[오답분석]

ㄱ. 경상 지역 요양기관 중 1등급 요양기관의 비중은 $\dfrac{16}{17}$이며, 서울 지역 요양기관 중 1등급 요양기관의 비중은 $\dfrac{22}{29}$이다. 전자는 계산을 하지 않아도 90%를 넘는다는 것을 알 수 있으며 후자는 그에 한참 미치지 못하므로 경상 지역 요양기관 중 1등급 요양기관의 비중이 더 크다. 따라서 옳지 않은 내용이다.

13

ㄱ. 먼저 그래프의 구성비를 살펴보면, 잣나무 생산량은 전나무 생산량의 약 14이므로 2011년의 잣나무 생산량은 대략 14만m³임을 알 수 있다. 이를 토대로 2011년 원목생산량의 2006년 대비 증가율을 판단해보면 소나무는 약 3배가량 증가하였으나 나머지 수종은 이에는 미치지 못하고 있음을 확인할 수 있다. 따라서 옳은 내용이다.

ㄹ. 전체 생산량을 직접 구하기보다는 이미 주어진 2011년 소나무의 구성비를 역으로 활용하면 보다 간편하게 구할 수 있다. 만약 2009년의 소나무 비중이 2011년과 같은 23.1%라면 소나무 생산량에 4배가 약간 넘는 수치를 곱했을 때 전체 원목의 생산량이 구해져야 한다. 표에서 이를 활용해보면 소나무의 생산량은 약 40만이고 여기에 4배가 약간 넘는 수치를 곱한다면 전체 합은 대략 160만 정도가 된다. 그러나 2009년 각 수종의 생산량을 어림해서 보아도 160만은 훨씬 넘는다는 것을 알 수 있다. 따라서 2009년 소나무의 구성비는 23.1%보다 작다는 것을 이끌어낼 수 있으며 2011년의 비중이 2009년보다 크다는 것을 알 수 있다.

[오답분석]

ㄴ. '기타'를 제외하고 2006 ~ 2011년 동안 원목생산량이 매년 증가한 수종은 낙엽송과 참나무 2개이므로 옳지 않은 내용이다.

ㄷ. 2010년 잣나무 원목생산량(12.8m³)의 6배는 76.8m³으로 참나무 원목생산량(76.0m³)보다 크다. 따라서 옳지 않은 내용이다.

14

ㄴ. 같은 항목 내에서는 지수의 감소율과 실수치의 감소율이 동일하다. 따라서 1837년의 인구지수가 1789년 대비 증가한 한성과 경기를 제외한 나머지 지역을 보면, 평안 지역의 감소율이 30%를 넘어 나머지 지역의 감소율을 압도한다. 따라서 옳은 내용이다.

ㄷ. 곱셈비교를 통해 1864년의 인구를 비교하면 경상 지역(=425×358)의 인구가 가장 많다는 것을 알 수 있다.

[오답분석]

ㄱ. 1753년 강원 지역 인구를 계산하기 위해 각주의 첫 번째 산식을 변형하여 구하면 (724×54,000)/100=390,960명이므로 1648년 전라 지역 인구(432,000명)보다 적다. 따라서 옳지 않다.

ㄹ. 1904년이라는 동일한 연도 내에서의 비교이므로 굳이 1904년의 전체 인구를 계산할 필요는 없고 경기 지역의 인구와 함경 지역의 인구를 비교하면 된다. 이에 따르면 경기 지역 인구는 81×831,100(=약 67만 명)이고, 함경 지역 인구는 69×1,087,100(=약 75만 명)이므로 전자가 후자보다 작다. 따라서 옳지 않다.

15

ㄱ. 2010년 한국의 섬유수출액(126억 달러)과 인도의 섬유수출액(241억 달러)의 차이는 100억 달러를 넘으므로 옳은 내용이다.

ㄴ. 세계 전체의 섬유수출액은 (한국의 섬유수출액)÷(한국의 수출액 비중)으로 구할 수 있다. 따라서 2006년 세계 전체의 섬유수출액은 177÷0.05＝3,540억 달러이며, 2010년은 표 1에서 6,085억 달러로 주어져 있으므로 후자가 전자의 2배 이하임을 알 수 있다.

ㄹ. 2010년 세계 전체 의류수출액은 3,515억 달러로서 이의 50%는 약 1,800억 달러이다. 중국의 의류수출액은 1,542억 달러로 이에 미치지 못하므로 옳은 내용이다.

[오답분석]

ㄷ. 2010년 한국 원단수출액의 전년 대비 증가율을 구하면 약 22%이고, 의류수출액의 전년 대비 증가율은 약 14%이므로 둘의 차이는 10%p에 미치지 못한다. 따라서 옳지 않다.

16

표의 빈칸을 각주의 산식을 이용하여 채워 넣으면 다음과 같다.

(단위 : %)

구분 \ 국가	A	B	C	D	E
국민부담률	38.9	34.7	49.3	(52.0)	62.4
사회보장부담률	(15.9)	8.6	10.8	22.9	24.6
조세부담률	23.0	26.1	(38.5)	29.1	37.8
재정적자 비율	8.8	9.9	6.7	1.1	5.1
잠재적부담률	47.7	(44.6)	56.0	53.1	(67.5)

ㄴ. 공채의존도가 가장 낮은 국가는 D(15.8%)이며 국민부담률이 두 번째로 높은 국가 역시 D(52.0%)이므로 둘은 일치한다.

ㄹ. 잠재적부담률이 가장 낮은 국가는 B(44.6%)이므로 옳은 내용이다.

[오답분석]

ㄱ. 잠재적부담률이 가장 높은 국가는 E(67.5%)이며 조세부담률이 가장 높은 국가는 C(38.5%)이므로 둘은 일치하지 않는다.

ㄷ. 사회보장부담률이 가장 높은 국가는 E(24.6%)이며 공채의존도가 가장 높은 국가는 A(47.8%)이므로 둘은 일치하지 않는다.

빈칸이 등장하는 문제를 해결하는 하나의 팁은 빈칸을 먼저 채우는 것이다. 왜냐하면 이런 류의 선택지는 결국 그 빈칸이 어떤 수치인지가 정오를 판별하는 데에 결정적인 역할을 할 수밖에 없기 때문이다. 이 문제는 단순히 덧셈과 뺄셈으로만 이루어졌기에 정확한 수치를 구할 수 있지만, 설사 그렇지 않더라도 대략적으로라도 수치를 미리 채워놓는 것이 좋다.

17

ㄴ. 2013년 제조용 로봇의 평균단가는 개당 54.6천 달러이고 이의 3배는 160을 넘는다. 그런데 전문 서비스용 로봇의 평균단가는 개당 159.0천 달러이므로 이에 미치지 못한다. 따라서 옳은 내용이다.

ㄷ. 전문 서비스 분야는 건설, 물류, 의료, 국방의 4개 분야이며 이 4개 분야의 구성비의 합은 50%이므로 옳은 내용이다.

[오답분석]

ㄱ. 2013년 전체 로봇 시장규모는 15,000백만 달러이며 이의 70%는 10,500백만 달러이다. 그런데 제조용 로봇 시장규모는 9,719백만 달러로서 이에 미치지 못한다. 따라서 옳지 않은 내용이다.

ㄹ. 가사 분야와 여가 분야의 로봇 시장규모는 매년 증가하였으나, 교육 분야는 매년 감소하고 있으므로 옳지 않은 내용이다.

18

평가방법에 따라 각각의 묘목의 건강성 평가점수를 구하면 다음과 같다.

A	B	C
$(0.7 \times 30) + \left(\dfrac{15}{9} \times 30\right) + (0 \times 40) = 71$	$(0.7 \times 30) + \left(\dfrac{9}{12} \times 30\right) + (1 \times 40) = 83.5$	$(0.7 \times 30) + \left(\dfrac{17}{17} \times 30\right) + (1 \times 40) = 91$
D	**E**	
$(0.9 \times 30) + \left(\dfrac{12}{18} \times 30\right) + (0 \times 40) = 47$	$(0.8 \times 30) + \left(\dfrac{10}{15} \times 30\right) + (1 \times 40) = 84$	

따라서 평가점수가 두 번째로 높은 묘목은 E이고, 가장 낮은 묘목은 D이다.

19

두 번째 그래프에서 그래프 상으로 증가율이 크게 나타나는 것은 3월과 5월인데 전월 대비 3월의 개최건수는 46건이 많은 반면, 전월 대비 5월의 개최 건수는 35건이 많아 증가율도 3월이 가장 크다고 판단할 수 있다. 직접 증가율을 계산해도 되겠지만 이렇게 수치적 감각을 이용해 빠르게 판별하는 것이 효율적이다.

오답분석

② 직접 계산할 필요 없이 두 번째 그래프에서 분기별로 첫 번째로 개최 건수가 많은 달과 두 번째로 많은 달, 마지막으로 세 번째로 많은 달이 각각 9월과 8월, 7월보다 적다. 따라서 전체 합은 3/4분기가 가장 많을 수밖에 없다.

③ 영상회의 개최 건수가 가장 많은 지역은 전남(442건)이므로 옳은 내용이다.

④ 인천과 충남에서 개최한 영상회의 건수는 총 119건이며, 9월의 전국 영상회의 개최 건수는 120건이다. 그런데 인천과 충남이 모두 9월에 영상회의를 개최하였다고 하였으므로 남은 1건은 다른 지역이 되어야 한다. 따라서 9월에 영상회의를 개최한 지역은 모두 3개다.

⑤ 첫 번째 그래프에서 시각적으로 판단하더라도 전남과 전북, 강원의 합은 전체의 50%를 넘는다는 것을 확인할 수 있다. 수치로 판단하더라도 전국의 영상회의 개최 건수는 1,082건으로 이의 절반은 541인데, 이미 전남의 개최 건수가 442건이어서 전북과 강원의 합이 99건만 넘으면 이 세 지역의 합이 전체의 절반을 넘게 된다. 전북(93건)과 강원(76건)의 합은 이를 월등히 초과하므로 옳은 내용이다.

20

26 ~ 30세 응답자 전체(51명)의 15%는 7.65명인데 4회 이상 방문한 응답자 수는 7명이므로 이에 미치지 못한다. 따라서 옳다.

오답분석

① 20 ~ 25세의 인원이 총 53명인데 이를 2배로 계산하더라도 106에 불과하여 전체 인원수인 113명에 미치지 못한다. 따라서 전체 응답자에서 차지하는 비율은 50% 미만이다.

③ 만약 방문 횟수가 2 ~ 3회인 여성이 모두 3회 방문했고, 4 ~ 5회인 여성도 모두 5회 방문했다고 가정하면 평균 방문 횟수는 2회를 훌쩍 넘는다. 따라서 옳지 않다.

④ 전체 응답자(113명)의 50%는 56.5명인데 학생 또는 공무원인 응답자 수는 51명이어서 이에 미치지 못한다. 따라서 옳지 않다.

⑤ 자료에서 특별한 제한이 없는 상황이다. 따라서 전문직 응답자의 수는 총 7명인데 이 인원이 모두 20 ~ 25세에 해당한다면 전체에서 차지하는 비율은 약 6%가 될 수 있으므로 옳지 않다.

21

ㄱ. 전남의 논 가뭄 피해면적은 59,953ha로서 제일 크며, 밭 가뭄 피해면적도 33,787ha로 가장 크다.

ㄷ. 전체 논 재배면적이 1,145,095ha이므로 이의 10%는 114,509ha이며 이의 절반은 약 57,000ha이다. 따라서 전체 논 재배면적의 15%는 약 171,000ha가 되는데, 이는 전체 논 가뭄 피해면적인 147,890ha보다 크다. 따라서 전체 논 재배면적 대비 전체 논 가뭄 피해면적 비율은 15%에 미치지 못한다.

ㄹ. 직접 계산해볼 필요 없이 경남의 피해면적은 재배면적의 10%에 미치지 못하지만 경북은 10%를 넘는다. 따라서 경북의 비율이 경남보다 크다.

오답분석

ㄴ. 논 가뭄의 경우 전체 피해 발생 기간이 7.11부터 8.9까지인데 전남의 피해 발생 기간이 이와 동일하다. 따라서 다른 지역을 살펴볼 것도 없이 가장 피해 기간이 길다(이 문제는 해당하지 않지만 전체 피해 기간과 전남의 피해 기간이 같으므로 전남은 최소한 공동 1위가 되는 것이다). 같은 논리로 밭 가뭄의 경우는 전체 피해 발생 기간과 경남의 피해 발생 기간이 같으므로 경남의 피해 기간이 가장 길다.

22

어림해보면 쌀의 증가율은 약 8%, 보리의 증가율은 약 7%인 데 반해, 밀의 증가율은 30%를 넘는 상황이므로 옳지 않은 내용이다.

오답분석

① 구체적인 수치를 계산할 필요 없이 쌀, 밀, 귀리의 그래프로 판단해보면 감소폭은 비슷하지만 2011년 귀리의 재배면적이 가장 작은 상태이므로 감소율은 가장 클 것이라는 것을 알 수 있다. 따라서 옳은 내용이다.

③ 재배면적이 큰 농작물부터 나열할 때, 쌀, 밀, 귀리, 보리 순서인 해는 2010년과 2011년의 두 번뿐이므로 옳은 내용이다.

④ 구체적인 수치를 계산할 필요 없이 시각적으로 판단이 가능하다. 그림에 의하면 2011년의 보리와 밀의 재배면적의 차이가 가장 크고, 2009년이 가장 작으므로 옳은 내용이다.

⑤ 2011년과 2012년을 비교할 때, 보리의 재배면적은 증가하고 밀의 재배면적이 감소한 지역은 C, E, F의 3개이므로 옳은 내용이다.

23

ㄱ. 국가 빈곤율 대비 65세 이상 독거가구의 빈곤율은 자료에서 해당 국가의 점과 원점을 연결하는 직선의 기울기를 의미한다. 따라서 기울기가 가장 큰 G가 해당 비율이 가장 크므로 옳은 내용이다.

ㄷ. 만약 L국가의 여성인구와 남성인구가 동일하다면 65세 이상 독거가구 빈곤율은 22.65%가 되어야 할 것이다. 하지만 실제 빈곤율은 이보다 남성(18.5%) 쪽으로 조금 치우친 22.4%이므로 남성의 인구가 조금 더 많다는 것을 알 수 있다.

오답분석

ㄴ. 65세 이상 독거가구 빈곤율이 국가 빈곤율보다 낮은 국가는 B와 D의 2개이므로 옳지 않은 내용이다.

24

ㄱ. 2005년의 경우 분모가 되는 극장 수가 감소하고 분자가 되는 스크린 수가 증가하였으므로 극장 1개당 스크린 수는 증가하였으며, 2006년의 경우 극장 수는 전년 대비 약 6.6% 증가한 반면, 스크린 수는 전년 대비 약 14% 증가하였으므로 극장 1개당 스크린 수는 증가하였다. 따라서 옳은 내용이다.

ㄴ. 2012년 극장 수의 전년 대비 증가율은 약 7.5%이고 스크린 수 증가율은 약 5.4%이므로 옳은 내용이다.

오답분석

ㄷ. 2012년 한국영화를 시장점유율 순으로 나열했을 때 3위를 차지하는 것은 D등급인 반면, 외국영화의 경우는 A등급이므로 옳지 않은 내용이다.

ㄹ. 2012년 외국영화 개봉편수가 한국영화 개봉편수의 3배 이상인 등급은 A와 E의 2개이므로 옳지 않은 내용이다.

25

월별 증가율을 직접 계산할 필요 없이 배수를 어림해보면 3월의 경우 2월에 비해 2배 이상 증가한 상태이지만 다른 월은 모두 2배 이하로 증가한 상태이다. 따라서 옳은 내용이다.

오답분석

① 1월의 학교폭력 신고 건수를 직접 계산할 필요 없이 그래프 2의 비율 자체를 비교하면 학부모의 비율은 55%인 데 반해 학생 본인은 28%로서 학부모의 절반을 넘는다. 따라서 학부모의 신고 건수는 학생 본인의 신고 건수의 2배 미만이다.

② 학부모의 신고 비율은 매월 감소하고 있으나, 전체 건수는 매월 증가하고 있다. 그런데 3월의 경우 전체 신고 건수는 2배 이상 증가한 반면, 동월 학부모의 신고 비율은 약 10% 정도의 감소율만을 보였다. 따라서 이 둘을 서로 곱한 학부모의 신고 건수는 증가하였음을 알 수 있다.

④ 1월의 학생 본인의 학교폭력 신고 건수는 600건×28%, 4월은 3,600건×59%인데, 1월이 4월의 10% 이상이라고 하였으므로 (600건×28%)>(360건×59%)가 성립하는지를 파악하면 될 것이다. 이를 곱셈비교의 원리를 이용해 살펴보면, 59는 28의 2배를 넘는 데 반해 600은 360의 2배에 미치지 못하고 있다. 따라서 우변이 더 크므로 옳지 않은 내용이다.

⑤ 자료는 신고된 학교폭력 건수를 보여주고 있을 뿐이지 학교폭력 발생 건수 자체를 나타내는 것이 아니므로 옳지 않다.

26

정답 ③

두 그래프를 결합하여 분기별 영업팀별 매출액을 구하면 다음과 같다.

(단위 : 억 원)

분기 영업팀	1분기	2분기	3분기	4분기	합계
A	5	10	30	30	75
B	10	20	20	80	130
C	15	20	25	30	90
D	20	50	25	60	155
합계	50	100	100	200	450

따라서 연매출액이 가장 많은 팀은 D팀(155억 원)이며, 가장 적은 팀은 A팀(75억 원)이다.

27

정답 ②

ㄱ. 자료에 의하면 2005년 이후 항공기사고 발생 건수는 2005년(2건), 2006년(4건), 2007년(7건), 2008년(9건)으로 매년 증가하고 있다.

ㄷ. 자료에 의하면 총 항공기사고 발생 건수가 58건이므로 이의 60%는 34.8건인데, 순항단계(22건)와 착륙단계(17건)의 항공기사고 발생 건수의 합은 39건이므로 옳은 내용이다.

오답분석

ㄴ. 자료에 의하면 비행단계별 항공기사고 발생 건수가 많은 것부터 순서대로 나열하면 순항(22건), 착륙(17건), 상승(7건), 접근(6건)이므로 상승단계와 접근단계의 순위가 바뀌었다.

ㄹ. 자료에 따르면 2006년의 경우 2005년에 비해 100% 증가하였으나, 2007년과 2008년은 모두 전년에 비해 100% 미만으로 증가하였음을 확인할 수 있다.

선택지 ㄱ이 맞고 ㄴ이 틀리다는 것을 확인했다면 선택지 구성상 선택지 ㄷ은 굳이 판단할 필요가 없었다. 다른 과목들도 마찬가지이지만 ㄱ, ㄴ형 문제의 경우 정오가 판별되는 즉시 선택지를 확인하여 반드시 경우의 수를 최소화시켜야 한다.

28

$\dfrac{(\text{서비스업 투자 건수})}{(\text{전체 투자 건수})}$ = (서비스업 투자 비율)이므로 전체 투자 건수는 $\dfrac{(\text{서비스업 투자 건수})}{(\text{서비스업 투자 비율})}$임을 알 수 있다. 이에 따르면 2009년

외국기업 국내 투자 건수는 $\dfrac{680}{65.9}$이며, 2010년은 $\dfrac{687}{68.7}$임을 알 수 있는데 후자는 10인 반면 전자는 10보다 크다는 것을 확인할 수 있다. 따라서 외국기업 국내 투자 건수는 2010년이 2009년보다 적다.

오답분석

② 별다른 해결방법이 없는 선택지이므로 직접 계산하면 2008년 외국기업의 국내 투자 건수는 약 844건$\left(≒\dfrac{572}{0.678}\right)$이며, 국내 농·축·수산·광업에 대한 투자 건수는 약 50건(≒844×0.059)이므로 옳지 않다.

③ 2010년 제조업이 차지하는 비율은 2009년 17.1%에서 13.6%로 감소하였으므로 옳지 않은 내용이다.

④ 2008년에 농·축·수산·광업이 4위를 기록했으나 2009년에는 전기·가스·수도·건설업이 4위를 기록하였으므로 옳지 않은 내용이다.

⑤ 분모가 되는 투자 건수는 2010년 687건으로 2009년에 비해 증가하였으나 분자가 되는 투자금액은 1,264백만 달러로 2009년 대비 감소하였다. 따라서 2010년 투자 건당 투자금액은 감소하였으므로 옳지 않은 내용이다.

29

정답 ③

먼저 첫 번째 그래프에서 변리사 A의 전체 특허출원 건수가 30건이라고 하였고 세 번째 그래프에서 A의 2010년의 구성비가 20%, 2011년이 80%라고 하였으므로, 변리사 A의 2010년 건수는 6건이고, 2011년은 24건임을 알 수 있다.

다음으로 첫 번째 그래프에서 변리사 A와 B의 2년간의 특허출원 건수의 총합이 45건임을 알 수 있으며, 두 번째 그래프에서 이 중 2010년의 구성비가 20%, 2011년이 80%라고 하였으므로, 2010년 A와 B의 특허출원 건수는 9건, 2011년은 36건임을 알 수 있다.

마지막으로 2010년 변리사 A의 특허출원 건수가 6건이라고 하였으므로 변리사 B의 건수는 3건임을 이끌어낼 수 있으며, 변리사 B의 2년간 총 출원 건수가 15건이므로 2011년의 출원 건수는 12건임을 알 수 있다. 따라서 2011년 변리사 B의 특허출원 건수(12건)는 2010년 건수(3건)의 4배이다.

30

정답 ②

입장료와 사우나 유무에 따른 피트니스 클럽의 이용객 선호도를 정리하면 다음과 같다.

입장료	사우나	선호도
5,000원	유	4.0+3.3=7.3
	무	4.0+1.7=5.7
10,000원	유	3.0+3.3=6.3
	무	3.0+1.7=4.7
20,000원	유	0.5+3.3=3.8
	무	0.5+1.7=2.2

따라서 이용객 선호도가 세 번째로 큰 조합은 '입장료가 5,000원'이고 '사우나가 없는' 조합임을 알 수 있다.

31

정답 ②

㉠ 의약품의 특허출원은 2008년부터 2010년까지 매년 감소하고 있으므로 옳은 내용이다.

㉢ 2010년 원료의약품 특허출원 건수가 500건이고 이의 20%가 100건인데 다국적기업이 출원한 것은 103건으로 이보다 많다. 따라서 옳은 내용이다.

오답분석

㉡ 2010년 전체 의약품 특허출원의 30%는 약 1,400건인 데 반해 기타 의약품 출원은 1,220건에 불과하므로 옳지 않은 내용이다.

ⓔ 두 번째 표를 통해서는 다국적기업이 출원한 원료의약품 특허출원이 몇 건인지를 알 수 있지만 이 중 다이어트제가 얼마나 되는지는 알 수 없다. 세 번째 표는 다국적기업에 국한된 것이 아닌 전체 기업을 대상으로 한 집계결과이다.

32

정답 ⑤

ㄴ. 자료에 의하면 2005년부터 2009년까지 두 항목의 증감방향은 감소 – 증가 – 감소 – 증가의 동일한 형태로 나타나고 있으므로 옳은 내용이다.

ㄷ. 자료에 의하면 정부산하단체에 복무하는 공익근무요원의 수는 2004년 6,135명이며 2009년에는 이보다 2,000명 이상 감소한 4,194명이다. 그런데 2004년 인원수인 6,135명의 30%는 1,800명을 조금 넘는 수준이므로 감소율은 30%보다 크다는 것을 알 수 있다.

ㄹ. 2005년 전체 공익근무요원 수는 2004년에 비해 감소하였는데 지방자치단체 항목을 제외한 나머지 항목들의 비중은 증가하는 모습을 보이고 있다. 이것은 이 항목들의 감소율은 최소한 전체 감소율보다는 적다는 것을 의미하며, 유일하게 비중이 감소한 지방자치단체 항목은 전체 감소율보다 더 큰 감소율을 보였다는 것을 알 수 있다. 따라서 이를 종합하면 지방자치단체 소속의 공익근무요원 수의 감소율이 가장 낮았다고 할 수 있다.

오답분석

ㄱ. 자료에 의하면 기타 기관에 복무하는 공익근무요원의 비중은 2004년부터 2008년까지 매년 증가하였지만 2009년은 전년 대비 0.6%p 감소하였다. 따라서 옳지 않다.

33

정답 ②

ㄱ. A은행의 2008년 총자산 대비 이자수익 비율은 2.9%이며, B은행은 6.1%이므로 A은행이 B은행의 절반에 미치지 못한다.

ㄹ. A은행의 영업수익에서 이자수익이 차지하는 비중은 2004년에 51.1%이었으며 2008년에는 55.3%이므로 4.2%p 증가하였다. 따라서 옳은 내용이다.

오답분석

ㄴ. 각주에서 영업수익은 이자수익과 비이자수익으로 구성되어 있다고 하였으므로 '(총자산 대비 비이자수익비율)=(총자산 대비 영업수익비율)－(총자산 대비 이자수익비율)'로 나타낼 수 있다. 따라서 시중은행 평균은 2.0%이고 A은행은 2.3%이므로 A은행이 더 크다.

ㄷ. 2005년부터 2007년까지 A은행 영업수익의 전년 대비 증가율은 매년 10%를 상회하였으나 2008년의 경우는 그에 미치지 못하므로 옳지 않다.

34

정답 ⑤

ㄱ. 전체교통사고는 2008년 220천 건, 2009년 214천 건, 2010년 213천 건으로 매년 감소하고 있으므로 옳은 내용이다.

ㄷ. 선택지에서 구하고자 하는 것은 $\frac{(음주교통사고)}{(전체교통사고)}$이나 시각적으로 주어진 표와 반대로 되어 있으므로 $\frac{(전체교통사고)}{(음주교통사고)}$가 가장 낮은 해가 2010년인지를 확인해 보도록 하자. 2010년과 비교할 때 2006, 2008, 2009년은 분모가 더 작고 분자도 더 크므로 이 값이 2010년보다 더 크다는 것을 알 수 있다. 또한 2007년은 이 값이 8에 약간 미치지 못하나 2010년은 7을 조금 넘는 수준이다. 따라서 분수 값이 가장 작은 값은 2010년이며 결국 전체교통사고 발생 건수 중 음주교통사고 발생 건수의 비중은 2010년이 가장 높았음을 알 수 있다.

ㄹ. 그림에서 3분기와 4분기의 비중이 1분기와 2분기에 비해 크다는 것을 확인할 수 있으며 7월과 11월은 10.1%로, 9월과 10월은 9.4%로 동일하다. 따라서 8월(8.5%)과 12월(7.9%)을 비교하면 3분기와 4분기의 대소비교가 가능하게 되므로 3사분기의 발생 건수가 가장 많았음을 알 수 있다.

오답분석

ㄴ. 2010년 음주교통사고는 30천 건이며 2006년은 25천 건이므로 둘의 차이는 5천 건이다. 하지만 2006년 음주교통사고 건수의 30%는 이보다 큰 7.5천 건이므로 증가율은 30%에 미치지 못한다.

35

ㄱ. 회원기금원금은 2007년과 2008년에 전년에 비해 각각 감소하였으므로 옳지 않은 내용이다.

ㄷ. 2010년 회원급여저축총액은 37,952억 원인 데 반해 회원급여저축원금은 26,081억 원으로 50%를 훨씬 넘는다. 따라서 회원급여저축총액의 또 다른 구성요소인 누적이자총액의 비중은 50%에 한참 미치지 못하므로 옳지 않다.

[오답분석]

ㄴ. 공제회 회원 수가 가장 적은 해는 2008년(159,398명)이며, 목돈수탁원금이 가장 적은 해는 역시 2008년(6,157억 원)이다. 따라서 옳은 내용이다.

ㄹ. 1인당 평균 계좌 수가 가장 많은 해는 2010년(70.93개)이며 회원기금원금이 가장 많은 해도 2010년(38,720억 원)이다. 따라서 옳은 내용이다.

36

ㄴ. 20대와 30대 각각에서 TV 광고 평균 시청률이 높은 순서대로 나열하면 모두 A, B, C, D이므로 옳은 내용이다.

ㄷ. 회사별로 전체 광고비에서 신문과 잡지를 합한 광고비의 비율을 계산해보면 D가 약 44%로 가장 크므로 옳은 내용이다.

[오답분석]

ㄱ. 각 회사가 10월 한 달간 집행한 매체별 광고비를 살펴보면, 모든 회사에서 TV, 신문, 잡지의 순서로 지출하였으므로 이들은 별도의 계산이 필요 없다. 그러나 라디오와 인터넷은 회사에 따라 순서가 다르므로 직접 계산해 보면 라디오의 광고비는 69백만 원이고, 인터넷의 광고비는 43백만 원으로 라디오의 광고비가 더 많다. 따라서 옳지 않은 내용이다.

ㄹ. 회사별로 TV 광고 1회 집행에 든 광고비를 계산해 보면 D가 5.14백만 원으로 가장 적으므로 옳지 않은 내용이다.

37

ㄱ. 2005년의 경우 소비와 수출의 부가가치유발계수는 2004년에 비해 감소하였으므로 옳지 않은 내용이다.

ㄹ. 2007년 소비 부가가치유발계수의 2006년 대비 증가폭과 수출 부가가치유발계수의 증가폭은 동일하나, 2006년의 계수가 다르므로 증가율은 같을 수 없다. 따라서 옳지 않은 내용이다.

[오답분석]

ㄴ. 항목별 고용유발계수는 2006년 이후 2010년까지 감소하고 있음을 알 수 있으므로 옳은 내용이다.

ㄷ. 2008년과 비교해서 2010년 수출 고용유발계수의 감소폭(3.2)은 소비(2.4)나 투자(1.0)의 고용유발계수의 감소폭보다 크므로 옳은 내용이다.

38

2001년의 경우 아시아 애니메이션 시장규모(14십억 달러)는 세계 애니메이션 시장규모(60십억 달러)의 약 23%에 그치고 있으므로 옳지 않은 내용이다.

[오답분석]

② 2005년 3D 애니메이션 산업 시장규모의 2001년 대비 증가율은 4배를 넘는 반면, 세계 애니메이션 산업 전체 시장규모 증가율은 3배에도 미치지 못하므로 옳은 내용이다.

③ 2003년의 경우 북미와 유럽의 애니메이션 시장규모의 합(70십억 달러)은 세계 애니메이션 시장규모(100십억 달러)의 70%이므로 옳은 내용이다.

④ 2002년 이후 세계 애니메이션 시장규모의 전년 대비 증가율을 구하면 2002년 약 28%, 2003년 약 30%, 2004년 27%, 2005년 약 31%이므로 매년 25% 이상 증가하였다. 따라서 옳은 내용이다.

⑤ 2001년부터 2005년까지 세계 애니메이션 시장에서 산업별 시장 규모의 순위를 판단해보면 매해 '2D 애니메이션 - 3D 애니메이션 - 웹 애니메이션 - 기타' 순서임을 알 수 있으므로 옳은 내용이다('기타'는 하나의 산업으로 판단하여 풀이하였다).

39

ㄴ. 대형화재로 인한 사망자 수가 가장 적었던 해는 2008년인데 그 해에는 유류로 인한 대형화재가 73건으로 가장 많았으므로 옳은 내용이다.

ㄹ. 2007년의 경우 대형화재로 인한 사상자가 1,284명으로 가장 많았으므로 옳은 내용이다.

[오답분석]

ㄱ. 2008년 이후 대형화재 한 건당 부상자 수는 2008년 2.2명, 2009년 2.1명, 2010년 2.3명으로 2010년에 증가하였으므로 옳지 않은 내용이다.

ㄷ. 2008년의 경우 기타의 원인으로 인한 대형화재는 21건, 담뱃불로 인한 대형화재는 28건, 불티로 인한 대형화재는 30건이었으므로 옳지 않은 내용이다('기타' 항목은 하나의 원인으로 판단하여 풀이하였다).

40

2005년 41 ~ 60세의 여자 연구책임자의 수는 1,277명이고, 이학 또는 인문사회를 전공한 여자 연구책임자의 수는 1,245명이므로 이 두 그룹이 서로 중첩되지 않기 위해서는 전체 여자 연구책임자의 수가 2,522명 이상이 되어야 한다. 그런데 전체 여자 연구책임자의 수가 2,339명이라고 하였으므로 적어도 183명(=2,522-2,339)은 이학 또는 인문사회를 전공한 41 ~ 60세의 여자 연구책임자여야 한다. 따라서 옳지 않은 내용이다.

[오답분석]

① 31 ~ 40세의 연구책임자 수와 51 ~ 60세의 연구책임자 수의 차이는 2003년이 626명이고, 2005년이 417명이므로 옳은 내용이다.

③ 2003년 ~ 2005년 사이 전체 연구책임자 수는 19,633명, 21,227명, 21,473명으로 지속적으로 증가하였으므로 옳은 내용이다.

④ 2004 ~ 2005년 사이 21 ~ 30세의 연구책임자 수의 증가폭을 계산해보면 여자가 161명으로 남자의 67명보다 더 많이 증가하였으므로 옳은 내용이다.

⑤ 2005년 41 ~ 50세 남자 연구책임자의 수는 9,813명이고, 공학 전공인 남자 연구책임자의 수는 11,680명이므로 두 그룹이 서로 중첩되지 않기 위해서는 전체 남자 연구책임자의 수가 21,493명 이상이 되어야 한다. 그런데 전체 남자 연구책임자의 수가 19,134명이라고 하였으므로 적어도 2,359명(=21,493-19,134)은 공학을 전공한 41 ~ 50세의 남자 연구책임자여야 한다. 따라서 옳은 내용이다.

|02| 심화문제

01	02	03	04	05	06														
⑤	③	③	③	④	①														

01

ㄴ. 제시된 표는 실수치가 아닌 비율수치라는 점에 주의해야 한다. '직위불안' 항목에서 '낮음'으로 응답한 비율은 사무직이 생산직에 비해 약 10%정도 높지만, 실제 근로자의 수는 생산직이 사무직보다 약 50%가량 많다는 점을 감안하면 생산직의 '직위불안-낮음'의 인원 수가 사무직보다 더 많을 것이라는 것을 계산 없이도 판단할 수 있다. 실제 계산해보면 생산직 근로자의 수(약 31명)가 사무직 근로자의 수(약 24명)보다 더 많다.

ㄹ. ㄴ과 같은 논리로 사무직 근로자의 '보상부적절-높음'의 비율이 생산직 근로자에 비해 10% 미만으로 크지만, 실제 근로자의 수는 생산직이 사무직보다 약 50%가량 많으므로 역시 옳은 내용임을 판단할 수 있다.

오답분석

ㄱ. 직접 계산하기 보다는 눈어림으로 판단해보더라도 '직위불안' 항목과 '관계갈등' 항목의 경우는 생산직 근로자의 '높음'으로 응답한 비율이 더 높으므로 옳지 않은 내용이다.

ㄷ. '관계갈등' 항목에서 '매우 높음'으로 응답한 생산직 근로자의 비율과 '매우 낮음'으로 응답한 비율의 차이는 약 9%p이므로 이를 전체 생산직 근로자의 수에 곱하면 약 12명으로 계산된다. 따라서 옳지 않은 내용이다.

02

정답 ③

ㄱ. 2016년에 출생한 인구는 2018년 현재 나이가 2세인 인구를 가리키므로 A, B 지역 인구의 합은 194,646명(=119,772+74,874)이다. 그리고 2015년에 출생한 인구는 2018년 현재 나이가 3세인 인구를 가리키므로 A, B지역 인구의 합은 193,744명(=120,371+73,373)이므로 2016년에 출생한 인구의 합이 더 크다. 따라서 옳은 내용이다.

ㄹ. 2019년의 C지역 6 ~ 11세 인구의 합은 2018의 5 ~ 10세의 합과 같다. 따라서 선택지는 2018년의 C지역 5 ~ 10세의 합과 6 ~ 11세의 합을 비교하는 것과 같다. 이를 살펴보면 6 ~ 10세는 공통적으로 포함되는 부분이므로 결과적으로 5세의 인구와 11세의 인구 중 어느 것이 더 큰가를 비교하면 되는데 5세의 인구는 3,627명이고 11세의 인구는 2,905명이므로 전자가 더 크다. 따라서 2018년 5 ~ 10세의 합, 즉 2019년 6 ~ 11세의 합이 더 크다는 것을 알 수 있으며 이는 해당 범위의 인구의 합이 2018년 대비 2019년에 증가했다는 것을 의미한다. 따라서 옳은 내용이다.

오답분석

ㄴ. 2017년의 0 ~ 11세 인구는 2018년의 1 ~ 12세 인구를 가리키지만 주어진 자료에서는 2018년 12세의 인구를 알 수 없다. 따라서 옳지 않은 내용이다.

ㄷ. 2018년 5세 인구가 가장 많은 지역은 A(131,257명)이지만, 5세 인구 대비 0세 인구의 비율이 가장 높은 지역은 B(92.1%)이므로 둘은 같지 않다. 따라서 옳지 않은 내용이다.

03

정답 ③

모든 메인 메뉴들의 단백질 함량이 포화지방의 2배 이상이므로 서로 다른 두 메인 메뉴를 한 단위씩 주문할 때, 총 단백질 함량은 항상 총 포화지방 함량의 2배 이상이 될 수밖에 없다. 따라서 옳은 내용이다.

오답분석

① 새우버거의 중량 대비 열량의 비율은 약 $2\left(≒\dfrac{395}{197}\right)$이지만, 칠리버거는 2에 미치지 못하므로 새우버거의 비율이 가장 낮은 것은 아니다. 따라서 옳지 않은 내용이다.

② 당은 g단위로, 나트륨은 mg단위로 표시되어 있음에 주의해야 한다. 1g은 1,000mg이므로 표 1에서 주어진 당수치에 1,000을 곱한 수치와 나트륨의 수치를 비교하면 나트륨 함량이 당 함량의 50배 이상인 메뉴는 없음을 알 수 있다. 따라서 옳지 않은 내용이다.

④ 모든 스낵 메뉴의 단위당 중량 합은 229g(=114+68+47)인데, 메인 메뉴 중 베이컨버거의 단위당 중량은 242g으로 이보다 더 크다. 따라서 옳지 않은 내용이다.

⑤ 메인 메뉴 중 가장 열량이 낮은 햄버거(248kcal)와 스낵 메뉴 중 가장 열량이 낮은 조각치킨(165kcal)를 선택한다면 이 둘의 열량의 합은 413kcal가 된다. 여기에 오렌지주스(84kcal)를 추가하더라도 총 열량은 497kcal에 그치므로 여전히 500kcal 이하이다. 따라서 옳지 않은 내용이다.

04

정답 ③

업무단계별 총 처리비용을 계산하면 다음과 같다.
- 접수확인 : 500×54=27,000원
- 서류심사 : 2,000×20=40,000원
- 직무능력심사 : 1,000×38=38,000원
- 학업성적심사 : 1,500×16=24,000원
- 합격여부통지 : 400×54=21,600원

따라서 총 처리비용이 두 번째로 큰 업무단계는 직무능력심사(38,000원)이다.

05

ㄱ. 2007년 대구 지역의 볼거리 발병 환자 수는 2006년 205명, 2007년 2,128명으로 10배 이상이므로 옳은 내용이다.

ㄴ. 2007년에 볼거리 발병 환자 수가 전년 대비 3배 이상인 지역은 대구(약 10.4배), 광주(약 3.7배), 대전(약 7.2배)이므로 옳은 내용이다.

ㄷ. 자료에서 2007년 1 ~ 2월의 비중이 5%임과, 표에서 이에 해당하는 수치가 119명임을 알 수 있다. 따라서 이를 비례식으로 풀면 2008년 대구 지역 볼거리 발병 환자 수는 2,380명(=119×20)으로 계산되므로 2007년의 2,128명보다 더 많게 된다. 따라서 옳은 내용이다.

[오답분석]

ㄹ. 제시된 자료로는 지역별 인구를 알 수 없으므로 옳지 않은 내용이다.

06

2006년과 2010년 모두 출마한 후보자는 병과 무인데, 이 두 후보의 경우 부재자 득표 수를 제외할 때, A ~ E 5개 읍면에서의 득표 수는 2006년에 비해 2010년에 모두 증가하였으므로 옳은 내용이다.

[오답분석]

ㄱ. 2010년의 경우에는 부재자 투표에서 1위를 차지한 후보(무, 619표)가 전체 득표 수에서도 1위를 차지했지만 2006년의 경우는 부재자 투표에서 1위를 차지한 후보(병, 168표)와 전체 득표 수에서 1위를 차지한 후보(무, 4,597표)가 다르므로 옳지 않은 내용이다.

ㄷ. 2006년 선거에서 정은 A읍 출신이지만 E면에서 가장 많은 표를 얻었고, 2010년 선거에서 무는 A읍 출신이지만 E면에서 가장 많은 표를 얻었다. 따라서 옳지 않은 내용이다.

ㄹ. 두 기간의 총 유권자 수가 25,000명으로 동일하고 투표율이 20%p 이상 증가하였다는 것은 투표 수의 차이가 5,000표 이상이었다는 것과 같은 의미이다. 그런데 두 기간의 투표 수의 차이를 계산해보면 3,961표이므로 옳지 않은 내용이다.

01   NCS 기출유형확인

01	02	03	04	05													
④	④	③	⑤	⑤													

01
정답 ④

오답분석
① A – 호주
② B – 캐나다
③ C – 프랑스
⑤ E – 일본

02
정답 ④

이 문제는 단순한 덧셈과 뺄셈이다. 단순한 덧셈, 뺄셈 문제에서는 먼저 선택지 숫자 일의 자리가 다를 경우 계산 시 일의 자리만 비교하여 알맞은 선택지를 추려 답을 고르면 시간을 단축할 수 있다.
수송 인원은 승차 인원과 유입 인원의 합이므로 빈칸을 모두 구하면
(A) $208,645 = 117,450 + A \rightarrow A = 91,195$
(B) $B = 189,243 + 89,721 \rightarrow B = 278,964$
(C) $338,115 = C + 89,209 \rightarrow C = 248,906$
따라서 옳게 짝지어진 선택지는 ④이다.

03
정답 ③

ㄱ. 종합병원에서 제왕절개분만(단태아) 수술을 받고 일주일간 입원했을 경우, 진료비는 $1,247,500 + 284,900 \times 7 = 3,241,800$원이다. 2022년도이므로 2020년 7월 1일부터 제왕절개분만 시 본인부담금은 5%이다. 따라서 본인이 부담해야하는 진료비는 $3,241,800 \times 0.05 ≒ 162,000$원이다.
ㄴ. 상급종합병원의 수술비와 3일 동안 입원비를 합한 진료비는 $1,558,200 + 355,900 \times 3 = 2,625,900$원이며, 다태아이므로 추가 5%가 적용되어 $2,625,900 \times 1.05 = 2,757,195$원이다. 따라서 2020년 7월 이전이므로 본인부담금 20%를 적용하여 $2,757,195 \times 0.2 ≒ 551,400$원이다.

04

2012 ~ 2017년 국내 제조 수출량 대비 국외 제조 수출량의 비율을 비교해 보면

- 2012년 : $\dfrac{504,430}{909,180} \times 100\% \fallingdotseq 55.48\%$

- 2013년 : $\dfrac{1,447,750}{619,070} \times 100\% \fallingdotseq 233.86\%$

- 2014년 : $\dfrac{1,893,780}{229,190} \times 100\% \fallingdotseq 826.29\%$

- 2015년 : $\dfrac{2,754,770}{162,440} \times 100\% \fallingdotseq 1696.87\%$

- 2016년 : $\dfrac{2,206,710}{313,590} \times 100\% \fallingdotseq 703.69\%$

- 2017년 : $\dfrac{2,287,840}{398,360} \times 100\% \fallingdotseq 574.31\%$

따라서 국내 제조 수출량 대비 국외 제조 수출량 비율이 가장 높은 해는 2015년이다.

[오답분석]

① 2016년은 미국이 한국에게 세이프 가드를 적용한지 2년째되는 해이므로 120만 대까지는 18%의 관세가 적용된다.

② 2013년 총 세탁기 수출량은 2012년보다 $\dfrac{2,066,820 - 1,413,610}{1,413,610} \times 100 \fallingdotseq 46.21\%$ 증가하였다.

③ 2015년 총 수출한 세탁기 수는 2,917,210대이며, 초과분은 120만 대를 제외한 1,717,210대이다.

④ 2012 ~ 2015년 국내 제조 수출량은 계속 감소하고, 국외 제조 수출량은 계속 증가했다.

05

㉠ 2015 ~ 2018년에 세관물품 신고 수가 전년 대비 매년 증가하는 것은 A와 C이다.

㉡ 2014 ~ 2018년 세관물품 중 신고 수가 가장 적은 것은 D이다.

㉢ 전년 대비 2015년 세관물품 신고 수 증감율은 다음과 같다.

- A : $\dfrac{3,547 - 3,245}{3,245} \times 100 \fallingdotseq 9.31\%$

- B : $\dfrac{2,548 - 2,157}{2,157} \times 100 \fallingdotseq 18.13\%$

- C : $\dfrac{3,753 - 3,029}{3,029} \times 100 \fallingdotseq 23.90\%$

- D : $\dfrac{1,756 - 1,886}{1,886} \times 100 \fallingdotseq -6.89\%$

따라서 증가율이 가장 높은 것은 C이다.

㉣ 전년 대비 2015 ~ 2018년 신고 수가 한 번 감소하는 세관물품은 B와 D인데 D는 가전류이므로 B가 잡화류이다.

따라서 ㉠에 의해 A와 C는 담배류와 주류 중 하나이며, ㉡에 의해 D는 가전류이다. 또한 ㉢에 의해 C가 주류임을 알았으므로 A는 담배류가 된다. 마지막으로 B는 잡화류이다.

| 01 | 기본문제

01	02	03	04	05	06	07	08	09	10	11	12	13	14	15	16	17	18
①	①	①	②	④	①	③	②	②	⑤	①	③	③	⑤	②	③	④	②

01

정답 ①

ⅰ) 먼저 세 번째 조건을 살펴보면, 세 개의 항목을 합한 것보다도 더 많은 영업이익을 기록한 것은 '가'일 수밖에 없다. 따라서 '가'를 D로 먼저 확정지어 놓도록 하자.

ⅱ) 이제 첫 번째 조건을 살펴보면, 직원 수는 $\dfrac{(영업이익)}{(직원\ 1인당\ 영업이익)}$으로 구할 수 있는데, 나 ~ 마 중 이 수치가 가장 큰 것은 '라'이므로 이것이 A와 연결됨을 알 수 있다. 여기까지만 판단하면 선택지 소거법을 이용해 정답을 찾을 수 있다. 하지만 나머지 조건을 통해 보다 엄밀하게 분석해 보자.

ⅲ) 두 번째 조건을 살펴보면, '가(D)', '나', '다', '마' 중에서 평균연봉 대비 직원 1인당 영업이익이 가장 적은 것이 C라고 하였는데, 어림해서 이를 계산해보면 '다'가 C에 해당함을 알 수 있다.

ⅳ) 이제 남은 것은 (나, 마)와 (B, E)를 연결하는 것인데 마지막 조건을 통해 '나'를 B와, '마'를 E와 연결시킬 수 있게 된다.

02

정답 ①

단순히 자료를 읽기만 하는 것으로 해결되는 조건이 없으므로 덧셈으로 해결 가능한 조건을 찾고 그것도 없으면 뺄셈으로 해결 가능한 조건을 가장 먼저 적용해보자.

ⅰ) 먼저 두 번째 조건을 살펴보면 휨강도와 압축강도 차가 큰 상위 2개 수종은 A(40), B(54)이므로 A, B가 소나무와 참나무인 것을 확인할 수 있다.

ⅱ) 다음으로 네 번째 조건을 살펴보면 인장강도와 압축강도의 차가 두 번째로 큰 수종은 E(8)이므로 E는 전나무인 것으로 확정할 수 있다.

ⅲ) 소나무와 참나무가 확정되지 않은 상황이고 C와 D역시 고정되어 있지 않으므로 세 번째 조건을 곧바로 적용하기가 곤란하다. 따라서 첫 번째 조건을 살펴보면 전단강도 대비 압축강도 비가 큰 상위 2개 수종은 C와 E인데 ⅱ)에서 E가 전나무라는 것을 확인했으므로 C가 낙엽송이라는 것을 알 수 있다.

ⅳ) 일단 ⅰ)에서 A와 B가 소나무와 참나무라고 하였으므로 남아있는 D는 오동나무가 되어야 한다. 여기에 세 번째 조건을 적용하면 B가 참나무가 된다는 것을 알 수 있으며, 남아있는 A가 소나무인 것을 확정할 수 있다.

03

정답 ①

ⅰ) 첫 번째 조건과 표를 통해 2015년 독신 가구와 다자녀 가구의 실질세부담률 차이가 덴마크보다 큰 국가는 A, C, D이므로 이들이 캐나다, 벨기에, 포르투갈임을 알 수 있다.

ⅱ) 두 번째 조건과 표를 통해 2015년 독신 가구 실질세부담률이 전년 대비 감소한 국가는 A, B, E이므로 이들이 벨기에, 그리스, 스페인임을 알 수 있다. 따라서 위의 ⅰ)과 연결하면 A가 벨기에임을 확정할 수 있다.

ⅲ) 위 ⅱ)에서 B와 E가 그리스와 스페인이라고 하였고 이를 세 번째 조건과 결합하면 B가 그리스이고, E가 스페인임을 확정할 수 있다.

ⅳ) 위 ⅰ)과 ⅱ)를 통해 C와 D가 캐나다와 포르투갈임을 알 수 있는데, 이를 네 번째 조건과 결합하면 C가 포르투갈이 된다. 따라서 남은 D는 캐나다가 됨을 알 수 있다.

04

ⅰ) 먼저 마지막 조건을 살펴보면, 업체 수가 2배의 관계를 가지는 것은 D와 (E, F)의 관계뿐이다. 따라서 D를 철강과 연결시킬 수 있으며 E 또는 F가 지식서비스임을 알 수 있다.

ⅱ) 다음으로 첫 번째 조건을 살펴보면, 종사자 수의 관계가 3배의 관계를 가지는 것은 A와 B, 그리고 E와 F인데 위 ⅰ)에서 E와 F 중 한 개는 지식서비스라고 하였으므로 결국 A가 IT, B가 의료임을 알 수 있다.

ⅲ) 이제 두 번째 조건을 살펴보면, 10대 미래산업 전체 부가가치액의 50%이상은 약 12,000억 원인데 B(의료)와 합해서 이 수치를 만들 수 있는 산업은 C뿐이다. 따라서 C가 석유화학임을 알 수 있다.

ⅳ) 마지막으로 아직 할당이 되지 않은 항공우주는 E와 F 중 하나가 되어야 하는데 이미 ⅰ)에서 E 또는 F가 지식서비스라고 하였다. 이제 여기에 세 번째 조건을 결합시켜 판단해보면, 매출액은 $\frac{(부가가치액)}{(부가가치율)} \times 100$으로 나타낼 수 있는데 이를 어림하면 E의 매출액은 300을 넘는 데 반해, F는 200에도 미치지 못하고 있어 F가 더 작다는 것을 알 수 있다. 따라서 F가 항공우주이며 E가 지식서비스로 연결된다.

따라서 B, C, E는 각각 의료, 석유화학, 지식서비스임을 알 수 있다.

05

그래프와 주어진 공식을 이용하여 각국의 청년층 정부신뢰율을 구하면 A : 7.6%, B : 49.1%, C : 57.1%, D : 80%이다. 여기서 먼저 첫 번째 조건을 검토해 보면 두 국가 간의 수치가 10배 이상이 될 수 있는 경우는 그리스와 스위스이므로 A는 그리스, D는 스위스임을 알 수 있다. 다음으로 마지막 조건을 확인해 보면 D보다 30%p 이상 낮은 것은 B밖에 없으므로 B가 미국이 되며, 남은 C는 자동적으로 영국임을 알 수 있다. 여기서 두 번째 조건은 문제 풀이과정에서 직접 적용되지 않았지만 영국이 C에 해당하는 지를 검토할 수는 있다.

06

ⅰ) 2022년 독일 대상 해외직구 반입 전체 금액의 2배 이상인 나라는 미국과 A이므로 A가 중국임을 알 수 있다.

ⅱ) 2022년 영국과 호주 대상 EDI 수입 건수의 합이 뉴질랜드 대상 EDI 수입 건수(108,282건)의 2배보다 작은 나라는 C와 D뿐이다. 따라서 C와 D가 영국과 호주가 됨을 알 수 있다.

ⅲ) 두 번째 조건에서 C와 D가 영국과 호주라고 하였으므로 이를 이용하면, C와 D 중 2022년 해외직구 반입 전체 금액이 2021년 해외직구 반입 전체 금액의 10배 미만인 것은 D이다. 따라서 D는 호주이며 C는 영국으로 결정된다.

ⅳ) 남은 것은 B뿐이어서 B가 일본임을 알 수 있으나, 마지막 조건을 통해 이를 확인해보면 일본의 2021년 목록통관 금액은 2,755천 달러이고 B는 7,874천 달러이어서 B가 2배 이상이다. 따라서 B가 일본임을 확정할 수 있다.

07

먼저 첫 번째 조건을 살펴보면, 이미 주어진 브랜드샵과 인터넷을 제외하고 매년 판매액이 증가하는 유통채널은 A, B, E이므로 이들이 각각 백화점 또는 방문판매 또는 홈쇼핑임을 알 수 있다.

다음으로 두 번째 조건을 살펴보면, 매년 판매액이 1,000억 원 이상인 유통채널은 A, B이므로 이들이 각각 백화점 또는 방문판매임을 알 수 있다. 따라서 첫 번째 조건과 결합하면 E가 홈쇼핑임을 알 수 있다.

이제 세 번째 조건을 살펴보면, 2005 ~ 2009년 동안 매년 일반점과 브랜드샵의 판매액의 합이 백화점의 판매액보다 많다고 하였으므로 A가 백화점임을 알 수 있으며, 따라서 B가 방문판매와 연결된다.

남은 C, D를 판단하기 위해 마지막 조건을 살펴보면, 2010년의 판매액이 가장 적은 것이 다단계이므로 D가 다단계, 남은 C가 직판으로 연결된다.

08

1991년 이후 인구자연증가율이 매년 감소한 나라는 보스니아 헤르체고비나이다. 그리고 1999년 출생률이 가장 높은 나라는 아프가니스탄(49.7명)이며 1991년 이후 출생률이 매년 감소한 나라는 아랍에미리트와 보스니아 헤르체고비나임을 확인할 수 있다.

09

정답 ②
정답 ②

ⅰ) 2018년 대비 2022년 특허출원 건수 증가율이 가장 높은 것은 210천 건에서 391천 건으로 증가한 C임을 알 수 있으며, 따라서 C는 중국과 연결된다.

ⅱ) 선택지에서 C가 중국인 것은 ①과 ②뿐이므로 A와 D가 어느 나라인지를 판단하도록 하자.

ⅲ) 세 번째 조건에서 2007년 이후 한국의 상표출원 건수가 매년 감소하였다고 하였는데, 이에 해당하는 것은 D 하나뿐이므로 정답은 ②로 확정할 수 있다.

ⅳ) 이제 나머지 조건들을 확인해보면 먼저 두 번째 조건에서 2010 특허출원 건수가 2019년 대비 가장 큰 폭으로 감소한 국가는 일본이라고 하였는데 이는 첫 번째 그래프에서 B는 2019년 396천 건에서 2022년 344천 건으로 약 50천 건 감소하였으며 이는 다른 감소한 국가(D국)의 감소폭에 비해 훨씬 크다. 따라서 B는 일본임을 확인할 수 있다.

ⅴ) 마지막으로 2022년 상표출원 건수는 미국이 일본보다 10만 건 이상 많다고 하였는데, 이는 두 번째 그래프에서 A와 B 간의 차이가 255천 건임을 통해 확인할 수 있다.

10

정답 ⑤

첫 번째 조건에서 위험물보관소와 임야가 각각 D, F 중 한 곳임을 알 수 있으며, 두 번째 조건을 통해 사무실과 주택이 각각 A, B 중 한 곳임을 알 수 있다.

세 번째 조건을 통해서는 위험물보관소와 선박이 각각 D, E 중 한 곳임을 알 수 있는데 이것과 위의 내용을 결합하면 D는 위험물보관소, F는 임야, E는 선박임을 확인할 수 있다.

이제 남은 것은 선택지 ②, ⑤인데 마지막 조건을 통해 B가 사무실, A가 주택인 것을 확인할 수 있으므로 정답은 ⑤가 된다.

11

정답 ①

ⅰ) 첫 번째 조건에서 전체 석유증가 규모가 동일한 국가는 B와 C이므로 이들이 인도와 중동임을 알 수 있다. 따라서 선택지 ③ ~ ⑤가 제외되며, 나머지 조건을 통해서는 인도 혹은 중동을 확정지을 수 있는 것만 찾아보면 된다.

ⅱ) 마지막 조건에서 교통부문의 증가규모가 전체 증가규모의 50%인 지역이 중동이라고 하였으며 이를 통해 C가 중동이라는 것을 알 수 있다. 따라서 답은 여기서 확정지을 수 있다.

ⅲ) 그래프상에서 양의 방향으로 가장 긴 길이를 가지고 있는 것이 A이므로 두 번째 조건을 통해 A가 중국임을 알 수 있다.

ⅳ) 세 번째 조건을 통해 전력생산부문의 석유수요 규모가 감소하는 지역은 D뿐이므로 D가 남미임을 확인할 수 있다.

12

정답 ③

가장 먼저 '가'와 '나'에 대해 언급된 부분을 보면 실업률이 같은 쌍이 2개나 존재하고 있어 경우의 수를 따져야 한다. 따라서 그 다음 조건을 먼저 살펴보도록 하자.

ⅰ) '마' 기관이 '나' 기관보다 민간소비증가율이 0.5%p 더 높다고 하였는데 제시된 자료에서 민간소비증가율의 차이가 0.5%p인 것은 E와 A or B이다. 따라서 E가 '나'임을 먼저 확정할 수 있다.

ⅱ) 다음으로 첫 번째 조건으로 돌아가서 '가'와 '나'가 실업률이 동일하다고 하였으므로 E(나)의 실업률(3.5%)과 동일한 실업률을 전망한 기관은 A뿐임을 알 수 있으며 결국 A가 '가'임을 확정할 수 있다.

ⅲ) 이제 ⅰ)에서 미확정이었던 A가 '가'로 확정되었으므로 남은 B가 '마'임을 알 수 있다.

ⅳ) 다음으로 '다' 기관이 경제 성장률을 가장 높게 전망하였다고 하였으므로 F를 '다'로 연결지을 수 있다.

ⅴ) 마지막 조건에서 설비투자증가율을 7% 이상으로 전망한 기관이 '다', '라', '마' 3개라고 하였는데 이미 '다'는 F와, '마'는 'B'와 연결된 상태이므로 남은 '라'는 C로 확정지을 수 있다.

ⅵ) 남은 것은 어느 조건에서도 언급하지 않았던 D인데 남아있는 기관이 '바'뿐이므로 D는 '바'로 연결지을 수 있다.

13

정답 ③

먼저 첫 번째 조건을 살펴보면, 2006년부터 2010년까지 연도별 취업자 수가 매년 증가한 것은 B뿐이므로 B와 서비스직을 연결 지을 수 있다.

다음으로 두 번째 조건을 살펴보면, 2009년 취업자 수가 가장 작은 직업군은 C이므로 C와 농림어업직을 연결 지을 수 있다.

이번에는 보다 간단한 마지막 조건을 살펴보면, A와 D중 2009년 취업자 수가 2006년에 비해 230천 명 이상 감소한 것은 D이므로, D와 기능직을 연결 지을 수 있으며, 남은 A가 사무직이 된다.

14

ㄱ. 1995년과 비교할 때, 2005년에 교원이직률이 가장 많이 증가한 것은 F(7.7%p)이므로 참이다.

ㄴ. B의 모든 조사연도에 걸친 교원이직률의 증감추이는 감소 – 증가 – 감소 – 감소 – 감소인데 C와 D 역시 이와 같은 추이를 보이고 있으므로 참이다.

ㄷ. E의 경우는 1990년에 5.6%로 1985년에 비해 교원이직률이 증가하였으므로 거짓이다.

ㄹ. 2010년에 교원이직률은 B(2.0%)에서 가장 낮았고, F(10.8%)에서 가장 높았으므로 참이다.

15

보고서의 첫 번째 항목을 살펴보면, A국의 2022년 4분기 소매판매 증가율과 수출 증가율이 3분기보다 감소하였다고 하였는데 이를 만족하는 것은 나국뿐이다.

다음으로 두 번째 항목을 살펴보면, B국의 2022년 4분기 산업생산 증가율이 3분기보다 감소하였고, 수출 증가율은 2021년에는 2분기 이후 매분기 감소하였으나 2022년에는 매분기 증가하였다고 하였는데 이를 만족하는 것은 다국뿐이다.

마지막으로 세 번째 항목을 살펴보면, C국의 2022년 4분기 산업생산 증가율과 소매판매 증가율이 2022년 3분기에 비해 상승했다고 하였는데 이를 만족하는 것은 가국뿐이다.

16

첫 번째 조건에서 강원도의 (가)종교인 비율과 충청도의 (다)종교인 비율을 합하면 경기도의 (나)종교인 비율과 같다고 하였으므로 이를 만족하는 조합은 C(강원) – D(경기) – B(충청)와 E(강원) – A(경기) – B(충청)이다. 따라서 B는 충청으로 확정된다.

다음으로 두 번째 조건을 살펴보면 (가)종교인 비율과 경기도의 (가)종교인 비율을 합하면, 전라도의 (다)종교인 비율과 같다고 하였으므로 이를 첫 번째 조건에서의 결과와 결합하면, E(강원) – A(경기) – B(충청)의 경우만이 이를 만족한다. 따라서 C는 전라도와 E는 강원도와 연결된다.

17

먼저 '대부분의 토지를 소수집단인 지주가 차지하였으며'라는 부분을 통해 구성비가 가장 낮은 B가 '지주'임을 알 수 있으며, '기한부계약의 소작농으로 전락하는 사례가 증가하였다.'는 부분을 통해 비율이 지속적으로 증가하고 있는 D가 '소작농'임을 알 수 있다.

다음으로 '자작 농업만으로는 생계유지가 곤란하여 자 · 소작을 겸하는 경우가 더 많았다.'는 부분을 통해 A가 '자작농', C가 '자 · 소작 겸작농'이라는 것을 알 수 있다.

18

먼저 단수의 항목을 언급하고 있는 마지막 조건을 살펴보면, 1인당 건강비용 지출비율이 5개국 중에서 가장 낮은 것은 E이므로 독일을 E와 연결시킬 수 있다.

다음으로 미국의 1인당 건강비용 지출액이 그리스의 2배 이상이라고 하였는데, 두 번째 표의 A ~ D 중 이 같은 조건을 만족하기 위해서는 A가 미국이 되어야 한다. 또한 미국의 1인당 건강비용 지출액이 그리스의 2배 이상이라고 하였으므로 C와 D 중 하나가 그리스가 된다는 것을 알 수 있다(여기서 B는 그리스가 될 수 없다는 것을 체크해두자).

또한 세 번째 조건에서, 독일(E)과 룩셈부르크의 1인당 건강비용 지출액의 합이 미국보다 작으므로 C와 D 하나가 룩셈부르크라는 것을 알 수 있다(여기서도 B는 룩셈부르크가 될 수 없으므로 B는 일본이 될 수밖에 없다).

이제 첫 번째 조건을 살펴보면 일본의 휴대전화 이용률이 그리스보다 낮다고 하였으므로 그리스는 D가 되며, 남은 C는 룩셈부르크가 됨을 알 수 있다.

01	02	03	04	05																
①	①	③	①	①																

01

정답 ①

두 번째 조건을 살펴보면 졸업률은 야누스가 플로라보다 높다고 하였으므로 둘의 졸업률이 동일한 A – B는 연결될 수 없다. 따라서 선택지 ⑤를 소거한다.

다음으로 세 번째 조건을 살펴보면, 로키와 토르의 학생 수 차이가 18,000명 이상이라고 하였으므로 이를 만족하는 조합은 E – F뿐임을 알 수 있다. 따라서 선택지 ①과 ②중 하나로 후보군을 좁힐 수 있다.

이제 마지막 조건을 살펴보면, 입학 허가율은 토르가 로키보다 높다고 하였으므로 이를 만족하는 것은 E가 토르이고, F가 로키인 ①이 정답임을 알 수 있다. 결과적으로 네 번째 조건은 정답을 판단하는 데에 영향을 주지 못했음에 주목할 필요가 있다.

02

정답 ①

먼저 첫 번째 조건을 살펴보면 이미 주어진 멕시코와 한국을 제외하고 1인당 이산화탄소 배출량이 매년 증가한 B와 D가 브라질 또는 사우디임을 알 수 있다. 따라서 선택지 ⑤를 소거할 수 있다.

다음으로 두 번째 조건을 살펴보면, 각주에 의해 (인구)= $\dfrac{(총\ 배출량)}{(1인당\ 배출량)}$ 임을 알 수 있으므로 2010년 ~ 2012년 동안 2억 명대를 기록 중인 D국가가 브라질이라는 것을 알 수 있다. 따라서 후보군을 선택지 ①과 ③으로 압축할 수 있다.

이제 마지막 조건을 살펴보면 2012년 A국(약 5.2천만 명)과 C국(약 3.5천만 명) 중 한국(약 5천만 명)보다 인구가 많은 국가는 A국이므로 정답은 ①임을 알 수 있다.

03

정답 ③

첫 번째 조건에서 등록률이 30% 이상인 의료기관은 '종합병원'과 '치과'라고 하였는데 A의 등록률은 약 31.3%이고, C의 등록률은 약 29.6%이므로 A는 '종합병원' 혹은 '치과'임을 알 수 있다. 따라서 선택지 ①, ②를 소거한다.

두 번째 조건에서 '종합병원' 등록 의료기관 수는 '안과' 등록 의료기관 수의 2.5배 이상이라고 하였으므로 D는 '안과'일 수 없다. 따라서 후보군을 ③과 ⑤로 좁힐 수 있다.

그리고 마지막 조건을 살펴보면 B와 D 중 등록 의료기관 수가 작은 것이 '치과'라고 하였으므로 B가 '치과'이고 D가 '한방병원'이 되어 ③이 정답이 된다.

04

정답 ①

첫 번째 조건을 살펴보면, 2009년과 2010년 사이에 순위의 변동이 없다가 2011년에 순위가 하락한 것은 A와 B이므로 선택지 ④를 소거할 수 있다.

두 번째 조건을 살펴보면, 매년 순위가 상승하는 것은 D와 E뿐이므로 오렌지주스와 참치맛밥을 이와 연결시킬 수 있다. 이를 통해 선택지 ②와 ⑤를 소거할 수 있다.

다음으로 세 번째 조건을 살펴보면, A ~ E 중 2010년과 2011년의 순위가 서로 엇갈리는 방향으로 변화한 것은 B와 D뿐이므로 B가 주먹밥, D가 오렌지주스임을 알 수 있다.

그리고 마지막 조건을 통해 이를 확인해보면 생수(C)가 캔커피(A)보다 매년 순위가 낮음을 알 수 있다. 따라서 B, C, D를 바르게 나열한 것은 선택지 ①이 된다.

05

정답 ①

먼저 첫 번째 조건에서 2005년에 등록 건수가 가장 많은 것이 특허라고 하였으므로 A 혹은 C가 특허임을 알 수 있다.

다음으로 두 번째 조건에서 2004년부터 2006년까지 디자인 출원 건수는 전년 대비 매년 증가한다고 하였으므로 C 혹은 D가 디자인임을 알 수 있다.

다음으로 세 번째 조건에서 2004년에 비해 2005년의 등록 건수가 감소한 항목이 실용신안이라고 하였으므로 B가 실용신안임을 알 수 있다.

마지막으로 네 번째 조건에서 2004년부터 2006년까지 상표는 출원 및 등록 건수가 각각 전년 대비 매년 증가하였다고 하였으므로 D가 상표임을 알 수 있다. 이제 이를 두 번째 조건과 결부시키면 C를 디자인과 연결시킬 수 있으며, 이 결과를 첫 번째 조건과 결부시키면 A가 특허임을 알 수 있다.

03 자료의 변환

| 01 | 기본문제

01	02	03	04	05	06	07	08	09	10	11	12	13	14	15	16	17	18		
②	⑤	⑤	③	③	④	③	③	②	③	①	⑤	②	③	①	⑤	②	②		

01
정답 ②

만 5세 이상의 국·공립 어린이집에 다니는 유아 수는 33,207명이다.

[오답분석]

①·③ 주어진 자료를 통하여 알 수 있다.

④ 민간 어린이집에 다니는 유아 수가 374,220명이므로, 연령별 비율을 구하면 다음과 같다.

• 만 3세 : $\frac{173,991}{374,720} \times 100 \fallingdotseq 46\%$

• 만 4세 : $\frac{107,757}{374,720} \times 100 \fallingdotseq 29\%$

• 만 5세 이상 : $\frac{92,972}{374,720} \times 100 \fallingdotseq 25\%$

⑤ 우리나라 2019년 연령별 유아 수를 구하면 다음과 같다.
• 만 3세 : 174,907+263,652+47,840=486,399명
• 만 4세 : 253,076+180,255+34,711=468,042명
• 만 5세 : 276,155+161,324+64,211=501,690명

02
정답 ⑤

선택지의 그래프는 연도별 기업 및 정부 R&D 과제 건수가 전체 건수에서 차지하는 비율을 나타낸 것이므로 옳지 않다.

[오답분석]

①~④ 제시된 표를 이용하여 올바르게 작성한 그래프이다.

03
정답 ⑤

선택지의 그래프는 보고서의 내용을 작성하는 데 직접적인 근거로 활용되지 않았다.

[오답분석]

① 생활체육에 참여하지 않는 이유에 대해서는 '시설 부족'이라고 응답한 비율이 30.3%로 가장 높아 공공체육시설을 확충하는 정책이 필요할 것으로 보인다는 부분을 위해 근거로 사용된 자료이다.

② 생활체육을 '전혀 하지 않음'이라고 응답한 비율은 51.8%로 나타났다. 반면, 주 4회 이상 생활체육에 참여한다고 응답한 비율은 28.6%이었다고 한 부분을 위해 근거로 사용된 자료이다.

28

$\dfrac{(\text{서비스업 투자 건수})}{(\text{전체 투자 건수})}=(\text{서비스업 투자 비율})$이므로 전체 투자 건수는 $\dfrac{(\text{서비스업 투자 건수})}{(\text{서비스업 투자 비율})}$임을 알 수 있다. 이에 따르면 2009년

외국기업 국내 투자 건수는 $\dfrac{680}{65.9}$이며, 2010년은 $\dfrac{687}{68.7}$임을 알 수 있는데 후자는 10인 반면 전자는 10보다 크다는 것을 확인할

수 있다. 따라서 외국기업 국내 투자 건수는 2010년이 2009년보다 적다.

오답분석

② 별다른 해결방법이 없는 선택지이므로 직접 계산하면 2008년 외국기업의 국내 투자 건수는 약 844건$\left(\fallingdotseq\dfrac{572}{0.678}\right)$이며, 국내

농·축·수산·광업에 대한 투자 건수는 약 50건($\fallingdotseq844\times0.059$)이므로 옳지 않다.

③ 2010년 제조업이 차지하는 비율은 2009년 17.1%에서 13.6%로 감소하였으므로 옳지 않은 내용이다.

④ 2008년에 농·축·수산·광업이 4위를 기록했으나 2009년에는 전기·가스·수도·건설업이 4위를 기록하였으므로 옳지 않은 내용이다.

⑤ 분모가 되는 투자 건수는 2010년 687건으로 2009년에 비해 증가하였으나 분자가 되는 투자금액은 1,264백만 달러로 2009년 대비 감소하였다. 따라서 2010년 투자 건당 투자금액은 감소하였으므로 옳지 않은 내용이다.

29

정답 ③

먼저 첫 번째 그래프에서 변리사 A의 전체 특허출원 건수가 30건이라고 하였고 세 번째 그래프에서 A의 2010년의 구성비가 20%, 2011년이 80%라고 하였으므로, 변리사 A의 2010년 건수는 6건이고, 2011년은 24건임을 알 수 있다.

다음으로 첫 번째 그래프에서 변리사 A와 B의 2년간의 특허출원 건수의 총합이 45건임을 알 수 있으며, 두 번째 그래프에서 이 중 2010년의 구성비가 20%, 2011년이 80%라고 하였으므로, 2010년 A와 B의 특허출원 건수는 9건, 2011년은 36건임을 알 수 있다.

마지막으로 2010년 변리사 A의 특허출원 건수가 6건이라고 하였으므로 변리사 B의 건수는 3건임을 이끌어낼 수 있으며, 변리사 B의 2년간 총 출원 건수가 15건이므로 2011년의 출원 건수는 12건임을 알 수 있다. 따라서 2011년 변리사 B의 특허출원 건수(12건)는 2010년 건수(3건)의 4배이다.

30

정답 ②

입장료와 사우나 유무에 따른 피트니스 클럽의 이용객 선호도를 정리하면 다음과 같다.

입장료	사우나	선호도
5,000원	유	4.0+3.3=7.3
	무	4.0+1.7=5.7
10,000원	유	3.0+3.3=6.3
	무	3.0+1.7=4.7
20,000원	유	0.5+3.3=3.8
	무	0.5+1.7=2.2

따라서 이용객 선호도가 세 번째로 큰 조합은 '입장료가 5,000원'이고 '사우나가 없는' 조합임을 알 수 있다.

31

정답 ②

㉠ 의약품의 특허출원은 2008년부터 2010년까지 매년 감소하고 있으므로 옳은 내용이다.

㉢ 2010년 원료의약품 특허출원 건수가 500건이고 이의 20%가 100건인데 다국적기업이 출원한 것은 103건으로 이보다 많다. 따라서 옳은 내용이다.

오답분석

㉡ 2010년 전체 의약품 특허출원의 30%는 약 1,400건인 데 반해 기타 의약품 출원은 1,220건에 불과하므로 옳지 않은 내용이다.

CHAPTER 02 자료의 계산 • 71

ㄹ 두 번째 표를 통해서는 다국적기업이 출원한 원료의약품 특허출원이 몇 건인지를 알 수 있지만 이 중 다이어트제가 얼마나 되는지는 알 수 없다. 세 번째 표는 다국적기업에 국한된 것이 아닌 전체 기업을 대상으로 한 집계결과이다.

32

정답 ⑤

ㄴ. 자료에 의하면 2005년부터 2009년까지 두 항목의 증감방향은 감소 – 증가 – 감소 – 증가의 동일한 형태로 나타나고 있으므로 옳은 내용이다.

ㄷ. 자료에 의하면 정부산하단체에 복무하는 공익근무요원의 수는 2004년 6,135명이며 2009년에는 이보다 2,000명 이상 감소한 4,194명이다. 그런데 2004년 인원수인 6,135명의 30%는 1,800명을 조금 넘는 수준이므로 감소율은 30%보다 크다는 것을 알 수 있다.

ㄹ. 2005년 전체 공익근무요원 수는 2004년에 비해 감소하였는데 지방자치단체 항목을 제외한 나머지 항목들의 비중은 증가하는 모습을 보이고 있다. 이것은 이 항목들의 감소율은 최소한 전체 감소율보다는 적다는 것을 의미하며, 유일하게 비중이 감소한 지방자치단체 항목은 전체 감소율보다 더 큰 감소율을 보였다는 것을 알 수 있다. 따라서 이를 종합하면 지방자치단체 소속의 공익근무요원 수의 감소율이 가장 낮았다고 할 수 있다.

오답분석

ㄱ. 자료에 의하면 기타 기관에 복무하는 공익근무요원의 비중은 2004년부터 2008년까지 매년 증가하였지만 2009년은 전년 대비 0.6%p 감소하였다. 따라서 옳지 않다.

33

정답 ②

ㄱ. A은행의 2008년 총자산 대비 이자수익 비율은 2.9%이며, B은행은 6.1%이므로 A은행이 B은행의 절반에 미치지 못한다.

ㄹ. A은행의 영업수익에서 이자수익이 차지하는 비중은 2004년에 51.1%이었으며 2008년에는 55.3%이므로 4.2%p 증가하였다. 따라서 옳은 내용이다.

오답분석

ㄴ. 각주에서 영업수익은 이자수익과 비이자수익으로 구성되어 있다고 하였으므로 '(총자산 대비 비이자수익비율)=(총자산 대비 영업수익비율)−(총자산 대비 이자수익비율)'로 나타낼 수 있다. 따라서 시중은행 평균은 2.0%이고 A은행은 2.3%이므로 A은행이 더 크다.

ㄷ. 2005년부터 2007년까지 A은행 영업수익의 전년 대비 증가율은 매년 10%를 상회하였으나 2008년의 경우는 그에 미치지 못하므로 옳지 않다.

34

정답 ⑤

ㄱ. 전체교통사고는 2008년 220천 건, 2009년 214천 건, 2010년 213천 건으로 매년 감소하고 있으므로 옳은 내용이다.

ㄷ. 선택지에서 구하고자 하는 것은 $\frac{(음주교통사고)}{(전체교통사고)}$이나 시각적으로 주어진 표와 반대로 되어 있으므로 $\frac{(전체교통사고)}{(음주교통사고)}$가 가장 낮은 해가 2010년인지를 확인해 보도록 하자. 2010년과 비교할 때 2006, 2008, 2009년은 분모가 더 작고 분자도 더 크므로 이 값이 2010년보다 더 크다는 것을 알 수 있다. 또한 2007년은 이 값이 8에 약간 미치지 못하나 2010년은 7을 조금 넘는 수준이다. 따라서 분수 값이 가장 작은 값은 2010년이며 결국 전체교통사고 발생 건수 중 음주교통사고 발생 건수의 비중은 2010년이 가장 높았음을 알 수 있다.

ㄹ. 그림에서 3분기와 4분기의 비중이 1분기와 2분기에 비해 크다는 것을 확인할 수 있으며 7월과 11월은 10.1%로, 9월과 10월은 9.4%로 동일하다. 따라서 8월(8.5%)과 12월(7.9%)을 비교하면 3분기와 4분기의 대소비교가 가능하게 되므로 3사분기의 발생 건수가 가장 많았음을 알 수 있다.

오답분석

ㄴ. 2010년 음주교통사고는 30천 건이며 2006년은 25천 건이므로 둘의 차이는 5천 건이다. 하지만 2006년 음주교통사고 건수의 30%는 이보다 큰 7.5천 건이므로 증가율은 30%에 미치지 못한다.

③ 2016년 북구의 인구가 445,489명, 동구의 인구가 103,016명임을 고려할 때라고 한 부분을 위해 근거로 사용된 자료이다.
④ 2016년 A시의 공공체육시설은 총 388개소로 B시, C시의 공공체육시설 수의 50%에도 미치지 못하는 수준이라고 한 부분을 위해 근거로 사용된 자료이다.

04

정답 ③

제시된 '공공임대주택 공급 실적 및 증감률'은 보고서를 작성하는 데 직접적으로 활용되지 않았다.

[오답분석]
①·② 보고서의 첫 번째 항목인 2014년 주택건설 인허가 실적에 관한 내용을 작성하는 데 직접적인 근거로 활용된 자료들이다.
④ 보고서의 두 번째 항목인 2014년 아파트와 아파트 외 주택의 인허가 실적에 관한 내용을 작성하는 데 직접적인 근거로 활용된 자료들이다.
⑤ 보고서의 세 번째와 네 번째 항목인 부문별, 규모별 주택건설 인허가 실적에 관한 내용을 작성하는 데 직접적인 근거로 활용된 자료들이다.

05

정답 ③

범례가 거꾸로 작성되었다. 즉, 막대그래프의 상단 색으로 처리된 부분이 토목공사를 나타내는 것이고 하단의 백색 부분이 건축공사를 나타내고 있다.

[오답분석]
①·②·④·⑤의 경우 주어진 표를 적절하게 나타낸 것을 확인할 수 있다.

06

정답 ④

2008년 OECD 국가의 자동차 연료별 상대가격에 대한 자료는 보고서를 작성하는 데 활용되지 않았다.

[오답분석]
① '국내 자동차 등록 대수는 매년 꾸준히 증가하여 2008년 1,732만 대를 넘어섰다.'라는 부분을 작성하는 데 활용된 자료이다.
② '2007년 기준으로 국내 대기오염물질 배출량 중 자동차 배기가스가 차지하는 비중은 일산화탄소(CO) 67.5%, 질소산화물(NOx) 41.7%, 미세먼지(PM10) 23.5%이다.'라는 부분을 작성하는 데 활용된 자료이다.
③ '운송수단별 수송분담률에서도 자동차가 차지하는 비중은 2008년 75% 이상이다.'라는 부분을 작성하는 데 활용된 자료이다.
⑤ '한편 2008년 자동차 1대당 인구는 2.9명으로 미국에 비해 2배 이상이다.'라는 부분을 작성하는 데 활용된 자료이다.

07

정답 ③

무를 제외한 다른 항목들의 조사단위가 모두 10kg이기 때문에 혼동하게끔 만들어놓은 선택지이다.

[오답분석]
①·②·④·⑤ 모두 주어진 표의 자료를 옳게 표시한 그래프이다.

08

정답 ③

'공격대상 포트별 비율은 기타를 제외하고 TCP/1433, TCP/3305, TCP/3389의 순'으로 나타났으므로 보고서의 내용과 부합하지 않는 자료이다.

[오답분석]
① '해킹사고 접수처리 건수는 2013년 1월 총 1,258건으로 전월 대비 12% 이상 감소하였고, 2012년 10월 이후 매월 감소하였다.' 고 하였으므로 보고서의 내용과 부합하는 자료이다.
② '2013년 1월 웹페이지 방문자 PC에 악성코드를 유포하는 유포지 사이트 353건을 탐지하였고, 이는 전월 대비 15% 이상 감소한 수치'라고 하였으므로 보고서의 내용과 부합하는 자료이다.

④ '2013년 1월 한 달간 국내 기관을 사칭한 피싱 사이트 차단 건수는 총 1,024건으로, 전월 대비 260% 이상 증가하면서 2012년 6월 이후 가장 많은 건수를 기록했다.'고 하였으므로 보고서의 내용과 부합하는 자료이다.

⑤ '2013년 1월 한 달간 DNS 싱크홀로 유입된 좀비IP는 총 144,429개로, 전월 대비 4% 이상 증가하였다. 2012년 1 ~ 11월 동안 좀비IP 개수는 매월 감소하였으나 이후 증가하였다.'고 하였으므로 보고서의 내용과 부합하는 자료이다.

09 　　　　　　정답 ②

2011년 4분기 '국내기업관련 기업결합' 심사 건수는 전 분기 대비 증가하였으므로 보고서의 내용과 부합하지 않는다.

오답분석

① 2011년 '전체 기업결합' 심사 건수는 전년 대비 약 8.8% 증가하였으나, '전체 기업결합' 금액은 전년 대비 약 34.9% 감소하였으므로 보고서의 내용과 부합한다.

③ 2011년 '국내기업에 의한 기업결합' 건수의 경우, 제조업 분야는 전년 대비 약 28.7% 증가한 반면, 서비스업 분야는 전년 대비 약 13.3% 감소하였으므로 보고서의 내용과 부합한다.

④ 2011년 '국내기업에 의한 기업결합' 총 431건 중 유형별 구성비는 혼합결합 약 56.6%, 수평결합 약 29.9%, 수직결합 약 13.5% 이므로 보고서의 내용과 부합한다.

⑤ 2011년 '국내기업에 의한 기업결합'의 수단별 건수는 주식 취득이 142건으로 가장 많았고, 영업 양수가 41건으로 가장 적었으므로 보고서의 내용과 부합한다.

10 　　　　　　정답 ③

선택지의 그래프는 각 국가의 여성과 남성의 흡연율을 단순평균한 값을 이용해 그려진 것이다. 그러나 이는 여성과 남성의 인구가 동일한 경우에만 성립하는 것이며 둘의 인구가 다르다면 각각의 가중치에 따른 가중평균값을 구해야 한다. 그런데 제시된 표만으로는 이 가중치를 알 수 없으므로 옳지 않은 그래프라는 것을 알 수 있다.

오답분석

① · ② · ④ · ⑤ 주어진 자료를 이용하여 옳게 작성된 그래프이다.

11 　　　　　　정답 ①

1995년과 2007년 도시근로자가구당 월평균 교통비지출액 비중의 차이는 소득 10분위가 4.3%p, 1분위가 1.7%p이어서 10분위가 더 크므로 보고서의 내용과 부합하지 않는다.

오답분석

② · ③ · ④ · ⑤ 모두 보고서의 내용과 부합하는 자료이다.

12 　　　　　　정답 ⑤

전혀 엉뚱한 수치가 표시되었다. 단위수를 무시하고 어림하더라도 5개의 구 모두 절반 정도의 비율을 가지는 경우는 존재하지 않는다. 실전에서는 직접 계산할 필요가 없지만 정확한 수치를 구해보면, 동구(3.33), 중구(3.3), 서구(3.26), 유성구(2.85), 대덕구(2.94)이므로 옳지 않다.

오답분석

① · ② · ③ · ④ 주어진 표의 수치를 정확하게 표시한 그림이다.

13 　　　　　　정답 ②

'국내 IPTV 서비스 매출액'은 주어진 보고서를 작성하는 데 직접적인 근거로 사용되지 않았다.

오답분석

① '2010년 4사분기 국내 IPTV 서비스 가입자 수는 308만 6천 명이고, Pre – IPTV와 IPTV 서비스 가입자 수의 합계는 365만 9천 명이다.'의 부분을 작성하는 데 직접적인 근거로 활용되었다.

③ '2010년 세계 통신서비스 형태별 가입자 수를 살펴보면, 이동전화 서비스 가입자 수는 세계 인구의 79%에 해당하는 51억 6,700만 명으로 가장 많았고, 그 다음으로는 유선전화, 인터넷, 브로드밴드 순서로 가입자가 많았다.'는 부분을 작성하는 데 직접적인 근거로 활용되었다.

④ '2009년 세계 지역별 통신서비스 시장 매출액의 합계는 1조 3,720억 달러에 달하였으며, 2012년에는 1조 4,920억 달러일 것으로 추정된다.'의 부분을 작성하는 데 직접적인 근거로 활용되었다.

⑤ '우리나라의 경우 2008 ~ 2010년 GDP에서 정보통신기술(ICT) 산업이 차지하는 비중은 매년 증가하여 2010년에는 11.2%였다.'는 부분을 작성하는 데 직접적인 근거로 활용되었다.

14 정답 ③

그래프의 수치는 구성비가 아니라 법정제재 건수이다.

오답분석
① · ② · ④ · ⑤ 제시된 표의 내용을 이용하여 바르게 작성된 그래프이다.

15 정답 ①

보고서에 따르면 19세 이상 성인 남성의 현재흡연율이 2007 ~ 2010년 동안 매년 증가하였다고 되어있다. 그러나 ①의 그래프에서는 2008년 47.7%에서 2009년 46.9%로 감소하는 모습을 보여주고 있다. 따라서 옳지 않다.

오답분석
② · ③ · ④ · ⑤ 제시된 보고서의 내용을 이용하여 바르게 작성된 그래프이다.

16 정답 ⑤

보고서에서 내국인의 해외 출국에 대한 내용은 언급되어 있지 않으므로 보고서 작성에 사용되지 않은 자료이다.

오답분석
① '2011년 2월 외국인 입국자 수는 전년 동월 대비 약 4.4% 낮은 증가에 그쳐 667,089명을 기록하였다.'의 부분에서 사용된 자료이다.

② '태국, 말레이시아, 베트남 등으로부터의 입국자 수는 전년 동월 대비 증가하였으나, 대만으로부터의 입국자 수는 감소했다.'의 부분에서 사용된 자료이다.

③ '목적별로 살펴보면 승무원, 유학 · 연수, 기타 목적이 전년 동월 대비 각각 13.5%, 19.6%, 38.3% 증가하였으나, ~'의 부분에서 사용된 자료이다.

④ '성별로는 남성이 335,215명, 여성이 331,874명이 입국하여 남녀 입국자 수는 비슷한 수준이었다.'의 부분에서 사용된 자료이다.

간혹, 조심성이 지나친 수험생들의 경우 '보고서 작성에 사용되지 않은 자료' 유형의 선택지를 판단할 때 그 자료가 실제와 일치하는지까지 따져보기도 한다. 하지만 이는 불필요한 과정이다. 그런 경우에는 문제에서 '그래프로 올바르게 표현한 것은?'과 같이 명시적으로 풀이방향을 제시한다.

17 정답 ②

자료에서 제시된 암 발생률은 10만 명당 새롭게 발생한 암 환자 수를 의미한다. 즉, 실제 발생한 환자의 수가 아니라 전체 인구에서 차지하는 비율을 나타내는 것인데 선택지의 그래프는 이를 단순히 실제수치로 표시한 것이므로 옳지 않다.

오답분석
① · ③ · ④ 제시된 자료의 수치를 그대로 그래프로 표시한 것으로 옳게 표시되어 있다.

⑤ 두 번째 표에서 제시된 수치를 구성비로 가공한 것으로 옳게 표시되어 있다.

18

정답 ②

보고서를 작성하는 데 인용되지 않은 자료이다.

오답분석

① '지구 전체적으로 해양 어획물은 동물성 단백질 소비의 16%를 차지하고 있다.'는 부분을 위해 인용된 자료이다.
③ '해양오염의 4분의 3 이상이 육지에서 일어나는 활동으로 인한 것이다.'는 부분을 위해 인용된 자료이다.
④ '1990년에 양식을 포함한 모든 방법으로 얻은 어획량은 9,700만 톤으로, 인간이 소비하는 단백질의 약 5%를 제공했다.'는 부분과 'FAO의 과학자들은 효율적인 어장 관리를 통해서 전체 어획량을 2010년에는 1억 200만 톤으로 증가시킬 수 있다고 믿는다. 그러나 결과적으로 1인당 어획량은 10% 감소할 것이다.'는 부분을 위해 인용된 자료이다.
⑤ '스텔라 해우의 경우는 이 동물이 발견된 지 겨우 27년이 지난 1768년경에 선원들의 남획으로 인해서 멸종되었다.'는 부분을 위해 인용된 자료이다.

| 02 | 심화문제

01	02	03	04	05	06	07												
④	⑤	④	④	①	④	②												

01

정답 ④

계산의 편의를 위해 '오락'의 시청시간을 30분으로 놓고 판단해보자. 만약 '오락'이 전체의 45%라면 월평균 전체 시청시간이 약 66시간$\left(≒\dfrac{30}{0.45}\right)$이 되어야 하므로 '오락' 외의 시청시간은 약 36시간이 되어야 한다. 그런데 선택지에서는 이 비율이 45% 이상이라고 하였으므로 전체 시청시간은 66시간 이하, '오락' 외의 시청시간은 36시간 이하이어야 한다. 그런데 '드라마', '오락', '스포츠'의 3개 항목만 더하더라도 40시간을 넘고 있음을 확인할 수 있으므로 '오락'의 시청시간은 전체 시청시간의 45% 이상이 될 수 없다. 구체적으로 계산해보면 약 39%이다.

오답분석

① 선택지가 '스마트폰 사용자 중'으로 시작한다는 점만 주의하면 크게 문제될 것이 없다. 스마트폰 사용자 중 동영상 시청자는 약 94.7%$\left(≒\dfrac{3,246}{3,427}×100\right)$, 스마트폰 사용자 중 방송프로그램 시청자는 약 60.5%$\left(≒\dfrac{2,075}{3,427}×100\right)$이므로 옳은 내용이다.
②·③·⑤ 제시된 보고서와 부합하는 자료들이다. 별도의 계산이 필요하지 않고 단순히 확인만 하면 되는 선택지들이어서 구체적인 수치는 생략하였다.

02

정답 ⑤

보고서를 단락별로 살펴보면 첫 번째 단락의 '2017년 3월부터 7월까지 5개월간 전년 동기간 대비 방한 중국인 관광객 수는 300만 명 이상 감소한 것으로 추정된다.'는 부분은 첫 번째 표를 통해 알 수 있는 내용이며, '2016년 기준 전체 방한 중국인 관광객 1인당 관광 지출액이 1,956달러'라는 부분은 표 2를 통해 알 수 있는 내용이다.
다음으로 두 번째 단락의 '2017년 연간 추정 방한 중국인 관광객의 전년 대비 감소 규모는 약 756만 명이며, 추정 지출 감소액은 약 147.9억 달러'라는 부분은 첫 번째와 두 번째 표를 통해 알 수 있는 내용인 데 반해 '2016년 중국인 관광객을 제외한 연간 전체 방한 외국인 관광객 수 및 이들의 지출액'에 대한 내용은 추가적인 자료(ㄴ)가 필요하다.
마지막으로 세 번째 단락의 '2017년 산업부문별 추정 매출 감소액'은 추가적인 자료(ㄷ, ㄹ)가 필요한 자료이므로 보고서를 작성하기 위해 추가로 필요한 자료는 ㄴ, ㄷ, ㄹ이다.

03

정답 ④

보고서의 '1992년 이래 역대 최고치를 기록하였다.'는 부분을 위해서는 ㄱ의 자료가 필요하며, '2016년 상반기도 역대 동기간 대비 최고치를 기록하고 있다.'는 부분을 위해서는 ㄴ의 자료가 추가로 필요하다. 그리고 '2015년 '갑'국의 전체 수출액이 2013년 대비 5.9% 감소하였다.'는 부분을 위해서는 ㄹ의 자료가 추가로 필요하다는 것을 알 수 있다.

04

정답 ④

보고서 첫 번째 항목의 '쌀 수출량 상위 3개국도 모두 아시아 국가'라는 부분을 위해 ㄴ의 자료가 추가로 필요하다. 그리고 두 번째 항목의 '밀 생산량 상위 5개국의 밀 평균 가격은 해당 국가들의 쌀 평균 가격보다 낮다.'는 부분을 위해 ㄷ의 자료가 필요하며, 마지막으로 세 번째 항목의 '바이오연료용 옥수수 수요량은 지속적으로 증가하고 있다.'는 부분을 위해 ㄹ의 자료가 추가로 필요하다.

05

정답 ①

ㄴ. 2018년 청소년활동을 가장 희망하는 시간대는 '학교 수업시간 중'(43.7%)으로 조사되었고, '기타'를 제외하고는 '방과 후'가 가장 낮은 비율로 조사되었다는 부분과 부합하는 자료이다.

ㄷ. 2018년 청소년활동 참여형태에 대한 9개 항목 중 '학교에서 단체로 참여'라는 응답(46.0%)이 가장 높게 나타났으며, 다음으로 '교내 동아리활동으로 참여', '개인적으로 참여'의 순서로 높게 나타났다는 부분과 부합하는 자료이다.

[오답분석]

ㄱ. 보기에서 2018년 청소년활동 9개 영역 중 참여경험 비율이 세 번째로 높은 것은 진로탐색 · 직업체험활동(72.5%)이고 보고서에는 모험개척활동(57.8%)이므로 보고서와 부합하지 않는 자료이다.

ㄹ. 보기에서 2018년 청소년활동 정책 인지도 점수의 최댓값은 1.44점(청소년운영위원회)이고 보고서는 1.42점이므로, 보고서와 부합하지 않는 자료이다.

06

정답 ④

다섯 번째 단락에서 일용근로자 수급가구가 전체 수급가구에서 차지하는 비율이 2009년부터 매년 65% 이상을 차지했다고 하였으나 선택지의 자료에서는 2009년(약 60.2%), 2010년(약 59.7%), 2011년(약 59%), 2012년(약 64.8%) 등 매년 65%에 미치지 못하므로 보고서의 내용과 부합하지 않는 자료이다.

[오답분석]

① 두 번째 단락의 '2009년 이후 근로장려금 신청가구 중에서 수급가구가 차지하는 비율은 매년 80% 이상을 기록하였다.'는 부분과 부합하는 자료이다.

② 세 번째 단락의 '수급가구 중 부부가구가 차지하는 비중은 2009년 이후 계속 70%대를 유지하다가 2012년 80%를 돌파하였다.'는 부분과 부합하는 자료이다.

③ 네 번째 단락의 '2012년 60대 이상 수급가구는 전년의 25배 이상이 되었다.'는 부분과 부합하는 자료이다.

⑤ 마지막 단락의 '2009년에는 수급가구 중 자녀 2인 가구의 비율이 가장 높았으나 2010년과 2011년에는 자녀 1인 가구의 비율이 가장 높았다.'는 부분과 부합하는 자료이다.

07

정답 ②

남자 국회의원의 여야별 비중은 각각 $\frac{123}{192} \times 100 ≒ 64.1\%$, $\frac{69}{192} \times 100 ≒ 35.9\%$이나, 여자 국회의원의 여야별 비중은 $\frac{22}{38} \times 100$ ≒ 57.9%, $\frac{16}{38} \times 100 ≒ 42.1\%$이므로 바르게 작성된 그래프가 아니다.

[오답분석]

① 제시된 자료에 따라 '국회의원의 여야별 SNS 이용자 수'를 바르게 나타낸 그래프이다.

③ 제시된 자료에 따라 '여당 국회의원의 당선 유형별 SNS 이용자 구성비'를 바르게 나타낸 그래프이다.

④ 제시된 자료에 따라 '야당 국회의원의 당선 횟수별 SNS 이용자 구성비'를 바르게 나타낸 그래프이다.

⑤ 제시된 자료에 따라 '2선 이상 국회의원의 정당별 SNS 이용자 수'를 바르게 나타낸 그래프이다.

| 01 | 기본문제

01	02	03	04	05	06	07	08	09	10										
①	③	⑤	③	②	⑤	⑤	①	⑤	③										

01

정답 ①

단순한 덧셈과 뺄셈으로만 이루어진 빈칸 채우기 문제는 일단 빈칸을 채워놓고 시작하는 것이 편하다. 곱셈 혹은 나눗셈이라면 상황에 맞춰서 판단해야 하겠지만 덧셈, 뺄셈의 자료는 거의 대부분 선택지의 구성 자체가 그 빈칸을 채우지 않고는 풀 수 없게끔 출제된다. 시청자 평가지수는 만족도 지수와 질 평가지수의 평균이므로 이를 이용하여 주 시청 시간대의 빈칸을 채워 넣으면 다음과 같다.

방송사	유형 / 구분	주 시청 시간대	
		만족도 지수	질 평가지수
지상파	A	(7.26)	7.20
	B	7.23	(7.01)
	C	7.11	6.93
	D	(7.41)	7.23
종합편성	E	7.10	7.02
	F	(7.94)	7.88
	G	7.20	(7.06)
	H	7.08	7.00

ㄱ. 표에 의하면 각 지상파 방송사는 전체 시간대와 주 시청 시간대 모두 만족도 지수가 질 평가지수보다 높으므로 옳은 내용이다.

ㄴ. 표에 의하면 각 종합편성 방송사의 질 평가지수는 주 시청 시간대가 전체 시간대보다 높다.

오답분석

ㄷ. 시청자 평가지수는 주어진 산식에 의해 직접 계산해볼 수도 있지만 한 가지 요령을 활용하는 것도 방법이다. 방송사 D의 경우 주 시청 시간대의 모든 수치가 전체 시간대의 수치들보다 큰 상태이다. 이는 결국 평균을 구하더라도 주 시청 시간대의 평균이 더 크다는 것을 의미하므로 옳지 않은 내용이다.

ㄹ. 표에서 만족도 지수의 경우 주 시청 시간대가 전체 시간대보다 높은 것은 B, D, E, F, G, H이고 시청자 평가지수의 경우 주 시청 시간대가 전체 시간대보다 낮은 것은 A, B, C이다. 따라서 둘에 모두 해당하는 것은 B뿐이므로 옳지 않은 내용이다.

02

정답 ③

이와 같이 괄호의 수가 많지 않고 보기도 적은 경우는 거의 대부분 괄호를 채워놓고 시작하는 것이 편한 경우가 많으며, 꼭 편리성의 측면을 떠나 결국에는 다 채워야 정답을 판단할 수 있게 구성되는 경우가 많다. 표의 빈칸을 채우면 다음과 같다.

면접관 \ 응시자	갑	을	병	정	범위
A	7	8	8	6	2
B	4	6	8	10	(6)
C	5	9	8	8	(4)
D	6	10	9	7	4
E	9	7	6	5	4
중앙값	(6)	(8)	8	(7)	–
교정점수	(6)	8	(8)	7	–

ㄱ. 위 표에 의하면 면접관 중 범위가 가장 큰 면접관은 B(6)이므로 옳은 내용이다.

ㄷ. 병의 교정점수는 8점이며 갑은 6점이므로 옳은 내용이다.

오답분석

ㄴ. 응시자 중 중앙값이 가장 작은 응시자는 갑(6)이므로 옳지 않은 내용이다.

03

정답 ⑤

먼저 각각의 스마트폰의 종합품질점수를 계산하면 다음과 같다.

구분	A	B	C	D	E	F	G	H	I
점수	13	10	11	12	11	9	13	11	12

ㄷ. 항목의 수가 같은 상황에서 평가점수 평균의 대소를 구하는 것이므로 굳이 평균을 구할 필요 없이 총점을 비교하면 된다. 이를 계산하면 통신사 '통화성능' 총점은 갑이 4점, 을은 3점, 병은 5점이므로 병이 가장 높다.

ㄹ. 직접 계산할 필요 없이 '멀티미디어' 항목은 스마트폰 I에서 2점을 얻은 것을 제외하고는 모두 3점으로 최소한 공동으로 1위는 차지하고 있다. 따라서 옳은 내용이다.

오답분석

ㄱ. 소매가격이 200달러인 스마트폰은 B, C, G이며 이 중 '종합품질점수'가 가장 높은 스마트폰은 G(13점)이므로 옳지 않은 내용이다.

ㄴ. 소매가격이 가장 낮은 스마트폰은 H(50달러)이며 '종합품질점수'가 가장 낮은 스마트폰은 F(9점)이므로 옳지 않은 내용이다.

04

정답 ③

2010년 A성씨의 동 지역 인구는 556명이고 2010년 A성씨의 면 지역 인구는 53명이다. 따라서 2010년 A성씨의 동 지역 인구는 2010년 A성씨의 면 지역 인구의 10배 이상이므로 옳은 내용이다.

오답분석

① 2010년 A성씨의 전체 가구는 228가구이며 1980년 A성씨의 전체 가구는 80가구이다. 따라서 2010년 A성씨의 전체 가구는 1980년의 3배 이하이므로 옳지 않은 내용이다.

② 빈칸을 채우면 1980년 경기의 A성씨 가구는 31가구이며 2010년 경기의 A성씨 가구는 64가구이다. 따라서 2010년 경기의 A성씨 가구는 1980년의 3배 이하이므로 옳지 않은 내용이다.

④ 굳이 1980년 전북, 경북, 경남, 제주의 인구수를 직접 구하지 않더라도 최댓값은 11(=140−129)이라는 것을 알 수 있으므로 부산보다는 적다는 것을 확인할 수 있다. 따라서 1980년 A성씨의 인구가 부산보다 많은 광역자치단체는 서울(122명), 인천(40명), 경기(124명)의 3곳임을 알 수 있다.

⑤ 서울의 2010년 A성씨 인구의 1980년 대비 증가폭은 61명(=183−122)인데, 경기의 인구 증가폭은 92명(=216−124)이다. 따라서 A성씨 인구 증가폭이 서울보다 큰 광역자치단체가 없는 것이 아니므로 옳지 않은 내용이다.

05

정답 ②

ㄱ. 오프라인 도박과 상관없이 온라인 도박 경험이 있기만 하면 되므로 59+16+8=83명임을 알 수 있다.

ㄷ. 온라인 도박 경험이 있다고 응답한 사람 중 오프라인 도박 경험이 있다고 응답한 사람의 비중은 $\frac{8}{83}$이고, 전체 응답자 중 오프라인 도박 경험이 있다고 응답한 사람의 비중은 $\frac{16}{500}$이다. 이를 어림하면 전자는 10%에 육박하고 있는 반면 후자는 5%에도 미치지 못하고 있다. 따라서 전자가 후자보다 크므로 옳은 내용이다.

오답분석

ㄴ. 오프라인 도박에 대해 '경험은 없으나 충동을 느낀 적이 있음'으로 응답한 사람은 21+25+16=62명이므로 전체 응답자 500명의 10%인 50명을 초과한다. 따라서 옳지 않은 내용이다.

ㄹ. 직접 계산할 필요 없이 이미 온라인 도박과 오프라인 도박 모두에 대해 '경험이 없고 충동을 느낀 적도 없음'으로 응답한 사람이 250명, 즉 50%를 나타내고 있다. 그런데 온라인 도박에 대해 이같이 응답한 사람은 이보다 23명이 많으므로 당연히 전체 응답자에서 차지하는 비중은 50%를 넘게 된다. 따라서 옳지 않은 내용이다.

06

표에서 주어진 빈칸을 채우면 다음과 같다. 단, 전체 합계는 숫자가 커지므로 처음에는 계산하지 말고 선택지를 보면서 필요한 경우에만 채워 넣도록 하자.

(단위 : 건)

연도 \ 발의주체	단체장	의원	주민	합
2010년	527	(374)	23	924
2011년	(628)	486	35	1,149
2012년	751	626	39	(1,416)
2013년	828	804	51	1,683
2014년	905	865	(54)	1,824
전체	3,639	3,155	202	(6,996)

2014년 조례발의 건수(1,824건)는 2012년 조례발의 건수(1,416건)의 1.5배(약 2,100건)에 미치지 못하므로 옳지 않은 내용이다.

[오답분석]

① 2012년 조례발의 건수(1,416건)의 50%는 708건인데 단체장발의 건수(751건)는 이보다 크므로 옳은 내용이다.
② 2011년 단체장발의 건수(628건)는 2013년 의원발의 건수(804건)보다 적으므로 옳은 내용이다.
③ 자료에서 주민발의 건수는 매년 증가하고 있으므로 옳은 내용이다.
④ 2014년 의원발의 건수(865건)는 2010년(374건)과 2011년(486건)의 합(860건)보다 크므로 옳은 내용이다.

07

먼저 제시된 표의 빈칸을 채우면 다음과 같다.

(단위 : 건, 천만 원)

구분 \ 연도		2008년	2009년	2010년	2011년	2012년	2013년
서류검증	건수	755	691	(765)	767	725	812
	비용	54	(60)	57	41	102	68
현장검증	건수	576	650	630	691	(852)	760
	비용	824	1,074	1,091	(1,704)	2,546	1,609
전체	건수	1,331	1,341	13,95	1,458	1,577	1,572
	비용	878	1,134	1,148	1,745	2,648	(1,677)

현장검증 건수가 전년에 비해 감소한 연도는 2010년과 2013년인데, 두 해 모두 전년에 비해 서류검증 건수가 증가하였으므로 옳은 내용이다.

[오답분석]

① 2013년의 경우 산업 신기술검증 전체비용이 전년에 비해 감소하였으므로 옳지 않은 내용이다.
② 2012년의 경우 서류검증 건수(725)보다 현장검증 건수(852)가 더 많으므로 옳지 않은 내용이다.
③ 판단의 편의를 위해 선택지의 분모와 분자를 바꾸면 '서류검증 비용당 건수는 2008년에 가장 작다.'로 선택지를 변환할 수 있다. 그런데 이는 직접 계산을 하지 않더라도 2008년은 이 값이 10이 넘는 데 반해 2012년은 약 7에 그치고 있다는 것을 확인할 수 있으므로 옳지 않은 내용이다.
④ 현장검증 비용이 전년에 비해 감소한 연도는 2013년(2012년 2,546천만 원에서 1,609천만 원으로 감소)뿐이므로 옳지 않은 내용이다.

08

정답 ①

3차년도의 이자비용(A)은 2차년도의 사채장부가액(E)의 10%이므로 930백만 원이 되며 이자비용과 액면이자(600백만 원)의 차이가 상각액이 되므로 상각액은 330백만 원이 된다. 이 상각액을 2차년도의 사채장부가액에 더해주면 3차년도의 사채장부가액이되며 그 값은 96억 3천만 원이 되어 96억 원을 넘어선다. 따라서 옳지 않은 내용이다.

[오답분석]

② · ③ 사채장부가액은 매년 증가할 수밖에 없는 구조이므로 전년도의 사채장부가액의 10%인 이자비용 역시 매년 증가하게 된다. 반면 이자비용에서 차감되는 액면이자는 6억 원으로 매년 일정하므로 이 둘의 차이인 사채발행차금 상각액은 매년 증가하게 된다.

④ 산식의 구조상 1차년도에 3,000백만 원으로 주어진 미상각잔액은 매년 상각을 거치면서 감소하게 되므로 옳은 내용이다.

⑤ (해당연도 사채장부가액)＝(전년도 사채장부가액)＋(당해연도 상각액)이므로 이를 변형하면 (해당연도 사채장부가액)－(전년도 사채장부가액)＝(당해연도의 상각액)이 된다. 따라서 옳은 내용이다.

09

정답 ⑤

2010년 동남권의 단위 재배면적당 마늘 생산량은 15톤/ha(＝60,000÷4,000)이므로 이를 2011년 동남권의 마늘 재배면적인 5,000ha에 적용하면 2011년 동남권의 마늘 생산량은 75,000톤임을 알 수 있다.

[오답분석]

① 2006 ~ 2009년 동안 동남권의 마늘 생산량은 매년 증가하였지만 2010년에는 2009년에 비해 감소하였으므로 옳지 않은 내용이다.

② 2010년의 경우 분모인 양파 재배면적은 거의 40%에 육박할 만큼 큰 폭으로 증가하였으나 분자인 양파 생산량은 약 10% 정도 증가하는 데 그치고 있어 단위 재배면적당 양파 생산량은 감소하였다. 따라서 옳지 않은 내용이다.

③ 그래프에서 2010년 동남권의 양파 재배면적이 4,500ha임을 알 수 있으므로 이를 표에 대입하면 2010년 울산의 양파 재배면적은 344ha로 계산할 수 있다. 그리고 2011년 울산의 양파 재배면적은 160ha로 계산되므로 2010년의 재배면적보다 감소하였음을 알 수 있다.

④ 2006 ~ 2009년 동안은 매년 마늘 재배면적이 양파 재배면적보다 크지만 2010년과 2011년은 그 반대이므로 옳지 않은 내용이다.

10

정답 ③

주어진 표의 빈칸을 채우면 다음과 같다.

출발지＼목적지	A	B	C	D	E	F	G	합
A	5	(65)	5	58	2	1	0	136
B	(27)	65	22	16	2	0	1	(133)
C	22	30	(93)	1	13	9	1	(169)
D	6	24	0	7	2	0	0	39
E	11	6	11	2	7	2	3	42
F	0	0	4	0	2	0	7	13
G	0	2	1	1	9	4	1	18
계	71	192	136	(85)	37	16	13	(550)

ㄱ. 출발지를 기준으로 할 때, 출발지가 F인 선박이 일본으로 표류한 횟수의 합이 13이므로 가장 적다. 따라서 옳은 내용이다.

ㄹ. 출발지를 기준으로 할 때, 일본으로 표류한 횟수의 합이 가장 많은 곳은 C(169)이므로 옳은 내용이다.

ㅁ. 출발지와 목적지가 같은 선박이 일본으로 표류한 횟수를 모두 합하면 178이고, 출발지가 B인 선박이 일본으로 표류한 횟수의 합은 133이므로 옳은 내용이다.

[오답분석]

ㄴ. 출발지를 기준으로 할 때, A는 C보다 일본과의 지리적 거리가 가깝지만 표류한 횟수의 합은 136으로 C의 169보다 적다. 따라서 옳지 않은 내용이다.

ㄷ. 목적지를 기준으로 할 때, 일본으로 표류한 횟수의 합이 5번째로 많은 곳은 E이므로 옳지 않은 내용이다.

01	02	03	04	05	06													
③	③	④	①	③	①													

01

먼저 훼손된 부분을 계산하여 표를 완성하면 다음과 같다.

(단위 : 건)

연도＼구분	부동산	기타 재산	전체
2014년	122,148	6,148	128,296
2015년	(119,136)	27,783	146,919
2016년	(124,743)	34,011	158,754
2017년	(129,629)	34,037	163,666
2018년	(121,397)	29,814	151,211

ㄴ. 전체 압류건수가 가장 많은 해는 2017년(163,666건)이며 이 해의 부동산 압류건수는 129,629건으로 가장 많으므로 옳은 내용이다.

ㄷ. 2019년 부동산 압류건수가 전년 대비 30% 감소하고 기타 재산 압류건수는 전년과 동일하다면 2019년의 부동산 압류건수는 약 85,000건이므로 전체 압류건수는 약 114,800건이 된다. 이는 2018년 대비 약 24% 감소한 수치이므로 옳은 내용이다.

오답분석

ㄱ. 2016년과 2017년의 경우 부동산 압류건수가 기타 재산 압류건수의 4배에 미치지 못하므로 옳지 않은 내용이다.

ㄹ. 2016년의 부동산 압류건수는 124,743건이고, 2014년은 122,148건이므로 2014년 대비 2016년 부동산 압류건수의 증가율은 약 2.1%이므로 옳지 않은 내용이다.

02

C국의 2013년 무선 통신 가입자가 7,700만 명이고 인구 100명당 무선 통신 가입자가 77명이라고 하였으므로 C국의 전체 인구는 10,000만 명임을 알 수 있다. 따라서 2013년 C국의 유·무선 통신 동시 가입자를 C라고 놓고 이를 정리하면 10,000만 명＝3,200＋7,700－C＋700으로 나타낼 수 있으며, 이를 풀면 C는 1,600만 명임을 알 수 있으므로 옳은 내용이다.

오답분석

① 2013년 A국의 유선 통신 가입자를 A라고 하면 A국의 전체 인구는 A＋4,100－700＋200이 되며 이를 정리하면 A＋3,600만 명으로 나타낼 수 있다. 그런데 A국의 인구 100명당 유선 통신 가입자가 40명이라고 하였으므로 이를 방정식으로 나타내면 $\left(\dfrac{A}{A＋3,600만 명}＝\dfrac{40}{100}\right)$이 되어 A는 2,400만 명으로 계산되므로 옳지 않은 내용이다.

② B국의 2016년 무선 통신 가입자 수의 2013년 대비 비율이 1.5라면, 2016년 무선 통신 가입자 수는 4,500만 명(＝3,000×1.5)이므로 옳지 않은 내용이다.

④ 2013년 D국의 전체 인구는 2,000만 명(＝1,100＋1,300－500＋100)이고 2013년 대비 2016년의 인구 비율이 1.5라고 하였으므로 2016년 D국의 전체 인구는 3,000만 명이 될 것이다. 여기서 2016년 D국의 미가입자를 D라 놓고 방정식으로 나타내면 3,000만 명＝1,100＋2,500－800＋D가 되어 D는 200만 명으로 계산되므로 옳지 않은 내용이다.

⑤ 2013년 B국에서 유선 통신만 가입한 사람은 1,600만 명(＝1,900－300)이고 D국은 600만 명(＝1,100－500)이므로 전자는 후자의 3배에 미치지 못한다. 따라서 옳지 않은 내용이다.

03

주어진 표의 빈칸을 채우면 다음과 같다.

(단위 : %)

연령 집단	연도							
	1960년	1970년	1980년	1985년	1990년	1995년	2000년	2005년
15세 미만	42.9	42.1	(33.8)	(29.9)	25.7	23.0	21.0	19.1
15~65세 미만	53.8	54.6	62.3	65.8	(69.3)	(71.1)	(71.7)	(71.6)
65세 이상	(3.3)	(3.3)	3.9	4.3	5.0	5.9	7.3	9.3
계	100.0	100.00	100.0	100.0	100.0	100.0	100.0	100.0

ㄴ. 2000년 15세 미만 인구 100명당 65세 이상 인구는 약 $34.8\%\left(=\dfrac{7.3}{21.0}\times100\right)$이므로 옳은 내용이다.

ㄹ. 1980년 이후 조사연도마다 전체 인구에서 15세 미만 인구의 비율은 감소하고 전체 인구에서 65세 이상 인구의 비율은 증가하므로 옳은 내용이다.

오답분석

ㄱ. 1990년의 15~65세 미만 인구 비율은 69.3%이므로 옳지 않은 내용이다.

ㄷ. 주어진 자료에서는 같은 연도 내에서의 비교는 가능하지만 다른 연도의 경우는 각각의 연도에 해당하는 전체 인구 수가 주어져 있지 않아 비교가 불가능하다. 따라서 옳지 않은 내용이다.

04

먼저 황해 지역의 흉년 빈도가 5이므로 세조 4년과 5년은 흉년이라는 것을 알 수 있으며, 같은 논리로 함경 지역은 흉년 빈도가 2이므로 세조 4년과 9년은 흉년이 아님을 알 수 있다. 이와 같은 식으로 나머지 빈칸을 채우면 다음과 같다.

재위년 \ 지역	경기	황해	평안	함경	강원	충청	경상	전라	흉년 지역 수
세조 1	×	×	×	×	×	○	×	×	1
세조 2	○	×	×	×	×	○	○	×	3
세조 3	○	×	×	×	×	○	○	○	4
세조 4	○	(○)	(○)	(×)	×	(○)	×	(×)	4
세조 5	○	(○)	○	○	○	×	×	×	(5)
세조 8	×	×	×	×	○	×	×	×	1
세조 9	×	○	×	(×)	○	×	×	×	2
세조 10	○	×	×	○	○	○	×	×	4
세조 12	○	○	○	×	○	○	×	×	5
세조 13	○	×	(○)	×	○	×	×	(×)	3
세조 14	○	○	×	×	○	(×)	(○)	×	4
흉년 빈도	8	5	(4)	2	7	6	(3)	1	

흉년 빈도는 경기(8), 강원(7), 충청(6), 황해(5) 순서이므로 옳지 않은 내용이다.

오답분석

② 세조 5년의 흉년 지역 수는 5곳이고 세조 4년은 4곳이므로 옳은 내용이다.

③ 전체 흉년 빈도 수의 합은 36이며 경기, 황해, 강원의 흉년 빈도 합은 20이므로 전체의 약 55.6%이다. 따라서 옳은 내용이다.

④ 충청 지역의 흉년 빈도는 6이며 경상의 흉년 빈도는 3이므로 옳은 내용이다.

⑤ 흉년 지역 수가 5인 재위년은 세조 5년과 세조 12년 총 2번이므로 옳은 내용이다.

05

ㄱ. I가 얻은 점수는 71점이고, 정답 문항 수가 15개이므로 이를 식으로 나타내면 $(15 \times 5) - (2 \times 2) = 71$임을 알 수 있다. 따라서 오답은 2개이고, 풀지 않은 문항은 3개이므로 옳은 내용이다.

ㄹ. J의 정답 문항 수를 a라 하고 오답 문항 수를 b라 하면 $5a - 2b = 64$로 나타낼 수 있는데 이를 만족하는 경우는 a가 14이고 b가 3인 경우뿐이다. 그런데 이 경우 풀지 않은 문항 수도 3개가 되므로 옳은 내용이다.

[오답분석]

ㄴ. 빈칸으로 남아있는 응시생별로 풀지 않은 문항 수를 계산하면 G가 2개, H가 5개, I가 3개, J가 3개임을 알 수 있으므로 A ~J가 풀지 않은 문항 수의 합은 19이다. 따라서 옳지 않은 내용이다.

ㄷ. E는 정답 문항 수가 17개, 오답 문항 수가 3개이므로 E가 얻은 점수는 79점{$= (17 \times 5) - (3 \times 2)$}이고 같은 논리로 D가 얻은 점수는 81점이다. 따라서 80점 이상인 응시생은 A, B, C, D 4명이므로 옳지 않은 내용이다.

06

비율점수법의 결과와 순위점수법의 결과를 정리하면 다음과 같다.

(단위 : 점)

구분	비율점수법		순위점수법
	전체합	중앙 3합	순위점수합
종현	28	19	11
유호	33	21	10
은진	28	18	9

순위점수합이 가장 큰 지원자는 종현(11점)이므로 옳은 내용이다.

[오답분석]

② 비율점수법 중 중앙 3합이 가장 큰 지원자는 유호(21점)이나 순위점수합이 가장 큰 지원자는 종현(11점)이므로 옳지 않은 내용이다.

③ 비율점수법 적용 결과에서 평가점수의 전체합이 큰 값부터 등수를 정하면 1등 유호, 2등 종현, 은진이나 중앙 3합이 큰 값부터 등수를 정하면 1등 유호, 2등 종현, 3등 은진이므로 옳지 않은 내용이다.

④ 비율점수법 적용 결과에서 평가점수의 전체합이 가장 큰 지원자는 유호(33점)이므로 옳지 않은 내용이다.

⑤ 비율점수법 적용 결과에서 중앙 3합이 높은 값부터 등수를 정하면 1등 유호(21점), 2등 종현(19점)이므로 옳지 않은 내용이다.

PART

2

최종점검
모의고사

01	02	03	04	05	06	07	08	09	10	11	12	13	14	15	16	17	18	19	20
⑤	②	③	④	⑤	⑤	①	②	④	①	④	①	①	①	⑤	④	①	⑤	③	③

01

정답 ⑤

연봉은 매년 고정적으로 각국의 통화로 지급한다고 하였다. 따라서 연봉액수는 감소하지 않으나, 환율에 따라 원화 환산 연봉이 감소할 수 있다. 따라서 환율의 감소율을 구하면 다음과 같다.

- 중국 : (2017년 대비 2018년 환율 감소율)$= \dfrac{160-170}{170} \times 100 ≒ -5.88\%$

- 일본 : (2016년 대비 2018년 환율 감소율)$= \dfrac{1,050-1,100}{1,100} \times 100 ≒ -4.54\%$

따라서 2017년 대비 2018년 중국기업의 원화 환산 연봉의 감소율이 더 크다.

오답분석

① 2016년 원화 환산 연봉은 중국기업이 가장 많다.
  - 미국기업 : 1,250×3만=3,750만 원
  - 일본기업 : 1,100×290만÷100=3,190만 원
  - 중국기업 : 190×20만=3,800만 원
② 2017년 원화 환산 연봉은 일본기업이 가장 많다.
  - 미국기업 : 1,100×3만=3,300만 원
  - 일본기업 : 1,200×290만÷100=3,480만 원
  - 중국기업 : 170×20만=3,400만 원
③ 2018년 원화 환산 연봉은 일본기업이 중국기업보다 적다.
  - 미국기업 : 1,150×3만=3,450만 원
  - 일본기업 : 1,050×290만÷100=3,045만 원
  - 중국기업 : 160×20만=3,200만 원
④ 향후 3년간 가장 많은 원화환산 연봉을 주는 곳은 미국기업이다.
  - 미국기업 : 3,750만+3,300만+3,450만=10,500만 원
  - 일본기업 : 3,190만+3,480만+3,045만=9,715만 원
  - 중국기업 : 3,800만+3,400만+3,200만=10,400만 원

02

정답 ②

주어진 자료를 정리하면 다음과 같다(이수 인원은 300명으로 모두 동일함).

구분	석차(등)	백분율(%)	등급	이수 단위	(등급)×(단위)
국어	270	90	8	3	24
영어	44	약 14	3	3	9
수학	27	9	2	2	4
과학	165	55	5	3	15

이수 단위의 합은 11이므로 전체 평균등급은 $\dfrac{(24+9+4+15)}{11} ≒ 4.7$이다. 따라서 평균등급 M은 4와 5 사이에 위치하게 되므로 ②가 정답이 된다.

03

정답 ③

ㄴ. 한국의 2001년도 국방비와 경상운영비는 2000년에 비해 증가하였으나 전략투자비는 감소하였으므로 옳은 내용이다.

ㄷ. 1998 ~ 2001년 사이에 한국의 국방비 증가율이 전년보다 높은 연도는 2000년, 2001년인데 이 해에는 경상운영비의 증가율도 전년보다 높으므로 옳은 내용이다.

ㄹ. 한국의 GDP 대비 국방비 구성비와 재정 대비 국방비 구성비가 모두 지속적으로 감소하였으므로 옳은 내용이다.

[오답분석]

ㄱ. G와 H만 보더라도 국방비는 H가 더 많은 반면, 1인당 군사비는 G가 더 많으므로 옳지 않은 내용이다.

ㅁ. D와 E국을 보면 GDP 대비 국방비의 비율은 E가 더 큰 반면, 1인당 군사비는 D가 더 많으므로 옳지 않은 내용이다.

04

정답 ④

A. 첫 번째 그래프에 따르면 매우 불만족은 0.2%, 약간 불만족은 0.7%로 나타나고 있으므로 이 둘의 합은 0.9%임을 알 수 있다.

B. 두 번째 그래프에 따르면 '안내정보서비스' 부문의 경우 남성은 4.34점, 여성은 4.38점으로 유일하게 여성의 만족도가 더 높게 나타나고 있다.

C. 표에 따르면 '음식', '쇼핑', '안내정보서비스' 부문은 모두 50대 이상 연령대가 가장 높은 만족도를 보였다.

D. 세 번째 그래프에 따르면 여성의 경우 독특하다는 의견이 5에 육박하고 있으며 다른 항목별 이미지보다 훨씬 강하게 인식하고 있다.

05

정답 ⑤

2009년은 게임 매출액이 음원 매출액의 2배 이상이지만 2010 ~ 2012년은 모두 2배에 미치지 못하므로 옳지 않다.

[오답분석]

① 표에서 2007년 이후 매출액이 매년 증가한 콘텐츠 유형은 영화뿐임을 확인할 수 있다.

② SNS의 경우 2011년에 비해 2012년에 매출액의 3배 이상 증가한 반면, 나머지 유형들은 2배에도 미치지 못하고 있다. 따라서 옳은 내용이다.

③ 표의 전체 매출액에 40%를 직접 곱하여 정확한 수치를 계산하지 않고 어림해보더라도 영화의 매출액은 매년 전체 매출액의 40% 이상임을 알 수 있다.

④ 표에서 2006 ~ 2012년 동안 콘텐츠 유형별 매출액이 각각 전년보다 모두 증가한 해는 2012년뿐임을 알 수 있다.

06

정답 ⑤

사망자가 30명 미만인 사고는 A, C, D, F인데 이들을 화재규모와 복구비용이 큰 순서대로 나열하면 모두 A>D>C>F로 동일함을 알 수 있다. 따라서 옳은 내용이다.

[오답분석]

① 사고 A와 사고 B의 경우 터널길이는 A가 길지만 사망자 수는 A가 적다. 따라서 터널길이가 길수록 사망자가 많은 것이 아니므로 옳지 않은 내용이다.

② 사고 A와 사고 B의 경우 화재규모는 A가 크지만 복구기간은 A가 짧다. 따라서 화재규모가 클수록 복구기간이 긴 것은 아니므로 옳지 않은 내용이다.

③ 사고 C와 사고 D의 경우 사고 C의 복구기간이 길지만 복구비용은 C가 적다. 따라서 A를 제외했다고 해서 복구기간이 길수록 복구비용이 큰 것은 아니므로 옳지 않은 내용이다.

④ 사고 E와 복구비용이 가장 큰 A의 사고비용을 계산하면 다음과 같다.
- E : 570+(192×5)≒1,500억 원
- A : 4,200+(1×5)=4,205억 원

전체를 모두 판단하지는 않았지만 사고 A의 사고비용이 사고 E보다 큰 것이 확인되었으므로 옳지 않은 내용이다.

07

ⅰ) 먼저 항목의 수가 가장 적은 두 번째 조건을 살펴보면, 1999년에 징수세액이 1989년에 비해 10배 이상 증가한 세목은 A와 B임을 확인할 수 있다. 따라서 A, B는 각각 상속세, 자산재평가세 중 하나임을 알 수 있다.

ⅱ) 다음으로 첫 번째 조건을 살펴보면, 1989년 징수세액이 5,000억 원보다 적은 세목은 A, B, D, 증여세, 전화세이므로 이것과 위의 ⅰ)을 결합하면 D가 증권거래세가 됨을 알 수 있다.

ⅲ) 이제 마지막 조건을 살펴보면, 2009년에 징수세액이 1999년에 비해 증가한 세목은 소득세, 법인세, A, 증여세, C, 증권거래세임을 확인할 수 있다. 따라서 A, C는 각각 상속세, 부가가치세 중 하나임을 알 수 있다. 이는 ⅰ)과 결합하면 A는 상속세와 연결되며 B는 자산재평가세, C는 부가가치세가 됨을 알 수 있다.

08

ㄱ. 첫 번째 표의 빈칸을 채우면 홍수재해 발생 건수는 총 72건이며, 분류기간별로는 1501 ~ 1550년에 37건으로 가장 많이 발생했음을 알 수 있으므로 옳은 내용이다.

ㄷ. 여사건 개념을 활용하여 1, 8 ~ 12월의 가뭄재해 발생 건수가 전체의 10% 미만임을 살펴보는 것이 더 빠르다. 자료에 의하면 1, 8 ~ 12월의 건수는 6건으로 전체 79건의 10%에 미치지 못한다. 따라서 옳은 지문이다.

[오답분석]

ㄴ. 1501 ~ 1550년 9월에도 홍수재해가 발생하였으므로 잘못된 진술이다.

ㄹ. 두 번째 표의 빈칸을 채우면 1501 ~ 1550년에는 가뭄재해 발생 건수가 25건이고 홍수재해 발생 건수가 37건이므로 분류기간마다 가뭄재해 발생 건수가 홍수재해 발생 건수보다 많다고 할 수 없다. 따라서 옳지 않은 내용이다.

09

수도권 1인당 금융대출액은 수도권 전체의 금융대출액을 수도권의 인구로 나눈 값인데 자료에 의해 $\frac{469,374십억}{24,472천} \fallingdotseq 19.2$백만임을

알 수 있다. 또 전국 1인당 금융대출액은 $\frac{699,430십억}{50,034천} \fallingdotseq 14$백만이므로 옳은 내용이다.

[오답분석]

㉠ 인구밀도는 인구수를 면적으로 나눈 값인데 인구수는 주어져 있지만 면적에 대한 자료는 주어져 있지 않으므로 알 수 없는 내용이다.

㉡ 1인당 주택면적은 주택면적을 인구수로 나눈 값인데 인구수는 주어져 있지만 주택면적에 대한 자료는 주어져 있지 않으므로 알 수 없는 내용이다.

㉢ 전국과 수도권의 지역 총 생산액은 주어져 있지만 이를 제조업체와 서비스업체로 분류한 자료는 주어져 있지 않으므로 알 수 없는 내용이다.

㉣ 4년제 대학 재학생에 대한 자료는 표에서 찾을 수 없다.

10

ㄱ. 공공연구기관의 연구개발비는 BT분야(11.2%)가 NT분야(5.4%)의 2배 이상이므로 옳은 내용이다.

ㄴ. 기업체의 IT(41.0%), NT(13.4%)분야 연구개발비 합은 기업체 전체 연구개발비의 50% 이상이므로 옳은 내용이다.

[오답분석]

ㄷ・ㄹ. 각 기관 유형의 연구개발비가 주어져 있지 않으므로 옳지 않은 내용이다.

ㅁ. 기타를 제외하고 연구개발비 비중이 가장 작은 분야는 기업체와 대학은 ST분야인 데 반해, 공공연구기관은 NT분야이므로 옳지 않은 내용이다.

11

정답 ④

ㄱ. 선택지에서는 '학과당 교원 수'로 제시되었으나 주어진 자료를 그대로 활용하기 위해 '교원당 학과 수'로 바꿔 판단해보자. 물론 그럴 경우 대소관계는 반대로 판단해야 할 것이다. 이 같은 논리로 판단하면 공립대학은 10%를 조금 넘는 수준인 데 반해, 사립대학은 20%에는 미치지 못하지만 공립대학보다는 크다는 것을 어림으로도 확인할 수 있다. 따라서 옳은 내용이다.

ㄴ. 전체 대학 입학생 수가 355,772명이어서 이의 20%는 7만 명을 조금 넘는다는 것을 알 수 있다. 하지만 국립대학의 입학생 수는 7만 8천 명을 넘고 있기 때문에 국립대학 입학생 수가 차지하는 비율은 20% 이상임을 알 수 있다.

ㄷ. ㄱ과 같은 논리로 졸업생 수 대비 입학생 수의 비율로 판단해보면, 국립대학은 100%를 넘는 반면 공립대학은 100%에 미치지 못한다. 따라서 졸업생 수 대비 입학생 수는 국립대학이 공립대학보다 더 크므로 옳은 내용임을 알 수 있다.

[오답분석]

ㄹ. 남성 직원 수가 여성 직원 수보다 많다면 여성 직원 수가 전체 직원 수의 절반에 미치지 못해야 한다는 것을 의미한다. 그런데 공립대학의 경우는 여성 직원 수가 전체의 절반을 넘고 있는 상황이므로 옳지 않은 내용임을 알 수 있다.

12

정답 ①

'지지정당 없음'의 비율이 낮아졌다는 것은 역으로 A정당과 B정당의 지지율의 합이 높아졌다는 것을 의미한다. 2007년의 경우 두 정당의 지지율의 합이 43.1%이고 2008년은 59.5%로 지지율의 합이 높아졌으므로 옳은 내용이다.

[오답분석]

② 60대 이상의 경우 2006년에 비해 2007년에 A당에 대한 지지도가 36.4%에서 34.2%로 낮아졌으므로 옳지 않은 내용이다.

③ 20대의 정당지지도 차이는 2006년 18.8%p에서 2007년 1.2%p로 축소되었으므로 옳지 않은 내용이다.

④ A당이 B당의 지지도를 처음으로 추월한 해는 2007년이고 그 해에 A당 지지도가 가장 높은 연령대는 50대이므로 옳지 않은 내용이다.

⑤ 정당지지도의 차이가 가장 큰 해는 2009년(24.2%p)이고 그 차이보다 더 큰 정당지지도 차이를 보이는 연령대는 50대(30.2%p), 60대 이상(33.2%p)의 2개이므로 옳지 않은 내용이다.

13

정답 ①

제시된 수치들은 수도권 출발, 경기 도착의 화물 유동량이 아니라 경기 출발, 수도권 도착의 수치들이므로 옳지 않다.

[오답분석]

②·③·④·⑤ 모두 주어진 자료를 옳게 표현하였다.

14

정답 ①

ㄱ. 운수사고 이외의 사고로 인한 사망률을 직접 구할 필요 없이 선택지를 '운수사고로 인한 사망자의 비율은 A지역이 가장 낮고, E지역이 가장 높다.'로 변형하여 판단하면 된다. 이에 따르면 A지역은 이 비율이 절반에 미치지 못하므로 가장 낮고, E지역은 약 67%이므로 가장 높다. 따라서 옳은 내용이다.

ㄴ. 가중평균을 응용한 선택지이다. A - B지역을 하나로 묶고, C - D - E를 다른 하나로 묶어 가중평균을 구한 것이 전체 사고 사망률인데, 전체 사고 사망률이 6.7명이라고 하였으므로 A - B쪽에 상당히 치우쳐 있다는 것을 알 수 있다. 따라서 A - B지역의 인구가 더 많다는 것을 알 수 있으므로 옳은 내용이다.

[오답분석]

ㄷ·ㄹ. 전체 인구가 주어져 있지 않은 상황에서는 알 수 없으므로 옳지 않은 내용이다.

15

2010년 서울(109개소)과 경기 지역(95개소)의 직장어린이집 수의 합은 204개소이므로 2010년 전국 직장어린이집 수(401개소)의 절반을 넘는다. 따라서 옳은 내용이다.

오답분석

① 2000 ~ 2010년 동안 2001년을 제외하고 매년 전국 직장어린이집의 수가 증가하였으므로 옳지 않은 내용이다.

② 2006년 전국 직장어린이집 수의 20%는 60개소에 약간 미치지 못하는 상황인데 2008년 2006년 대비 어린이집 수의 증가분은 52개소에 불과한 상황이다. 따라서 2008년 전국 직장어린이집 수는 2006년 대비 20% 이하 증가하였다.

③ 2010년 전국 직장어린이집 수가 401개소이며 이의 5%는 20.05개소이다. 그런데 인천의 직장어린이집 수는 26개소로 이보다 크므로 2010년 인천 지역 직장어린이집 수는 전국 직장어린이집 수의 5% 이상이다.

④ 2003년과 함께 2006년에도 전국 직장어린이집 수의 전년 대비 증가율이 10%를 넘으므로 옳지 않은 내용이다.

16

주어진 산식을 변형하면 다음과 같다.

(해당 사분기 매출액)

=[(해당 사분기 매출액 증감계수)×(직전 사분기 매출액)]+(직전 사분기 매출액)

=(직전 사분기 매출액)×[(해당 사분기 매출액 증감계수)+1]로 나타낼 수 있다.

이 변형된 산식에 자료의 수치들을 대입하면 사분기별 매출액을 구할 수 있다.

(단위 : 억)

분기＼사원	사원 A	사원 B	사원 C
1사분기	4	6	2
2사분기	8	9	1
3사분기	12	4.5	4
4사분기	6	9	8

따라서 2022년 4사분기의 매출액이 큰 순서대로 나열하면 B, C, A가 된다.

17

ㄱ. 1990 ~ 1997년의 {1－(지니계수)}가 모두 0.700 이상이므로 지니계수는 모두 0.300 이하가 된다. 따라서 지니계수의 평균값도 0.300 이하이므로 옳은 내용이다.

ㄹ. 자료에서 1999년은 1998년에 비해 좌상방으로 이동한 점이므로 옳은 내용이다.

오답분석

ㄴ. 1992년의 경우 전년 대비 경제성장률은 감소하였으나 소득분배는 개선되었으므로 옳지 않은 내용이다.

ㄷ. 조사기간 동안 전년 대비 경제성장률이 가장 높은 연도는 1987년이므로 옳지 않은 내용이다.

ㅁ. 전년 대비 경제성장률을 살펴보면 1985년, 1989년, 1992년, 1993년의 경우 전년 대비 경제성장률이 평균 아래로 하락하였고, 소득분배는 1984년, 1989년, 1994년, 1996년의 경우 전년에 비해 악화되었으므로 옳지 않은 내용이다.

18

ㄴ. 직접 계산하기 보다는 자연·공학 계열 신입생 정원이 전체 신입생 정원의 절반을 넘는지를 어림해보면 A, D, F대학이 이에 해당함을 알 수 있다. 따라서 옳은 내용이다.

ㄹ. A대학의 수시전형 신입생 정원과 정시전형 신입생 정원의 차이는 63명인데 나머지 대학들의 차이는 눈어림만 해보아도 이보다 크다는 것을 알 수 있다. 따라서 옳은 내용이다.

ㄱ. 전체 신입생 정원에서 인문・사회 계열 정원이 차지하는 비율을 보면, B대학은 약 55%$\left(\fallingdotseq\dfrac{2,290}{4,123}\times100\right)$인 데 반해 E대학은

약 62%$\left(\fallingdotseq\dfrac{823}{1,331}\times100\right)$이므로 옳지 않은 내용이다.

ㄷ. A대학교도 이에 해당한다. A대학 인문・사회계열의 신입생 정원을 살펴보면 수시전형과 정시전형의 정원이 1,200명으로 동일한 반면, 자연・공학계열의 신입생 정원은 수시전형이 더 크다. 따라서 전체 신입생 정원 중 수시전형으로 선발하는 신입생 정원이 더 크므로 옳지 않은 내용이다.

19

 정답 ③

ㄴ. 눈어림으로 판단해보아도 2022년 서울의 외국인 소유 토지면적의 전년 대비 증가율은 10%에 조금 미치지 못하는 상황(약 9%)인데 나머지 지역은 이에 한참 미치지 못한다. 따라서 옳은 내용이다.

ㄹ. 2022년의 면적을 살펴보면 경기, 전남은 40,000천m²에 육박하는 면적을 기록 중이고 그 뒤를 29,000천m² 대를 기록하고 있는 경북이 차지하고 있다. 경북 이하의 다른 지역들 중에는 강원이 21,000천m² 대를 기록하고는 있으나 경북과의 차이가 매우 큰 상태이다. 또한, 전년 대비 증감면적 역시 그 크기가 크지 않은 상황이어서 증감면적을 감안하더라도 2021년 역시 경북이 세 번째를 차지하게 됨을 알 수 있다.

ㄱ. 2022년 외국인 소유 토지면적은 경기가 가장 크지만 전년 대비 증감면적을 반영하여 계산한 2009년의 면적은 전남이 37,916 천m²로 더 크다. 따라서 옳지 않다.

ㄷ. 2022년에 외국인 소유 토지면적이 가장 작은 지역은 대구인 반면, 2021년은 대전의 면적이 가장 작으므로 옳지 않은 내용이다.

20

 정답 ③

ㄴ. 보고서의 내용 중 '특히, 2016년에 A국은 정부연구개발비 대비 민간연구개발비 비율이 가장 작다.'는 내용을 작성하기 위해 추가로 필요한 자료임을 알 수 있다.

ㄷ. 보고서의 내용 중 '이는 2014 ~ 2016년 동안 A국 민간연구개발에 대한 정부의 지원금액이 매년 감소한 데 따른 것으로 분석된다.'는 내용을 작성하기 위해 추가로 필요한 자료임을 알 수 있다.

제2회 NCS in PSAT 최종점검 모의고사

01	02	03	04	05	06	07	08	09	10	11	12	13	14	15	16	17	18	19	20
④	③	④	④	②	①	④	⑤	⑤	②	①	③	③	③	④	②	④	③	①	③

01

정답 ④

ㄴ. 만족도가 가장 높은 속성은 B음식점의 분위기(3.5)이므로 옳은 내용이다.

ㄹ. 중요도가 가장 높은 속성은 맛이며 맛 속성의 A음식점의 성과도는 4, B음식점은 3이므로 옳은 내용이다.

[오답분석]

ㄱ. A음식점이 B음식점보다 성과도가 높은 것은 맛과 가격의 2개 속성이므로 옳지 않은 내용이다.

ㄷ. A음식점과 B음식점 사이의 성과도 차이가 가장 큰 속성은 분위기(2.5)이므로 옳지 않은 내용이다.

02

정답 ③

전북의 경우 2005년 0.379, 2006년 0.391, 2007년 0.408로 재정력지수가 매년 상승하였으므로 옳은 내용이다.

[오답분석]

① 지방교부세를 지원받은 적이 없다는 것은 재정력지수가 1을 넘는다는 의미이다. 그런데 인천의 2006년 재정력지수는 0.984로 1에 미치지 못해 중앙정부로부터 지방교부세를 지급받았으므로 옳지 않은 내용이다.

② 제시된 자료는 기준재정수입액과 수요액의 비율을 나타내고 있을 뿐이며, 이 자료로는 지역 간의 기준 재정수입액을 직접 비교할 수 없다. 따라서 옳지 않은 내용이다.

④ 제시된 자료로는 기준 재정수요액 대비 지방교부세 지원액의 비율만을 알 수 있을 뿐이다. 따라서 옳지 않은 내용이다.

⑤ 2005 ~ 2007년의 기간 동안 대전의 재정력지수는 울산보다 항상 크다. 그런데 분자가 되는 두 지역의 기준재정수입액이 매년 서로 동일하다고 하였으므로 분모가 되는 기준 재정수요액은 대전이 울산보다 항상 작아야 한다. 따라서 옳지 않은 내용이다.

03

정답 ④

2030년의 전국 인구부양비는 약 $0.55\left(= \dfrac{11.2+24.1}{64.7}\right)$인데, 1970년만 보더라도 인구부양비가 0.8을 넘는다. 따라서 옳지 않은 내용이다.

[오답분석]

① 2010년에 전남의 경우 노인인구가 21.3%를 기록하면서 처음으로 초고령사회로 분류되므로 옳은 내용이다.

② 2030년의 전국 노년부양비는 약 $0.37\left(= \dfrac{24.1}{64.7}\right)$이므로 옳은 내용이다.

③ 2005년의 전국 유년인구비(19.1%)는 1970년 전국 유년인구비(42.5%)의 절반 이하이므로 옳은 내용이다.

⑤ 2005년의 노년부양비를 지역별로 구해보면 울산이 약 $0.07\left(= \dfrac{5.2}{72.9}\right)$로 가장 낮다. 따라서 옳은 내용이다.

04

정답 ④

표에 제시된 자료들의 총합이 모두 100으로 주어져 있으므로 이 수치들을 비율로 보고 판단하면 될 것이다.

ㄱ. 30세 미만 여성이 찬성하는 비율은 90%이며, 30세 이상 여성이 찬성하는 비율은 60%이므로 옳은 내용이다.

ㄴ. 30세 이상 여성이 찬성하는 비율은 60%이며, 30세 이상 남성이 찬성하는 비율은 48%이므로 옳은 내용이다.

ㄹ. 이 선택지는 아래 ㄷ과 연관지어 판단하는 것이 좋다. ㄷ의 논리를 따른다면 연령별 남성의 인원을 더해서 판단하면 되는데 30세 미만의 경우 찬성이 반대보다 56명 이상 많은 반면, 30세 이상의 경우는 반대가 겨우 4명 더 많은 상황이다. 따라서 둘을 합하면 여전히 찬성이 많게 되어 옳은 지문이 된다.

> **오답분석**
>
> ㄷ. 총인원이 100명으로 그룹 지어져 있으므로 각각의 인원을 더해서 판단하면 된다. 먼저, 성별에 따른 차이는 (여성) : (남성)＝ 150 : 126이므로 둘의 차이는 24이고, 연령에 따른 차이는 (30세 미만) : (30세 이상)＝168 : 108이므로 둘의 차이는 60이다. 따라서 연령에 따른 차이가 더 크다.

05

정답 ②

ㄱ. 각주의 산식을 변형하여 C지역의 전체 도로 길이를 구하면 $712km\left(=\dfrac{534}{0.75}\right)$이므로 옳은 내용이다.

ㄷ. 포장도로에서 고속도로가 차지하는 비율을 계산해보면 F지역의 비율이 약 $10\%\left(≒\dfrac{51}{501}\times100\right)$로 가장 크므로 옳은 내용이다.

> **오답분석**
>
> ㄴ. I지역의 전체 도로 길이는 $\dfrac{278}{0.75}$인데 G지역은 $\dfrac{125}{0.96}$이어서 계산을 따로 해보지 않아도 G지역의 길이가 더 짧다는 것을 알 수 있다. 따라서 옳지 않은 내용이다.
>
> ㄹ. D지역의 비포장도로의 길이를 계산해보면 약 360km(≒780×0.46)인 반면, G지역은 5km(=125×0.04)에 불과하므로 옳지 않은 내용이다.

06

정답 ①

ㄱ. 표에 의하면 품목별 총 항만 수출액과 A항만 수출액이 1991년 대비 2010년에 각각 증가하였음을 알 수 있으므로 옳은 내용이다.

ㄴ. 그래프에 의하면 A항만 처리 분담률이 1991년 대비 2010년에 감소한 품목은 전기·전자, 기계류, 광학·정밀기기, 플라스틱 제품의 4개이므로 옳은 내용이다.

> **오답분석**
>
> ㄷ. 2010년 광학·정밀기기의 1991년 대비 A항만 수출액은 약 28배 증가, 자동차의 A항만 수출액은 약 34배 증가하였다. 이것은 증가율도 광학·정밀기기가 더 크다는 것을 의미하므로 옳지 않은 내용이다.
>
> ㄹ. 1991년 플라스틱제품의 A항만 처리 분담률은 93.8%인데 2010년은 49.6%로 절반에 조금 미치지 못한다. 즉 1991년 대비 2010년의 감소율은 50%에 미치지 못하고 있는 것이므로 옳지 않은 내용이다.

07

정답 ④

2015년의 경우 SOC 투자규모는 전년 대비 감소한 반면, 총지출 대비 SOC 투자규모 비중은 증가하였으므로 둘의 증감방향은 동일하지 않다. 따라서 옳지 않다.

> **오답분석**
>
> ① 2017년 총지출 대비 SOC 투자규모 비중이 6.9%이므로 조 단위를 생략한 총지출은 (23.1÷6.9)×100으로 계산할 수 있다. 이는 어림하더라도 300이 넘으므로 옳은 내용임을 알 수 있다.
>
> ② 2014년 'SOC 투자규모'의 전년 대비 증가율이 30%라면 2014년의 SOC 투자규모가 26조 원을 넘어야 하는데 실제 2014년의 SOC 투자규모는 25.4조 원에 그치고 있으므로 증가율은 30% 이하임을 알 수 있다.

③ 2014 ~ 2017년 동안 'SOC 투자규모'가 전년에 비해 가장 큰 비율로 감소한 해는 SOC 투자규모의 변화가 크지 않은 상황에서 전년 대비 감소폭이 1.3조 원으로 가장 큰 2017년임을 직관적으로 판단할 수 있다.
⑤ 직접 계산할 필요 없이 수치적 감각으로 풀이가 가능한 선택지이다. 2017년의 SOC 투자규모가 2016년에 비해 감소한 상황에서 만약 2018년의 전년 대비 감소율이 2017년과 동일하다면 감소폭은 2017년의 1.3조 원에 비해 덜 감소할 수밖에 없다. 즉, 2018년 SOC 투자규모가 3.1조 원 이상 감소하여 2018년에 20조 원 이하로 내려가는 것은 불가능하므로 2018년 SOC투자규모는 20조 원 이상이 될 수밖에 없다.

08

창업교육을 미이수한 폐업 자영업자 중 생존기간이 10개월인 자영업자의 비율이 약 68%이어서 생존기간이 10개월 미만인 자영업자의 비율은 약 32%이다. 따라서 옳은 내용임을 알 수 있다.

오답분석
① 주어진 그래프를 통해서는 기간별 생존비율만을 알 수 있을 뿐 창업교육을 이수 또는 미이수한 폐업 자영업자 수는 알 수 없다.
② 0 ~ 5개월 구간과 48 ~ 50개월 구간에서는 두 그룹의 생존비율이 같으나 나머지 구간에서는 모두 창업교육 미이수 그룹의 생존비율이 이수 그룹에 비해 낮다. 따라서 평균 생존기간은 이수 그룹이 더 길다.
③ 창업교육을 이수한 폐업 자영업자의 생존비율과 창업교육을 미이수한 폐업 자영업자의 생존비율의 차이는 창업 후 45 ~ 48개월의 구간에서 약 30%p로 가장 크다는 것을 알 수 있으므로 옳지 않은 내용이다.
④ 창업교육을 이수한 폐업 자영업자 중 생존기간이 32개월 이상인 자영업자의 비율은 45%에 미치지 못하므로 옳지 않은 내용이다.

09

정답 ⑤

E : ④에서 D가 200,000임을 확인했으므로 200,000×14.18(%)=28,360이다. 따라서 옳지 않다.

오답분석
① A : 2008년도의 엥겔계수가 14.11이므로 100,000×14.11(%)=14,110
② B : 2009년도의 슈바베계수가 9.81이므로 120,000×9.81(%)=11,772
③ C : 2010년도의 엥겔계수가 13.86, 슈바베계수가 10.07이므로 둘의 차이는 3.79이다.
④ D : 2011년도의 주거・수도・광열 소비지출이 주어져 있으므로 역으로 판단해보면 된다. 산식에 의해 총 소비지출액에 슈바베계수를 곱한 것이 주거・수도・광열 소비지출액이므로 200,000×10.15(%)=20,300으로 계산되는데 이미 주어진 수치와 동일하므로 결국 D는 200,000이다.

10

정답 ②

ㄴ. 그래프상에서 중소기업의 검색 건수는 2007년을 시작으로 매년 바깥쪽으로 이동하고 있으므로 옳은 내용이다.
ㄷ. 시각적으로 판단해야 하는 선택지이다. 2008년을 제외한 나머지 연도에서는 대기업의 검색 건수가 가장 큰 데다가 80 ~ 100구간에 몰려있는 상태이다. 또한 2008년의 경우도 중소기업과 개인과는 거의 차이가 없으며 단지 외국인의 경우만 차이가 큰 상태이다. 그러나 이 차이라는 것도 2008년을 제외한 나머지 연도에서 쌓아놓은 격차보다는 작으므로 결국 2007년부터 2010년까지의 검색 건수 총합은 대기업이 가장 많았음을 알 수 있다. 따라서 옳은 내용이다.

오답분석
ㄱ. 2007년과 2008년의 검색 건수를 비교해보면 외국인, 개인, 중소기업에서는 모두 2007년의 검색 건수가 적고, 대기업의 경우만 2008년이 큰 상황이다. 그런데 대기업의 검색 건수의 차이보다 외국인, 개인, 중소기업의 검색 건수 합의 차이가 더 크므로 전체 검색 건수는 2007년이 더 작다. 따라서 옳지 않은 내용이다.
ㄹ. 2009년에는 외국인과 개인의 검색 건수가 가장 적었고, 대기업의 검색 건수가 가장 많았으므로 옳지 않은 내용이다.

11

국내 지식산업센터의 총합은 324개이며 이의 60%는 200에 약간 미치지 못하는 수치이므로 옳지 않은 내용이다.

[오답분석]

② 국내 지식산업센터 수의 80%는 약 259개인데 수도권의 지식산업센터 수는 278개이므로 80%를 훨씬 뛰어넘는다.
③ 경기지역의 경우 계획입지에 조성된 지식산업센터 수는 33개인 데 반해 개별입지에 조성된 것은 100개이므로 옳은 내용이다.
④ 동남권의 지식산업센터의 수는 27개이며 대경권은 6개이므로 옳은 내용이다.
⑤ 자료에 의하면 6대 광역시 중 계획입지에 조성된 지식센터수(0개)가 개별입지(1개)에 조성된 것보다 적은 지역은 울산광역시뿐이다.

12

정답 ③

동일 지역에서는 '1월 아파트 실거래 가격'이 동일하므로 지수의 비교만으로 대소비교가 가능하다. 그런데 '다'지역의 1월과 3월의 아파트 실거래 가격 지수가 모두 100으로 같으므로 두 기간의 실거래 가격 역시 동일하다는 것을 알 수 있다.

[오답분석]

① · ② 다른 지역의 실거래 가격을 비교하기 위해서는 해당 지역의 1월 아파트 실거래 가격을 알아야 한다. 그런데 '가', '다'지역의 1월 실거래 가격을 알지 못하므로 비교가 불가능하다.
④ ③과 같은 논리를 적용하면 같은 지역의 지수의 증가율과 실거래 가격의 증가율도 동일하다는 것을 알 수 있다. 따라서 '가'지역 지수의 1월 대비 7월의 증가율이 4%이므로 7월의 실거래 가격 역시 1월의 1억 원에서 4% 증가한 1억 4백만 원임을 알 수 있다.
⑤ 동일 지역 간의 비교이므로 지수의 비교만으로도 파악 가능하다. '가'와 '나'지역의 아파트 실거래 가격지수는 7∼12월 동안 상승하였지만 '다'지역의 경우는 11월(103.0)보다 12월(102.6)에 지수가 하락하였다. 따라서 옳지 않은 내용이다.

13

정답 ③

전산장비 가격 대비 연간유지비 비율의 산식을 변형하면 (전산장비 가격)$=\dfrac{(연간유지비)}{(유지비\ 비율)}\times 100$으로 나타낼 수 있다. 이에 따라 계산해보면 A=4,025만 원, B=6,000만 원, C=4,014만 원, D=5,100만 원, E=5,200만 원, F=3,333만 원으로 구할 수 있다. 따라서 가격이 가장 높은 것은 B이고, 가장 낮은 것은 F이다.

[오답분석]

① 그래프에서 D의 연간유지비 255만 원의 2배는 500만 원이 넘는 반면 B는 450만 원에 그치고 있다. 따라서 옳지 않은 내용이다.
② · ④ 위 ③의 해설에 따라 가격이 가장 높은 것은 B이고, E의 가격이 C의 가격보다 높다는 사실을 알 수 있으므로 옳지 않은 내용이다.
⑤ 선택지의 관계가 성립하려면 C가 E보다 가격이 높아야 하는데 ④에서 C가 E보다 가격이 낮음을 확인하였다. 따라서 옳지 않다.

14

정답 ③

ㄱ. 주어진 산식에 해당되는 수치를 대입하면 $6=\dfrac{50\times 12}{(전세금)-25,000}\times 100$이며 이 방정식을 통해 전세금을 구하면 3억 5천만 원임을 알 수 있다.

ㄹ. 주어진 산식에 해당되는 수치를 대입하면 $12=\dfrac{(월세)\times 12}{58,000-53,000}\times 100$이며 이를 통해 월세를 구하면 50만 원임을 알 수 있다.

[오답분석]

ㄴ. 주어진 산식에 해당되는 수치를 대입하면 $\dfrac{60\times 12}{42,000-30,000}\times 100$이므로 B의 전·월세 전환율은 6%임을 알 수 있다.

ㄷ. 주어진 산식에 해당되는 수치를 대입하면 $3=\dfrac{70\times12}{60,000-(월세보증금)}\times100$이며 이를 통해 월세보증금을 구하면 3억 2천만원임을 알 수 있다.

15

ㄱ. 2022년에 공개경쟁채용을 통해 채용이 이루어진 공무원구분은 5급, 7급, 9급, 연구직의 4개이므로 옳은 내용이다.

ㄴ. 2022년 우정직 채용 인원은 599명으로 이의 2배는 1,200명에 2명 부족한 1,198명이다. 그런데 7급 채용 인원은 1,148명에 불과해 이에 미치지 못하므로 옳은 내용임을 알 수 있다.

ㄹ. 2023년부터 9급 공개경쟁채용 인원을 해마다 전년 대비 10%씩 늘린다면 2024년의 9급 공개경쟁채용 인원은 3,000명×1.21 = 3,630명이 되며, 2024년 전체 공무원 채용 인원은 2016년 9,042명에서 630명이 늘어난 9,672명이 된다. 그런데 9,672명의 40%는 대략 3,870명이어서 9급 공개경쟁채용 인원보다 크므로 옳은 내용임을 알 수 있다.

오답분석

ㄷ. 5급과 7급, 9급에서는 공개경쟁채용 인원이 경력경쟁채용 인원보다 많지만 연구직의 경우는 그 반대로 경력경쟁채용 인원이 더 많다는 것을 알 수 있다. 따라서 옳지 않은 내용이다.

16

㉠ 11개 전통 건축물을 공포양식별로 구분하면 다포양식 6개(숭례문, 문묘 대성전, 창덕궁 인정전, 화엄사 각황전, 무량사 극락전, 덕수궁 중화전), 주심포양식 2개(봉정사 화엄강당, 장곡사 상대웅전), 익공양식 3개(관덕정, 남원 광한루, 창의문)이므로 옳은 내용이다.

㉣ 이 선택지의 정오를 정확히 확인하기 위해서는 대략적이나마 최솟값을 가지는 항목과 최댓값을 가지는 항목을 판별해야 한다. 그런데 직접 계산하지 않더라도 최솟값을 가지는 항목은 무량사 극락전이고 최댓값을 가지는 항목은 남원 광한루가 될 것임은 알 수 있다. 따라서 이 둘을 직접 계산하면 무량사 극락전은 약 0.16, 남원 광한루가 약 0.39임을 알 수 있으므로 제시된 모든 건축물의 기둥 지름 대비 부연 폭의 비율은 0.15보다 크고 0.40보다 작다는 것을 확인할 수 있다.

오답분석

㉡ 기둥 지름은 최소 1.40척이고, 처마서까래 지름은 최소 0.50척, 최대 0.80척이나 기둥 지름의 최댓값은 무량사 극락전의 2.20이므로 옳지 않다.

㉢ 11개 전통 건축물의 부연은 폭이 최소 0.25척, 최대 0.55척이고 높이는 최소 0.30척, 최대 0.60척인 것은 맞다. 그러나 남원 광한루의 부연은 폭과 높이가 모두 0.55척으로 동일하므로 모든 건축물의 부연의 높이가 폭보다 큰 것은 아니다.

17

ㄱ. '이 기간 동안 국제 유가와 천연가스 가격 상승이 예측되어'의 부분을 위해 이용한 자료이다.

ㄴ·ㄷ. '비OECD 국가들의 높은 경제성장률과 인구증가율로 인해'의 부분을 위해 이용한 자료이다.

오답분석

ㄹ. 보고서는 에너지 수요에 대한 내용만을 다루고 있을 뿐 에너지 생산에 대해서는 언급하고 있지 않다. 따라서 이 자료는 이용되지 않았다.

18

정답 ③

D국의 여성 대학진학률이 4%p 상승하면 여성 대학진학률이 15%가 되며 이는 남성 대학진학률과 같은 값이 되어 대학진학률 격차지수는 1.00으로 계산된다. 이를 이용하여 D국의 간이 성평등지수를 구하면 $\frac{(0.70+1.00)}{2}=0.85$로 계산되므로 옳은 내용이다.

오답분석

ㄱ. A국의 여성 평균소득과 남성 평균소득이 각각 1,000달러씩 증가하면 평균소득 격차지수는 $\frac{9,000}{17,000}$이 되어서 간이 성평등지수는 $\frac{\{(9\div17)+1\}}{2}=\frac{13}{17}$로 계산된다. 그런데 이는 0.8에 미치지 못하므로 옳지 않은 내용이다.

ㄴ. B국의 여성 대학진학률이 85%라면 대학진학률 격차지수는 $\frac{85}{80}$로 계산되는데, 이 값이 1을 넘으면 1로 한다고 하였으므로 이를 이용하여 B국의 간이 성평등지수를 구하면 $\frac{(0.6+1)}{2}=0.8$로 계산된다. 따라서 C국의 간이 성평등지수(0.82)보다 낮으므로 옳지 않다.

19

정답 ①

ㄱ. 비대면거래 건수 비중이 증가하였다는 것은 뒤집어 말하면 그만큼 대면거래 건수 비중이 감소하였다는 것을 의미한다. 대면거래 건수 비중은 2009년 13.7%에서 2011년 12.2%로 1.5%p 감소하였으므로 비대면거래 건수 비중은 1.5%p 증가하였다고 볼 수 있다.

ㄷ. 같은 기간 내에서는 비중만으로도 실수치의 대소비교가 가능하다. 2007~2011년 동안 매년 비대면거래에서 가장 낮은 비중을 차지하는 것이 텔레뱅킹이므로 실제 건수 역시 텔레뱅킹이 가장 적다는 것을 알 수 있다.

오답분석

ㄴ. 제시된 자료로는 단지 건수의 비중이 감소하고 있다는 것만 알 수 있을 뿐이다. 실제 전체 건수에 대한 자료가 주어져 있지 않으므로 대면거래 건수가 매년 감소하였는지는 알 수 없다.

ㄹ. 제시된 자료는 건수의 비중일 뿐 금액에 대한 자료는 전혀 주어져 있지 않으므로 대면거래 금액의 대소비교는 불가능하다.

20

정답 ③

먼저 첫 번째 조건을 살펴보면 전체 직원이 가장 많은 부처는 특허청(A)이고, 가장 적은 부처는 여성가족부(B)임을 알 수 있다. 다음으로 두 번째 조건을 살펴보면 예산규모가 가장 큰 부처는 기획예산처(C)이고, 가장 작은 부처는 법제처(D)임을 알 수 있다. 마지막으로 세 번째 조건을 살펴보면 전체 직원 수 대비 간부직원 수의 비율이 가장 높은 부처는 법제처(E)이고, 가장 낮은 부처는 조달청(F)임을 알 수 있으므로, 두 번 이상 해당되는 부처는 법제처(D, E)이다.

모든 전사 중 가장 강한 전사는 이 두 가지, 시간과 인내다.

- 레프 톨스토이 -

2023 최신판 NCS 수리능력(자료해석) in PSAT+무료NCS특강

개정3판1쇄 발행	2023년 06월 30일 (인쇄 2023년 04월 28일)
초 판 발 행	2020년 09월 10일 (인쇄 2020년 07월 01일)
발 행 인	박영일
책 임 편 집	이해욱
편 저	NCS직무능력연구소 김현철 외
편 집 진 행	김재희 · 김서연
표지디자인	조혜령
편집디자인	김지수 · 장성복
발 행 처	(주)시대고시기획
출 판 등 록	제10-1521호
주 소	서울시 마포구 큰우물로 75 [도화동 538 성지 B/D] 9F
전 화	1600-3600
팩 스	02-701-8823
홈 페 이 지	www.sdedu.co.kr

I S B N	979-11-383-5132-4 (13320)
정 가	24,000원

NCS의 체계적 학습비법! NCS 합격노트 시리즈

NCS 이게 전략이다! NCS 마스터 시리즈

PSAT로 NCS 고난도 돌파! NCS in PSAT 시리즈